십이운성 조견표

	甲	乙	丙	丁	戊	己	庚	辛	壬	癸
寅	건록	제왕	장생	사	장생	사	절	태	병	목욕
卯	제왕	건록	목욕	병	목욕	병	태	절	사	장생
辰	쇠	관대	관대	쇠	관대	쇠	양	묘	묘	양
巳	병	목욕	건록	제왕	건록	제왕	장생	사	절	태
午	사	장생	제왕	건록	제왕	건록	목욕	병	태	절
未	묘	양	쇠	관대	쇠	관대	관대	쇠	양	묘
申	절	태	병	목욕	병	목욕	건록	제왕	장생	사
酉	태	절	사	장생	사	장생	제왕	건록	목욕	병
戌	양	묘	묘	양	묘	양	쇠	관대	관대	쇠
亥	장생	사	절	태	절	태	병	목욕	건록	제왕
子	목욕	병	태	절	태	절	사	장생	제왕	건록
丑	관대	쇠	양	묘	양	묘	묘	양	쇠	관대

십이운성에 따른 활동성 주기

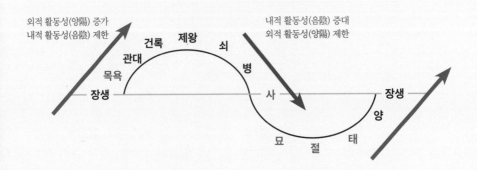

외적 활동성(양陽) 증가
내적 활동성(음陰) 제한

내적 활동성(음陰) 증대
외적 활동성(양陽) 제한

건록 제왕 쇠
관대 병
목욕
장생 사
묘 절 태
장생
양

십이운성의 시기별 정리 표

십이운성	장생	목욕	관대	건록	제왕	쇠	병	사	묘	절	태	양
시기	유아기	유년기	소년기	청년기	성인기	장년기	노년기	죽음	무덤	없음(無)	정자와 난자	태아
의미	탄생 후원	감수성 관심	성장 미숙	왕성 부양	정점 고독	노련 후퇴	쇠약 효율성	정신 수양	격리 집중	단절 절연(絕緣)	시작 희망	양육 육성
키워드	성장 학습	감각 트렌드	의욕 경험	왕성함 주도성	권위 자각	통달 모색	공감 확인	집중 기술	방어 습관	변화 타이밍	수용 가능성	온화 대비
심리와 성격	천진난만 순수무구 보호본능 자극 자유로움	호기심 사교력 섬세함 멋과 유행 과시성향	쾌활함 진취적 개척정신 명예욕 성취욕 미숙함	독립심 자신감 자만심 사교성 부족 인덕 부족	고집 독단성 독선적 오만함 권력욕 외로움 고독함	성실함 책임감 관계위만 외유내강 한신 보수적	온순함 고독함 보호 배려 수동적 동정심 이타심	고도의 집중 이상 수행 정진 정신 승리	끈질김 수집 비축 절약 안정 추구 현재 충실 보수적	도전 불안 변화무쌍 고독함 비판적 독종적	꿈 희망 천진난만 분리불안 낭만 가능성 탐구	인정 낙천적 다정다감 여유만만 근심걱정없음
특징	일확월장 총명함 뛰어난 학습력 주변의 후원 발전 미래지향적	감각적 유흥성 유행 트렌드 파악 얼리어답터	이유적 좌충우돌 요령부족 시행착오 고집만성 대기만성 대인/ 부부관계 투박	여유만만 주도적 자수성가 가정의 불안 (배우자, 자녀 관계 문제)	왕성한 고집 불굴의 의지 경쟁과 야망 카리스마 극단성 사회활동, 가정의 불안 (배우자, 자녀 관계 문제)	관리력 노련함 온화함 중재자 만족도 정신적 사유 진취력↓	노련/숙련 효율성 공감적 활인업 주목받음	마무리 기술 실용성 테크닉 영성추구 사고력 육체활동↓ 활동↓ 정신적 활동↑	제한 저장 정리 보관 정신노동 루틴 습관	활동중단 절처봉생 빼어남 변화 반전 국면의 전환 새로운 시작 극단성	수용력 순수함 편견없음 자기 본위적 사고 고결함 이상추구 예지력 분석력 명석함	안정추구 온화함 온후함 친화력 순조로움 낙관적 시선 과단성↓

명리
나를 지키는
무기

심화편

명리, 나를 지키는 무기_심화편

© 초명

초판 1쇄 인쇄 2024년 11월 25일
초판 1쇄 발행 2024년 12월 5일

지은이 초명
펴낸이 박지혜

기획·편집 박지혜 **마케팅** 윤해승, 장동철, 윤두열 **경영 지원** 황지욱
디자인 박선향
제작 영신사

펴낸곳 (주)멀리깊이
출판등록 2020년 6월 1일 제406-2020-000057호
주소 03997 서울특별시 마포구 월드컵로14길 61, 2층
전자우편 murly@humancube.kr
편집 070-4234-3241 **마케팅** 02-2039-9463 **팩스** 02-2039-9460
인스타그램 @murly_books

ISBN 979-11-91439-58-8 03150

* (주)멀리깊이는 (주)휴먼큐브의 출판유닛입니다.

초명 지음

命 理

명리
나를 지키는
무기

武 器

심화편

멀리깊이

운명이라는 숲에서 나만의 길을 찾다

해를 거듭할수록 명리학을 소재로 한 뉴스나 방송, 유튜브 채널이 느는 듯하다. 시장이 커지면서 명리학 역시 대중화되고 있다지만, 어딘가 찜찜함을 감출 수 없다. 나와 내 미래가 궁금한 이유는 현재가 불안하기 때문이다. 안정적으로 미래가 예측되는 상황에선, 누구도 자신의 미래를 궁금해하지 않는다. 집, 자동차, 자녀를 포기하면 인생이 편해진다는 자조적 조언을 쉽게 받아들이거나, 과도한 경쟁에 기약없이 탈진한 분들을 만나며 안타까웠던 적이 한두 번이 아니다.

사주명리 이전에는, 특히 젊은 층 사이에서 MBTI가 일상적인 대화소재로 각광받았다. 명함처럼 자신의 MBTI를 주고받는 게, 관계 맺기의 첫 단계처럼 여겨지기도 했다. 나를 표현하거나 규정하고 싶은 욕구 너머, 관계에서 생겨나는 피로도를 줄이고 싶은 마음이 이런 현상을 부추겼는지 모른다. MBTI나 사주명리 모두 인간을 이해하기 위해 널리 활용되어 왔지만, 유독 명리학은 동양의 사유와 철학적 체계를 정교하게 갖춘 분야임에도 오랜 기간 온갖 오해와 미신의 영역에 갇혀 있었다. 명리학이 학문으로서 마땅한 대접을 받지 못하는 동안, 원하는 대답을 들을 때까지 상담 쇼핑을 다니는 사람들도 많아졌다.

사주명리에 대한 관심이 늘면서 직접 명리를 공부한 후 찾아오는 분들도 덩달아 늘고 있다. 사주를 주제로 한 영화나 드라마, 웹툰 같은 콘텐츠의 자문을 해달라는 연락을 받기도 했다. 이런 흐름이 반가운 한편, 현장에서 명리학을 강의하고 상담하는 사람으로서 책임감도 느끼고 있다. 변화한 시대와 조응하려는 노력을 조금이라도 게을리한다면, 명리학은 신비나 상술과 야합하다 학문의 전당에서 멀어질 것이기 때문이다.

문턱을 낮추려는 많은 분들의 노력과 잠깐의 유행에도 불구하고, 명리학은 여전히 배우기 어려운 학문이라는 인식이 남아 있다. 모든 것은 연결되어 있고, 부분과 전체는 조화를 이룬다는 개념은 서양의 분석적 사고와 결을 달리한다. 극과 극은 통하고, 너무 많은 것은 없는 것과 같다는 개념도 배우는 이들을 갸우뚱하게 만든다. 서양식 교육에 익숙한 사람들이 명리학을 어렵게 느끼는 것도 이해 못할 바는 아니다. 개별적인 사실과 정보를 강조하는 서양은 증거에 기반하는지를 중요시하고, 논리적인 추론을 강조한다. 하지만 명리학이 뿌리를 둔 동양의 철학과 문화는 상호 연결성과 전체적인 균형을 중요시하고, 추상적이며, 상징적인 개념을 많이 사용한다.

큰 틀에서 이론적 뼈대는 같더라도, 막상 통변에 들어가면 명리학자마다 접근법이 조금씩 달라지는 것도 명리학을 어렵게 만드는 데 일조한다. 서양의학이 백 명 환자에게 같은 진단을 내릴 때, 한의학은 한 명의 환자를 두고 저마다 다른 진단을 내린다는 우스갯소리가 있다. 그렇다고 하여, 어떤 학문이 더 우월하다고 단정 지을 수 있을까? 오히려 인간 질병을 치료하기 위한 수많은 시행착오와 한계를 극복하려는 힘겨운 노력이, 자연스럽게 다양한 관점을 형성했다고 보아야 할 것이다. 존스홉킨스 의과대학의 연구에 따르면, 놀랍게도 지금까지 서양의학이 규명한 인간 질병의 종류는 약 18퍼센트에 불과하고, 나머지 82퍼센트는 규명되지 않았거나, 규명하기 어려운 질환이라고 한다. 그렇다고 하여 환자에 대한 치료를 포기하는 의사는 없을 것이다.

인간을 이해하기 위해 탄생한 명리학의 영역도 그렇다. 천년에 걸쳐 발전되어 오는 동안 다양한 관점과 해석을 낳았고, 지금도 많은 부분들이 학문적 검증의 시험대에 올라 있다. 스승이신 명리학자 강헌의 이론을 토대로 체계를 세운 나의 명리학적 관점 역시 마찬가지다. 고전이나 다른 학파의 이론을 토대로 공부하신 분들은, 이 책의 내용이 전통적인 이론이나 당대의 관법과 많은 부분에서 다르다고 여길 듯하다. 일부 독자에겐 오해나 혼란으로 다가갈 수도 있지만, 이 책 역시 인간을 이해하고, 명리학을 정교화하기 위한 학문적 노력으로 이해해 주시면 좋겠다.

과학을 비롯한 인간이 만든 모든 학문은 여전히 현재진행형으로 절대적이지도 완벽하지도 않다. 같은 스승 밑에서 공부한 여러 도반들은 물론, 이 책의 추천사를 써준 명리학자 현묘와 나 역시 각자 결이 다른 이론 체계를 갖추고 있다. 하지만 명리학을 활용하려는 시각, 예컨대 좋고 나쁜 운을 점치는 것이 아니라, 개인이 어떤 자세로 살아야 가장 행복한 삶을 누릴 수 있을지를 성찰하기 위한 도구로 명리학을 바라본다는 점은 같다. 그래서인지, 서로 같은 사주를 놓고 통변을 할 때마다 가는 길은 달랐지만 막상 오르고 보면 같은 산 정산에서 만나는 경험을 자주 했다.

사실 명리학의 진정한 매력은, 한 개인의 범주를 넘어 다른 사람과의 관계를 규명하고, 인간을 둘러싼 여러 삶의 영역을 다양한 측면에서 해석할 수 있다는 점에 있다. 내가 몸담았던 명리 아카데미 철공소에서는, 집단 지성을 바탕으로 한 심포지엄을 통해 명리학의 경계를 더욱 넓혀가고 있다. 구체적으로 학업·직업·투자·결혼·건강 등을 주제로 한 각론은 물론, 부모와 자식, 연인과 배우자, 친구나 직장 동료, 사업 파트너 간의 관계론까지 폭넓게 살피고 있다. 명리학적 관점에서 이 많은 해석의 측면을 바라볼 때마다, 명리학의 가능성에 다시 한 번 놀라게 된다.

세대를 거듭할수록 전혀 다른 삶의 방식이 등장하는 만큼, 명리학적 관점과 솔루션 역시 계속해서 진화해야 한다. 공부라는 것은 다양한 견해를 통해, 앎의 경계를 확장하려는 시도다. 일정 단계까지는 깊이에 이르는 것이 중요하지만, 각자가 옳다고 여기는 한 가지 이론만을 고집하는 순간, 모든 학문은 확장을 멈추고 퇴보하기 시작할 것이다.

직업운이나 학업운, 애정운, 자녀운, 재물운 등 각론별로 다루지 못한 주제가 많아 너무도 아쉽지만, 이번 심화편을 끝으로《명리, 나를 지키는 무기》시리즈는 일단 매듭을 지으려 한다. 부족한 부분은 앞으로 꾸준한 강의와 제자들과의 연구를 통해 채워나가려 한다. 기본편에서 천간과 지지, 십성 등 명리학의 기본 개념들을 개론적으로 조망했다면, 중급편에서는 합과 충을 해석하고, 나아가 원국과 대운의 관계를 심층적으로 통변하는 과정을 살폈다. 이번 심화편은 명리학을 입체적으로 이해하기 위한 신살이나 십이운성에 대한 부분은 물론, 유리하거나 불리한 대세운을 어떻게 활용하고 방어할 수 있을지에 대한 구체적인 행동지침을 다루었다.

《명리, 나를 지키는 무기》시리즈는 애당초 명리학을 입문 단계 이상 공부했거나, 언젠가 명리 상담가가 되길 희망하는 분들을 위해 서술한 책이었다. 명리학자로서 내가 가진 관점을 책으로 정리했으니, 기회가 주어진다면 가까운 시기에 명리학을 아예 모르는 분들을 위한 '세상에서 가장 쉬운 명리학' 시리즈나 명리 강의와 상담, 상담소 운영의 세계를 다룬 에세이, 명리 상담가가 주인공인 픽션 등도 써보려 한다. 명리학을 대중화하는 작업과는 별개로, 언젠가 명리학의 고전들을 현대적으로 재해석하여 더 깊은 의미와 가치를 끄집어내는 작업도 게을리하지 않으려 한다. 스승께서 그러했듯, 나 역시 현장에서 명리학을 활용하는 여러 제자와 함께 연구한 성과를 정리하여 한국 명리학사에도 작게나마 기여해 보고도 싶다.

이번 심화편을 출간하는 과정에서도 많은 분의 도움을 받았다. 기본편을 처음 쓸 때만 해도, 명리학 이론에 대한 정리는 중급편 선에서 마무리하려 했다. 하지만 신살이나 십이운성 등 기존에 다루지 못한 주요 이론은 물론, 상담 현장에서 통변 시 초점을 맞추어야 할 부분에 대해 함께 논의한 분들 덕분에 이번 심화편을 출간할 수 있었다. 특히 심화편을 집필할 수 있도록 마음을 다잡게 해준 사형(師兄) 명리상담가 이우원, 교정을 위해 원고를 꼼꼼하게 검토해 준 도반 유지영, 박성혜, 김지현, 목민정 님, 그리고 책에 수록된 명식을 전부 이미지로 정리하며 디자인 작업에 힘을 실어준 최남희 님에게도 이 자리를 빌려 감사드린다. 마지막으로, 이 책의 십이운성 파트에 십이운성 조견표, 활동성 그래프 등 본인이 만든 자료를 편하게 쓸 수 있도록 허락해 주신 블로그 < 다시 배우는 사주명리 >의 운영자 사공 님께도 깊은 감사의 마음을 전하고 싶다.

　명리학과 관련된 책들을 붙잡고 씨름하다, 잠깐 곁길로 새서 스토아 철학을 공부할 기회가 있었다. 스토아 철학사에서 내게 가장 매력적이었던 인물은 창시자 제논이 아니라 크리시포스였다. 그는 제논은 물론, 제논의 직계 후계자인 클레안테스의 가르침 중 모순되는 내용을 명쾌하게 풀어내고, 여러 학설과 이론을 꼼꼼히 정리하여 스토아 철학의 체계를 갖춘 인물이다. 선대의 가르침을 명확하게 정리해 대중화하는 일에 앞장섰으며, 일평생 총 700여 권이 넘는 방대한 분량의 저서를 남겼다. 그 덕분에 스토아 학파는 흔들린 입지를 다져나갔고, 그는 제논에 이어 스토아 학파의 두 번째 창시자로 역사에 이름을 올리게 된다.

　나는 어떤 학파가 강한 생명력을 지니려면, 내부에서도 해당 학파의 이론을 무조건 떠받드는 게 아니라, 끊임없는 연구를 통해 모순된 부분을 찾고, 이론을 재정립하며 대중화에 힘써야 한다고 생각한다. 다시 고백하자면 내가 운 좋게 지금의 명리학자나 상담가로 성장할 수 있었던 건, 순전히 훌륭한 스승인 명리학자 강헌을 만난 덕분이다. 스토아 철학을 공부하며 크리시포스에게 내 자신을 강하게 투영시킨 이유가, 어쩌면 임철초에 이어 억부법에 관한 스승님의 이론을 더 연구하고 발전시켜 나가고 싶은 마음 때문인지도 모르겠다.《명리, 나를 지키는 무기》시리즈 모두 스승님의 앞선 발자취가 없었다면 결코 빛을 볼 수 없었음을 다시 한 번 못 박아두고 싶다.

　견해가 다른 사람들과도 다양한 시각에서 학문적 논의를 이어가려는 시도가, 인간의 운명이라는 거대한 숲을 더욱 풍요롭게 만들어 주리라 믿는다. 기본편과 중급편에 이어, 이번 심화편까지 긴 여정에 함께해 준 독자들 덕분에 명리학이라는 숲에서 다종다양한 나무를 발견할 수 있었다. 이번 심화편을 통해 숲에 발을 들인 분들이 자신만의 길을 개척하는 데 작게나마 도움을 얻는다면 더 이상 바랄 게 없겠다.

2장 지지에 따라 12단계로 나뉘는 천간의 기운, 십이운성

3
장 운세의 활용과 방어

부록

원국 해석의 깊이를 더하는 도구,
신살

命理
武器

1
장

섬세하게 접근해야 하는 도구, 신살

신살(神煞)의 신(神)은 좋은 기운이나 나를 보호하는 귀인을 뜻하고, 살(煞)은 나를 해칠 만한 흉한 기운을 뜻한다. 신살은 자평명리가 본격적으로 등장하기 전부터 널리 활용되어 왔으나, 단순하고 자극적인 이름만큼이나 단정적으로 접근해선 곤란한 개념이다. 무속인이나 명리학을 도구로 현장에서 상담하는 이들이 내담자들의 불행과 불운을 정당화하는 수단으로 사용하는 것이 바로 이 신살이기 때문이다.

신살은 중국 점성학은 물론, 자미두수의 별자리 신살과도 상호작용하며 발전해 왔다. 일부 신살은 명리학의 합, 충, 형, 십이운성과 결합하며 하나의 독자적인 체계를 이루었고, 명리학의 대중화에 기여하기도 했다. 하지만 신살에 지나치게 결정론적인 의미가 부여되다 보니, 《적천수천미》의 저자 임철초 역시 신살을 백해무익하다고 비판할 만큼 당시에도 폐단이 끊이질 않았다.

십성은 일간을 기준으로 나머지 간지와의 관계를 살피며, 주체의 성향이 어떻게 발현되는지를 다룬다. 후술하겠지만, 십이운성은 천간을 기준으로 지지를 대입하여, 천간이 가진 에너지의 정도를 살핀다. 명리학의 이론들이 이처럼 정확한 기준을 가지고 있지만, 연지를 기준으로 발전해 온 12신살의 경우 일지도 기준이 될 수 있는지에 대한 논란이 있다.

삼기귀인 같은 신살은 오직 천간만을 살피는데, 반대로 천라지망처럼 지지만 가지고 보는 신살도 있다. 이 때문에 신살을 명리학의 이론이라 여기기 어렵다며 신살무용론을 주장하는 학자들이 많다. 나는 상담 영역에서 신살 하나에만 단적인 의미를 부여하거나 과잉 적용하는 것은 문제라고 생각하지만, 신살 자체에는 죄가 없다고 생각한다. 오용하고 남용할 때 문제가 되는 것이지 약 자체가 문제는 아니기 때문이다.

명리학의 보조적 도구라는 전제하에, 신살을 잘 활용하기만 하면 원국의 세부사항을 3~5퍼센트 정도 면밀히 들여다볼 수 있다. 같은 신살이라도 연주, 월주, 일주, 시주는 물론, 용희신이나 기구신 중 어디에 놓여 있느냐에 따라 해석의 폭도 달라진다. 하여, 내 사주에 귀인은 하나도 없고 살만 가득하다고 실망하는 일은 없었으면 한다. 귀인이 하나도 없다는 것은 내가 의도하지 않은 소득이나 결과는 기대하기 힘들다는 뜻이지만, 반대로 보면 적어도 내가 노력한 만큼은 꼬박꼬박 결과를 낼 수 있다는 뜻이 되기 때문이다.

살만 가득한 것 역시 부정적으로만 볼 수는 없다. 사주의 운동성이 강한 만큼 실패의 가능성은 물론, 성공의 가능성 또한 매우 높다고 볼 수 있기 때문이다. 크게 부를 이루거나, 사회적으로 성공한 사람의 사주에는 변화의 에너지가 가득하다는 것을 잊어선 안 된다. 신살의 영역에서도, 특별히 좋거나 나쁘기만 한 기운이란 존재하지 않는다. 특히 옛날에는 부정적으로 여기던 역마, 도화, 화개는 자기 PR이나 전문성이 중요해진 현대에 이르러 활용도가 높아진 만큼, 더 이상 살이 될 수 없다(특히 도화는 현대 의학의 힘을 빌어서라도, 모두가 갖고 싶어하는 기운이 됐다.) 또한 귀인이라도 대세운에 따라 부정적 작용을 하는 경우도 있고, 흉살이라도 직업에 따라 도움이 되는 경우가 많으니 신살 하나에 울고 웃는 일이 생겨선 안 될 것이다.

신살을 몰라도 원국 내 오행의 생극제화나 투출, 용신과 기신, 대세운과의 합과 충 등을 통해 얼마든지 기본적인 통변이 가능하다. 하지만 신살을 입히면 십성의 상황, 성향, 작용력 등을 풍부하게 설명할 수 있으니, 통변에 부사나 형용사 같은 수식어를 붙이는 것과 같다. 따라서 너무 강조해서도 안 되지만, 너무 무시해서도 안 되는 정도의 관점으로만 신살을 살펴보도록 하자. 명리학의 백과사전이라 불리는《삼명통회》에 무려 수백 가지 이상의 신살이 수록되어 있는 만큼, 세상의 모든 신살을 다 배우고 익힐 수는 없는 일이다. 이번 파트에서는 불필요한 신살은 최대한 제외하고, 현장에서 상담하면서 적용가능한 신살들만 다루었음을 밝힌다. 다시 한 번 강조하지만, 신살은 명리학의 보완적, 보조적 의미로만 판단하고 사유하는 게 중요하다.

주요신살

① 역마: 질서를 벗어나 변화를 추구하는 힘

역마(驛馬)의 역(驛)은 관청의 문서를 나르는 기관을, 마(馬)는 당시 교통수단이었던 말을 뜻한다. 농경사회에서는 태어난 마을을 떠나는 순간 삶의 기반이 사라진다고 보아 이주나 개척을 무척 꺼렸다. 그 당시에는 주어진 땅을 일구고, 친인척이나 마을 사람들과 협동하며 지내는 것이 기본적인 생존전략이자 미덕이었다. 실제로 태어난 고향을 벗어났다가 산에서 호랑이나 도적을 만나거나, 전염병에 걸려 객사하는 경우도 많았다. 하지만 오늘날에는 국내를 떠나 외국에서도 다양한 경험을 쌓는 것이 중요해진 만큼, 역마의 기운이 강할수록 분주하게 더 많은 기회를 만들어 낼 수 있다고 해석해야 한다. 원국에 역마가 강하다면 집에만 있기보다 정기적으로 운동을 하거나, 바쁘게 몸을 움직일 일이 많은 영역에 종사하는 것이 좋다. 현대사회에서 역마는 다양한 경험을 통해 기존 질서에서 벗어난 새로운 변화를 추구하는 힘이 된다.

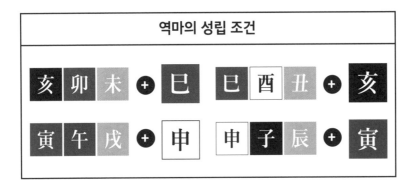

넓은 의미에서 각 계절의 문을 여는 생지(인신사해)를 역마의 기운이 담긴 간지로 볼 수 있다. 하지만 엄밀히 말해 역마의 경우, 계절 중 봄에 해당하는 인목[寅]이 이전 겨울의 기운인 신자진을, 여름에 속하는 사화[巳]가 이전 봄의 기운인 해묘미를, 가을의 신금[申]이 여름에 해당하는 인오술을, 겨울의 해수[亥]가 가을에 속한 사유축을 지지에서 만

날 때 성립한다.

시주	일주	월주	연주
●	●		
정재	본원	식신	편인
癸	戊	庚	丙
丑	戌	寅	子
겁재	비견	편관	정재
●			●
癸辛己	辛丁戊	戊丙甲	壬癸
백호	화개	역마	월덕
천을	괴강		
천의			

즉, 예시처럼 지지에 인목이 있는데, 나머지 지지의 자리에 이전 계절의 간지인 신자진 중 하나라도 있을 경우, 인목에 역마의 기운이 깃든다. 생지는 각 계절의 기운을 강하게 열어주는 활동성이 강한 글자다. 이러한 인신사해 생지가 이전 계절에 속하는 간지를 지지에서 만날 때, 자신의 본모습을 찾아 활동성을 더욱 왕성하게 드러낸다고 볼 수 있다.

역마는 연주, 월주, 일주, 시주 중 어디에 위치해 있느냐에 따라 조금씩 그 의미가 다르다. 역마의 힘이 가장 강한 곳은 일주로, 그다음은 월주, 시주, 연주 순으로 조금씩 힘의 강도가 떨어진다. 연주와 월주 모두 역마가 있으면 월주의 역마가 강해지지만, 원국 중 연주에만 역마가 있을 경우 역마의 기운은 거의 없는 것으로 해석한다. 과거와는 달리 요즘은 의학기술이 발달하고 평균수명이 늘어나, 60대 이후의 대운에도 역마가 있는 것을 꺼릴 이유가 없다. 노년에도 삶의 즐거움을 좇아 외국으로 여행을 다니거나, 다양한 경험에 대한 열망을 바탕으로 활동적인 여가 생활을 누릴 수도 있기 때문이다. 다만, 원국에 세 개 이상의 역마가 있으면, 투쟁성은 강해지지만 불안정성 또한 지나치게 높아질 수 있다. 이때는 삶이 필요 이상으로 분주해지고, 노력에 비해 박한 평가를 받는 경우가 생긴다. 차라리 역마의 기운이 강할 때, 이를 잘 활용할 수 있도록 운동, 영업, 운수, 외교 등의 분야에서 일하는 것도 좋다.

시주	일주	월주	연주
●＊	＊	●	●
편재	본원	편관	겁재
丁	癸	己	壬
巳	亥	酉	寅
정재	겁재	편인	상관
▲＊	●＊	▲	●
戊庚丙	戊甲壬	庚辛	戊丙甲
역마	역마		천덕
천을			

장인어른의 사주로, 공무원 생활을 정리한 후 캠핑이 취미가 되었다. 현재는 손수 장만한 캠핑카에 자전거를 싣고, 시간이 날 때마다 전국을 돌아다니고 있다. 일주와 시주의 역마가 눈에 띈다.

역마로 분류하는 60일주

일간	甲	丙	戊	庚	壬
지지	寅	寅	寅	寅	寅
	정록마 正祿馬	복생마 福生馬			

지지에 따라 역마는 인(寅) 자 돌림, 신(申) 자 돌림, 사(巳) 자 돌림, 해(亥) 자 돌림의 역마로 나눌 수 있다. 고전에서는 뼈와 관절 등 신체의 부상, 외부에서 기인한 사건, 사고를 암시하는 인신충 때문에 대체적으

로 인(寅) 자, 신(申) 자 돌림 역마는 부정적으로, 사(巳) 자, 해(亥) 자 돌림 역마는 긍정적으로 보았다.

특히 인자 돌림 역마 중 갑인 역마는 정록마라고 하여 학문과 예술 분야를 발판으로 꼬박꼬박 녹봉을 받으며 빛을 발할 수 있는 기운으로 해석했다. 갑목의 힘이 강하니 유연함은 떨어지지만, 꺾이지 않는 올곧은 힘과 투쟁성을 바탕으로 한 분야에서 능히 일가를 이룰 수 있다고 본 것이다.

갑인은 학문과 예술은 물론, 사회복지나 인문학 쪽의 강의와 저술 활동에서도 두각을 나타낸다. 병인은 복생마라 하여, 비즈니스 역마로 해석했다. 사막에서 난로를 팔고 북극에서 에어컨을 팔 만큼 전 세계를 화려하게 돌아다니며 사업을 키우는 힘으로 본다. 위 일주들은 대운이나 세운에서 신금을 만나면 충이 일어나 환경의 변화, 변동이 생기기 때문에 계획을 잘 세우는 것이 좋다.

신 자 돌림 역마 역시, 대세운에서 인목이 들어올 때 인신충으로 역마의 기운이 강해질 수 있다. 따라서 인 자 돌림 역마와 함께 자전거, 킥보드, 자동차 등의 교통사고에 주의해야 한다.

천록마
天祿馬

참고로 이 중 병신에는 지관, 풍수사, 역술가가 많아 예로부터 지관의 역마로 불렸다. 병화에게 신금은 십성으로 편재가 되는 데다, 신살로 문창귀인이 성립된다. 남보다 뛰어난 통찰력과 예지력을 갖추고 있고, 안 그래도 천간 중 가장 시야가 넓은 병화가 지도에 해당하는 편재를 만나니, 신 자 돌림 역마 중 가장 분주한 일주라 본 것이다(게다가 즉흥성이 강한 편재는 본인이 좋아하는 일이 생기면 반드시 실행에 옮겨야 직성이 풀린다).

무신 역시 병신 일주처럼 신살로 문창이 성립한다. 일지가 식신인 만큼 언어적 감각은 돋보이지만, 끈기와 지속성은 좀 부족한 편이다. 갑신은 신 역마 중 정치적, 사회적인 성향이 강한 편으로 삶의 부침이 가장 극단적이다.

경신은 나라로부터 녹봉을 받는다는 뜻에서, 천록마라고 불렸다. 고시 공부를 통해, 군인이나 경찰이 되거나, 관직을 얻는 기운으로 해석했다. 국가의 관직에 종사하다 보니, 본인 의지와 상관 없이 어쩔 수 없이 발령받는 일터를 따라 돌아다니는 기운으로 이해하면 된다.

임신은 일주 자체로 금백수청의 기운을 품고 있어, 예로부터 명석한 일주 중 하나로 손꼽혔다. 철학적 사고 능력이 강한 수재들이 많고, 예체능 분야의 끼나 재주도 풍부한 편이다. 일지가 편인인 만큼 엔지니어링, 의사, 약사 등 활인업과 관련된 분야에 종사하는 경우가 많다. 참고로 예로부터 편인과 함께 놓인 역마에는 극귀극천의 힘이 담겨 있다고 여겼다.

해 자 돌림 역마는 모든 역마 중 가장 범위와 폭이 좁다. 우편배달부나 택배기사가 특정 구역만 돌아다니는 것을 떠올려 보면 된다. 활동범위가 넓지 않은 만큼, 한 가지 특정한 영역에 종사할 때 본인의 힘을 잘 드러낸다고 보았다.

을해는 예로부터 활동성이 강한 모든 역마 중, 전쟁통에서도 혼자 살아남을 만큼 가장 자기보호능력이 뛰어난 일주로 여겨졌다. 정해는 임관마라 하여 국가의 법과 제도를 정비하거나 외교, 정보수사, 행정 등 관직과 인연이 큰 일주다. 경신이 군검경과 관련된 무관 쪽 관직이라면, 정해는 문관 쪽 관직과 어울린다.

기토 일간은 천간 중 가장 자기 영역이 좁고, 안정성을 추구하는 만큼 역마와 어울리지는 않지만, 기해가 되면 역마의 기운이 성립한다. 기해는 일종의 상업역마로, 한 분야에 오래 종사하면서 티끌 모아 태산을 이루는 힘이 강하다고 본다. 신해도 역시 상업역마이다. 해수의 지장간은 무토, 갑목, 임수로 신금에겐 상관, 정재, 정인이 된다. 지장간에서 상관생재가 되니, 역마의 기운을 활용하여 여기 저기서 떼온 물건을 팔아 이익을 잘 남긴다고 여겼다.

계해는 모든 오행 중 가장 이동의 기운이 약한 수 오행만으로 이루어졌다. 계수 입장에서 일지 해수가 겁재가 되는 만큼 극단성이 큰 편이다. 끼와 재주를 바탕으로 한 엔터테인먼트나 예술성이 강하며, 여행을 좋아하여 해외로도 잘 돌아다닌다.

복력역마 福力驛馬

일간	乙	丁	己	辛	癸
지지	巳	巳	巳	巳	巳

사 자 돌림 역시 해 자 돌림 역마처럼 범위가 넓지는 않다. 하지만 활동성이 좋고, 노력한 만큼 좋은 결과를 이끌어 내는 힘이 강해 복력역마라 불렀다.

고전에서는 이 중 계사를 가장 귀하게 여겼다. 일지가 역마이면서도 천을귀인을 품고 있기 때문이다. 계사는 특히 정승, 판서가 많이 나오는 일주로 여겼는데, 계사나 신사 모두 관직에 종사하는 경우가 많으며, 순탄하게 고위직에 오를 만큼 윗사람에게 높은 평가를 받는 경우가 많다고 보았다.

참고로 십이운성 중 사지에 놓인 역마는 병마(病馬)라고 해서, 작용력이 잘 드러나지 않는다. 하지만 절지에 놓인 역마는 극단성이 매우 크며 좋은 쪽이든 나쁜 쪽이든 예측이 어렵다고 본다.

대운	시주	일주	월주	연주
	*		*	
정관	편관	본원	겁재	비견
己	戊	壬	癸	壬
酉	申	寅	丑	子
정인	편인	식신	정관	겁재
▲	▲*	*●	●●	▲●
庚辛	戊壬庚	戊丙甲	癸辛己	壬癸
도화	역마	역마	백호	양인
		공망		천의
		문창		
		암록		

월지 축토가 월간 계수의 뿌리로서, 수 기운이 강한 신강한 사주가 되었다. 용신은 화 재성, 희신은 목 식상이다. 2004년 기유대운 갑신년에 역마인 신금이 들어와 일지와 충한다. 이처럼 역마가 충이 되면 역마의 기운이 극단적으로 강해진다 하여 기마(起馬)라 한다. 이때 북한을 떠나 중국에 정착했다. 역시 역마가 성립하는 2010년 기유대운 경인년에 중국을 떠나, 현재 한국에 정착했다.

② 도화와 홍염: 타인의 시선을 끄는 힘

도화(桃花)는 복숭아꽃을 뜻한다. 옛날에는 음탕함과 바람기를 의미한다고 하여 도화를 금기시하고 꺼렸다. 심지어 도화가 있는 여성을 기생이라며 낮춰보기도 한 만큼, 현대에도 도화에 대한 대중의 오해가 큰 편이다. 고전에서는 도화를 연살, 목욕살, 함지살, 패살 등으로 부르기도 했는데, 모두 부정적인 의미의 살이 붙어 있다.

도화는 예쁜 외모나 성욕을 뜻하는 게 아니라, 사람의 시선을 끄는 힘을 뜻한다. 연예인, 배우, 음악가, 강사, 작가 등 사람들의 인기를 기반으로 한 직업에 종사할 경우, 도화는 활발하게 자신의 매력을 어필하는 힘이 된다. 요즘에는 영업, 호텔리어, 관광 가이드 등 접객이 필요한 분야에서도 도화가 장점으로 쓰인다. 도화의 기운이 강할 경우, 조직이나 직장에서 같은 일을 해도 남보다 더 주목받고, 내 능력을 빠르게 인정받을 수 있다.

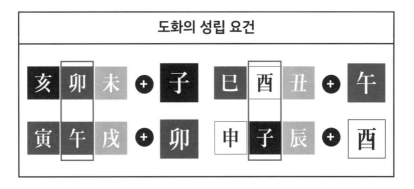

도화의 성립 요건

| 亥 卯 未 | + | 子 | 巳 酉 丑 | + | 午 |
| 寅 午 戌 | + | 卯 | 申 子 辰 | + | 酉 |

삼합의 구심점이면서, 계절의 기운을 강하게 품고 있는 왕지(자오묘유)에 도화의 기운이 담겨 있다고 보지만, 엄밀히 말해 계절 중 겨울에 해당하는 자수[子]가 다음 계절의 기운인 해묘미를, 봄에 속하는 묘목[卯]이 다음 여름의 기운인 인오술을, 여름의 오화[午]가 가을에 해당하는 사유축을, 가을의 유금[酉]이 겨울에 속한 신자진을 지지에서 만날 때 도화가 성립한다.

시주	일주	월주	연주
겁재	본원	편인	정인
丁	丙	甲	乙
酉	午	申	丑
정재	겁재	편재	상관
▲			▲
庚辛	丙己丁	戊壬庚	癸辛己
도화	도화	역마	화개
천을	양인	문창	
	월공	암록	

　예시를 보자. 지지에 여름의 왕지인 오화와 가을의 왕지인 유금이 있는데, 나머지 자리에 다음 계절의 기운인 사유축(가을)이나 신자진(겨울)이 하나라도 있을 경우, 오화와 유금에 도화의 기운이 깃든다. 왕지는 각 계절의 기운을 왕성하게 드러내는 구심력이 강한 글자다. 이러한 자오묘유 도화가 다음 계절에 속하는 기운을 지지에서 만날 때, 자신의 본 모습을 찾아 더욱 왕성하게 빛낸다고 볼 수 있다.

　도화는 역시 연주, 월주, 일주, 시주 중 어디에 위치하느냐에 따라 조금씩 그 의미가 다르다. 도화의 힘이 가장 강한 곳은 월지와 일지이다. 특히 월지에 있는 도화는 같은 일을 해도 더욱 주목받고 인정받는 힘으로 작용하여, 업무 수행 시 특히 빛난다. 사교성으로도 발휘되는 만큼, 함께 일하는 사람들과도 호의적인 관계를 유지하며, 쉽게 협조나 지지를 이끌어 낼 수 있다. 월지 도화가 사회적인 활동에 유리하다면, 일지 도화는 개인의 애정사와 관련이 크다. 일지 도화가 부부나 연인 사이의 애정도를 높이기 때문이다. 특히 일지 도화가 관성과 만날 경우, 배우자는 물론 배우자의 가족에게도 사랑받게 되어 가족간 관계가 더욱 원만해진다고 보았다.

　연지 도화에는 큰 의미를 부여하기 어려우나, 시지에 도화가 있는데 일지나 월지에도 도화가 함께 놓여 있을 경우 이야기가 달라진다. 매력을 어필하는 힘이 더욱 강해지는 만큼, 색욕이나 성욕이 왕성해질 수도 있기 때문이다. 십이운성 중 목욕과 도화가 동반하는 경우에도, 같은 의미로 해석할 수 있다. 참고로 도화와 화개가 함께 있으면 도화의 작용력이 떨어진다고 보았다.

시주	일주	월주	연주
정관	본원	편관	정관
壬	丁	癸	壬
寅	酉	卯	子
정인	편재	편인	편관
戊丙甲	庚辛	甲乙	壬癸
역마	도화	도화	도화
원진	원진		
천의	천을		
	문창		

99	89	79	69	59	49	39	29	19	9
편관	정관	편재	정재	식신	상관	비견	겁재	편인	정인
癸	壬	辛	庚	己	戊	丁	丙	乙	甲
丑	子	亥	戌	酉	申	未	午	巳	辰
식신	편관	정관	상관	편인	정재	식신	비견	겁재	상관
묘	절	태	양	장생	목욕	관대	건록	제왕	쇠

　　배우 장동건의 명식이다. 일간인 정화는 시지 인중 병화에 뿌리내린 데다, 월지 묘목의 생조도 받고 있다. 강한 수 관성이 일간을 위협하고 있지만, 일간은 인성으로 인해 버틸 수 있는 만큼 토 식상이 용신이 된다. 20대 초에 CF모델 일을 계기로 수월히 데뷔한 후, 화 대운 동안 배우로서 탄탄대로를 걸었다. 연주, 월주, 일주가 전부 도화로 이루어져

있다.

도화의 매력이 여러 사람의 관심과 인기를 한 몸에 받을 수 있는 힘이라면, 홍염의 매력은 특정한 인물에게 집중적으로 어필할 수 있는 힘을 뜻한다. 도화가 무대 위에서 만인을 향해 매력을 발산한다면, 홍염은 매력적인 연인에 비유할 수 있다.

홍염은 갑오, 병인, 정미, 무진, 경술, 신유, 임자로 총 일곱 가지가 있다. 목화통명의 양상이기도 한 갑오는 일지 상관으로 뛰어난 언변과 표현력이 두드러진다. 일지가 오화라 도화의 기운과 중첩될 수 있다. 병인 역시 목화통명의 양상으로, 일지 편인답게 독특한 매력이 있다. 숲을 비추는 한낮의 태양과 같이 자신감과 솔직담백함, 리더십이 장점이다. 정미 역시 일지 식신으로 다정다감하며 표현력과 활동성이 좋다. 음화이기 때문에 병화와 달리 사근사근한 매력이 있다. 무진은 끝없이 펼쳐진 평야의 형상으로, 토 오행의 기운답게 중성적인 특징이 있다.

경술은 평원에 놓인 큰 바위의 물상으로, 일지 편인다운 독특한 분위기가 있다. 양금으로 선이 굵고 털털한 편이다. 신유의 물상은 세공된 빛나는 보석으로, 피부가 깨끗한 미남미녀가 많다. 역시 일지가 왕지라 도화와 중첩될 수 있다. 완벽주의적 성향을 바탕으로 어딘지 모르게 도도한 느낌을 자아내는 경우가 많다. 임자는 깊이를 알 수 없는 바다의 양상으로, 강한 수 기운을 성적 매력으로 해석하는 경우가 많다. 그보다 일지 겁재를 바탕으로 한, 어떠한 역경에도 굴하지 않는 장부적인 매력이 강하다고 보는 게 더 합리적이다.

③ 화개: 만인에게 칭송받는 명예로운 힘

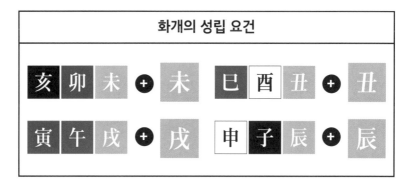

꽃가마를 뜻하는 화개(華蓋)는 고귀한 자리에서 만인에게 칭송받는 명예로운 힘을 의미한다. 각 계절의 끝자락에서, 삼합을 마무리하는 고지(진술축미)에 화개의 기운이 담겨 있다고 보지만, 엄밀히 말해 계절 중 여름에 해당하는 미토가 이전 계절인 해묘미를, 겨울에 속하는 축토가 이전 계절인 사유축을, 가을의 술토가 여름의 인오술을, 봄의 진토가 겨울에 속한 신자진을 지지에서 만날 때 화개가 성립한다.

인생을 달관한 노인이나 고승이 자아내는 종교와 수도의 기운이기도 한 만큼, 옛날에는 화개가 강하면 출가를 권하기도 했다. 고독한 기운을 바탕으로 하고 있지만, 현대에서는 특수 분야에서의 잠재력이나 극한의 창의력, 뛰어난 문장력 등으로 발휘되기도 한다. 참고로 문창귀인의 문장력이 재기발랄하고 화려하다면, 화개의 문장력은 사유가 깊고 무게가 있다.

화개는 세속적으로 물질을 추구하기보다, 눈에 보이지 않는 정신적인 성과를 중시한다. 따라서 종교적인 영성이 높거나, 자신의 이름을 남기는 것에 집착하기도 한다. 세속과는 거리가 먼 기운이라 통상적으로 자신을 드러내기보다 참모나 이인자로서 힘을 발휘하는 경우도 많다.

연주, 월주, 일주, 시주에 전부 화개가 있다면 한 분야에서 일가를 이루어 남에게 큰 존경을 받는 대신, 극한적으로 고립된 삶을 살 수도 있다. 하루에 많게는 열여섯 시간씩 피나는 연습 끝에 유명 콩쿠르에서 우승한 연주자가 수상 소감으로 "산에서 평생 피아노와 사는 게 꿈"이라 답한 적이 있었다. 고독하지만 만인의 존경을 받는 명예로운 삶의 자세, 이런 힘이 바로 화개다.

참고로 화개가 정인과 있으면 대학자의 자질이 있고, 형이나 충이 되면 문화예술계에 종사할 가능성이 높다. 화개는 다른 신살과 달리 하나일 때는 큰 의미가 없고, 두 개 이상 있어야 유효하게 드러난다. 일지와 시지에 화개가 있는데 모두 공망인 경우, 고서에서는 승려의 사주로 여겼다. 종교·영성·수도의 분야에서 두각을 나타낸다고 보면 된다.

단, 두 개 모두 월주와 일주에 있을 때는 둘 다 강하게 작용한다. 또한 화개와 도화가 나란히 동주하는 것을 염세학인(厭世學人)이라 하였는데, 일시주 화개와 마찬가지로 종교인, 수도인의 삶과 인연이 크다고 해석했다.

④ 괴강: 파괴력을 동반한 극귀극천의 기운

괴강(魁剛)은 천문의 북두성에서 유래한 신살로, 우두머리 별이라는 의미가 있다. 일주가 무술, 경진, 경술, 임진일 때 일주에 괴강이 성립한다. 일주에 괴강이 성립하지 않았다면, 다른 주에 괴강이 있어도 괴강으로 인정하지 않는다. 일주가 괴강인 경우에만, 역시 괴강 대세운이 올 때 괴강의 힘을 쓸 수 있다. 참고로 학파에 따라 무진과 임술도 괴강으로 보는 입장도 있지만, 임상 시 확인이 어려웠다.

괴강은 극도의 총명함, 매력적인 외모, 뛰어난 통솔력을 바탕으로 한 극귀극천의 힘이다. 진(辰)을 지괴(地魁), 술(戌)을 천괴(天魁)라 하여, 각각 땅과 하늘을 대표하는 우두머리의 기운으로 본다. 통상적인 것과 거리가 먼 창의력인 발상을 통해 어려운 문제를 손쉽게 풀어내기도 하지만, 잘못하면 연쇄살인과 같은 극단적인 일을 벌이기도 한다. 우두머리의 강력한 힘이 잘못 발현되면, 폭력적이고 파괴적인 결과를 초래할 수 있기에, 고전에서는 대부분 좋지 않은 기운으로 해석했다. 참고로

30

괴강일 경우, 결벽증 또는 강박증을 보이는 경우도 있다.

봉건시대에는 특히 남자가 괴강을 지닐 경우 용맹함과 문무를 겸비하지만, 여성은 고집이 세니 과부가 되어 독수공방하는 기운으로 보았다. 당연히 시대와 맞지 않는 해석으로, 남녀 모두 우두머리 기질에 걸맞게 자기 주장과 개성이 강하다고 이해하는 것이 맞다. 괴강은 카리스마 있고, 진취적이며, 결단력과 순발력도 강하다. 정리하면, 요즘 시대에 괴강은 총명함과 우두머리 기질, 엄청난 잠재력을 바탕으로 전문적인 분야에서 큰 성취를 이루어 내는 힘으로 해석할 수 있다. 참고로 일지를 포함해 괴강이 세 개 이상이면 엄청난 사회적 성취를 이루는 힘이 있다고 본다. 괴강처럼 극도로 뛰어난 힘을 가진 사람일수록, 타인에 대한 너른 이해와 스스로에 대한 성찰이 필요하다.

⑤ 양인: 고도의 전문성과 강한 권력욕

양인은 일간을 기준으로 지지가 겁재, 십이운성으로 제왕인 자리에 임한다. 가령 나처럼 병화 일간이면, 지지에 오화가 양인이 된다. 만약 연지와 시지에 오화가 있다면, 연주와 시주 모두 양인이 성립한다. 결국 발산하고 확장하는 속성이 강한 양간이 지지에 제왕을 두었으니, 양기가 더욱 강해지게 되는 것이다. 양인 양간 중 병오와 임자를 일주 양인이라 하고, 무오는 인성으로 양인을 두었다 하여 인수 양인이라 부른다.

전통적인 이론에 따르면, 양인의 본질은 양기의 태과다. 이 때문에 수렴성이 강한 음간은 양인이 성립할 수 없어, 따로 음인이라 칭하기도 했다. 음간인 양인들은 양간이 지지에 제왕을 두는 것과 달리, 관대를 놓고 있다. 학파에 따라 조금씩 입장이 다르지만, 나는 음간인 정미와 기미, 계축 역시 양인으로 본다. 수렴의 속성이 강하다고는 하나, 음간 역시 자기 기운을 마음껏 쓰면서 살아갈 수 있는 시대가 되었기 때문이다. 다만, 음간 양인들은 양간 양인들에 비해 기술력, 창의력, 융통성이 조금 더 뛰어난 편이다.

사실, 양인은 높은 자리에 오른 이가 물러나야 할 때 물러나지 않고, 끝까지 버티는 권력욕을 의미한다. 과거에는 양인을 공동체의 안위를 위협하는 폭력적이고 후안무치한 기운으로 보았다. 가혹한 결단을 무도하고 고집스럽게 밀어붙이는 양인의 힘은, 본질적으로 쉽게 적을 만들고 여러 문제를 일으킬 수밖에 없다. 하지만, 이런 양인을 무조건 부정적으로만 해석해선 안 된다. 치열한 자본주의적 경쟁사회에서는, 양인의 힘이 극한의 생존력이나 방어력으로 쓰이기 때문이다.

양인은 남과 싸워 이기려는 호승지심이 강해, 경쟁에서 비교우위를 드러낸다. 단단한 신념과 불굴의 의지로 고도의 전문성을 갖추고, 이를 통해 어려움을 돌파해 내는 힘도 강하다. 동시에 밖에서 보이는 모습과 달리 지인이나 가족에게는 폭력적인 성향을 쉽게 드러낼 수도 있다. 특히 양인이 충이 될 경우 폭력성이 더욱 증가하니, 무엇보다 자신의 욱하는 기질을 잘 다스려야 한다. 참고로 정재나 정관과 충을 하면 삶의 안정성이 크게 흔들릴 수 있으니 주의가 필요하다.

사주 중 일지에 있는 양인의 힘이 가장 강하며, 충이 일어날 경우 양인의 힘은 더욱 활성화된다고 본다. 양인이 식상과 동주하면 비평이나 법조계(변호), 언론계 쪽에서 두각을 나타내고, 편관과 동주하면 의료계, 군검경 쪽에서 쉽게 능력을 떨칠 수 있다. 후술하겠지만 양간 양인은 십이운성으로 제왕의 힘을 갖추고 있기에 더욱 극단적인 힘으로 드러난다. 겁재에 제왕, 양인이 동주하면 과격한 성격이 드러날 경우 잘 제어되지 않을 수 있다.

참고로 많은 곳에서 양인을 설명할 때 한자로 羊刃이라 표기하고 있다. 양을 도축할 때 쓰는 칼이나, 화난 염소가 뿔로 들이받는 것처럼 강인한 기운이라 설명하는 것이다. 하지만, 양인의 올바른 한자는 陽刃으로, 강인한 기운이긴 하나 동물과는 전혀 관련이 없다. 중국에서는 새해를 맞이할 때 삼양개태(三陽開泰)라고 글을 써붙인다. 양 세 마리를 그려놓고 삼양개태(三羊開泰)라고 써붙이기도 한다. 결국, 음이 같다 보니 한자가 잘못 쓰인 게 아닌가 추측된다.

⑥ 백호: 예측불가능한 역동적인 힘

백호(白虎)*는 괴강과 달리, 일주가 백호가 아니어도, 다른 자리에 백호에 해당하는 간지가 있으면 성립한다. 과거 백호는 신살 중 유일하게 위험하다는 의미에서 뒤에 대살(大殺)이라는 용어가 따라붙었다. 백호는 산길을 오르다 불시에 호랑이를 만나는 것처럼, 예측하거나 피할 수 없는 극도의 위험을 뜻했기 때문이다. 전통적으로 장티푸스나 홍역, 콜레라, 천연두 같은 역병이나, 종양성 질병 등을 뜻했지만, 현대에는 교통사고나 산업재해, 의료사고, 암과 같은 예측이 어려운 위험 요소들을 의미하게 됐다.

하지만 백호가 있다고 하여 사고나 위험에 노출되어 있다고만 여겨선 안 된다. 그만큼 예측이 어렵고 강한 기운이므로, 잘 쓰면 특수한 재능이나 전문적인 힘이 될 수도 있기 때문이다. 평소에는 여유롭게 지내다가, 한 번 목표를 설정하면 무섭게 달려들어 어떻게든 성취하는 힘으로 발현되기도 한다.

정리하면, 역동성이 강한 예측불허의 기운인 백호는, 연예인, 사업가, 언론인, 정치인들에게서도 많이 찾아볼 수 있다. 다른 사람에게 큰 영향을 미치고, 그 위에 군림하는 리더십을 의미하기도 한다. 실제로 백호의 기운이 강한 사람은 삶의 우여곡절이 많다 보니 작은 일에도 쉽게 흔들리지 않으며, 뛰어난 위기관리 능력을 바탕으로 조직에서도 금

---

* 백호는 전통 명리 이론이 아니라, 역학의 한 종류인 구성학(九星學)과 기문둔갑(奇門遁甲)의 구궁도(九宮圖)에서 유래된 신살이다. 구궁도는 간단히 말해, 60갑자를 9진법으로 나열하여 운수를 따지는 점술을 말한다.

방 주요 요직을 차지한다. 백호 역시 양인처럼 충이 일어나면 그 기운이 더욱 강해진다고 본다.

참고로 백호와 양인이 둘 다 있는 것을, 살이 합해졌다 하여 합살(合殺)이라고 한다. 과거에 부정적으로 여긴 기운들이 함께 있다고 해서 흉살이라 볼 필요는 없다. 합살은 극단적으로 길한 힘으로, 통상을 넘어서는 큰 권력을 획득할 수도 있다고 보았다. 현실에서는 대기업의 오너가 일원이 아님에도 불구하고 단기간 내에 승진을 거듭하여 정점에 오르는 등 보통 사람들은 이루어내지 못할 지위를 거머쥐는 양상을 띤다.

과거에는 괴강, 양인, 백호를 모두 부정적인 신살로 보았지만, 적어도 지금의 무한경쟁 사회에서는 가급적 괴강, 양인, 백호 정도는 하나씩 갖춘 사주가 더욱 경쟁력이 높다고 본다.

갑진, 정미, 계축, 무오

기본편에서도 강조했듯, 갑진, 정미, 계축은 일지가 비겁이나 인성이 아님에도 불구하고 거의 간여지동급으로 해석해야 하는 일주다. 후술하겠지만, 갑진은 십이운성으로 쇠, 정미와 계축은 관대다. 게다가 갑진, 정미, 계축 모두 백호, 양인 등의 신살을 가지고 있는 만큼 그 기운 또한 만만치 않게 강함을 알 수 있다.

일지가 인성인 일주는 병인, 임신, 경진, 경술, 정묘, 신미, 계유, 신축, 갑자, 무오, 기사, 을해로 총 열두 개가 있다. 나는 개인적으로 무오가 이 열두 개의 일주들 중 가장 강한 일주라고 생각한다. 중기에 기토 겁재를 둔 데다, 초기와 정기의 인성들이 강하게 일간을 생조해 주고 있기 때문이다.

무오는 고요하지만 건드리면 폭발할 것 같은 휴화산의 물상으로, 힘의 세기로만 따지면 신살로 괴강을 지닌 무술보다 더 센 일주가 아닐까 싶다. 무오에겐 풀을 뜯어먹고 사는 코뿔소의 느낌도 있다. 세상에서 가장 온순한 초식동물이지만, 화가 나면 코뿔소만큼 무서운 동물도 없다. 유아독존의 고독함이 느껴지는 무오는 십이운성상 제왕지에 놓여 있으며, 신살로는 양인이 성립한다.

잠깐, 일지가 인성인 일주 중 신축 일주만 추가로 살펴보도록 하자. 축토 지장간은 기토 편인, 신금 비겁, 계수 식신의 기운이 토생금, 금생수로 순일하게 흐른다. 신금은 습토의 생조를 반기는 데다, 본인을 맑게 씻겨주는 계수를 만나면 더욱 투명하게 빛나니, 신축도 그 힘이 만만치가 않다. 신축은 요행을 바라지 않고, 만사를 자기 힘으로 해결하려는 성실한 기품이 있다. 금 일간답게 현실적인 판단능력도 강하며, 지장간의 계수 식신으로 인해 손재주가 좋은 사람도 많다.

이런 신축일주가 간여지동급 간지로 분류되지 않는 이유가 무엇일까? 십이운성의 힘만 보면 양인데, 백호나 양인, 괴강 등 자기 전문성으로 발현되는 강한 신살이 하나도 없기 때문이다. 만약 일간이 묘지에 놓인 무술이나 임진처럼 십이운성의 힘은 약하더라도, 괴강, 백호, 양인 등 파괴력 있는 신살을 하나만 지녔다면 신축 역시 간여지동급 간지로 분류될 수 있었을 것이다.

귀문

귀문

귀문

귀문

귀문

귀문

⑦ 귀문관과 원진: 현상 너머의 본질을 향한 직관과 통찰의 힘

귀문관(鬼門關)은 귀신이 드나드는 문의 빗장이라는 뜻이다. 귀문관이 있으면 귀신을 본다고 여기기보다, 눈에 보이지 않는 내면 세계에 대한 통찰력이나 감응력이 강하다고 보아야 한다. 삶과 죽음, 예술 같은 눈에 보이지 않는 영역에 대한 감수성과 호기심이 무척 발달되어 있고, 독특한 상상력이나 창의력, 직관력도 무척 뛰어난 편이다. 귀문관에는 인미, 묘신, 진해, 사술, 자유, 축오 이렇게 총 여섯 종류가 있다. 이 중에서 가장 힘이 강한 것은 인미와 묘신이다. 일월지에 귀문관이 있는 경우 훨씬 힘이 강하며, 연지를 제외하고 서로 붙어 있어야만 귀문관이 성립한다.

귀문관의 기운이 강하면 영민하거나, 남들은 보지 못하는 부분을 꿰뚫어 보는 힘도 강해진다. 하지만 지나치면 정신적으로 예민해져서 상대적으로 건강에 취약해질 위험이 있다. 잦은 두통에 시달리거나, 잠을 잘 때마다 가위에 짓눌리거나, 신경쇠약, 우울증 등이 생겨날 수도 있는 것이다. 참고로 일지나 월지에 인미 또는 묘신 귀문관이 성립되어 있을 경우, 특히 잔병이나 지병 등에 더욱 유의해야 한다. 귀문관이 화개와 동주하면 영적인 신기가 생길 수도 있지만, 신병(神病)처럼 병명을 알 수 없는 건강상의 문제가 지속될 수도 있다.

옛날에는 귀문관이 장수에 도움이 되지 않고, 건강에 불리하다는 이유로 더욱 부정적인 신살로 여겼다. 하지만 의학이 발달한 요즘에는, 어느 정도 건강 관리가 쉬워졌기 때문에, 귀문관이 재평가되는 경향이 높아졌다고 본다.

귀문관이 종교나 명상, 철학적 사유에서 큰 힘을 발휘하는 이유는,

추상적인 세계나 인간 내면에 대한 관심을 높이기 때문이다. 직업적으로 역술, 수도, 종교, 예술, 철학과 어울리며, 해당 분야에 매진했을 때 단기간에 놀라운 성취를 이루어내기도 한다. 참고로 귀문관이 문창귀인과 동주하면, 예술적 감수성이 뛰어나다고 본다.

<table>
<tr><td>辰 亥
귀문, 원진</td><td>丑 午
귀문, 원진</td><td>巳 戌
귀문, 원진</td></tr>
<tr><td>卯 申
귀문, 원진</td><td>寅 酉
원진</td><td>子 未
원진</td></tr>
</table>

원진(怨嗔)은 서로 원망하고 화를 낸다는 뜻이다. 귀문관 중 진해, 축오, 사술, 묘신을 포함하여 인유, 자미까지 원진은 총 여섯 가지가 있다. 원진 중에서는 진해 원진이 가장 파괴력이 크다고 보았다.

원진은 한 사람의 사주 내에 짝을 이루는 원진의 조합이 있을 때 성립된다고 보았지만, 사실 원진은 오랫동안 궁합을 볼 때 쓰던 신살이었다. 결혼 또는 사업 파트너와 원진 관계일 경우, 서로에 대한 원망과 미움이 싹터 관계가 쉽게 소원해진다고 경계했기 때문이다. 두 사람의 띠를 이루는 연지나 일지에, 각각 짝을 이루는 원진의 조합이 있는지를 살펴 관계를 규정했지만, 사실 고전에도 원진에 대한 근거가 없다. 도화와 원진이 동주하면 부부의 연이 박하다고 보았지만, 무시해도 좋다.

원진은 원국 내에 동주하는 십성에 따라 사람과의 관계에서 그 의미가 조금씩 달라진다고 보았다. 비겁 원진은 형제나 동료와의 불화를, 식상 원진은 말로 인한 구설수나 불평불만을 암시한다. 재성 원진은 금전으로 인한 원망, 관성 원진은 직장에서의 불화나 관청과의 송사, 인성 원진은 학력의 중단이나 계약의 잦은 파기 등을 의미한다.

사실 이렇게 적어놓긴 했지만, 원진을 의미있는 신살로 인정하기 어렵다고 본다. 원국이나 대운을 종합적으로 판단하여 관계를 조망하는 게 아니라, 단적으로 원진이 성립되는지만 보고 관계를 따졌기 때문이다. 게다가 많은 현장에서 진해 원진은 용이 자신과 코가 닮은 돼지를 미워한다거나, 축오 원진은 열심히 일하는 소가 자유롭게 달리는 말을 원망한다는 식으로 풀이하고 있어 문제다. 원진을 암기하기 쉽게 동물의 성향에 비유했다고는 하지만, 결국 이론적 근거가 부족하다는 반증이 아닐까 싶다.

물론 귀문과 원진의 성립 원리를 대략적으로 유추해 볼 수는 있다. 가장 강력하다고 알려진 진해 원진을 살펴보자. 진토나 해수는 지지에서 진술충 또는 사해충을 한다. 하지만 진토와 해수는 충이 되는 글자와 한 칸씩 떨어져 있어, 충을 하지 않는다. 축오 원진 역시 마찬가지다. 축토와 오화는 지지에서 축미충이나 자오충을 한다. 하지만 충이 되는 글자와 한 칸 떨어져 있어 충이 되지 않고, 축오 원진을 이룬다(반대로 자유 귀문에는 이 공식이 적용되지 않는다. 귀문 중 자유 귀문의 힘이 가장 약하다고는 하지만, 이론적 측면에서 여전히 아쉬움이 남는다).

충은 같은 크기의 기운이 부딪히며, 서로가 활성화됨을 뜻한다. 차라리 깨끗하게 충을 하면 모르겠지만, 한 칸 떨어져 있어 충을 하지 못하는 원진은, 언제 충돌할지 모르는 데서 오는 묘한 긴장감을 자아낸다. 완전히 다르지만, 그렇다고 하여 시원하게 부딪힐 수도 없는 애매한 관계가 바로 원진이라는 것이다. 이 같은 맥락에서, 귀문관은 충이 발생하기 직전, 아슬아슬한 긴장감에서 새어나오는 일종의 직관이나 통찰의 힘으로도 해석 가능하다.

⑧ 공망: 있어도 없는 기운

공망(空亡)은 비었고 망했다는 뜻으로, 천간과 지지의 숫자가 서로 일치하지 않은 데서 유래한 신살이다. 정확히는 육갑공망이라 하는데, 양인 간지를 공, 음인 간지를 망이라 부른다. 천간과 지지가 갑자, 을축, 병인, 정묘로 순환하다 보면, 술토와 해수는 짝을 이루지 못하게 된다. 표를 보면, 열 개의 일주 단위로 공망에 해당하는 지지가 두 개씩 생긴다는 것을 알 수 있다. 하늘(천간)의 기운을 받지 못했다 하여, 공망을 천중살(天中殺)이라고도 한다.

甲	乙	丙	丁	戊	己	庚	辛	壬	癸		戌	亥
子	丑	寅	卯	辰	巳	午	未	申	酉			

甲	乙	丙	丁	戊	己	庚	辛	壬	癸		申	酉
戌	亥	子	丑	寅	卯	辰	巳	午	未			

甲	乙	丙	丁	戊	己	庚	辛	壬	癸		午	未
申	酉	戌	亥	子	丑	寅	卯	辰	巳			

甲	乙	丙	丁	戊	己	庚	辛	壬	癸		辰	巳
午	未	申	酉	戌	亥	子	丑	寅	卯			

甲	乙	丙	丁	戊	己	庚	辛	壬	癸		寅	卯
辰	巳	午	未	申	酉	戌	亥	子	丑			

甲	乙	丙	丁	戊	己	庚	辛	壬	癸		子	丑
寅	卯	辰	巳	午	未	申	酉	戌	亥			

공망이 있으면 오행의 기운은 그대로지만, 공망이 성립된 주의 십성, 신살, 육친은 모두 무력화된다고 보았다. 예를 들어, 공망이 성립된 주에 역마가 있으면 휴마(休馬)라 하여 역마의 기운이 작용하지 않는다고 해석했다. 기운이 무력화된다고는 했지만 사실, 공망 자체로는 길흉을 논할 수 없다. 공망이 적용되면, 해당된 주의 기운이 있어도 없는 것과 같다고 여겨지기 때문이다. 예를 들어, 나에게 필요한 용희신이나 십성의 기운이 공망에 놓이면, 그 기운을 제대로 쓸 수 없다고 본다. 반대로 내게 불리하게 작용하는 기구신의 자리에 공망이 놓이면, 내가 해당 기구신의 폐해로부터 벗어날 수 있게 된다. 공망을 무조건 부정적으로만

볼 수 없는 이유가 여기에 있다.

비겁이 공망인 경우, 비겁이 상징하는 주체성, 독립심, 경쟁심이 떨어지거나 형제, 친구, 동료와의 관계가 원만하지 않다고 본다. 식상은 표현력, 활동력, 낙천성, 생산 수단, 자녀 등을 의미하니, 식상이 공망이면 표현욕구가 떨어지거나, 의기소침해지거나, 자녀와의 인연이 크지 않다고 해석한다. 참고로 손발을 움직이거나, 가르치는 영역에서도 식상이 쓰이는 만큼, 식상이 공망이면 통상적으로 남들과는 차별화된 특별한 기술을 갖게 되거나, 갑작스럽게 큰 재산을 상속받는다고 해석하기도 한다.

재성이 공망이면 돈에 대한 욕구가 떨어지는 만큼, 오히려 학문이나 예술, 종교의 영역에서 크게 두각을 나타낸다고 보기도 한다. 육친 관계에 있어 남자의 경우 배우자와의 인연이 크지 않다고 해석한다. 관성 공망은 명예욕이 크지 않거나, 큰 규모의 조직 생활이 불리하다고 본다. 불필요한 명예를 추구하지 않는 만큼 조직 생활과 인연이 없다고만 여길 게 아니라, 오히려 개인 중심의 일을 하면 성공할 수도 있다는 의미로 해석할 수 있다. 여성에게는 육친 관계상 남자가 관성이 된다. 이 경우 결혼하지 않고 연인 관계만 유지하거나, 결혼을 하더라도 주말부부의 형태로 지낸다면 오히려 배우자와의 사이가 더 원만해지기도 한다.

재성과 관성이 모두 공망일 경우, 사회적 틀에 구애받지 않으니 그만큼 수명이 길다는 해석도 존재한다. 사회적 활동에 에너지를 쏟지 않으니, 정신적인 스트레스와 압박에서 벗어나 오히려 건강하고 행복하게 살게 된다는 것이다.

인성이 공망이면 인내심과 지속력이 약해져 교육·학문적 성취가 부족하다고 본다. 도덕·윤리적인 부분에 크게 얽매이지 않고 사고가 자유로운 만큼, 오히려 창의력이 매우 높을 수도 있다. 단, 육친 관계상 어머니, 스승, 멘토 등을 의미하는 만큼, 이들과의 인연이 약할 수 있다.

공망이 성립하면 해당 십성이나 육친의 힘이 약해진다고는 하지만, 요즘 시대의 형태에 맞춰 살아가면 공망의 기운도 어느 정도 활용할 수 있다고 본다. 재성이 공망이면 재물에 대한 욕망이 줄어들게 되니, 공무원일 경우 청렴한 삶을 사는 데 도움이 된다. 인성이 공망이면 의존성이 줄어들게 되니, 독립적인 영역에서 자신을 드러낼 수도 있다. 삶의 방식이 다양해진 만큼, 공망도 더욱 입체적으로 해석해야 한다.

하지만 삶의 형태가 다양하지 않았던 농촌 공동체 사회에서는, 공망을 매우 부정적인 신살로 여길 수밖에 없었다. 연주를 조상, 월주를 부모와 형제, 일주를 배우자, 시주를 자식으로 보았던 근묘화실론적 관점이 깊이 뿌리내린 만큼, 무엇보다 특수관계인과의 관계가 매우 중요했기 때문이다. 고전에서도 공망이 성립되면 용희신, 기구신을 떠나 육친이 힘을 발휘하지 못하니, 부모나 형제, 조상의 은덕을 기대하기 힘들다고 보았다. 하지만 이는 혈연이 중요했던 대가족 사회에서의 확대해석일 뿐이며, 부모나 가문의 영향이 예전과 달라진 현대의 1인 가족 사회에서는, 공망이 어떻게 작용하는지에 대한 해석도 달라져야 한다고 본다. 자식궁으로 해석하는 시주가 공망이라고 하여, 건강하게 잘 크고 있는 자식들을 미리 걱정할 필요는 없다는 이야기다.

학파마다 조금씩 입장이 다르지만, 나는 일주뿐만 아니라 연주를 기준으로도 공망을 적용하고 있다. 일지에 공망이 성립되는지를 살피기 위해서다. 옛날에는 배우자와 뜻이 맞지 않아도, 다른 가족관계에 기대어 살아갈 수 있었다. 하지만 요즘은 핵가족 시대가 되었기 때문에, 부부관계의 안정성이 조금 더 중요해졌다는 생각이다. 실제로도 임상을 해보면 일지가 공망일 때 배우자와 사이가 돈독하더라도 어쩔 수 없이 주말부부로 지내거나, 일지 십성의 작용력이 떨어지는 경우가 많았다.

시주	일주	월주	연주
	*	*	
편관	본원	상관	비견
庚	甲	丁	甲
午	申	卯	辰
상관	편관	겁재	편재
	●	●	
丙己丁	戊壬庚	甲乙	乙癸戊
공망	역마	도화	화개
월공	원진	양인	백호
	천덕	귀문	월덕
	월덕	원진	

하지만, 공망의 작용에 대한 확대해석을 여전히 경계해야 함을 강조하고 싶다. 예를 들어 위의 명식의 경우, 갑신일주는 지지 오화와 미토에 공망이 성립하기 때문에 시주가 공망이 된다. 시주에 있는 신살 중 월공의 기운은 물론, 경금 편관, 오화 상관의 기운 모두 공망으로 인해 그 작용력이 떨어지게 되었다고 볼 수 있을까? 그렇지 않다. 시간 경금은 일지 신중 경금에 뿌리가 있고, 시지 오화는 월간에 정화로 투간되었기 때문이다. 즉, 시주가 공망이 되었다는 이유 하나로, 무조건 편관과 상관의 기운 모두 무력화된다고 말할 수 없다는 뜻이다.

게다가 공망은 형이나 충, 합이 발생할 경우 쉽게 해공(解空)된다. 원국은 물론, 대세운에 따라 발생하는 형, 충, 합을 통해서도 해공이 되니 공망에 큰 의미를 부여할 필요는 없다. 단, 지지합 중 암합은 해공하는 힘이 가장 약하다고 본다. 또한 대운은 공망을 적용하지 않지만, 세운은 공망을 적용한다.

전통적으로는 공망이 성립된 주의 천간이 형, 충을 하는 것은 해공과 관련이 없다고 보았다. 공망은 지지가 천간과 짝을 이루지 못해 성립하는 기운이기 때문이다. 하지만 나는 견해가 다르다. 예를 들어 예시로 든 위 원국은 시주가 공망인데, 천간 경금이 갑경쟁충을 하고 있다. 시지인 오화 상관은 아니지만, 적어도 시간 경금은 충으로 인해 해공되었다고 본다. 참고로 해공 여부와 상관없이, 삼주 또는 사주가 공망인 경우 예로부터 극귀극천의 힘을 지녔다고 하여 매우 특별하게 여겼다.

명리영역 기출문제

1. 신살에 대해 나눈 대화 중 옳지 않은 것을 고르면? (난이도 하)

① 주민: "신살이 명리의 대중화에 기여한 바가 크지만, 신살에 결 정론적인 의미를 부여하면 곤란해. 자칫하면 불행이나 불운을 정 당화하는 수단으로 호도될 수 있거든."

② 현우: "명리학의 보조적 도구라는 전제하에 신살을 잘 활용하기 만 하면, 원국의 세부사항을 조금 더 면밀히 들여다볼 수 있지 않 을까?"

③ 민하: "변화와 변동의 에너지가 가득하다는 것을 무조건 좋다거 나 나쁘다고는 할 수 없어. 같은 관점에서 역마의 기운이 강한 사 주는, 실패의 가능성과 성공의 가능성 모두 높다고 봐야 해."

④ 원유: "공망은 천간의 기운을 받지 못해 성립하는 기운이잖아? 십성이나 육친을 모두 쓸 수 없는 만큼, 공망이 많은 사주는 버린 사주라고 할 수 있어."

⑤ 성미: "역마나 도화, 화개 같은 신살은 과거에 무조건 나쁘게만 여겼잖아. 그런데 시대가 달라졌으니, 지금은 활용도가 무척 높 아졌다고 해야겠지?"

2. 아래는 일본 전국시대의 명장들과 그들을 대표하는 문장을 연결 한 것이다. 보기와 어울리는 신살, 십성, 십이운성 등이 잘못 짝 지은 것을 고르면? (난이도 하)

A. 겁재   B. 제왕   C. 양인   D. 편관   E. 인성

• 오다 노부나가: :"울지 않는 새는 죽인다."

• 도요토미 히데요시: "울지 않는 새는 때려서라도 울게 만든 다."

• 도쿠가와 이에야스: "울지 않는 새는 울 때까지 기다린다."

---

① A, B: 오다 노부나가

② A, C: 오다 노부나가

③ D: 도요토미 히데요시

④ D: 도쿠가와 이에야스

⑤ E: 도쿠가와 이에야스

3. **다음 중 각 신살이 할 법한 말로 가장 적절하지 않은 것을 고르면? (난이도 하)**

① 역마: "어제와 같은 오늘, 오늘과 같은 내일은 죽어도 싫어요. 매일매일 새로운 일이 가득한 모험적인 삶이 훨씬 더 좋다고요!"

② 양인: "쟤랑 싸우면 내가 질 것 같아? 자신 있으면 나한테 오라고 해. 난 피하지 않으니까."

③ 화개: "아무와도 만나지 않고, 거의 6개월을 방에만 틀어박혀 지냈죠. 난 계속해서 글을 썼어요. 외롭지 않았냐구요? 외로웠죠. 그래도 괜찮았어요. 외로움도 제 작품의 일부라는 걸 알고 있었으니까요."

④ 괴강: "훗, 아무리 복잡하고 정교한 매듭이더라도 쉽게 풀 수 있지. (고르디우스의 매듭을 칼로 끊어버리며!) 바로 이렇게 푸는 거야!"

⑤ 도화: "솔직히 말하면, 난 음탕하고 바람기도 넘치는 사람이에요. 어쩔 수 없어요. 젊을 때부터 늘 성적 매력이 넘쳤거든요."

풀이 노트

1.→ 정답은 ④번이다. 공망은 자리한 주의 십성, 육친의 작용력을 현저하게 떨어트리지만, 요즘처럼 삶의 형태가 다양화된 시대에는 공망의 활용 가능성도 커졌다고 본다. 예를 들어 관성이 공망이면 쓸데없는 명예나 승진 욕구가 크지 않은 만큼, 회사 생활을 할 때 아웃사이더 성향을 보일 수 있다. 이 경우 프리랜서로 일하거나, 규모가 작은 회사에서 일하면 오히려 스트레스나 압박감을

덜고, 더욱 자유롭게 살아갈 수 있지 않을까? 게다가 많은 고전이 삼주나 사주가 공망이면 오히려 귀명으로 여기기도 하는 만큼, 공망이 많다고 하여 무조건 부정적으로만 볼 수 없다.

2. → 정답은 ④번이다. 편관은 배짱이나 카리스마, 또는 강압적이고 물리적인 힘을 동반한 과감한 힘을 의미한다. 흔히 권력을 획득하여 타인을 가두고 통제하는 기운으로도 쓰이는 만큼, 도요토미 히데요시의 말은 편관과 가깝다고 보아야 한다. 도쿠가와 이에야스의 말은 인성의 헌신, 인내심, 자애로움과 어울린다. 겁재에 제왕, 양인이 동주하면 과격한 성격이 강하게 드러난다. 재미있는 건 겁재가 양면적인 기운이라 평소에는 이런 점이 잘 안 드러나지만, 욱하면 한순간 자신의 감정을 폭발시킨다는 것이다. 양인은 불굴의 의지, 가혹한 결단력, 난폭한 성향을 뜻한다고 알려져 있지만, 본래는 감당하지 못할 관직이나 권력, 또는 물러나지 않고 버티는 힘을 이야기한다. 하지만 요즘처럼 경쟁이 치열해진 시대에 겁재, 제왕, 양인은 한 분야에서 전문가로서 자신의 능력을 끌어올리는 힘으로 작용한다. 참고로 양인이 식상과 동주하면 언론계, 비평계, 변호와 관련된 사법 분야에서 빛을 발하고, 양인이 편관과 동주하면 의료계, 사법계, 군과 경찰 분야에서 두각을 나타낸다. 오다 노부나가의 말이 뜻하는 과격성과 가혹한 결단력은 겁재, 제왕, 양인이 동주할 때의 성향을 잘 드러낸다. 따라서 정답은 ④번이다.

3. → 정답은 ⑤번이다. 도화는 예쁜 외모나 성욕을 뜻하는 게 아니라, 사람의 시선을 끄는 힘을 의미한다. 도화의 기운이 강할 경우, 조직이나 직장에서 같은 일을 해도 남보다 더 주목받고, 내 능력을 빠르게 인정받을 수 있다.
①번 역마는 강한 활동의 기운을 가지고 있기에, 매일이 반복되는 지루한 삶을 무척 견디기 어려워한다. ②번 양인은 본래 큰 벼슬을 거머쥔 사람이 물러나야 할 때 물러나지 않고 끝까지 버티는

너절하고 추레한 권력욕을 의미한다. 후안무치하고 폭력적인 기운을 내포하는 만큼, 호승지심이 강하다. ③번 화개는 고독함이 짙게 깔린 종교와 수도의 힘이다. 뛰어난 문장력, 극한의 창의력을 바탕으로 예술 영역에서도 쉽게 두각을 나타내지만, 철저히 고립된 삶을 사는 등 극단성을 보일 수 있다.

괴강은 총명하면서도 황포한 힘을 의미한다. 고르디우스의 매듭은 알렉산드로스 대왕이 칼로 잘랐다고 하는 전설 속의 매듭으로 '발상의 전환을 통해 대범한 방법을 써야만 풀 수 있는 문제'라는 의미로 쓰이고 있다. ④번은 '기존의 질서를 전복하는, 대범하고 독특하며 광기 어린 총명함'이라는 괴강의 본질을 잘 표현하고 있는 사례라 할 수 있다.

귀인: 긍정적인 신살

① 천을·천덕·월덕귀인: 더 나은 삶을 향한 고결한 의지

천을귀인(天乙貴人)은 하늘이 베푸는 은덕을 받은 귀인이라는 뜻으로, 모든 길신 중에서도 최고의 길신으로 여겨졌다. 일간을 기준으로, 지지에 짝이 되는 간지가 놓이면 원국에서 천을귀인이 성립한다. 예를 들어 병화 일간인 나의 경우, 지지의 해수나 유금이 천을귀인이 된다. 원국에는 해수나 유금이 없더라도, 예를 들어 대운에서 해수가 오고 세운에서 유금이 오면 운에서 천을귀인이 두 개 성립하는 것으로 판단한다.

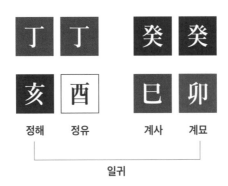

천을귀인의 기운이 잘 발현되면 청렴하고 고상하며, 선비와 같이 사특함이 없는 품성으로 드러난다고 한다. 예로부터 60일주 중 일지에 천을귀인을 놓은 정해, 정유, 계사, 계묘를 일귀라고 칭했다. 일지에 천을귀인이 있는 만큼 이들을 청고정대(淸高正大) 즉, 성품이 하늘처럼 고결하고 맑으며, 말과 태도가 늘 바른 고귀한 일주로 여겼다는 뜻이다. 일지에 천을귀인이 놓이면 남보다 노력이 부족해도, 크게 인정받는 힘이 있다고 여겼다. 고상한 성품 때문에라도 많은 사람에게 사랑받고, 주변의 도움도 끊이질 않는다고 본 것이다. 실제로 천을귀인의 경우 자신이 손해를 보더라도 원칙을 지키고 정도를 추구하기에, 공직 영역에서 특히 두각을 나타내는 경우가 많다.

하지만 대중에 칭송받는 모범적인 삶의 이면엔, 내면의 고통과 희생이 필요할지도 모른다. 고결한 성품은 신뢰를 주지만, 융통성이 부족하다는 의미도 내포하고 있기 때문이다. 물이 너무 맑으면 물고기가 모이지 않는 것과 같은 이치다. 천을은 본디 바른 자세로 많은 이에게 사랑받고 기쁨을 주는 귀인이지만, 천을의 인격, 품성, 명예와 관련된 의미가 예전만큼 강조되고 있지는 않은 듯하다. 어쩌면 천을의 고고한 기품이 현대의 경쟁사회에선 장애물로 작용할 수 있다는 우려 때문인지도 모르겠다. 바로 이런 이유로, 나는 천을의 고귀한 특성이 요즘 시대에도 더욱 빛나는 가치를 지니고 있다고 생각한다. 이익을 떠나, 신념이나 가치를 위해 기꺼이 자신을 희생하는 고결함이 사람을 더욱 사람답게 만든다고 믿기 때문이다.

이와는 다른 측면에서, 천을은 현대사회에서도 여전히 중요한 기능을 한다. 큰 사고가 났는데도 크게 다치지 않거나, 사업을 하다 망했는데 다행히 본전은 챙기는 등 여러 가지 흉액으로부터 나를 보호하는 작용을 하기 때문이다. 천을, 천덕, 월덕 모두 흉액을 방어하는 기능을 하지만, 가장 힘이 강한 건 역시 천을귀인이다. 전쟁, 기아, 질병 등 재난이 난무했던 과거에 비해 평온해진 시기라고는 하나, 천을이 가진 수호천사로서의 힘은 예측불가능성이 높아진 현대에도 빛날 수밖에 없다.

천을귀인은 또한 십성이나 육친의 기운을 활성화하는 역할을 한다. 예를 들어, 천을귀인이 식신과 만나면, 의식주가 편안해지니 어떤 일이 있어도 굶어 죽는 일은 없다고 보는 것이다. 상관과 만나면 총명함이 극에 달하고, 재성과 만나면 남자의 경우 좋은 아내를 만나거나, 인간관계가 순탄하다고 여겼다. 관성의 경우 조직 생활을 할 때 승진운이 높아지고, 인성이 천을귀인과 만나면 글씨를 잘 쓰거나, 문장력이 뛰어나다고 해석했다. 참고로 천을귀인은 일주, 월주, 시주, 연주의 순서대로 위력을 발휘한다.

천을귀인은 함께하는 신살의 기운도 활성화시킨다. 천을귀인이 역마와 동주하면, 천을귀인이 말에 올라탄 것과 같다. 즉, 남의 이목을 쉽게 끄니 능수능란한 통솔력이나 유연한 사교력 등을 통해 외교관으로서 큰 힘을 발휘하거나, 유능한 오피니언 리더가 될 수 있다.

천을귀인은 겁재나 건록, 백호처럼 극단적인 힘을 갖는 십성이나 신살과 조합을 이루면 더 큰 힘을 발휘한다. 겁재와 천을이 만나면, 적극적인 힘과 함께 여러 재주를 지닌다고 보았다. 천을귀인이 가진 수호천사로서의 기운이 증대되니, 실패가 없는 안정적인 환경 속에서 적극적인 성장을 이루어 낼 수 있다고 본 것이다. 건록과 천을의 동주는 뛰어난 학식이나 인문학적인 통찰력을, 화개와 천을의 만남은 높은 관직에 오르거나 큰 명예를 얻는 기운으로 해석했다.

화개가 문장력이나 예술성과도 관련이 큰 만큼, 천을이 임하면 대학자가 되어 크게 이름을 남길 수 있다고 여겼다. 문창귀인과 천을이 짝을 이루는 것도 마찬가지다. 남보다 머리가 비상하고 박식하니, 학계에서 빠르게 두각을 나타내는 기운으로 본다. 참고로 천을귀인이 놓인 일주 중 정유와 계묘는 문창귀인도 갖추고 있다.

특이하게도 지지 중 진토와 술토만, 천간과 짝을 지어 천을귀인을 이루지 못한다. 《연해자평》은 진토와 술토가 괴강이나 백호를 이루는 간지로써, 극귀극천의 기운을 품은 까닭에 천을귀인이 임하지 않는다고 본다. 또한 진토는 지지에서 수 기운을, 술토는 화 기운을 입묘하여 천라지망(天羅地網)* 을 형성하기에, 천을귀인이 성립하지 못한다는 견해도 있다. 천라지망(하늘과 땅에 친 그물)으로 인해 기운이 엉키거나 구속당하니, 귀인이 임할 수 없다고 보는 것이다. 괴강과 천을귀인은 동주하지 못하지만, 두 신살이 다른 주에 이웃하여 있으면, 역마가 동주한 것처럼 능수능란한 통솔력이나 유연한 사교력을 갖춘다고 여겼다.

천을귀인 역시 다른 신살과 마찬가지로 운에서도 성립한다. 특히 운에서 천을귀인이 동반하면, 동주한 오행의 십성과 육친, 신살의 긍정성은 원국에서보다 더욱 강하게 끌어올려진다. 하지만 천을귀인은 합과 생조는 반기되, 형·충·공망은 꺼린다는 것을 잊어선 안 된다. 합이 되

---

* 천라지망에 대한 자세한 설명은 134쪽을 참고하길 바란다.

거나 생조가 되면 천을귀인의 힘은 더욱 강해지지만, 형·충·공망이 되면 천을귀인의 힘이 무력화되거나 부정적으로 작용할 수도 있기 때문이다. 대세운과 원국과의 작용에 따라 형이나 충, 공망이 되는 경우가 많다는 것을 떠올려 보면, 무조건 천을귀인이 있다고 해서 반길 수만은 없을 것이다.

참고로 내게 천을귀인이 없더라도, 특수관계인을 통해 천을귀인의 기운을 끌어다 쓸 수도 있다. 병화 일간인 나의 경우 원국에 해수나 유금이 없다. 하지만 배우자나 동업자가 일지나 월지 또는 시지에 해수나 유금을 가졌다면 어떨까? 그들이 내게 천을귀인이 되어주거나, 그들과 함께하는 일을 통해 내가 직접 천을귀인의 기운을 받을 수 있다. 단, 이역시 상대방과 나의 간지가 형이나 충, 공망이 되면 안 된다. 병화 일간인 경우 상대방의 월지에 유금이 있어 천을이 성립되더라도, 본인의 월지가 묘목이라 상대방과 충이 된다면 천을귀인의 기운을 쓸 수 없다는 이야기다.

시주	일주	월주	연주
정인	본원	비견	정재
庚	癸	癸	丙
申	巳	巳	申
정인	정재	정재	정인
●●	●●	●●	●●
戊壬庚	戊庚丙	戊庚丙	戊壬庚
월덕	공망	천을	
	천을		

월주와 일주에는 천을귀인이, 시주에는 월덕귀인이 성립한 사주다. 귀인은 합이 되는 것을 반기지만, 충이나 형, 공망은 꺼린다. 다행히 일지에 있는 공망은 사신합으로 인해 해공됐다. 세운에서 사화와 충을 하는 해수가 들어오더라도, 이미 원국에서 사신합이 되어 있기 때문에 충

으로 인한 부정성은 발생하지 않는다. 하지만 인목이 들어올 때는 매우 주의해야 한다. 인사신 삼형이 성립되면서, 나를 보호하던 천을귀인의 기운이 부정적으로 발현될 수도 있기 때문이다.

월지	寅	卯	辰	巳	午	未	申	酉	戌	亥	子	丑
천덕귀인	丁	申	壬	辛	亥	甲	癸	寅	丙	乙	巳	庚
월덕귀인	丙	甲	壬	庚	丙	甲	壬	庚	丙	甲	壬	庚

천덕귀인(天德貴人)은 하늘의 덕을, 월덕귀인(月德貴人)은 태어난 달 (월지)의 덕을 받는 귀인을 뜻한다. 천덕귀인과 월덕귀인 모두 동주한 십성의 힘을 더욱 활성화시키거나, 기구신의 부정성을 억제하는 효과가 있다. 천덕귀인이 길한 기운은 더욱 증폭시키고 흉한 기운은 감소시키는 데 초점이 맞추어져 있다면, 월덕귀인은 여성에게 더 긍정적으로 작용하고 흉신이나 기구신을 방어하는 데 조금 더 초점이 맞추어져 있다.

덧붙이자면, 고전에서 꺼리던 흉신은 삶의 양식이 다양해진 현대사회에서 정반대의 가치를 지니게 되었다. 천덕이나 월덕이 흉신을 억제한다고 하여 겁재, 양인, 상관, 편관, 편인 등의 작용이 떨어진다고 보면 안 된다. 오히려 위 십성의 힘을 쓸 때 발생할 수 있는 불안정성을 줄여주니, 십성의 긍정성과 활용도가 더욱 높아진다는 의미로 해석해야 한다.

사실 천덕귀인이나 천을귀인 모두 비슷한 작용을 하는, 천을귀인의 약한 버전이라고 생각하면 된다. 하지만 천덕과 월덕 모두를 가지고 있다면 이야기가 달라진다. 예로부터 이를 천월이덕(天月二德) 또는 이덕귀인(二德貴人)이라 하여, 천을귀인보다 훨씬 길하다고 여겼기 때문이다. 천월이덕은 관운이 따르고, 무병장수하며, 어떤 흉한 기운도 길하게 바꾼다고 보았다.

고전에 의하면, 식상에 천월이덕이 놓이면 의식주의 풍족함 속에서 만년의 영화를 누린다고 한다. 재성과 천월이덕의 만남은 재주가 뛰어나니 문무를 겸비하게 된다고 해석했다. 천월이덕이 관성과 동주하면 높은 관직에 오른다고 보았고, 인성과 만나면 심성이 맑고 학문에서도 두각을 나타내며 좋은 부모 밑에서 큰 덕을 받는다고 여겼다. 천을귀인과 마찬가지로, 천월이덕 역시 일주에 있을 때 가장 강하다. 또한 합이 되거나 생조될 때는 긍정성이 더욱 높아지지만, 형·충·공망이 될 때 무력화되거나 부정성이 커질 수 있다. 일간의 천월이덕은 큰 위기를 겪을 때 무사히 빠져나오는 힘으로 보았고, 시간의 천월이덕은 나보다 자식이 더욱 풍족한 삶을 누리는 힘으로 보았다.

시주	일주	월주	연주
	●	●	
편재	본원	정재	편재
壬	戊	癸	壬
子	申	卯	寅
정재	식신	정관	편관
▲	▲∗●	●	∗
壬癸	戊壬庚	甲乙	戊丙甲
도화	역마	도화	역마
	원진	귀문	공망
	천덕	원진	천의
	문창	공망	
	암록		

스승이신 명리학자 강헌의 명식이다. 차가 전복될 정도로 큰 교통사고를 세 번이나 겪었지만, 그때마다 다행히 큰 부상 없이 위기를 넘겼다. 신금은 지지에서 인신충을 하고 있지만 신자합으로 인해 다시 안정성을 얻게 됐다. 일지에 있는 천덕이 역마와 동주하니, 역마의 부정성을 대폭 완화시켜 준다. 천덕은 천을귀인보다 약하긴 하지만, 자전거, 자동차 등의 교통사고로부터 자신을 보호하는 기운이 된다. 같은 관점에서, 일지에 동주한 문창과 암록 등 긍정적인 기운은 활성화시키고 원진의 부정성은 낮춘다는 해석이 가능하다.

참고로 월덕귀인의 성립 요건만 간단히 살펴보도록 하자. 나의 경우 월지가 신금[申]이라, 천간에 임수[壬]가 있으면 월덕귀인이 성립한다. 신금은 삼합 중 신자진 수국의 구성 요소로, 수의 방향을 따르려 한다. 결국 삼합의 기운에 해당하는 임수가 천간에 놓이면, 월지는 그 자체만으로 안정성을 확보했다고 보는 것이다. 월지가 사화[巳]인 경우에는 천간에 경금[庚]이 있어야 월덕귀인이 성립한다. 사화는 삼합 중 사유축 금국의 구성 요소로, 금의 방향을 따르려 한다. 천간 중 금을 대표하는 경금이 있을 때 월지 사화는 안정성을 얻게 된다.

월덕귀인은 이처럼 모두 양간으로만 구성되어 있다. 또 다른 층위에서 하늘에 해당하는 천간을 양으로, 땅에 해당하는 지지를 음으로 보았기 때문이다. 결국 음과 양이 짝을 이루어야 더욱 완전해진다는 개념에 따라, 월지가 향하는 방향을 충족시키는 양간이 올 때 월덕귀인이 성립된다고 보았다.

천덕귀인도 역시 월지를 중심으로 성립 여부를 살피지만, 조건이 훨씬 더 까다롭다. 천덕귀인은 삼합을 이루는 구성 요소들의 음양은 물론, 지지들의 오행관계와 십이운성도 살펴야 한다. 천덕이 월덕에 비해 길한 것은 더욱 길하게, 흉한 것은 더욱 약하게 하는 데 초점이 맞춰져 있다고 한 이유가 여기에 있다. 지지에서 월지의 기운을 북돋우면서도, 그 기운이 과해지면 제어할 수 있는 글자와 짝을 이루기 때문이다. 예를 들어 지지에서 왕지인 오화[午]와 자수[子]는 해수[亥]나 사화[巳]가 올 때 천덕귀인이 성립한다. 해수는 육음지처(六陰之處)로 가장 음기가 강하고, 사화는 육양지처(六陽之處)로 가장 양기가 강한 간지다.

이 책에서는 월덕의 성립 요소까지만 다루는 대신, 월지와 삼합을 중심으로 귀인의 성립을 살핀 근원적인 이유에 대해 생각해 보면 좋겠다. 예로부터 근묘화실론적 관점에 따라, 부모를 뜻하는 월지에는 한 사람의 근원이 담겨 있다고 보았다. 인간은 모두 땅에 발을 붙이고 현실적인 조건에 따라 살아가는 존재이며, 결코 그 근원을 떠날 수 없다. 하지만 인간이라면 누구나 마음속에 희망을 품고, 자신의 삶을 더욱 완전하게 만들기 위해 노력한다. 눈에 보이진 않지만, 자연스레 내 삶을 이끌어 가는 것이 바로 꿈과 이상을 상징하는 천간이라는 것이다. 게다가 삼합은 예전부터 한 사람의 존재를 더욱 완전하게 만들어 주는 사회적 합으로 여겨졌다.

결국, 사회적 존재로서 자신의 욕망을 현실에서 실현할 수 있도록 만드는 힘을 천덕과 월덕귀인으로 봐야 하지 않을까? 월지를 잠재적 욕망이나 가능성으로 보는 내 관점에서, 천덕과 월덕귀인은 갑자기 주어지는 행운이 아니라, 자신의 삶을 더욱 완전하게 만들고자 하는 인간의 고결한 의지가 아닐까 싶다. 이 귀인들이 현실적으로 큰 재물을 가져오는 힘으로 작용하진 않는다는 점도 같은 해석에 무게를 더한다.

참고로 인유(寅酉)와 묘신(卯申)은 서로 천덕이면서 동시에 원진으로도 성립한다. 서로 합을 통해 기운을 북돋워 주다가도, 다시 극을 하며 대립하기도 한다는 말이다. 단순히 서로 도움만 주고받기보다, 이렇듯 대립이 있어야 성장과 발전이 가능하다는 것을 암시하는 건 아닐까? 서로 다른 간지끼리 충과 합이 일어나면 기운이 활성화되거나, 전혀 다른 기운이 생겨나게 된다. 충과 합, 극을 통해 새로운 전환을 이룰 수 있다는 명리학의 명제는, 어떻게 하면 더 높은 수준의 성장과 발전을 이루어 낼 수 있는지를 생각하게 만든다.

② 월공귀인: 무대에서 인기를 얻고 주목받는 기운

월공(月空)은 하늘에 뜬 달을 뜻한다. 하늘에 달이 뜨면 모두의 시선이 집중되듯, 무대에 섰을 때 타인에게 인기를 얻고 주목받는 기운이다. 과거에는 월공을 신살로 채택하지 않는 경우가 많았지만, 요즘 같은 엔터테인먼트 시대에 월공은 정반대의 가치를 지니게 됐다. 남들에게 사랑과 관심을 받는 기운인 만큼, 자신을 어필하여 인기와 명예를 얻는 힘으로 쓸 수 있기 때문이다.

하지만 월공의 기운이 마냥 반길 만한 것은 아니다. 남들에게 큰 주목을 받기도 하지만, 반대로 자신의 행동이나 발언으로 인해 예기치 않은 곤란을 겪을 수도 있다. 높이 나는 새도 날개가 꺾이면 결국 추락하게 되니, 항상 명과 암을 생각해야 한다. 월공은 사회적 비난, 신용이나 명예의 훼손, 건강과 금전상의 손실을 입을 가능성도 의미한다.

월지	寅	卯	辰	巳	午	未	申	酉	戌	亥	子	丑
천간	壬	庚	丙	甲	壬	庚	丙	甲	壬	庚	丙	甲

　이번에는 월공의 성립 요건을 살펴보도록 하자. 나의 경우 월지가 신금(申)인데, 일간이 병화(丙)라 일주에 월공이 성립한다. 신금은 신자진 삼합의 구성 인자다. 양화인 병화를 기준으로 보면, 수국과 강한 대치를 이루는 형국이다. 신자진 수국을 이루는 간지들이 월지에 있을 때는, 천간 병화에 월공이 성립한다.

　예를 들어 월지가 해묘미 중 하나일 때는, 천간이 경금(庚)인 주에 월공이 성립한다. 해묘미 목국과 대치를 이루는 천간이 경금이기 때문이다. 결국 월공은 월지가 향하는 삼합의 방향과 반하는 천간이 있을 때 성립하는 기운이 된다. 월덕귀인은 월지의 삼합이 지향하는 방향의 천간이 있을 때 성립하는 기운으로, 월공과는 정반대의 작용을 한다는 것이 의미심장하다.

　덧붙이면 양간이면서 양의 속성을 가진 갑목과 병화는, 각각 사유축 금국과 신자진 수국의 인자가 월지에 있을 때 월공이 된다. 갑목과 병화 입장에서 금과 수의 기운은 관성에 해당한다. 결국, 발산하는 힘이 강한 양의 기운은 관성에 의해 제어되어야, 사람들에게 인기를 얻을 수 있다는 이야기다. 반대로 양간이긴 하지만 음의 속성을 가진 경금과 임수는, 각각 해묘미 목국과 인오술 화국의 인자가 월지에 있을 때 월공이 된다. 경금과 임수 입장에서 목과 화의 기운은 재성에 해당한다. 결국, 수렴하는 속성이 강한 음의 기운은 적극적으로 몸을 움직여야 사람들에게 주목받을 수 있다는 뜻이다.

세운	대운
	● ●
비견	편재
丙	庚
午	辰
겁재	식신
丙己丁	乙癸戊
도화	화개
양인	
월공	

시주	일주	월주	연주
정인	본원	편인	정인
乙	丙	甲	乙
未	午	申	丑
상관	겁재	편재	상관
*			*
丁乙己	丙己丁	戊壬庚	癸辛己
백호	도화	역마	
천의	양인	문창	
	월공		암록

잠깐, 내 원국을 살펴보자. 2026년 경진대운 병오년에 신살로 도화와 월공이 성립한다. 화 오행이 기신이긴 하지만, 오히려 화 오행을 도구 삼아 방송과 미디어 분야에서 오래 일을 해왔다. 24년 갑진년 초부터 대중을 상대로 꾸준히 명리학을 강의하기 시작했으니, 앞으로도 더 많은 방송에 출연하거나 다른 방식으로라도 이름을 알릴 기회가 자주 생길 수 있으리라 본다.

26년 병오년 역시, 나를 대중 앞에 드러낼 강력한 세운 중에 하나가 된다. 이 시기에 내게 가장 필요한 건 겸손, 성실, 그리고 꾸준함과 같은 미덕이다. 내게 병오년은 불필요한 논란이나 사건에 휘말려 공개적으로 비난받거나, 오래 쌓아올린 신뢰가 한순간에 무너질 만큼 매우 위험한 시기이기도 하기 때문이다.

특이하게도 월공은 나를 보호하는 월덕귀인과 충이 되는 자리에 놓여 있다. 남에게 주목받는 만큼 적도 많아지기 때문에, 두 기운은 함께할 수 없다는 이야기다. 월공은 학술, 기술, 정치, 엔터테인먼트 분야에서 단기간에 큰 인기를 누리는 데 도움이 되지만, 전통적인 의미에서 관직과는 어울리지 않는다. 참고로 도화와 월공이 동주하면 배우나 가수 등 미디어에 기반한 분야에서 일하거나, 무대에 오르는 직업에 종사할 가능성이 높아진다. 후반부 십이운성 편에서 자세히 다루겠지만, 내게 편인에 해당하는 갑목이 오화 위에서 사지에 놓이니 예술적인 분야에서 일하면 소기의 성과를 거둘 수도 있다. 나는 병오년의 기운을 긍정적으로 활용하기 위해, 명리를 소재로 한 소설을 쓰거나, 취미로 연기를 배운 후 지역 극단에서 아마추어 배우로도 활동해 볼 계획이다.

③ 삼기귀인: 세 가지로 구성된 최고의 귀인

삼기귀인(三奇貴人)은 세 가지 종류의 기이한 힘을 뜻하는 신살로, 기문둔갑에서 유래됐다. 천상삼기, 인중삼기, 지하삼기 세 종류가 있지만, 성립 요건이 무척 까다로워 실제 현장에서도 만나기가 쉽지 않다.

예로부터 '오직 천상만이 삼기귀인'이라는 말이 있을 만큼 천상삼기는 가장 높고 맑은 기운이다. 인중삼기는 인간 세상에서의 삼기귀인으로, 무탈히 높은 관직에 올라 현실적인 권력을 누리는 기운이다. 지하삼기는 땅에서의 삼기귀인으로, 극단적인 부를 누리게 되는 기운으로 여겼다.

조금씩 초점이 다르긴 하지만, 사실 삼기귀인은 천을, 천덕, 월덕의 상위 개념으로 보면 된다. 모두 원대한 이상과 포부를 지니게 되는 만큼, 과거에는 배움에 특화된 힘으로 해석했다. 총명하고, 박학다식한 데다 끊임없이 자신의 재능을 갈고 닦으니, 능히 한 분야에서 일가를 이룰 수 있다고 본 것이다. 만약 삼기귀인이 성립했는데 천을귀인까지 놓이면, 나라의 동량지재(棟梁之材)가 된다고 한다.

삼기귀인의 성립 요건

연월일 적용	시	일	월	연
천상삼기 (天上三奇)	庚	戊	甲	
인중삼기 (人中三奇)	丁	丙	乙	
지하삼기 (地下三奇)	癸	壬	辛	

연월일 적용	시	일	월	연
천상삼기	庚	戊	甲	
인중삼기	丁	丙	乙	
지하삼기	癸	壬	辛	

삼기귀인은 갑무경, 을병정, 신임계가 순서대로 있어야 하며, 어느한 간지라도 떨어져선 안 된다. 일단 이를 충족하기 위해선 위 도표대로 연월일, 또는 월일시에 천간이 놓여야 한다. 학파에 따라 인중삼기와 지하삼기는 순서가 바뀌어도 상관없다고 보지만, 일단 모든 간지가서로 붙어 있어야 한다는 게 첫 번째 조건이다.

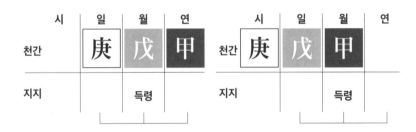

삼기귀인의 성립 조건 두 번째는 일간이 월지를 득령해야 하고, 그월지가 또 충이 되면 안 된다는 것이다. 갑무경 천상삼기를 예로 들면,왼쪽처럼 경금이 일간일 때는 월지가 토 인성이나 금 비겁으로 구성되어야 한다. 오른쪽처럼 무토가 일간이라면, 월지가 화 인성이나 토 비겁이어야 한다. 마지막으로 삼기귀인이 놓인 세 개의 주에 십이운성 중사, 묘, 절이 있어선 안 된다.

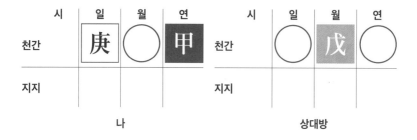

	시	일	월	연
천간		庚	○	甲
지지				

나

	시	일	월	연
천간		○	戊	○
지지				

상대방

삼기귀인 역시 천을·천덕·월덕귀인처럼 특수관계인을 통해서도 성립될 수 있다. 예를 들어, 내가 경금일간인데 연간이 갑목일 경우, 월간이 무토인 사람과 만나면 천상삼기가 성립한다. 대신 삼기귀인은 천간의 맑은 기운을 해치면 안 되기 때문에, 서로 삼기귀인을 이루는 간지가 충이 되어선 안 된다. 역시 지지에서도 형이나 충, 공망이 되면 안 되고, 십이운성으로 사, 묘, 절이 와서도 안 된다. 전부 일간이 득령해야 함은 물론이다.

만약 이런 까다로운 조건을 극복하고 두 사람 사이에 삼기귀인이 성립하는 동시에 형, 충, 공망이 되지 않은 천을귀인까지 동반된다면 어떨까? 두 사람이 공동의 목표를 향해 나아갈 경우, 올림픽 금메달 3연패에 준하는 큰 성취를 이룰 수 있다(참고로, 기토가 삼기귀인에서 제외된 이유가 궁금한 분은 《명리, 나를 지키는 무기: 기본편》 47쪽을 읽어보길 바란다).

천상삼기 사주 살피기

시주	일주	월주	연주
●			*
정관	본원	편인	편재
丁	庚	戊	甲
亥	申	辰	午
식신	비견	편인	정관
●			
戊甲壬	戊壬庚	乙癸戊	丙己丁
문창	역마	화개	
			백호

시주	일주	월주	연주
*		*	
식신	본원	편관	정인
庚	戊	甲	丁
申	午	辰	卯
식신	정인	비견	정관
戊壬庚	丙己丁	乙癸戊	甲乙
역마	양인	화개	도화
문창		백호	천의
암록			

사례 1 　　　　　　　　　　　　 사례 2

삼기귀인 중 천상삼기가 성립하는 사주로, 직접 조합해 만들어 보았다. 고전에 따라 더욱 엄격하게 조건을 맞추어, 득령한 일간이 득세 또는 득지까지 하여 더욱 기운이 왕성하고, 형이나 충, 공망도 없게 했다. 덧붙여 어느 하나 고립된 오행 없이, 원국에서 최대한 조화를 이루도록 했다.

월두법과 시두법*에 따라, 연간이 갑목이고 월간이 무토라면, 월주는 무진이 될 수밖에 없다. 일간이 무토인데 시주가 경금이라면, 시주는 경신으로밖에 구성되지 않는다. 사례 1처럼 일간이 경금일 때 연간 갑목은 편재, 월간 무토는 편인이 된다.

사례 2처럼 일간이 무토라면, 월간 갑목이 편관, 시간 경금은 식신이 된다. 이때 연간은 자유롭게 올 수 있는 것처럼 보이지만 일간 무토가

---

* 일간에 따라 시주 구성이 달라지듯, 연간 구성에 따라 월주 구성도 달라진다. 육십갑자의 차순에 일정한 규칙이 있기 때문으로, 연간에 따라 월주가 구성되는 법칙을 월두법, 일간에 따라 시주가 구성되는 법칙을 시두법이라 한다. 지면 관계상 월두법과 시두법에 대해 자세히 설명하긴 어렵지만, 이 법칙들을 알고 있어야 '조합될 수 있는 진짜 사주'와 '조합이 불가능한 가짜사주'를 구분할 수 있음을 덧붙이고 싶다. 일간에 따라 시주가 어떻게 조합되는지 살펴보고 싶다면 《명리, 나를 지키는 무기: 중급편》 앞 장 부록을 참고하길 바란다.

월간에 갑목을 갖추면서 득령까지 해야 한다면 월주 구성은 제한될 수밖에 없다. 즉, 이때 월주는 오직 갑술, 갑진, 갑오 중에 하나로만 구성된다는 뜻이다. 연간은 병화, 정화, 신금, 임수 중 하나가 된다.

이런 제한된 범위 내에서, 최선을 다해 조합해 본 사주가 앞의 예시들이다. 조금 억지스럽더라도, 고전에서 앞의 사주들을 높게 평가했다면, 그 이유가 어디에 있을까 한 번 살펴보도록 하자. 우연찮게도 모두 관인상생을 이루었고, 길신으로 여겨진 식신을 시주에 두고 있다.

사례 1은 연간에 딱 하나 뜬 갑목 편재가 월지 진토와 해중 갑목에 뿌리를 두었다. 고전에서는 이렇게 편재는 천간에 뜨고, 정재는 지지에 있거나 지장간에 암장되어 있는 것을 반겼다. 물론 천간에 뜬 편재는 반드시 지지에 뿌리를 두어야 한다. 게다가 연지의 오중 정화는 시간에 투간하여 일간 경금을 예쁘게 제련까지 하고 있다. 고전《적천수》에서는 득수이청(得水而淸), 득화이예(得火而銳)라고 하여 경금이 물을 만나면 더욱 맑게 씻기고, 정화를 만나면 제련되어 가치가 빛난다고 하였다. 사례 2는 관살이 혼잡되어 있긴 하지만, 일지 오중 정화가 연간에 투간했고, 모든 사주가 천간과 지지에서 아름답게 서로 소통하고 있다. 모든 천간이 지지에 뿌리를 두고 있다는 뜻이다.

삼기귀인이 잘 발휘되면, 어려서부터 탁월한 재능을 보이며, 학문적인 영역이 아니더라도 몸담은 분야에서 두각을 나타낸다고 알려져 있다. 명리학의 이론에 뿌리를 둔 신살이 아니다 보니, 삼기귀인을 갖춘 사주가 어떤 가능성을 품고 있는지 살펴보고자 직접 사주들을 조합하고 음미해 보게 되었다.

사주 주체가 놓인 환경, 부모, 의지, 노력의 정도에 따라 얼마든지 삶의 방향이 달라진다고 보는 입장에서, 사주 하나만 놓고 다양한 가능성을 함부로 판단할 수는 없는 일이다. 보조적 도구인 신살을 통한 해석에 있어서도 마찬가지다. 예로부터 귀하게 여겨졌다곤 하나, 결코 신살 하나에만 매몰되어 통변 시 본말이 전도되는 일이 생겨선 안 될 것이다.

④ 문창·문곡·학당귀인: 뛰어난 배움의 재능

문창귀인(文昌貴人)은 글에 관한 재능을 타고난 사람이라는 뜻으로, 지식을 잘 흡수하여 학자로서 크게 성공할 수 있는 귀인으로 여겼다. 문창귀인을 갖추면 머리가 총명하고, 언변이 좋으며, 기억력과 발표력, 추리력 등을 타고난다고 본다. 인문학적인 분야에서 남다른 통찰력을 보이며 예술적인 표현능력도 뛰어나다. 고전에서는 문창귀인에 큰 비중을 두지 않았지만, 현대에는 경계를 넘나드는 지식의 통섭과 창의력이 강조되는 만큼 문창귀인이 더욱 주요한 기운이 됐다.

문창귀인은 일간의 오행을 봄, 여름, 가을, 겨울 사계절로 놓았을 때, 지지에 다음 계절 중 식신이 놓이는 자리에 임한다. 예를 들어, 일간이 봄 계절인 갑목[甲]인 사람이 지지에 식신인 사화[巳]를 둘 경우 성립한다. 병화[丙] 일간인 나의 경우 월지 신금[申]이 놓인 자리에 문창귀인이 임한다. 화 일간의 경우 다음 계절이 가을[金]에 해당하기 때문에, 금 재성이 놓인 자리가 문창귀인이 된다. 만약 정화 일간인데 월지도 유금[酉] 시지도 유금[酉]이라면 문창귀인이 두 개 있는 것으로 판단한다.

일반적인 의미로 문창귀인은 공부를 잘하는 기운으로 알려져 있지만, 꼭 공부에만 한정 지어 해석할 필요는 없다. 십성 중 식신인 자리에 문창귀인이 성립하는 만큼 식신의 특성, 즉 탐구력과 호기심, 표현능력이 남다르다고 보는 게 더 정확하다.

문창귀인은 다른 신살과 달리, 용희신과 기구신 중 어느 자리에 놓이는지가 매우 중요하다. 용희신 자리에 놓이면 긍정성이 대폭 강화되지만, 기구신 자리에 놓이면 재능으로 인해 설화(舌禍)나 필화, 또는 구설수에 휘말릴 가능성이 높아지기 때문이다. 기구신의 자리에선 문창귀인이 힘을 쓰지 못하며 역시 형이나 충, 공망을 꺼린다. 게다가 문창귀인이 놓인 자리가 십이운성으로 사, 묘, 절이어도 힘이 약화된다.

문창귀인은 일지, 시지, 월지, 연지 순으로 강하게 작용하며, 십성 중 상관과 문창귀인이 놓이는 걸 가장 길하게 여겼다. 일문천지(一聞千知), 즉 한 가지를 들으면 천 가지를 깨우칠 정도로 총명함이 극에 달했다고 보았다. 만약 자녀가 상관과 문창귀인을 갖고 있을 경우, 어릴 때부터 자녀가 좋아하는 분야에서 가진 재능과 가능성을 키워주는 게 더 좋다. 참고로 문창귀인은 괴강과 이웃하면 사람의 생명과 관련된 의약학, 실험 계통에서 큰 힘을 발휘한다.

일간 甲 乙 丙 丁 戊 己 庚 辛 壬 癸
지지 亥 子 寅 卯 寅 卯 巳 午 申 酉

문곡귀인(文曲貴人)은 글과 가락(음악)을 짓는 재능이 타고난 사람이라는 뜻으로, 예술적 감수성이 풍부하다고 보면 된다. 문창귀인이 대부분 식신의 기운을 바탕으로 한다면, 문곡귀인은 편인의 기운을 갖추고 있다. 일간의 오행을 사계절로 봤을 때, 일간을 생하는 이전 계절의 편인이 문곡귀인이 된다. 예를 들어 일간이 봄 계절인 갑목[甲]인 사람은 지지에 편인인 해수[亥]를 둘 경우 문곡귀인이 성립한다. 병화 일간인 나의 경우 지지 인목[寅]이 있는 자리에 문곡귀인이 임한다. 무토나 기토 일간은 화토동법* 으로 여름으로 보아, 각각 인목[寅]과 묘목[卯] 편관이 놓이는 자리에 문곡귀인이 놓인다.

문곡귀인은 편인의 끼, 독창성, 직관력에 뿌리를 둔 기운으로, 감성적인 예술 분야에 조금 더 특화되어 있다. 문창귀인이 뛰어난 학습력, 호기심, 화려한 언변으로 강의를 잘하는 다재다능한 교수라면, 문곡귀인은 자신의 전문 분야에서 꾸준히 깊이 있고 독창적인 성과를 내는 연

---

* 후술할 십이운성의 이론적 개념 중 하나로, 모든 생명이 화(火)에서 비롯되었다고 보는 화토동법《연해자평》과 수(水)에서 비롯되었다고 보는 수토동법《명리정종》으로 입장이 나뉜다. 화토동법을 기준으로 하면 화와 토의 기운은 함께 움직이기에, 무토와 기토는 병화·정화와 같은 흐름으로 본다.

구자라 할 수 있다.

학당귀인(學堂貴人)은 한자 뜻대로, 학교나 학원 등 교육기관과 관련이 큰 귀인이다. 문창·문곡귀인처럼 기본적인 학습능력이 매우 좋은 편으로, 전통적인 학술·교육 분야에서 좋은 스승을 만나 일취월장하는 기운으로 해석했다. 특히 교육이나 자격증 관련 직업에 종사하며 후학이나 제자를 양성할 경우 좋은 성과를 낼 수 있다.

학당귀인은 일간이 십이운성으로 성장과 학습의 힘을 뜻하는 장생지*에 놓일 때 성립한다. 대체적으로 양간은 편인이 되는 문곡귀인과, 음간은 식상이 되는 문창귀인과 동주한다. 즉, 갑목, 병화, 무토, 임수는 문곡과 학당귀인이 함께 성립하며, 을목, 정화, 기토, 경금, 신금, 계수는 문창과 학당귀인이 동시에 놓인다.

⑤ 천의성과 천문성: 몸과 마음을 치유하는 힘

천의성(天醫星)은 하늘의 의사를 만난다는 뜻으로, 월지 바로 앞의 간지가 지지에 놓일 경우 성립한다. 나처럼 월지가 신금이라면 미토가 천의성이 된다. 특이한 건, 지지에 월지 앞의 간지가 없더라도 천간에 있을 경우 역시 천의성으로 간주한다는 것이다. 예를 들어 월지가 묘목인데 지지에 인목이 없더라도, 천간에 갑목이 있을 경우 갑목에 천의성이 성립한다.

천의성은 뛰어난 의사를 만나 도움을 받거나, 아니면 내가 훌륭한 의사가 될 수 있는 힘을 의미한다. 여기서 의사란 사람의 질병을 치료하는 현대적 의미만을 뜻하는 게 아니라, 사람의 몸과 마음을 치유하는

* 107쪽 '장생지' 파트를 참고하길 바란다.

모든 직업군을 의미한다. 천의성은 몸을 넘어 사람의 마음 건강에 대한 관심이 높아진 요즘 시대에 더욱 중요도가 높아졌다.

잠깐 천의성의 성립 요건을 다시 한 번 살펴보자. 월지가 자수일 때, 자수 이전 간지인 해수가 지지에 와야 천의성이 성립한다. 마찬가지로 축토가 월지라면, 자수가 지지에 놓일 때 천의성이 임한다. 천의성을 누군가를 도와주거나 도움을 받는 기운으로 보는 배경에는, 자연을 대하는 선인들의 관점이 담겨 있다. 즉, 봄[木], 여름[火], 가을[金], 겨울[金]이라는 계절의 흐름을 생조의 관점에서 보면, 해수는 자수를 살리고, 자수는 축토를 살리며, 축토는 인목을 살리는 순환 체계가 그려진다.

옛날에는 월지를 주체의 근원으로 본 만큼, 월지를 생해주는 간지가 지지에 있으면 평생 누군가에게 도움받을 가능성이 높다고 여겼다. 그 힘을 하늘의 의사에게 도움받는 기운으로 해석한 것이 바로 천의성이다. 그렇다면 반대로 내가 누군가에게 도움을 줄 수도 있는 기운이라는 건 어떻게 해석해야 할까? 오행의 상생상극 중 예를 들어 금생수(金生水)* 를 떠올려 보자. 금은 수를 생조하며 자신의 힘을 조금 빼앗기기도 하지만, 수를 통해 자신을 더욱 맑게 빛낼 수 있다는 걸 잊어선 안 된다.

원국에 천의성이 놓일 경우, 내가 의사나 약사, 한의사, 목회자, 종교인, 변호사가 되어 타인의 고통을 덜어주고 치료나 위로를 해주는 사람이 될 수도 있다. 또한 반대로 내가 정신적·육체적 고통을 겪을 때, 뛰어난 전문가를 만나 위기를 벗어나는 힘이 되기도 한다. 길을 걷다 심장이 멎어 쓰러질 경우, 우연히 지나가던 의사를 만나 기적같이 살아나는 경우에 발휘되는 힘이 바로 천의성이다.

천의성과 관련된 직업에는 나 같은 역학자나 사회복지사, 보육교사, 청소년 지도사 등 상담과 보육 업무에 종사하는 분들도 포함된다. 개인적으로 내담자와 유대를 맺으며 명리 상담을 해오는 동안, 상담이 내 상처를 덜어내고, 내면의 평화와 균형을 찾아가는 여정임을 알게 됐다. 위에서 설명한 금생수의 예시처럼, 내가 생하는 것을 통해 나 역시 도

• 《명리, 나를 지키는 무기: 기본편》 64쪽 중 금생수에 대한 설명을 참조하기 바란다.

움을 받을 수 있다는 것을 잊어선 안 된다.

시주	일주	월주	연주
정인	본원	편인	정인
乙	丙	甲	乙
未	午	申	丑
상관	겁재	편재	상관
*			*
丁乙己	丙己丁	戊壬庚	癸辛己
백호	도화	역마	
천의	양인	문창	
	월공	암록	

　나의 경우 월지가 신금이라, 시지 미토 상관에 천의성이 성립한다. 원국의 과다한 화 기신을 덜어내기 위해서라도, 적극적으로 희신인 토 식상의 기운을 써야 하는 사주다. 토 식상으로의 생조를 통해, 내가 가진 화 기운을 더욱 아름답게 쓸 수 있을 것이다.

　천의성은 용희신에 놓일 경우 큰 힘을 발휘하는데, 기구신에 임해도 최소한의 역할은 한다. 천의성이 문창귀인과 나란히 이웃하면, 이로공명(異路攻名)이라 하여 내가 열심히 노력한 분야와 전혀 상관없는 엉뚱한 데서 명예를 얻는다고 한다. 천의성이 양인을 만나면 칼을 잘 다루는 뛰어난 외과의사가, 괴강과 만나면 뛰어난 목회자, 한의사, 침술사가 될 가능성이 높다.

세운	대운		시주	일주	월주	연주
	* *		●			●
정관	편관		편재	본원	비견	정인
辛	庚		戊	甲	甲	癸
亥	申		辰	申	子	丑
편인	편관		편재	편관	정인	편인
	▲		▲	▲		
戊甲壬	戊壬庚		乙癸戊	戊壬庚	壬癸	戊甲壬
암록			화개		도화	암록
천의			백호		천의	

김대중 전 대통령의 명식이다. 그는 1971년 목포지역 총선 신민당
후보 지원유세를 마치고 차량 이동 중 무안군 국도에서 의문의 교통사
고를 당했다. 제대로 치료받지 못해 오른쪽 다리를 평생 절게 되었으
나, 당시 14톤 트럭과의 충돌을 피해 살아났던 것 자체가 기적으로 여
겨졌다. 해당 사건이 발생한 경신년 신해년은, 암록과 천의가 동주하던
해였다.

천문성(天門星)은 하늘의 문이 열려 있다는 뜻으로, 남보다 직감이나
영감이 뛰어나다고 본다. 역시 눈에 보이지 않는 세계에 대한 관심이
높은 만큼 영성, 종교, 수도의 기운이 되기도 한다.

천문성은 묘목, 술토, 해수, 미토, 인목, 유금 중 하나라도 지지에 있
을 때 발현된다. 천문성에 해당하는 지지는 원국에 많을수록 작용력이
커진다. 단 일지에 한 개만 있는 것보다, 일지와 월지에 천문성이 있을

68

때 훨씬 더 영향력이 크지만, 연지에 있는 천문성은 거의 영향이 없다. 술토와 해수 중 하나만 있어도 천문성이 강한데, 연지를 제외하고 두 개가 월, 일, 시에 나란히 있다면 천문성이 가장 강하다고 해석한다. 이른바 술해천문*이 성립하는 것이다.

나의 경우 시지에 미토가 있어 천문성이 성립한다. 만약 원국에 묘목과 미토가 있는 사람은 천문성이 두 개라고 보면 된다. 단, 2순위인 인목과 유금은 두 개가 1순위 한 개와 동일한 작용력을 갖는다.

천의성이 주로 의학과 약학 계통이라면, 천문성은 사람의 타고난 재주나 개성, 건강, 적성 등을 쉽게 파악하는 만큼 종교, 상담, 역학과 인연이 많다고 한다.

⑥ 암록귀인: 보이지 않는 도움의 손길

암록(暗祿)은 감춰진 월급, 녹봉을 뜻하는 신살로, 요즘 식으로 풀이하면 비공식적으로 경제적인 조력을 받는 힘을 의미한다. 경제적인 어려움에 처했을 때 생각지도 못한 사람들에게 도움을 받는 기운인 만큼, 불확실성이 높아진 현대에도 여전히 중요한 신살이라고 본다.

암록은 십이운성으로 일간에게 건록이 되는 지지와 육합하는 간지가 있을 때 성립한다. 예를 들어 경금 일간은 지지 신금 위에서 건록지가 된다. 지지 신금과 육합하는 간지는 사화[巳]이므로, 경금은 사화를 만나야 암록이 성립하는 것이다. 단 암록 역시 형, 충, 공망이 되거나, 기구신 자리에서는 힘을 쓸 수 없지만, 문창귀인과 달리 부정적인 작용은 하지 않는다.

• 134쪽 '진사라망, 술해천문' 파트를 참고하길 바란다.

십이운성으로 건록(健祿)*은 안전하고 탄탄하게 녹봉을 받는다는 뜻으로, 자신의 뜻을 왕성하게 구현하는 청년기에 해당한다. 고전에서도 건록은 관록이 붙은 노련함을 바탕으로, 쉽게 사회적 성공을 거둔다고 할 만큼 귀한 기운으로 여겼다. 즉 지지의 육합을 통해, 사회적 성공이나 탄탄한 녹봉을 의미하는 건록을 불러온다는 것이 암록의 개념이다.

사실 암록은 경제적인 조력만을 의미하지 않는다. 역경을 맞닥뜨렸을 때 동료나 선후배, 친구나 친인척들을 포함한 주위 사람들의 도움으로 무사히 고난을 극복할 수 있는 힘이 암록이다. 이 때문에 암록이 비겁과 동주하면 형제나 자매, 동료들의 도움을 받고, 식상과 만나면 처가나 후배, 부하의 도움을 받는다고 여겼다.

관성에 암록이 임하면 남성은 조직 안에서 쉽게 승진을 하거나 능력을 인정받고, 여성은 남편이나 시가의 도움을 받는다. 인성과 관성의 만남은 어머니나 외가의 도움이 크다고 보았다. 이런 암록들은 대체로 비현실적인 도움 즉, 정서적인 의지나 정신적인 위로 정도의 도움을 의미한다.

시주	일주	월주	연주
정인	본원	편인	정인
乙	丙	甲	乙
未	午	申	丑
상관	겁재	편재	상관
*			*
丁乙己	丙己丁	戊壬庚	癸辛己
백호	도화	역마	
천의	양인	문창	
	월공	암록	

---

* 이 책 112쪽 '건록' 파트를 참고하길 바란다.

나의 경우 병화가 사화 위에서 건록지에 놓이는데, 사화와 합을 하는 신금이 월지에 있다. 이처럼 암록이 재성의 자리에 놓이면, 가장 강력한 힘을 갖는다고 여겼다. 재성-암록은 경제적인 위기에 처했을 때, 주변 사람들에게 실질적으로 금전적인 도움을 받아 위기를 극복할 수 있다.

참고로 재성과 관성 위에 암록이 나란히 놓이게 되면, 경제적 곤란을 겪지 않으니 정치를 할 때 도움이 된다고 보았다. 식상과 인성 위에 나란히 암록이 임하면, 역시 경제적인 시련을 겪지 않고 꾸준히 예술 활동에 종사하는 힘이 된다.

명리영역 기출문제

1. 다음 중 각 신살이 할 법한 말로 가장 적절하지 않은 것을 고르면?
   (난이도 하)

① 삼기귀인: "스승님! 배우기만 하고 생각하지 않으면 얻는 것이 없고, 생각하기만 하고 배우지 않으면 위태롭다고 하신 그 말씀, 늘 잊지 않겠습니다!"

② 월공: "이 정도의 인기라면, 이번에도 지역구 당선은 노려볼 만해. 이번에 또 배지를 달면, 나를 공격하는 사람들도 더욱 줄어들겠지? 좋아. 이렇게 청와대까지 가보는 거야!"

③ 천을귀인: (뇌물을 필사적으로 거절하며) "아니, 사장님. 좋은 게 좋은 거라는 말이 어디에 있습니까? 다른 사람이면 몰라도, 전 이런 건 절대 용납할 수가 없어요!"

④ 천문성: (법문을 설파하며) "우리가 붓다가 된다는 것은 흔들림에서 벗어난다는 것입니다. 그렇게 스스로 탐구하는 자세로 꾸준히 수행해 보세요. 나는 누구인가. '나'라고 하는 이것이 무엇인가. 이 화두를 탐구하십시오."

⑤ 암록: (의식불명 상태에서 갓 깨어난 직후, 이미 병원비가 완납됐다는 소식을 듣고 어안이 벙벙한 상태로) "그 사람은 10년 전쯤 제 여자친구였어요. 정말, 제가 자는 동안 그 사람이 병원비를 다 내고 갔단 말이죠?"

시주	일주	월주	연주
●		*	* ●
식신	본원	상관	정인
乙	癸	甲	庚
卯	酉	申	午
식신	편인	정인	편재
	*	*	
甲乙	庚辛	戊壬庚	丙己丁
도화	도화	역마	도화
천을	천덕		
문창			

99	89	79	69	59	49	39	29	19	9
상관	식신	정재	편재	정관	편관	정인	편인	겁재	비견
甲	乙	丙	丁	戊	己	庚	辛	壬	癸
戌	亥	子	丑	寅	卯	辰	巳	午	未
정관	겁재	비견	편관	상관	식신	정관	정재	편재	편관
쇠	제왕	건록	관대	목욕	장생	양	태	절	묘

2. 다음 중 아래 명식과 관련된 대화로 가장 옳지 않은 것은? (난이도 상)

① 이서: "이 사주는 금 인성과 목 식상의 세력이 거의 균형을 이루고 있네. 그래도 일월지에서 경금이 투출했기 때문에, 금 인성이 목 식상보다 조금 더 강하다고 봐야 하지 않을까?"

② 지안: "계수가 신중 임수에 뿌리내린 데다 득령하고 득지했잖아. 말한 것처럼 경금도 연간에 투출해 있으니 이건 신강한 사주야. 인성도 강하고 신강하니까 억부적으로 화 재성은 용신, 수 비겁은 기신이 돼."

③ 서윤: "억부적으로 용신이 화 재성이라면, 초년의 사오미 대운은 개두가 되긴 하지만 무척 유리한 흐름이었다고 볼 수 있어. 게다가 원

국 내 연지에 있는 오화는 목에게 생조받고 있으니, 금의 위협에도 끄떡없을 거야."

④ 아윤: "시주에 문창귀인이 천을과 짝을 이루었잖아? 이건 남보다 머리가 비상하고 박식하다는 것을 암시해. 시주가 충을 하고 있긴 하지만, 수호천사의 역할을 하는 천을귀인이 있으니 별 문제 없어."

⑤ 시아: "월지 도화는 조직에서 인정받고, 일시지 도화는 개인의 매력을 어필하는 기운이잖아. 이 사람은 월지 신금이 역마니까, 여기저기 돌아다니면서 많은 사람들로부터 관심과 사랑을 받을 수도 있지 않을까?"

3. 다음 중 아래 명식과 관련된 대화로 가장 옳지 않은 것은? (난이도 상)

남, 신강

시주	일주	월주	연주
●●	●		●
정재	본원	편인	비견
癸	戊	丙	戊
丑	辰	辰	寅
겁재	비견	비견	편관
癸辛己	乙癸戊	乙癸戊	戊丙甲
백호	백호	월공	역마
천을			

91	81	71	61	51	41	31	21	11	1
편인	정관	편관	정재	편재	상관	식신	겁재	비견	정인
丙	乙	甲	癸	壬	辛	庚	己	戊	丁
寅	丑	子	亥	戌	酉	申	未	午	巳
편관	겁재	정재	편재	비견	상관	식신	겁재	정인	편인
장생	양	태	절	묘	사	병	쇠	제왕	건록

① 이준: "언뜻 보면 토 전왕으로 보이지만, 시간에 있는 계수가 축토와 진토 모두에 뿌리내리고 있잖아? 게다가 월간 병화도 연지 인목에 뿌리내리고 있으니, 이 사주는 전왕은 될 수 없을 것 같아."

② 시우: "일월지가 전부 화개를 안고 있네? 화개는 종교와 수도의 힘이면서도, 고독한 기운이라잖아. 월일주에 있을 때 화개가 가장 강하게 작용하니, 이 사주는 분명 스님이나 목사 같은 종교인의 사주임이 분명해."

③ 은우: "원국에 있는 진진병존은 피부병을 암시해. 게다가 시지 축토 안에 신금이 있는데, 다른 자리에는 금 오행이 없잖아? 이 경우 미토가 운에서 들어와 축미충이 발생하면, 금 오행이 손상당할 우려가 있어. 이때 금 오행이 상징하는 폐, 대장, 피부 질환에 유의해야 해."

④ 도윤: "연주에서부터 시주까지 전부 토 오행이 관통했잖아? 이런 일기격의 구조가 대체적으로 굴곡 많은 인생을 살긴 하지만, 그만큼 큰 성취를 이룰 가능성이 높다고 하더라고."

⑤ 지호: "일시지 비겁에 백호가 동주했으니, 통상적이지 않은 분야에서 큰 힘을 발휘할 수도 있을 것 같아. 연지 편관에 있는 역마는 여기저기 떠돌며 활동하게 됨을 암시하는 것 같기도 해."

풀이 노트

1. → 정답은 ②번이다. 월공은 자신을 어필하여 인기와 명예를 얻는 힘으로 쓰이지만, 자신의 행동이나 발언으로 인해 언젠가 큰 곤란을 겪을 수도 있음을 명심해야 한다. 참고로 월공은, 보호의 기운인 월덕귀인과 충이 되는 자리에 놓인다. 역시 인기를 얻을수록 적도 많아지기에, 두 기운은 함께 쓸 수 없다는 의미다. 월공은 학술, 기술, 정치, 엔터테인먼트 분야에서 단기간에 인기를 얻는 데 도움이 되지만, 전통적인 의미에서 관직과는 어울리지 않는다고 보았다. 따라서 관직에 대해 이야기하고 있는 보기 ②번이 정답이

된다.

①번은 삼기귀인을 욕심 없는 순수한 마음으로, 늘 배움에 정진하는 힘으로 해석한 예시다. ③번은 청렴하고 고상하며 사특함이 없는 품성으로 드러나는 천을귀인을, ④번은 영성, 종교, 수도의 기운이 강한 천문성에 대한 예시다. ⑤번은 암록 중 재성-암록에 대한 사례로, 전부 다 옳은 보기가 된다.

2. → 보기는 피겨스케이팅 금메달리스트 김연아의 명식이다. 목 식상의 세력도 만만치 않지만, 월지와 일지를 차지하고 있는 금 인성이 시간에 투출한 만큼, 금 인성이 조금 더 강하다고 보아야 한다. 일간 계수는 월지 신중 임수에 뿌리내리고 있기 때문에 억부 용신은 화 재성, 희신은 목 식상이 된다.

이 문제의 정답은 ④번이다. 천을귀인은 수호천사의 역할을 하지만 형, 충, 공망이 되면 부정성이 강해지기 때문이다. 이 원국의 시주에 있는 문창귀인은 용희신의 자리에 있을 때 더욱 긍정적으로 쓰인다. 시주에 강하게 통근한 목 식상 희신이 문창귀인을 안았으니, 완벽하고 정교한 기술을 바탕으로 김연아가 피겨스케이팅을 예술의 경지로 끌어올리는 데 크게 일조했다. 참고로 시주에 있는 십이운성 장생의 기운은 학습에 특화된 기운이기도 하다.

이 사주의 재미있는 점은 일시지와 연지가 전부 도화라는 것이다. 월지 신금 역마와 도화의 조합은, 무대를 여기저기 돌아다닐수록 많은 사람에게 관심과 사랑을 받는 힘으로 작용했다. 일지 유금은 십이운성상 편인에 병으로, 도화의 기운을 더욱 극대화했다.

초년의 사오미 화 용신 대운은 매우 유리한 흐름으로, 무언가를 일찍 이룰 수 있는 힘으로 작용했다. 구신이긴 하지만 금 인성이 연간에 투간한 만큼, 어머니의 헌신적인 뒷바라지를 등에 업고 매일 혹독한 훈련을 견뎠고, 결국 대한민국은 물론 세계를 대표하는 피겨스케이팅 선수로 자리매김했다.

김연아는 2012년 임오대운 임진년에 벤쿠버 올림픽에서 금메달을 수상했고, 2014년 임오대운 갑오년에 소치 동계올림픽을 마지막으로 은퇴했다. 이때는 용희신 세운이면서, 십이운성상 환경 변화를 암시하는 절지에 해당한다. 은퇴 및 결혼 후에도 연일시주 도화의 기운을 통해, 홍보대사 및 각종 광고의 모델로 활동하며, 여전히 국민적인 사랑을 받고 있다.

3. → 정답은 ②번이다. 화개는 종교와 수도의 힘이지만, 화개가 강하다고 하여 반드시 종교인의 사주라고 확신하긴 어렵다. 보기는 독일의 사회·경제·역사학자인 카를 마르크스의 명식이다. 월간 병화가 연지 인목에 뿌리내리고 있고, 시간 계수는 시지 축토에 뿌리가 있어 전왕이 되진 못한다. 토 비겁의 기운이 강하기 때문에 용신은 수 재성, 희신은 금 식상이 된다.

31경신대운이 시작되는 1848년 무신년에 엥겔스와 공동 집필한 《공산당선언》을 출간했다. 이 해는 유럽에 있어 혁명의 해였는데, 각국의 혁명이 좌절되며 잇달아 추방을 당했고, 이전까지 풍족하게 살았던 마르크스는 경제적으로 곤란에 처하게 된다. 41신유대운 후반에 대표 저서인 《자본론》을 출간했다.

연지 편관에 있는 역마는 여기저기를 떠돌며 집필 활동을 하게 됨을 암시한다. 엥겔스의 도움이 있었지만, 수년간 정신적 고립과 경제적 고통 속에서 인생의 부침을 크게 겪어야 했다. 참고로 마르크스의 원국은 연주에서부터 시주까지 전부 토 오행이 관통했는데, 이런 일기격의 구조는 극단적인 힘의 조합 때문에 큰 굴곡과 통상적이지 않은 성취를 동반하는 경우가 많다.

61계해대운은 본래 용신운이나, 계수는 무계합하여 화로, 해수는 인해합하여 목으로 변하니 전체가 기구신 대운이 된다. 이때 원국의 진진병존이 암시하는 피부병이 도져 고생을 했고, 수 기운인 계해가 기반하여 정서적인 불안정이 커졌다. 친구인 엥겔스도 이때는 어려워져, 경제적인 도움을 거의 주지 못했다.

마르크스는 61계해대운 중, 용신 계수가 재차 기구신으로 기반하는 1883년 계미년에 기관지염으로 사망한다. 세운의 미토와 원국

시지 축토가 붕충을 하니, 축중 신금이 손상을 당한다. 신금은 금 오행으로, 신체부위 중 호흡계통을 상징한다.

형살: 부정적인 신살

① 자형: 근거 없는 불행

자형(自刑)은 스스로에게 형벌을 내린다는 뜻이다. 자형은 진진(辰辰), 오오(午午), 유유(酉酉), 해해(亥亥) 네 가지 종류가 있는데, 원국에 이런 간지가 있을 경우 신체에 장애가 생기거나, 원치 않는 사고를 겪을 가능성이 높다고 보았다.

예를 들어 오오 자형은 지나친 화기운 때문에 화재나 폭발 같은 불로 인한 재해를 조심해야 하고, 해해 자형은 수 기운이 지나치게 되니 수재, 폭설, 한파 등의 자연재해에 주의해야 한다고 설명한다. 하지만 원국에 지나치게 수 기운이 많으면 오화라도 병존되어 있거나, 반대로 화 기운이 너무 많으면 자수라도 병존되어 있는 게 낫지 않을까? 차라리수 기운의 병폐로 말할 것 같으면, 해해 자형보다 자수의 병존이 더욱설득력 있게 다가올지도 모르겠다.

이처럼 자형은 작용력도 약하고, 삼재처럼 근거없이 불미스러운 사건이나 사고와 연결지어 사용되는 경우가 많아 개인적으로는 통변에전혀 활용할 수 없는 신살이라 생각한다. 다행히 현대에는 자형이 있으면 양인처럼 스스로에 대한 기운이 강해지니, 능력을 개발하여 전문가가 되거나, 높은 권력을 얻는다고 보는 견해도 있다.

여기서는 진토, 오화, 유금, 해수의 속성을 통해, 자형이 만들어진 배경을 살펴보고자 한다.

진진(辰辰): 과도한 침잠의 기운

진토는 인목, 사화, 신금과 함께 권력의 속성을 가졌으면서도 자신의속내를 깊숙이 숨길 줄 아는 간지다. 지지에서 신자진 삼합 운동을 마무리하는 수의 고지이기 때문이다. 오행 수는 오행 화가 발산하는 것과달리 수축하고 응축하면서, 자신을 안으로 숨기려고 한다. 같은 관점에서 수의 기운이 강한 해수[亥] 역시 권력에 대한 욕심을 내비치지 않기

때문에, 결국 인사신 삼형에서 제외되었다.*

진토의 지장간을 보면 을목, 계수, 무토로 이루어져 있는데, 유일하게 모든 지지 중 중기가 정기와 합을(무계합) 한다. 게다가 중기 계수는 초기 을목을 생하는데(수생목), 초기 을목은 또 정기 무토를 극하는(목극토) 등 지장간의 흐름도 가장 복잡하다. 이런 복잡한 흐름 때문에 진토 내 지장간들의 기운이 순일하게 이어지지 않고, 바깥으로도 잘 드러나지 않게 된 것이다.

물상적으로는 현실에 존재하지 않는 유일한 동물인 용으로 보는 만큼, 진토는 지지 중 가장 비현실적인 속성이 강하다. 게다가 인목, 사화, 신금과 달리 진토는 주변에서 아무도 인정해 주지 않아도, 스스로를 왕이라 생각하는 황당무계함도 갖고 있다.

이런 진토가 병존이 되면, 당연히 진토의 기운은 더욱 강해질 수밖에 없다. 즉 자신이 갖고 있는 생각은 물론, 하고 싶은 말도 바깥으로 잘 표현을 안 하게 되니, 자신을 더욱 옭아매게 되는 것이다. 게다가 진토는 염증성 피부질환을 암시하는데, 진토가 병존되면 관련 피부질환을 겪을 가능성 또한 높아질 수밖에 없다.

해수가 인사신 삼형에서 제외된 것처럼, 수의 창고 역할을 하는 진토 역시 축술미 삼형에서 빠져 있다. 진토는 비현실성과 황당무계한 권력 의지, 지장간의 복잡한 흐름 때문에 지지 중 가장 침잠하는 기운이 강하기 때문이다.

이런 배경을 살피지 않고, 진토가 병존되어 있기만 하면 무조건 자형살이 성립된다고 말해선 곤란하다. 다만 진토의 기운이 너무 강하면 아무리 힘들어도 주변에 자신의 고민을 이야기하지 않거나, 스스로에 대한 객관성이 떨어질 가능성이 높다. 이 경우 주변 사람과의 친밀한 교류를 통해, 자신의 생각과 감정을 나누는 것이 중요하다. 또한 우울증이나 과대망상, 자기애성 인격장애 같은 위험 요소들이 생길 우려가 있으니, 정신 건강에도 더욱 관심을 기울이면 좋겠다.

---

* 해수가 삼형에서 제외된 더 자세한 이유는 《명리, 나를 지키는 무기: 기본편》 91쪽 '왜 해수는 삼형에서 제외된 걸까?' 파트를 참고하길 바란다.

오오(午午): 활활 맹목적으로 타는 기운

오화는 지지 중에서 가장 열기가 뜨겁다. 화기가 왕성한 만큼 화려한 표현 능력을 바탕으로, 주변의 시선을 자신에게 집중시키는 힘이 있다. 매력적이며 인기도 많지만, 오화는 감정을 다스리는 힘이 무척 약하다는 게 단점으로 꼽힌다. 갑작스럽게 짜증이 일면, 본인도 의식하지 못한 채 감정을 즉각적으로 표출하여 주변을 당혹스럽게 만들기 때문이다.

오화의 키워드는 이런 폭발성과 극단성, 그리고 개점휴업이다. 오화는 시간으로 치면 점심 시간인 11시 30분에서 13시 30분에 해당한다. 열심히 일하다 힘들다고 손을 내려놓은 후, 드러누워 쉬는 듯한 휴업의 느낌이 있다. 하지만 평상시에는 강한 화기를 바탕으로, 어떤 일을 하든 엄청난 추진력을 보인다. 다만 일을 몰아쳐서 하다, 어이없이 감기 몸살에 걸리는 일이 잦다. 마치 말 한 마리가 들판에서 지치는 줄 모르고 마음껏 날뛰다가, 갑자기 픽 쓰러지는 격이다.

이런 오화가 병존되면, 오화의 긍정성과 부정성이 동시에 강해진다. 자신의 매력을 효과적으로 드러내는 힘도 지나치면 허세나 허풍과 연결되기 쉬운 법이다. 스스로에 대한 객관성이 떨어져 주변과 불화가 생길 경우, 히스테리성 인격장애나 조울증으로 정신적인 곤란을 겪을 수도 있다. 게다가 오화가 병존되어 있고, 원국 내 화기가 강할 경우 심장과 혈관질환에 유의해야 한다.

참고로 오화 병존은 자형으로 보기보다, 인기를 기반으로 남들에게 주목받는 직업을 가질 시 유리하다고 보았다. 남에게 인기를 얻는다는 건, 반대로 주변을 지나치게 신경 쓸 수도 있다는 뜻이다.

오화는 지장간이 병화, 기토, 정화로 이루어져 있다.* 병화와 정화 때문에 뜨겁긴 하지만, 다행히 중기인 기토가 사막의 오아시스처럼 강한 화기를 설기시켜 주는 양상이다. 오화는 욱하는 성정이 강한 만큼, 스트레스 관리가 어려운 편이다. 따라서 뜨거운 사막을 걷다가도 오아시스를 만나면 누구나 목을 축이는 것처럼, 오화의 기운이 강할 경우 자

---

* 오화 안에 기토가 중기로 들어있는 이유는 《명리, 나를 지키는 무기: 기본편》 112쪽 '왜 왕지인 오화에만 지장간이 하나 더 들어 있을까?' 파트를 참고하길 바란다.

신의 뜨거워진 감정을 차분하게 식히는 시간을 갖는 것이 무엇보다 중요하다.

유유(酉酉) : 섬세함과 단호함의 기운

유금은 지장간에 경금과 신금이 모인 금의 왕지로, 가을의 숙살지기에 해당한다. 가을이 되면 나무가 다 익은 열매를 땅에 떨어트리는 것처럼, 제 몸을 잘라내는 날카롭고 단호한 힘이 유금의 본질이다. 마치 닭이 모이를 쪼거나, 다른 닭을 공격하는 모습에서 연상되듯, 유금은 매섭고 집요한 힘도 갖추고 있다.

유금은 놀라운 집중력을 바탕으로 보석 세공을 하거나, 사실주의 그림을 그리는 것처럼 섬세하고 정교한 기술에 강점을 가지고 있다. 지지 중에서 가장 깨끗하고 완전무결한 힘이 유금으로, 어떤 일을 하든 꼼꼼하고 마무리도 완벽한 편이다.

다만 이런 유금이 병존이 되면 유금의 긍정성과 부정성 모두 강하게 표출될 수 있다. 스스로에 대한 강한 자부심과 완벽주의적 성향은 남에 대한 기준을 높여 지나치게 예민하거나, 까칠한 성격으로 드러나기 쉽다. 사실 유유를 자형으로 보는 이들은, 금 기운이 지나치게 강해지면 칼이나 날카로운 기계를 다룰 경우 사고가 나기 쉽다고 본다. 하지만 고전에서는 유유를 자형으로 보기보다 쇠를 다루거나, 나아가 사람의 생명을 다루는 직업에 유리한 힘으로 보았다는 점을 잊어선 안 된다. 유금은 특히 칼을 섬세하게 다루는 집도의가 갖추었을 때 매우 활용도가 높은 힘이다. 이외 직업적으로 꼼꼼함과 섬세함을 요구하는 재무, 회계, 설계, 법무 쪽 종사자는 물론, 칼을 다루는 요리사나 한의사에게도 도움이 된다. 참고로 유금에 도화의 속성도 있는 만큼, 인기를 바탕으로 한 직업에도 어울린다.

해해(亥亥) : 예술성과 기획력이 뛰어난 기운

혹자는 해수가 동물로 돼지를 상징하니, 해해 자형이 되면 욕심이 많아지고 포악해지며 밤에 일하는 직업이 어울린다는 등의 이야기를 하지만 이는 근거가 없는 악담에 불과하다. 정기인 임수를 기준으로 보면 해수의 지장간에 갑목 식신이 들어 있다는 점에 주목해야 한다. 식신의 힘을 바탕으로 예술성, 또는 상상력을 바탕으로 한 직업이나 기획과 관련된 영역에 강점을 보이기 때문이다.

해수가 병존되면, 역시 해수의 장단점이 함께 드러나게 된다. 해수는 육음지처(六陰之處)로 지지에서 음기가 극에 이른 만큼, 해수가 병존하면 진토처럼 수축하고 응축하면서 자신을 안으로 숨기려는 성향 또한 더욱 강해진다. 즉 혼자만의 공간에서 공상에 빠지거나 영화, 문학, 사진 등 예술 분야에서도 비주류적 감수성에 심취하는 경향이 높아질 수도 있는 것이다.

예로부터 생지 중에서도 해수를 해외 역마의 기운으로 보고, 원국에 해수가 있으면 유학이나 이민과 같이 해외와 인연이 크다고 말했다. 이를 다른 관점에서 해석하면, 해수는 4차원 소리를 들을 만큼 주변과 잘 어울리지 못하니, 자연스레 해외로 먼저 눈을 돌리게 된다고도 할 수 있다.

다만 이런 작용을 고려하지 않고, 해해병존이 되면 무조건 자형이라며 부정적으로 해석해선 곤란하다. 음기가 강한 해수가 병존되면, 자신의 어려움을 주변에 털어놓지 않고 혼자 감내하려는 경향이 생길 수 있다. 이때는 공상을 넘어 망상에 빠지지 않도록, 주변 사람과의 깊은 관계를 통해 자신의 생각과 감정을 공유하는 것이 필수적이다. 그렇게만 하면 우울증, 공황장애, 불면증 같은 정신 건강 문제를 상당 부분 다스릴 수 있으리라 본다. 참고로 해수 병존을 떠나, 사주에 수 기운이 너무 강할 경우 혈액, 신장, 비뇨기 계통으로 질병을 얻기 쉬우니 더욱 주의가 필요하다.

일단 자수와 함께 해수 역시 생명의 기운이 강한 만큼, 해해병존이 되면 사람의 생명을 다루는 직업이 어울린다는 점을 기억하면 좋겠다. 해수는 일반적인 서양의보다, 직관력을 필요로 하는 한의사에게 더 필요한 기운이다. 또한 소리와도 관련된 힘이라, 목소리로 감동을 주는 가수나, 음향 쪽에 종사하는 분들에게도 많이 발견된다.

② 상형: 한밤중에 궁리하는 형상

상형(相刑)은 자묘(子卯) 상형 하나뿐이다. 예로부터 묘목은 습목이라 수기운이 강한 자수를 지지에서 만나면 상성이 좋지 않다고 보았다. 수생목의 관계지만, 물을 많이 주다 결국 식물을 썩게 한다는 것이다. 수생목은 흔히 부모가 자녀를 키우는 것에 비유되는데, 자묘상형이 되면 부모와 자식이 서로를 괴롭히게 되니, 자녀 때문에 큰 문제를 겪게 되어도 남에게 쉽사리 드러낼 수 없어 속앓이하는 형국으로 보았다. 자수와 묘목은 왕지라 각자가 자기 기운을 강하게 드러내고자 한다. 자수가 묘목을 강하게 생하지만, 묘목은 자수를 달갑게 여기지 않으니, 결국 뜻이 어긋나 서로 다툰다는 해석도 있다.

자형보다 상형을 더욱 부정적으로 본 이유는, 조후가 중요했던 당시 자묘상형이 원국의 한난조습과 관계가 크다고 여겼기 때문이다. 자수와 묘목이 있으면 원국이 지나치게 습해질 가능성이 높아진다. 여기에 더해, 자수와 묘목이 둘다 도화인 만큼 불륜을 저지르다 부끄러운 일을 당하거나, 성추행 사건의 당사자로 불미스럽게 이름이 오르내리게 된다는 설명도 있다. 자수는 씨앗이고, 묘목은 동물로 다산의 상징인 토끼라 결국 성과 관련된 사건과 연결지어 해석한 게 아닌가 싶다.

또한, 자수와 묘목이 어두운 시간대인 만큼, 성병으로 인한 생식계통 질환이나, 치질에 걸리기 쉽다는 설명도 있다. 상형이 있으면, 어두운 곳에서 살펴야 하는 부끄러운 질환에 걸리기 쉽다고 본 것이다. 참고로 치질은 50대 이상 성인의 50퍼센트가 걸리는 흔한 질환으로, 일부 실손보험에서는 보상조차 하지 않을 만큼 수술 빈도가 높은 병이다. 개인적으로 자묘상형 역시, 원진살처럼 근거 없이 부정적인 부분만 과잉 해석된 신살이라 본다.

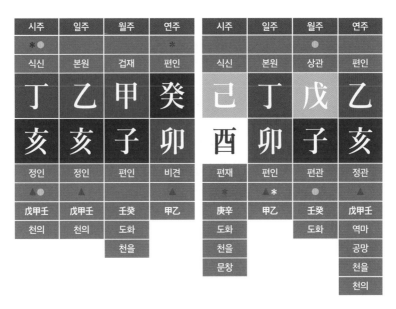

시주	일주	월주	연주
*●			*
식신	본원	겁재	편인
丁	乙	甲	癸
亥	亥	子	卯
정인	정인	편인	비견
▲●			▲
戊甲壬	戊甲壬	壬癸	甲乙
천의	천의	도화	
		천을	

시주	일주	월주	연주
		●	
식신	본원	상관	편인
己	丁	戊	乙
酉	卯	子	亥
편재	편인	편관	정관
*	▲*	●	▲
庚辛	甲乙	壬癸	戊甲壬
도화		도화	역마
천을			공망
문창			천을
			천의

사례 1   사례 2

    둘 다 한국 명리학의 태두로 꼽히는 분들의 명식으로 사례 1이 도계 박재완, 사례 2가 제산 박재현의 사주다. 공통적으로 둘 모두 자묘상형이 원국에 존재한다. 개인적으로 자묘상형은 한밤중에 궁리하는 형상으로, 눈에 보이지 않는 세계에 대한 통찰력과 관련된 기운으로 본다. 궁금한 게 생기면 의문이 풀릴 때까지 천착하게 되니, 시간이 오래 걸리더라도 결국 한 분야에서 전문가가 될 수 있는 힘으로 쓰인다. 참고로, 스승이신 명리학자 강헌의 원국에는 물론, 한때 스승님과 팟캐스트에서 명리 프로그램을 진행했던 명리상담가 지산 선생의 명식에도 자묘상형이 존재한다.

이외 신살

① 현침

현침(懸針)은 바늘, 침, 붓, 칼 등을 의미하는 신살로, 해당되는 간지의 모양이 뾰족한 바늘처럼 생겼다고 하여 자형살로도 불린다.

현침에 해당하는 간지는 갑목, 신금[辛], 오화, 미토, 신금[申] 다섯 가지다. 사주에 해당 간지가 많을수록 작용력이 크지만, 대체적으로 지지에 세 개 이상 있을 때 강하게 드러난다고 본다. 동일한 간지가 여러 개 있어도, 각각 하나의 개별적인 기운으로 해석한다.

현침이 강할수록 섬세하고 예민한 만큼, 비판적인 성향도 강해진다고 본다. 논리성과 언변을 바탕으로 하는 언론계, 비평계, 법조계에 종사할 경우 두각을 나타내며, 이외 바늘, 침, 칼을 사용하는 기술직이나 미용과 의료업에도 어울린다. 하지만 현침의 기운이 너무 강하면, 날카로운 성향으로 주변과 다투기 쉬우니 주의해야 한다. 참고로 현침이 강한 경우, 서화(書畫)나 역술업에 종사해도 어울린다.

② 귀삼합

丑 寅 卯	辰 巳 午	未 申 酉	戌 亥 子
봄	여름	가을	겨울
목 귀삼합	화 귀삼합	금 귀삼합	수 귀삼합
금의 기운을 용납하지 않음	수의 기운을 용납하지 않음	목의 기운을 용납하지 않음	화의 기운을 용납하지 않음

귀삼합(鬼三合)은 귀신이 합한다는 뜻으로, 기운의 편중성을 나타내는 신살이다. 귀삼합은 방합을 이루는 인묘진, 사오미, 신유술, 해자축 중 토에 해당하는 진토, 미토, 술토, 축토를 제외하고, 이전 계절의 토 기운이 있을 때 성립한다.

예를 들어 겨울에 해당하는 축토가 인목, 묘목과 만나 지지에서 축인묘를 이룰 경우 목 귀삼합이 발동한다. 축인묘 귀삼합은 인목과 묘목이 만나 목의 기운인 봄을 향해 나아가려 하는데, 사유축 삼합을 마무리하는 축토가 지지에 함께 있을 경우, 다 함께 연합하여 금의 기운을 억누른다는 것이다. 후술하겠지만 십이운성으로 축토는 천간의 경금을 입묘시키는 간지다. 인목은 경금을 만나면 절지에, 묘목은 태지에 놓이게 한다. 결국 금 기운이 운에서 오더라도 축토, 인목, 묘목이 연합하여 천간의 금 기운을 억제시키기 때문에 금의 기운이 힘을 못 쓴다고 해석하는 것이다.

진사오는 사화와 오화가 만나 여름을 향해 나아가는데, 신자진 수 운동을 마무리하는 진토가 있을 경우, 사화와 오화, 진토가 다 함께 수의 기운이 드러나지 못하게 방해한다고 본다. 진토는 십이운성으로 천간의 임수를 입묘시키기 때문이다.

미신유에서 신금과 유금은 가을을 이루는 간지다. 이때 해묘미 목국을 이루는 미토가 있으면, 신금과 유금, 미토가 다 함께 목의 기운을 억누른다. 미토는 갑목을 입묘시키는 간지다.

해수가 자수와 겨울로 나아가려는데, 인오술 화국을 마무리하는 술토가 술해자 귀삼합으로 성립된다. 술토가 병화를 입묘시키기 때문에 해수, 자수, 술토가 모이면 다 함께 화의 기운을 억제한다는 것이다. 귀삼합은 이렇듯 서로 떨어져 있더라도, 위 간지들이 지지에 있을 경우 순서에 상관없이 작용한다.

남, 신약

시주	일주	월주	연주
	*	*	
정인	본원	상관	편관
辛	壬	乙	戊
丑	寅	卯	申
정관	식신	상관	편인
●	*●	●	*●
癸辛己	戊丙甲	甲乙	戊壬庚
	역마	도화	역마
	공망	천을	천덕
	문창		
	암록		
	천의		

91	81	71	61	51	41	31	21	11	1
상관	식신	겁재	비견	정인	편인	정관	편관	정재	편재
乙	甲	癸	壬	辛	庚	己	戊	丁	丙
丑	子	亥	戌	酉	申	未	午	巳	辰
정관	겁재	비견	편관	정인	편인	정관	정재	편재	편관
쇠	제왕	건록	관대	목욕	장생	양	태	절	묘

　나의 기수련 스승 원철 스님의 사주로, 지지에 완벽히 귀삼합이 짜여 있다. 일간 임수가 연지 신중 임수와 축중 계수에 뿌리를 내리고 있긴 하지만, 실령·실지하여 신약한 사주다. 일월지를 차지한 식상이 워낙 강해, 이를 다스릴 금 인성과 토 관성이 용희신이 된다. 수 비겁은 한신 이다.

　기신 화 재성이 들어오던 초년은 조금 불리한 흐름이라, 어릴 적 성장에 어려움을 겪었다. 강한 화기에 의해 원국의 금 기운이 공격받아 폐결핵에 걸렸지만, 무오대운 때부터 시작한 기공 수련을 통해 건강을 회복하게 됐다(다행히 재성은 기구신이라도 나쁘지 않고, 원국에도 화 재성이 없던 까닭에 폐해가 그리 크진 않았다).

대학에서 연주와 시주에 있는 용희신 관인의 기운을 잘 살리면 연구나 교육에 종사할 수도 있었겠지만, 20대에 오던 오화의 강한 열기에 영향을 받아 운동권이 되었다. 명문대를 졸업 후 20대 말부터 강단에 섰는데, 용신이 들어오는 40대 편인 대운 때는 EBS에 출연하며 논술교사로서 전국적인 명성을 얻었다. 평소에도 기공 수련에 매진하다 51신유 정인 대운에 출가를 결심, 수 기운이 가득한 거제도에서 주지스님으로서 수도의 길을 걷고 있다.

귀삼합 이론에 따르면, 이 사주는 금이 들어오는 대운에는 운의 흐름이 매우 불리하게 된다. 하지만 원철 스님은 억부 용신에 해당하는 41경신, 51신유대운 때 사회적인 성취를 이루었다. 게다가 금 기운이 약해지기는커녕, 오히려 원국의 용희신인 관성과 인성의 기운을 바탕으로, 현재도 많은 사람에게 긍정적인 영향을 주고 있다. 귀삼합 이론에 따르면 오히려 금이 들어올 때 운의 흐름이 불리하다 못해 매우 위험해져야 하지만, 대운에서 금 기운이 간여지동으로 들어왔음에도 불구하고 운의 희기는 정반대로 나타났다.

개인적으로 십이운성을 중요하게 활용하고 있음에도 불구하고, 해당 간지만 모이면 지지에서 귀삼합이 일어난다는 것에 대해 다소 부정적인 입장임을 밝힌다. 귀삼합은 억부적 관점과도 상충하는 데다, 십이운성을 통변에 적극적으로 활용하고 있음에도 불구하고, 무엇보다 현장에서 귀삼합이 적용되는 실례를 찾아보기 힘들었기 때문이다. 귀삼합은 십이운성 이론에 바탕을 두고 있는 만큼, 나머지 부분은 이 책의 3장 십이운성 파트에서 자세히 다루기로 하자. 참고로, 신살 중 천라지망(술해천문·진사라망), 삼재, 십이신살 역시 책의 구성상 십이운성 파트에서 서술함을 덧붙인다.

나의 사주 이야기

시주	일주	월주	연주
정인	본원	편인	정인
乙	丙	甲	乙
未	午	申	丑
상관	겁재	편재	상관
*			*
丁乙己	丙己丁	戊壬庚	癸辛己
쇠	제왕	병	양
백호	도화	역마	
천의	양인	문창	
	월공	암록	

　내 원국에는 천간 신금을 제외하고, 현침에 해당하는 모든 간지가 자리 잡고 있다. 어렸을 적 어른이 되면 소설가, 언론인, 영화 평론가, 법조인이 되고 싶다고 막연히 생각했는데, 현침이 상징하는 비평적인 성향과 어느 정도 관련이 있다고 생각한다.

　직장생활을 할 때 잠깐 육아휴직을 했는데, 남성의 경우 중소기업과 대기업 종사자 간 육아휴직 비율이 압도적으로 다르다는 것을 알고, 시민기자로서 이를 비판하는 기사를 장기간에 걸쳐 연재했다. 기계를 좋아한 만큼 어렸을 때부터 부품을 모아 직접 컴퓨터를 조립했고, 한때 자동차에 관한 기사를 시리즈로 쓰기도 했다. 이외, 온라인 쇼핑몰에서 소액 사기를 당했을 때 나홀로 소송을 통해 영치금을 압류하거나, 출생신고에 관한 행정예규의 문제점을 바로잡기 위해 헌법소원을 낸 것, 명리학을 연구하고 책을 쓴 것 모두 현침의 기운으로 해석 가능하다.

　물론 원국의 구조와 십성의 작용, 대세운의 흐름 등을 제외하고, 오직 신살 하나에만 의존해 사주를 살피는 것은 무척 위험한 일이다. 위에 언급한 내용 모두 현침을 적용하지 않더라도 얼마든지 쉽게 해석 가능하기 때문이다. 예를 들어 일지 직업궁에 겁재와 양인을 두었으니,

독립적인 성향이 높아 소설가, 법조인 등 자영업, 프리랜서 형태의 직업을 선호하게 되었다고 볼 수 있다. 게다가 화 오행이 강하니, 영화 쪽에 관심을 가지게 된 것도 자연스럽다.

또한 십성 중 인성이 상관을 제어하는 형태로, 연구한 내용을 강의하거나 유튜브를 하는 것도 어울린다. 게다가 신금 편재 용신의 자리에 문창귀인이 있으니, 내겐 직업인 명리학을 주제로 꾸준히 글을 쓰는 게 여러모로 도움이 될 수도 있다. 월지 신금에는 편재-암록도 있는데, 어렸을 때부터 경제적인 곤란을 겪을 때마다 감사하게도 조금씩 도와주는 분들이 계셔 큰 은혜를 입었다. 물론 월지 편재가 사람들과의 넓은 관계를 의미하니, 암록을 덧붙이지 않더라도 주변에 도움을 주는 분들이 많았다고도 볼 수 있다.

이렇듯 신살을 쓰지 않고도 기본적인 분석이 가능한 만큼, 신살은 원국을 보조적으로 설명하기 위한 일종의 소스 역할로만 생각하면 좋겠다.

명리영역 기출문제

1. 다음 중 각 신살에 대해 할 수 있는 말로 가장 적절하지 않은 것을 고르면? (난이도 하)

① 진진 자형: "선생님께서 추구하시는 목표가 현실적인지, 객관적으로 꼼꼼히 살펴보시면 어떨까요? 그리고 평상시에 염증성 피부질환에도 유의하시면 좋겠습니다."

② 오오 자형: "무엇보다 감정을 잘 다스리는 게 관건입니다. 평소에 욱하시는 성향이 있는 만큼, 늘 여유롭게 지내시고 스트레스 관리도 잘하셔야 해요."

③ 유유 자형: "무슨 일을 하든, 너무 완벽하려고 하지 않으셔도 됩니다. 스스로에 대한 기준을 조금 낮추시는 것도 좋을 것 같아요."

④ 해해 자형: "사주에 돼지가 두 마리나 있으니, 안 되겠어요. 평소에 식탐을 줄이도록 하세요."

⑤ 자묘 상형: "궁금한 게 생기면 끝까지 파고들어 보세요. 시간이 오래 걸리더라도, 한 길로 집중만 하신다면 전문가가 될 자질이 충분하다고 봅니다."

2. 다음 중 아래 사주에 대한 설명으로 가장 거리가 먼 것을 고르면?
   (난이도 상)

시주	일주	월주	연주
		●	
비견	본원	편관	편인
壬	壬	戊	庚
寅	寅	子	寅
식신	식신	겁재	식신
		●	
戊丙甲	戊丙甲	壬癸	戊丙甲
병	제왕	제왕	병
역마	역마	양인	역마
월득	월득		문창
문창	문창		암록
암록	암록		

97	87	77	67	57	47	37	27	17	7
편관	정재	편재	상관	식신	겁재	비견	정인	편인	정관
戊	丁	丙	乙	甲	癸	壬	辛	庚	己
戊	酉	申	未	午	巳	辰	卯	寅	丑
편관	정인	편인	정관	정재	편재	편관	상관	식신	정관
관대	목욕	장생	양	태	절	묘	사	병	쇠

① 소율: "일간이 월지에 뿌리내리고 있는데 식상이 무척 강하잖아? 이런 경우 억부적으로는 금 인성을 용신으로 써야 해."

② 지환: "각 주별로 십이운성을 독립적으로 떼어놓고 보면 연주는 절 지고, 월주는 태지에 해당해. 엄청난 변화의 에너지를 갖고 있다고도 볼 수도 있지 않을까?"

③ 수빈: "그런데 양간인 임수가 식신의 힘을 강하게 갖추었으니, 바깥으로 드러나는 힘은 거대한 공감능력을 기반으로 한 무언가가

될 것 같아. 인묘 식신이 놓인 병지는 주목을 받는 힘이면서, 공감을 자아내는 기운이기도 하잖아.”

④ 하린: “신살로 식신이 있는 자리마다 암록이 동주하고 있는 만큼, 어떤 면에서는 주변의 도움이 늘 있었다고도 볼 수 있을 것 같아.”

⑤ 민재: “겁재는 기존의 질서를 파괴함과 동시에, 새로운 것을 창조하는 힘이야. 다만 수탕기호라고 해서, 인묘이 수의 기운을 빠르게 설기하니, 자수 겁재는 수의 힘을 거의 상실했다고 봐야 해. 게다가 연간의 경금은 천간에 떠 있어서, 금생수를 제대로 하지도 못하잖아?”

3. 다음 중 아래 두 사주에 대한 대화로 가장 거리가 먼 것을 고르면?
(난이도 상)

시주	일주	월주	연주
●	●	●	●
정재	본원	식신	편인
庚	丁	己	乙
子	亥	卯	亥
편관	정관	편인	정관
	▲●	▲	▲
壬癸	戊甲壬	甲乙	戊甲壬
절	태	병	태
도화	천을		천을
월공			

96	86	76	66	56	46	36	26	16	6
식신	정재	편재	정관	편관	정인	편인	겁재	비견	상관
己	庚	辛	壬	癸	甲	乙	丙	丁	戊
巳	午	未	申	酉	戌	亥	子	丑	寅
겁재	비견	식신	정재	편재	상관	정관	편관	식신	정인
제왕	건록	관대	목욕	장생	양	태	절	묘	사

보기 1

남, 중화

시주	일주	월주	연주
●	●		
정관	본원	정인	정인
甲	己	丙	丙
子	巳	申	子
편재	정인	상관	편재
▲	●	▲●	▲
壬癸	戊庚丙	戊壬庚	壬癸
절	제왕	목욕	절
천을		천을	천을
		월공	월공

93	83	73	63	53	43	33	23	13	3
정인	편관	정관	편재	정재	식신	상관	비견	겁재	편인
丙	乙	甲	癸	壬	辛	庚	己	戊	丁
午	巳	辰	卯	寅	丑	子	亥	戌	酉
편인	정인	겁재	편관	정관	비견	편재	정재	겁재	식신
건록	제왕	쇠	병	사	묘	절	태	양	장생

보기 2

① 지훈: "보기 1은 월지에 있는 인성이 천간에 투출하긴 했지만, 일
간이 뿌리가 없어 전체적으로 신약한 사주로 봐야 해. 억부 용신은
화 비겁, 희신은 목 인성이야."

② 병용: "보기 2는 지지가 거의 수국으로 가려고 하는 데다, 시간 갑
목도 뿌리가 없어서 화 기운을 생조해 주지 못하고 있어. 인성이
얼핏 강한 듯하지만, 의외로 힘이 없어서 억부적으로 화 인성이 중
요한 사주일 것 같아."

③ 서진: "보기 1 사주가 목 인성이 희신이라는 말은, 공부나 학위 등
으로 스스로를 빛낼 가능성이 높다는 뜻이겠네? 게다가 연주, 일
주에 합이 된 천을귀인이 있으니, 공부를 할 때도 도움을 많이 받
았을 거야."

④ 은우: "보기 2 사주는 월지가 왕지는 아니지만, 태어난 시간이 자
시라 수 기운이 강한 데다, 연지 자수도 신금을 수의 방향으로 끌
고가고 있어. 게다가 사화는 중기가 경금이라, 이렇게 수의 기운
이 주변에 가득하면 병화의 뿌리가 되어주긴 힘들 것 같아."

⑤ 다은: "맞아. 보기 2 사주는 사신합 때문에 사화가 완벽하게 수가
되어버렸어. 이렇게 되면 화 인성의 힘은 하나도 드러나지 않게
돼."

풀이 노트

1. → 정답은 ④번이다. 해수는 갑목 식신을 바탕으로 예술성과 상상력, 기획력이 뛰어난 편이다. 하지만 음기가 극에 달한 해수의 기운이 강해지면 고민이 있어도 밖으로 표출하지 않아, 정서적인 어려움을 겪을 수 있다. 주변 사람들과 친밀하게 교류하며 자신의 생각과 감정을 객관화하는 것이, 해수의 비주류적 감수성을 도구로 만드는 가장 좋은 방법이다.

2. → 정답은 ⑤번이다. 인목이 수탕기호로 수의 기운을 가장 잘 다스리는 간지라고는 하나, 월지 자수는 왕지인 데다 천간에도 투출하여 그 힘이 만만치가 않다. 이 사주는 일간은 득령했지만, 인목 식신의 힘이 강하기 때문에 금 인성, 토 관성이 용희신이 된다.
보기는 베토벤의 사주. 47계사 재성 대운 전까지 경제적으로 풍족하진 않았으나, 베토벤의 재능을 높이 산 귀족들의 후원을 통해 꾸준히 창작활동을 이어나갔다. 음악가에게는 사형선고와도 같은 청각장애가 있었으나, 연일시 삼주에 도배된 식신, 역마, 문창, 암록의 힘으로, 주변으로부터 꾸준히 경제적 지원을 받으며 위대한 유산을 남겼다. 일주와 시주의 임인은 양간의 식상으로, 식상의 힘이 무척 강하게 표출될 수밖에 없는 사주다.
실제 그는 귀족들이 돈을 많이 줘도, 자신의 음악작업에 간섭하면 가차없이 쓴소리를 퍼부었으며, 호의호식하는 왕족이나 귀족들의 권위를 인정하지 않는 괴팍한 성격의 소유자였다. 소송을 통해 세계 최초로 저작권이라는 개념을 확립한 선구자로서, 후대 예술가에게 여러 간적접 유산을 남긴 것 역시 암록의 힘으로 해석 가능하다. 참고로 ②번과 ③번은 후술할 십이운성과 관련된 내용으로 모두 맞는 설명이다.

3. → 이 문제의 정답은 ⑤번이다. 보기 2는 지지의 사신합 때문에 사화가 묶이게 되었지만, 그렇다고 수로 바뀐 것은 아니기 때문이

다. 정인은 오랫동안 근원적인 무언가를 추구하는 힘이 되지만, 지지에서 합으로 묶이면 활성화되지 못할 수도 있다.

보기 1은 대한민국의 대통령이었던 이승만의 사주다. 월지 인성이 시간에 투간한 관인생의 형태로, 화의 기운이 약해 현실주의적인 성향이 강하다. 지지에 도배된 관성과 편인의 힘으로 하버드대학에서 석사, 프린스턴대학에서 한국인 최초로 박사 학위를 받았고, 이를 권력을 갖는 현실적인 힘으로 썼다.

뛰어난 외교적 능력을 바탕으로 일각에서는 국부로 추앙받지만, 제주4·3사건, 보도연맹사건 등의 국민 학살, 친일반민족행위자 청산을 방해한 독재자라는 극과 극의 평가를 받고 있다. 사사오입개헌과 3·15부정선거 등으로 자유민주주의 헌정을 파괴했고, 결국 4·19혁명으로 불명예 퇴임했다. 지지의 수 관성이 목 편인을 향하니, 천을귀인의 힘을 오로지 자신에게 이로운 쪽으로만 사용했다.

보기 2는 백범 김구의 사주다. 얼핏 천간에 있는 병화의 힘이 강한 듯하지만, 지지 합화의 방향이 수를 향하고 있다. 뿌리가 없는 시간 갑목은 화를 생조하기 힘든 만큼, 겉으로 드러나는 것보다 화의 힘이 약하다. 재성과 인성이 대치하는 형국으로, 재성이 좀 더 강한 만큼 억부적으로 화 인성이 용신, 목 관성이 희신이 된다. 원국에 수기가 강한 만큼 금, 수가 들어오는 청년기 대운의 흐름이 매우 불리하게 작용했다. 23기해대운에는 일본군을 살해하여 사형 선고를 받았다가, 수감 중 겨우 탈옥하기도 했다. 33경자 대운에는 안악사건에 연루되어 고문을 받았고, 15년 형을 언도받은 후 서대문 형무소에 수감되기도 했다. 43신축대운 중 1919년 기미년에 일어난 기미독립선언 직후 상하이로 망명해 대한민국 임시정부 건립에 참여했다. 인사신 삼형이 성립하는 53임인대운에 독립운동가 김원봉 다음으로 현상금이 높을 만큼 독립운동계의 거물이 됐지만, 천을귀인의 작용으로 다행히 일본군에 붙잡히지 않았다.

73갑진대운에 희신 갑목이 기토와 만나 토 한신으로 변한다. 희신이 한신으로 기반하는 것은 기구신보다 더욱 불리한 흐름으로, 세운 축토와 대운 진토가 전부 수로 기반하는 1949년 기축년에 어이

없게 육군 장교 안두희에게 권총으로 암살당한다.

이 명식의 흥미로운 점은 형, 충, 공망되지 않고 합으로 묶여 빛나게 된 천을귀인의 힘이 무척 강하다는 데 있다. 게다가 용신인 병화 월공이 천을귀인까지 안고 있으니, 만고에 이름을 남기는 힘으로 작용했다.

命理
武器

2
장

십이운성의 개요

시주	일주	월주	연주
정인	본원	편인	정인
乙	丙	甲	乙
未	午	申	丑
상관	겁재	편재	상관
*			*
丁乙己	丙己丁	戊壬庚	癸辛己
쇠	제왕	병	양

　명리학 이론은 큰 틀에서 이법(理法), 상법(象法), 기법(氣法) 세 가지로 분류된다. 이법은 주로 음양, 오행, 십성, 합, 충, 형 등 생극제화의 영역을 다룬다. 상법은 물상론이다. 예를 들면 갑목이 천둥(震)으로 권위, 두려움, 리더의 기질을 상징하고, 점술의 도구로 사용되던 거북의 등과 같아 직관력과 예지력이 강하다는 식으로 접근한다. 십이운성(運星)은 눈에 보이지 않는 천간(氣)의 기운을 다루는 기법에 속한다. 일간 중심의 십성과 달리, 십이운성은 모든 천간을 각각 지지에 대입하여 만물의 생장과 소멸의 흐름에 따라 12단계로 나눈다. 십이운성은 각 단계마다 아래와 같은 의미가 있다.

　절(絶): 없음(無), 사라져 없어지고 인연이 끊어짐, 다시 시작함
　태(胎): 정자와 난자의 수정, 기운의 생성, 무엇이든 될 수 있음
　양(養): 태아기, 뱃 속에서 자라남
　장생(長生): 유아기, 태어나 세상에 나옴
　목욕(沐浴): 유년기, 어른들에게 귀여움을 받는 어린이의 시기
　관대(冠帶): 청년기, 육체적인 성장은 끝났지만 아직 미숙함
　건록(乾祿): 장년기, 자신의 뜻을 왕성하게 구현하는 시기
　제왕(帝旺): 중년기, 인생의 정점과 고독

쇠(衰): 노년기, 노련함과 물러남

병(病): 황혼기, 병들고 보호받음

사(死): 죽음, 육체적 활동 정지, 정신적 활동 시작

묘(墓): 무덤, 가장 정적인 시기, 고립되어 갈무리함

십이운성과 관련된 오랜 병폐 중 하나는 병, 사, 묘, 절이 될 때는 흉하고, 건록과 제왕이 될 때는 길하다는 식으로 좋은 것과 나쁜 것을 구분하고 있다는 점이다. 음양이나 오행, 충과 합 역시 단지 우주의 기운일 뿐 좋고 나쁜 잣대를 들이댈 수 없듯, 십이운성도 마찬가지다. 현대에는 십이운성을 인정하지 않는 학파도 많은데, 나는 십이운성 역시 명리학을 입체적으로 이해하기 위한 보조적인 수단으로 적극 참고해야 한다고 본다.

같은 십성이라도 오행에 따라 성격이 달라지며 또 다른 층위가 만들어진다. 십이운성 역시 천간이 지지를 만날 때마다 힘의 상태가 어떻게 달라지는지는 물론, 십성의 규정과 해석에도 생동감을 더할 수 있다.

태부터 제왕까지는 양기가, 쇠부터 절까지는 음기가 증가하는 단계로 이해하자. 양기의 증가는 외적으로 사회적인 활동이 점차 왕성해지는 것에, 음기의 증가는 개인적·정신적인 활동이 왕성해지는 것에 비유할 수 있다.

천간의 속성은 변하지 않는다. 다만 어떤 지지를 만나느냐에 따라 여러 모습을 보이며 층위가 달라질 수 있다. 병화 일간을 예로 들어보자. 병화는 양화로 자기를 드러내려는 속성이 강해 방송, 미디어를 무대로 본인의 영향력을 넓히기 쉽다. 자기계발 분야 강사가 꿈이었던 병화 일간이 인목이 들어오는 해를 만났다고 치자. 병화에게 인목은 장생(長生)으로, 병화가 세상에 자신의 이름을 알리기 위해, 바깥으로 발걸음을 내딛는 모양이 된다. 때마침 이 강사는 오랜 꿈을 이루기 위해 그동안 공부해 왔던 것들을 정리하여 책으로 출간했고, 지역 센터에도 출강하며 조금씩 이름을 알리게 된다. 이로부터 몇 년 후, 마침내 대기업과 공공기관은 물론, 방송계까지 종횡무진 활약하다 보니 자연

십이운성 조견표

	甲	乙	丙	丁	戊	己	庚	辛	壬	癸
寅	건록	제왕	장생	사	장생	사	절	태	병	목욕
卯	제왕	건록	목욕	병	목욕	병	태	절	사	장생
辰	쇠	관대	관대	쇠	관대	쇠	양	묘	묘	양
巳	병	목욕	건록	제왕	건록	제왕	장생	사	절	태
午	사	장생	제왕	건록	제왕	건록	목욕	병	태	절
未	묘	양	쇠	관대	쇠	관대	관대	쇠	양	묘
申	절	태	병	목욕	병	목욕	건록	제왕	장생	사
酉	태	절	사	장생	사	장생	제왕	건록	목욕	병
戌	양	묘	묘	양	묘	양	쇠	관대	관대	쇠
亥	장생	사	절	태	절	태	병	목욕	건록	제왕
子	목욕	병	태	절	태	절	사	장생	제왕	건록
丑	관대	쇠	양	묘	양	묘	묘	양	쇠	관대

십이운성에 따른 활동성 주기

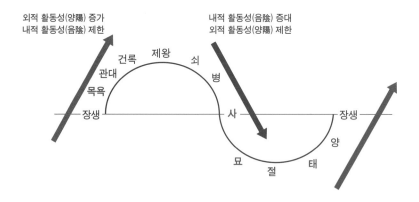

외적 활동성(양陽) 증가
내적 활동성(음陰) 제한

내적 활동성(음陰) 증대
외적 활동성(양陽) 제한

관대 건록 제왕 쇠
목욕 병
장생 사 장생
묘 절 태 양

* 위 그래프는 양간을 기준으로 한 활동성 주기이다. 음간은 역행한다.

스레 스타강사라는 수식어가 붙는다. 왕성하게 활동하는 이 시기를 건록(乾祿), 제왕(帝旺)으로 볼 수 있다.

그러나 과거의 작은 말실수로 논란이 빚어졌고, 이후 방송 활동이 어렵게 된다. 병화가 유금을 만나 사(死)지에 접어든 때다. 자숙하며 돈을 벌기 위한 대외 활동은 하지 않는 대신, 이 강사는 몇 년간 새로운 분야를 공부하며 내실을 키우기로 한다. 두문불출하기를 3~4년째. 이 강사는 유튜브 채널을 개설한 후 앞으로도 유료 강의는 하지 않겠다 선언한다. 그러고는 집안에서 촬영한 동기부여나 자기계발 분야 강의를 무료로 나누기 시작한다. 이전보다 더욱 단단해진 강사는 사람들의 성장을 도우며, 세상에 더 널리 선한 영향력을 퍼트린다.

강사(병화)라는 업의 본질은 변하지 않았지만, 시기에 따라 활동 무대나 방식은 조금씩 달라지게 되었다. 병화의 속성은 유지한 채, 시기에 따라 외적인 활동 또는 내적인 활동에 집중하게 된 것이다. 내적인 활동에 집중하게 된 상태가 바로 음기가 증대되어 외적인 활동이 제한되는 사, 묘, 절, 태, 양의 시기라 할 수 있다.

십이운성의 시기별 특성

십이운성의 시기별 정리

십이운성	장생	목욕	관대	건록	제왕	쇠	병	사	묘	절	태	양
시기	유아기	유년기	청년기	장년기	중년기	노년기	황혼기	죽음	무덤	없음(無)	정자와 난자	태아
의미	탄생 후원	감수성 관심	성장 미숙	왕성 부양	정점 고독	노련 후퇴	쇠약 효율성	정신 수양	격리 집중	단절절연(截然)	시작 희망	양육 욕심
키워드	성장 학습	감각 트렌드	의욕 경험	왕성함 주도성	권위 자격	통달 모색	공감 활인	집중 기술	방어 습관	변화 타이밍	수용 가능성	온화 대비
심리와 성격	천진난만 순진무구 보호본능 자극 자유로움	호기심 사교력 섬세함 멋과 유행 과시성향	쾌활함 진취적 개척정신 명예욕 성취욕 미숙함	독립심 자신감 자만감 사고력 부족 인덕부족	고집 독단성 독선적 오만함 권력욕 외로움 고독함	성실함 책임감 관계원만 외유내강 헌신 보수적 인본주의	온순함 고독함 보수와 배려 이지박약 수동적 동정심 이타심	고도의 집중 이상 수행 정진 정신승리	끈질김 수집 비축 절약 인정추구 현재중심 보수적	불안정 변화무쌍 고독함 비판적 즉흥성 도전	꿈 희망 천진난만 분리불안 낙관성 가능성 탐구	인정 낙천적 호감 다정다감 여유인만 근심걱정 없음
특징	일취월장 총명함 뛰어난 학습력 주변의 후원 발전 미래 지향적	감각적 유흥성 유행 트렌드 파악 얼리 어답터	의욕적 좌충우돌 요령부족 시행착오 고진감래 대기만성 대인/부부 관계 독박	여유만만 주도적 자수성가 가정이 불안 (배우자, 자녀 관계 문제)	왕성한 고집 불굴의 의지 경쟁과 야망 카리스마 극단성 사회활동, 가정이 불안 (배우자, 자녀 관계 문제)	관리력 노련함 온화함 중재자 만학도 정신적 사유 진취력↓	노련/숙련 효율성 공감력 활인업 주목받음	마무리 기술 실용성 테크닉 영성추구 사고력 육체적 활동↓ 정신적 활동↑	제한 저장 정리 보관 정신노동 루틴 습관	활동중단 절처봉생 빼어남 변화 반전 국면의 전환 새로운 시작 극단성	수용력 순수함 편견없음 자기 본위적 사고 고결함 이상추구 예지력 분석력 명석함	안정추구 온화함 온순함 친화력 순조로움 낙천적 시선 파단성↓

옆의 표는 시기에 따라 달라지는 키워드, 심리와 성격 등 십이운성의 특징을 정리한 것이다. 우리는 인생의 흐름을 열두 개의 단계로 개념화한 십이운성을 통해 운세에 동력을 부여하고, 삶의 자세를 완숙하게 가꾸어 나갈 수 있다. 이제 십이운성을 기준으로 일주를 구분해 보고, 키워드에 따라 주요한 의미들을 살펴보자.

① 장생지: 탄생의 성 – 성장과 학습

장생(長生)은 한자로 처음 장(長), 태어날 생(生) 자를 써서, 태어난 아이가 처음으로 울음을 터트리는 순간을 나타낸다. 아이는 자신의 신체를 온전히 갖추긴 했지만, 아직 정신적·신체적으로 미숙하여 여전히 주변의 도움이 필요한 상태다. 누워 있는 아이가 천장에 매달린 모빌을 호기심 어린 눈으로 바라보듯 늘 생기가 넘치며, 주변 사람을 즐겁게 만든다.

순수한 성품과 깨끗한 심성을 지녀, 고전에서는 세상의 때가 묻지 않은 선비의 고고한 기운에 빗대기도 했다. 어느 조직에서든 사랑받고, 유연하고 적응력도 뛰어난 만큼 출세도 빠른 편이다. 하지만 주변의 영향을 많이 받기에, 주도력과 대담함이 부족하다는 것이 단점으로 꼽힌다. 주변 사람들과 협력하고 소통하는 능력은 뛰어나지만, 리더십이 약해 참모역이 더 적합하다.

장생은 신살 중 문창귀인과 상통하는 기운으로, 학습능력과 이해력이 높아 새로운 지식과 기술을 빠르게 습득한다. 섬세한 감수성을 지녀 문과라면 예술, 이과라면 기술 분야에서 남다른 재능을 드러낸다. 총명하고 배움에 대한 열망이 커 성장의 속도가 무척 빠르지만, 주변의 후원과 도움이 없으면 그만큼 발전이 지체될 수 있다. 이는 반대로, 주변 상황에 따라 성공 가능성이 높아진다는 것을 의미하기도 한다.

장생에겐 아이가 보여주는 성장과 학습의 힘이 있다. 아이들은 엉뚱한 생각으로 귀엽게 보이기도 하지만, 잦은 거짓말과 눈가림으로 부모를 속이기도 한다. 수줍고 소심하며, 뻔뻔하고 당차다. 매일 다른 모습을 보여주며 성장하는 가운데, 사회적 규범과 규율을 조금씩 익혀 나간다. 총명함을 바탕으로 일취월장할 수 있지만, 아직 돈을 벌거나, 학문에 뜻을 두거나, 관직에 나아갈 만한 힘은 없다. 이 때문에 장생에게 가장 필요한 것은 학습이다.

장생의 기운을 살리고 싶다면, 어떻게든 공부할 수 있는 환경을 만들고, 그 속에서 학습을 통해 성장해야만 한다. 학교 공부 대신 예술, 체육, 기술을 포함한 자기만의 전문적인 길을 개척해 나가도 좋다. 학문이 뒷받침되지 않은 상태의 장생은 자기의 힘을 펼칠 수 없으며, 학습을 포기한 장생이야말로 불우해지기 쉽다.

만약 장생에게 적절한 학습 환경이 조성되지 않는 경우, 장생은 혼자 힘으로 공부를 해나가기가 무척 어렵다. 장생에게 무엇보다 특수관계인의 역할이 중요한 이유다. 비슷한 기운인 태와 마찬가지로, 성장기에 제대로 공부하지 못한 장생은 중장년에라도 꾸준히 공부를 이어나가야만 한다. 이때 배움의 끝을 정하지 말고 학사, 석사, 박사 등 제도권 내에서 학문을 하는 게 유리하다.

장생은 주변에서 큰 사랑을 받지만, 이 인기가 자신의 현실적 이익과 연결될 정도로 강하지는 않다. 회사생활을 하며 성과를 냈더라도, 어처구니없이 다른 사람에게 성과를 빼앗길 수 있다. 이를 방비하고자 한다면, 특히 비견이 장생지에 놓일 경우, 책임과 권한, 성과 배분과 관련된 계약을 꼼꼼히 해두는 것이 좋다.

원국에 정재, 정관, 정인처럼 십성 중 '정 시리즈'의 기운이 강하다면, 장생과의 상성이 무척 좋다. 반듯하고 올바른 힘에 순수함이 더해진 것과 같지만, (장생은 힘이 약하기 때문에) 크게 욕심을 부리지 않는 것이 좋다. 특히 양간보다 음간 장생인 경우, 더욱 안정성을 우선해야 한다.

일간이 대세운에서 장생을 만나면, 변화에 대한 대처능력이 높아질 수 있다. 정신적·경제적 측면에서 모두 안정감이 높아지고, 새로운 시작과 도전을 앞두고 발전을 추구해 나간다. 참고로 고전에서는 장생이 병을 만나면 주거나 직장, 직업적인 변화가 생긴다고 보았다. 장생은 병과 충이 되는 관계에 놓이기 때문이다. 이때 양간은 지지에서 생지가, 음간은 왕지가 충을 하게 된다.

② 목욕지: 목욕재계의 성 - 감각과 트렌드

목욕(沐浴)은 장생의 다음 단계라 하여, 소장생(小長生)으로도 불린다. 사람으로 치면 6~13세 사이의 어린이가 깨끗하게 몸을 씻고 단장을 마친 상태다. 목욕은 양간인 경우 자오묘유 왕지 위에 있어야 성립된다. 음간은 십성으로 자기 표현의 기운인 상관을 지지에 가진다. 어린아이가 재치있는 말과 행동으로 어른들의 귀여움을 독차지하듯, 사람들에게 주목받고 과시하려는 성향이 있다.

목욕은 장생처럼 순수함과 호기심이 있지만, 장생이 가지지 못한 교섭력과 사교력을 갖추고 있다. 활발하고, 대인관계에 있어서도 적극적으로 호감을 이끌어내기에, 협상과 중재가 바탕인 영업과 외교 분야에서 두각을 나타낸다. 유머나 연예감각도 좋고, 유행과 멋에도 관심이 많은데, 모두 남에게 효과적으로 어필하고 싶어서다. 섬세함과 세련미가 있어 자신을 잘 치장하고, 뛰어난 화술로 이성에게도 많은 인기를 얻는다.

어린아이와 같은 목욕의 섬세한 감수성은 창의력이나 예리한 직관으로 확장된다. 실제 목욕지의 글자를 가진 사람들은 성감대를 비롯하여 언어, 소리, 맛, 시각적인 감각이 발달한 경우가 많다. 다방면에 재능이 많고, 예술적·기술적 감각도 뛰어난 편이라 연예인, 예술가, 정치인처럼 남에게 인기를 얻어야 하는 직업과 어울린다.

목욕이 가진 감각들을 잘 활용하려면, 시대의 트렌드를 잘 읽고 앞서 나가기 위해 노력해야 한다. 무엇이 대세인지, 다음엔 어떤 분야가 시대적 요구에 부합할지 안테나를 세우고 예민하게 관심을 기울이는 게 좋다. 마케터, 광고업자, 작가, 카피라이터, 외교관(화술), 패션업계 종사자, 예술가 등에게 필요한 감각이 목욕과 어울린다. 목욕의 기운을 잘 살리고 싶다면 학자로서 논문을 쓰더라도 트렌디한 논문을 쓰는 것이 유리하다.

왕성한 호기심은 목욕이 가진 창조력을 극대화하지만, 지나치면 자칫 탐닉이나 중독, 사치와 도박, 이성 문제와 연결될 수 있다는 단점이 있다. 덧붙여 과거에는 어린아이가 옷을 벗고 있어도 수치심을 모른다거나, 몸을 씻으려면 옷을 벗어야 한다는 등의 이유로 목욕을 음란하게 바라본 해석도 있다. 아직은 미숙하여 다소 충동적이고 경솔한 행동도 할 수 있는 만큼, 특히 이성과의 관계에서 자신에 대한 통제나 절제가 필요하다는 정도로 이해하는 것이 타당하다.

일간이 대세운에서 목욕을 만나면, 예술적 감수성이 높아지고, 창의력이 발휘될 수 있다. 취미로 시작한 일이 직업으로 발전되기도 한다. 고전에서는 목욕이 사를 만나면 주거나 직장, 직업에 변화가 생기면서 삶이 불안정해진다고 보았지만, 근거는 찾을 수 없다. 목욕과 사가 만나면 양간은 지지에서 왕지가, 음간은 생지가 충을 하게 된다.

③ 관대지: 청년의 성 - 의욕과 경험

관대(冠帶)는 한자로 갓 관(冠), 허리띠 대(帶)를 써서, 갓과 띠를 두

를 수 있는 신분과 나이를 상징한다. 과거에 급제하여 벼슬을 받고, 관직에 나아가는 10대 중반에서 20대 초반의 시기다. 오늘날 시기와 장소에 따라 정장을 차려입는 것처럼, 관대에는 교양과 지식을 쌓고, 사회인으로서 예의를 갖출 줄 알게 되었다는 뜻도 포함되어 있다.

어머니의 품을 떠나, 하나의 인격체로서 자기 목소리를 내기 시작하는 첫 단계가 관대다. 청소년기에 해당하지만, 쾌활하고 진취적인 기상이 있어 힘의 세기가 만만치 않다. 좌충우돌 의욕이 넘치지만, 경험 부족으로 시행착오가 뒤따른다는 게 단점이다. 마치 '내 생각은 틀릴 리가 없지!'라고 말하며 자기 확신에 가득 차 있는 모양새로, 아직 힘을 쓰기에 미숙하기 짝이 없다.

관대는 불굴의 의지로 정면돌파하여 원하는 것을 얻어내더라도, 남들의 시기와 질투를 피할 수 없다. 자존심이 강하고 불의와도 타협하지 않지만, 자신의 능력이나 의견을 과시하려다 타인을 무시하기도 한다. 투박한 성품으로 타인과의 관계에 서툰 면이 많고, 부부 사이의 사소한 일을 크게 키우기도 한다.

아이러니하게도 이런 관대와 가장 잘 어울리는 성어가 고진감래와 대기만성이다. 미래에 대한 희망을 현실로 이루어내고자 적극적으로 몸과 마음을 다져 나가기 때문이다. 관대는 험난한 환경에서 태어나도, 결국 역경을 딛고 일어나 자수성가한다고 하여 예로부터 긍정적으로 여겨왔다.

지지가 전부 고지로 이루어진 관대는, 자신의 창고에 무엇을 쌓아두느냐에 따라 전혀 다른 가능성을 만들어 낸다. 만약 관대가 경험을 통해 쌓은 지식과 개념들을 제 것으로 소화하며 성장해 나갈 수만 있다면, 괄목상대하여 큰 성취를 이루어 낼 수 있다.

관대의 기운이 가장 잘 드러나는 자리는 역시 시주다. 의욕과 에너지가 넘치다 보니 주변 사람들은 조금 피곤해할 수 있지만, 관대가 어이없이 저지르는 일에도 가끔 고개가 끄덕여질 때가 있다. 결국 조금씩 세상을 끌고가는 원동력이 되는 힘이다.

관대는 십이운성 중 병과 태를 만나면 길하고, 묘를 만나면 좋지 않다고 여겨졌다. 병과 태는 삼합을 하고, 묘는 충하는 관계이기 때문이다. 예로부터 삼합은 긍정적으로 보았으나, 충은 부정적으로 여긴 관점이 담겨 있다고 볼 수 있다.

④ 건록지: 장년의 성 - 노련과 유연

건록(健祿)은 세울 건(建)에 봉급을 뜻하는 복록 록(祿)자를 쓴다. 자신의 노력으로 결실을 얻고, 경제적 안정을 이루는 시기에 해당한다. 관대가 의욕 넘치는 미숙한 힘이라면, 건록은 관록이 붙은 노련하며 현실적인 힘이다. 자수성가할 수 있는 충분한 역량을 갖췄지만, 단순히 경험이 많다고 모든 상황에 능수능란하게 대처할 수 있는 건 아니다. 자신이 옳다고 확신한 것을 빈틈없이 밀어붙이다 보면, 잘못된 판단으로 크게 실패할 수도 있기 때문이다.

건록은 온갖 세파를 견디고 난 장년의 힘이라, 주체성이 무척 강하다. 차남이나 막내로 태어났더라도 장남이나 장녀 대신 부모를 모시기도 한다. 윗대의 사업을 물려받으면 크게 확장하거나, 본인의 사업으로 성공할 만큼 스스로 일구어 내는 힘이 강하다.

독립성이 강한 건록은 조직생활을 하더라도 체계가 촘촘하고 통제가 심한 곳은 어울리지 않는다. 자신이 주도적으로 업무를 처리해야 하는 프리랜서나 사업가적 자질이 뛰어나며 스포츠, 문화, 연예, 기술 분야가 적성에 맞다. 특히 일주에 있는 건록은 오로지 전(專)자를 써서 전록이라고 불렀다. 갑인·경신·신유·을묘일주의 경우 학문, 예술, 엔터테인먼트 분야에서 큰 두각을 드러낼 수 있다.

시주에 건록이 있으면, 돌아올 귀(歸)자를 써서 귀록격이라 불렀다. 긍정적으로는 말년에도 봉급을 받을 만큼 경제적 안정성을 누리지만, 부정적으로는 호색으로 화를 당할 수 있다고 해석했다. 고전에서도 건록의 양적인 힘을 어떻게 풀어내는가가 관건이라 본 것이다. 건록은 자신이 가진 에너지를 활발히 쏟아부을 수 있는 곳에서 일하는 것이 좋다. 일이 없을 때는 운동을 하거나, 집 밖으로 나가 폭넓게라도 움직여야 자신의 힘을 잘 다스릴 수 있다.

건록의 단점은 자신의 기운을 펼치려는 경향이 너무도 강하다는 것이다. 제왕 다음으로 이혼율이 높은 만큼, 배우자와의 관계가 좋지 않을 수 있다. 특히 일월주가 건록인 경우 일찍 결혼하기보다 늦게 결혼하는 것이 좋다. 권위적인 데다 간섭받는 상황을 특히나 싫어하기 때문에, 결혼 후에는 배우자와도 서로 독립적인 관계를 유지하는 것을 권장한다.

이런 건록에게 필요한 건 유연한 사고다. 선악개오사(善惡皆吾師) 즉, 세상에서 일어나는 모든 착한 일이나 악한 일이 자기 몸가짐의 거울이 될 수 있다. 다른 사람의 이야기도 새겨들을 수 있다는 열린 자세가 건록의 성패를 좌우한다.

건록은 초년에 삶의 굴곡을 겪을수록, 중년 이후에는 발복의 힘으로 나타난다. 대세운에서 건록을 만나면 완벽주의적 성향으로 기준이 높아지며, 고집을 부릴 수 있다. 자신감과 능동성이 높아져 큰 성과를 낼 수도 있으나, 융통성은 부족해지는 만큼 주변 사람들의 의견을 잘 수용하는 것이 좋다.

⑤ 제왕지: 군주의 성 - 권위와 자격

제왕(帝王)의 한자는 임금 제(帝), 왕성할 왕(旺) 자로 기운이 권력의 정점에 있는 왕처럼 강함을 뜻한다. 황제를 뜻하는 제왕(帝王)과는 다르지만, 극단적인 힘으로 왕좌에 오르고자 하는 욕망이 담겨 있다고

보면 된다. 시기로는 개인적·사회적 성취를 모두 이룬 40~50대 중년기에 해당한다. 하지만 마음속엔 더 이상 올라갈 곳 없이 쇠락의 길만 남겨둔 데서 오는 허무함이 공존하고 있다.

제왕은 십이운성 중 가장 힘이 강건한 만큼, 명과 암이 분명하다. 승부사 기질이 강해 한 번 결정한 사안은 뚝심 있게 밀어붙이지만, 한 가지 일을 오래 끌고가기에는 불리한 면이 많다. 제왕을 잘 쓰면 경쟁사회에서 성공의 발판이 되지만, 힘을 통제하지 못한다면 구속, 폭력, 실직의 기운으로 변모할 수 있다.

활동적인 힘과 결단력으로 많은 사람 앞에서 리더십을 발휘하지만, 여유로워 보이는 외면과는 달리 내면에는 독선과 아집으로 인한 극단성이 있다. 고전에서는 일월지에 제왕과 건록이 있는 명식을 귀하게 여겼다. 하지만 힘이 너무 강한 데다 개인주의적 성향이 짙어, 본인 스스로가 고립을 자초하는 경우가 많다. 욕심을 버리고, 자신이 가진 지식이나 능력, 기술, 재화를 주변 사람들과 자주 베풀수록 좋다. 주변에 항상 사람이 있지만, 내가 가진 것이 없어지면 인간관계의 단절을 겪는 게 제왕이다.

제왕은 십이운성 중 가장 이혼율이 높다. 출세지향적인 데다 사회적 관계를 더 중요시하기에, 가족들과도 종종 갈등을 겪는다. 자신의 권위와 야망, 공명심 때문에 쓸데없는 곳에 재능과 힘을 낭비하기도 한다. 제왕은 정점을 찍고 내려갈 일만 남았기 때문에, 단기 투자나 무리한 확장보다 자신이 가진 것들을 지키고 관리하는 것에 더 신경 써야 한다.

제왕의 힘이 긍정적으로 발현되려면, 자격과 권위를 갖추어야 한다. 극단적인 힘으로 인해 삶의 불안정성도 높은 만큼 전문자격증을 취득하는 것이 도움이 된다. 건록과 마찬가지로 주체적이고 독립적이지만, 겁재를 일지에 둔 제왕이 더 권위적이고 비타협적인 성향을 보인다. 건록은 조직적이지만, 제왕은 개인의 능력이나 기술을 발판 삼아, 독자적으로 활동하는 자유업이 적합하다.

특히 제왕이 겁재와 만나면 엄청난 폭발력을 갖는데, 이는 1000 대 1의 경쟁을 뚫는 힘이 되지만, 잘못 쓰이면 폭력이나 구속, 실직의 기운이 되기도 한다. 건록과 마찬가지로, 자신의 힘을 잘 다스리는 게 관건이다. 구속이나 통제가 강한 조직과는 어울리지 않는 만큼, 주도적으로 일할 수 있는 곳에서 자신의 힘을 쏟아내거나, 평상시에도 열심히 운동을 해야 한다.

일월주에 있는 제왕은 자수성가의 힘을 암시하며, 일주 제왕은 가장 극단적이라 여러 직장을 전전할 가능성이 있다. 시주 제왕은 가장 힘이 약하다. 참고로 십이운성 중 충이 성립하는 제왕과 태가 만나면 위기와 곤란을 겪는 일이 많다고 보기도 했는데, 이는 충을 부정적으로만 여긴 해석이다. 제왕이라는 강한 기운에 충이 일어난 만큼, 변동과 변화의 가능성을 염두에 두는 것이 합리적이다.

⑥ 쇠지: 고독의 성 - 통달과 모색

쇠(衰)지는 정점에 오른 제왕의 기운이 서산으로 떨어지기 직전의 상태다. 60대로 접어든 초로(初老)의 시기로 신체적인 힘은 떨어지지만, 음의 기운이 본격적으로 생성되는 만큼 한발 물러나 신중히 움직이는 노련함이 있다.

옛날에는 강성했던 기운이 가라앉기 시작하니, 발전이 이루어지지 않는다 하여 부정적으로 여겼으나, 위기 관리 능력이 높은 만큼 현대에 와서는 긍정적으로 평가받고 있다. 자신이 이룬 것들을 정리하고, 이후의 삶을 차분히 가꾸어 나가는 데 장점이 있다.

제왕의 고독이 주변의 부재나 타인의 이해를 구하지 못해 느껴지는 외로움이라면, 쇠의 고독은 서산에 해가 기울어지며 자아내는 분위기를 떠올리면 된다. 자신과의 깊은 대화를 통해 그간의 인생을 성찰하는 현자의 고요한 마음과 가깝다. 세속의 욕망에도 쉽게 흔들리지 않는 온후함과 담백함이 쇠의 특징이다.

사람으로 치면 산전·수전·공중전을 다 겪은 상태로, 어느 정도 이치에 통달했다고 할 수 있다. 책임감이 강하고 성실하여 조직에서도 일찍 성공하는 편이며, 사업장을 안정적으로 유지하고 운영하는 데도 장점이 많다. 하지만 박력이나 적극성은 부족한 만큼, 순발력이 필요치 않은 교육, 학문, 기술, 연구, 종교 분야가 적합하다.

쇠는 인정이 많아 남의 부탁을 잘 거절하지 못한다. 사교성도 부족하여 남 앞에 나서는 일도 싫어하는 만큼, 사람을 상대하는 일과는 어울리지 않는다. 남을 돕기 위해 보증을 서거나 알선으로 피해를 입을 수 있으니, 그런 쪽으로는 개입하지 않는 것이 낫다.

쇠지는 자신이 가진 통달의 힘을 어디에 어떻게 쓸 수 있을지를 고민해 봐야 한다. 만약 쇠지가 가진 통달의 힘이 공공·공익의 영역으로 확장되기만 한다면, 많은 사람들에게 새로운 길을 제시해 줄 수 있다.

예로부터 쇠는 원국에 건록이나 제왕을 함께 두거나, 대세운 또는 특수관계인의 건록과 제왕을 만나면 큰 시너지를 낸다고 보았다. 방합을 하는 관계에 놓이기 때문이다. 참고로 대세운에서 쇠를 만나면 잠시 하던 일을 멈추고, 자신의 상황을 객관화해 보는 것이 좋다. 상황을 잘 파악하고 분석하는 능력이 강해지는 만큼, 공격적으로 투자하거나 사업을 확장하는 중이라면 치밀한 점검을 통해 더 큰 성과를 이끌어낼 수 있을 것이다.

⑦ 병지: 풍류의 성 - 공감과 활인

병(病)은 노쇠하여 병약해진 시기로 60~80대 황혼기에 해당한다. 의욕은 급격히 떨어지고, 몸도 성치 않아 움직이는 게 힘들지만, 내적 에

너지는 본격적으로 확장하는 단계다. 육체적인 힘을 필요로 하는 일에서는 경쟁력이 떨어지지만, 신체적 제약으로 최소한만 움직이니 오히려 효율이 높아 정신노동에 강하다.

원국에 병이 있으면 외적 활동이 줄어들 수 있는 만큼, 평소에도 잔병치레나 건강에 유의하는 것이 좋다. 병이 들면 누구나 하던 일을 내려놓고, 병실에서 안정을 취해야만 한다. 병실에서 몸이 아픈 사람들끼리 서로의 사정을 알아주며 자연스레 친해지듯, 병은 다정다감하다.

타인에 대한 공감 능력과 연민, 그리고 배려심이야말로 병의 특징이다. 실제 천간이 병지에 놓인 일주들은 모두, 사람들로부터 주목과 공감을 이끌어 내는 힘이 있다. 병신은 풍수(지관), 정묘는 역술, 무신은 언론, 기묘는 가족 공동체, 임인은 예술, 계유는 엔터테인먼트 쪽으로 큰 성과를 내는 사람이 많다.

공통점이 있다면 이들의 직업 모두 공감력을 갖추어야 퍼포먼스를 낼 수 있다는 점이다. 병지의 핵심은 공감을 바탕으로 한 활인이다. 활인은 남들이 가진 고통을 덜어주거나, 위기에 처한 사람을 구원하는 힘으로, 병지가 해낼 수 있는 최선의 퍼포먼스다.

특히 일월지가 병지인 경우 교육, 의료, 법률, 상담 분야는 물론, 사회 문제를 해결하는 분야에서 유능함을 발휘한다. 이런 활인업 계통에 종사할 경우, 남을 돌보는 동시에 본인의 건강도 잘 관리할 수 있다. 또한 병은 도화의 속성을 바탕으로 연예, 미디어, 엔터테인먼트 분야에서도 쉽게 인정받는다. 풍류적 감각과 기질이 뛰어나, 창의적인 표현으로 남들의 주목을 한 번에 이끌어 내는 능력이 있다.

예로부터 병은 십이운성 중 관대나 태와 좋은 관계를 이루지만, 장생과는 불리하다고 보았다. 병과 관대, 태가 만나면 삼합을 이루고, 장생과는 충을 하기 때문이다. 당연히 큰 의미를 둘 필요는 없다. 참고로, 음간이 일지나 월지에 병을 둘 경우 우울증이나 습관적인 차책, 비관과 체념에 주의해야 한다.

⑧ 사지: 정지의 성 - 집중과 기술

사(死)는 힘이 고갈되어 육체적 활동이 멈춘 상태다. 인간이 생명을 다해 순리대로 죽음을 맞이하는 시기에 해당한다. 정지를 의미하는 사는 하나에 집중하는 힘이 강하다. 시기만 잘 맞으면 고도의 집중력을 바탕으로, 평소에 가지고 있던 것보다 더 큰 퍼포먼스를 낼 수 있다.

사는 물질적인 풍요로움보다 정신적인 만족을 추구한다. 제한된 공간에서 오래 앉아 사색하거나, 집중력이 필요한 일에서 큰 능력을 발휘한다. 학문, 예술, 의학, 종교나 철학 분야가 잘 어울린다. 사지가 가진 집중력은 고도의 기술에 특화되어 있어, 지금과 같은 4차 산업혁명 시대에는 더욱 빛을 발한다. 특히 최첨단 분야에서 큰 성과를 낼 수 있으니, 본인이 갈고닦은 기술이 있다면 면허나 자격증을 통해 미리 공증을 받아두는 것이 유리하다.

사는 십성 중 상관과 만나면 기술 분야의 장인이나 정밀 세공사, 집도의처럼 특출한 직업에서 두각을 나타낸다. 쌀 한 톨에 반야심경을 새길 수 있는 힘이 바로 사다. 본질에 천착하는 집요한 힘으로 연구나 발명에 몰두하거나, 긴 호흡을 바탕으로 대하 장편소설을 써내는 등 남들이 쉽게 따라올 수 없는 재능을 발휘할 수 있다.

다만 사지는 집중의 힘이라 월주에 있는 게 더 없이 좋은 반면, 시주는 조금 생각해 볼 여지가 있다. 테크놀로지에 적합한 기술 분야에 종사하고 있다면 괜찮지만, 관련 없는 분야에 있다면 제대로 힘을 발휘할 수 없기 때문이다. 자기 범주에서 벗어나지 못한 채로 고여 있다가, 자기 경쟁력을 떨어뜨릴 수도 있다. 참고로 대세운에서 사가 올 때 한 분야에 몰두하거나 끈기 있게 공부한다면 큰 성과를 낼 수 있다.

예로부터 사는 목욕과는 상성이 좋지 않다고 여겼다. 고인을 목욕시킨 다음 수의를 입혀 장례를 치르는데, 사가 목욕과 만나니 생사이별의 기운으로 본 것이다. 사는 목욕과 충의 관계로, 십이운성의 주기표를 보면 내외적 활동의 방향이 서로 반대선상에 놓임을 알 수 있다.

⑨ 묘지: 수성의 성 - 방어와 습관

무덤을 뜻하는 묘(墓)는 사람이 죽어 땅에 묻힌 후, 영혼이 안식을 취하는 시기에 해당한다. 재미있게도 묘가 성립되는 지지는 모두 토 오행이다. 오행 토는 봄, 여름, 가을, 겨울의 계절적 에너지를 중간에서 이어주는 간절기·환절기의 역할을 한다. 묘지는 창고의 의미를 담은 고지(庫支)나, 감춘다는 뜻의 장지(藏支)라는 말로도 쓰인다. 이전 계절의 기운을 갈무리하여 다음 계절을 예비하는 토 오행처럼, 묘 역시 이후 과정으로 넘어가는 데 필요한 기운을 비축하고 숙성시키는 작용을 하기 때문이다.

빵을 만들 때는 밀가루, 물, 이스트, 소금 등을 섞어 반죽한 후, 발효 과정을 거쳐 구워내야 한다. 묘지는 이처럼, 각각의 쓰임이 있던 재료들이 독자적인 기능을 상실하고(사지), 오븐(무덤, 창고) 속에서 한데 뭉쳐 완전히 다른 형태로 변해 새로운 맛을 내게 되는 것과 같다. 토 오행이 화개의 의미를 지닌 것처럼, 묘지의 작용 역시 정신적인 부분과 관련이 깊다.

묘는 창고를 상징하는 만큼, 실제로 무언가를 모으거나 저축하는 경향이 강하다. 검소하여 살림을 알뜰히 꾸려 나가고, 주머니에 넣은 걸 밖으로 잘 꺼내지 않는다. 다만, 자신의 감정이나 속마음도 내비치지 않으니, 가까운 사람들도 차마 그 속을 알 수가 없다. 겉으로는 현실의 여러 문제 앞에서 침착함을 유지한 듯 보이지만, 쌓아둔 자기 감정의 소용돌이 속에서 항상 답답함과 피곤함을 느낀다. 내면에 질투심이 강하거나, 남들은 모르는 열등감에 시달리기도 한다.

묘는 육체가 무덤에 있는 상태라 고요하고 안정적이지만, 반대로 외부 활동은 제한되어 고독함이 동반되는 경우가 많다. 하지만 고사 속 우공이 돌을 깨고 흙을 파서 마침내 산을 옮겼듯, 묘가 강한 사람들은 철두철미한 계획과 꾸준한 실행력이 장점이다. 대기만성의 표본으로, 외적으로 사치나 겉치레에 치중하기보다, 미래를 향해 조금씩 나아간다는 점에서 실리적인 면이 강하다.

묘의 기운을 활용하기 위해선, 끈기와 지속성을 갖추어야 한다. 다시 한 번, 지지가 모두 토 오행이라는 점을 눈여겨보자. 묘는 30년 전 부모의 원수를 갚기 위해, 온갖 고통 속에서 닦아낸 실력으로 마침내 뜻을 이룬 어느 무협지의 주인공과 같다. 묘지의 모토는 '강한 자가 살아남는 게 아니라, 살아남은 자가 강하다.'이다. 살아남으려면, 무엇보다 적의 공격을 방어하며 스스로를 지킬 줄 알아야 한다. 지금처럼 내일을 알 수 없는 불확실한 시대에는 묘고(墓庫)의 자세가 필요하다.

묘고가 자신의 전략을 잘 세우기 위해 필요한 건 루틴한 일상에서 길어올린 습관이다. 블로그를 운영하는 지인이 임진일주였다. 블로그 개설 이후 거의 이틀에 한 편씩 엄청난 분량의 관련 글을 올리며 누적 조회수 1,500만을 가뿐히 넘겼다. 1년 전 700편이 넘는 콘텐츠를 시리즈로 묶어 연재를 선언한 이후, 현재도 매일같이 글을 올리며 계획을 실천해 나가고 있다. 이런 게 바로 묘고의 힘이다.

일주만 보면 수렴의 기운을 가진 음간 정축, 기축, 계미는 묘고가 뜻하는 방어에 최적화된 기운이지만, 양간인 병술, 무술, 임진은 조금 다르다. 일주가 병술, 무술, 임진인 경우 자신의 꾸준함을 믿고, 루틴한 습관을 만드는 것이 무엇보다 중요하다. 임상 시 묘고의 경우, 일간의 강약과 용희신의 여부를 떠나 관인생의 흐름이 전체적인 안정성을 만들어 내는 경우가 훨씬 많았다.

참고로 일주에 묘가 있으면 내면이 매우 복잡하여, 때에 따라 말과 행동이 다르게 나타나기도 한다. 예측불가능성이 높고, 시작과 끝이 달라질 수 있다. 예로부터 묘는 장생과 제왕과는 길하지만, 특히 관대와 부부 관계로 만나면 인연이 더욱 박하다고 여겼다. 장생이나 제왕과는 삼합을 하지만, 관대와는 충이 성립하기 때문이다.

예로부터 원국 내 묘가 두 개 이상이면 만년의 고독을 피하기 어렵다고 보았지만, 부정적으로만 여길 필요는 없다. 종교와 수도의 기운인 화개와도 관련이 있고, 현대에는 특수 분야에서의 잠재력이나 극한의 창의력으로 꽃피울 수 있는 만큼 자신만의 재능을 갈고 닦는 것이 중요하다.

⑩ 절지: 전환의 성 - 변화와 타이밍

단절을 의미하는 절(絕)은 생명체가 죽은 후, 형체는 물론 기운조차 완전히 사라진 상태를 의미한다. 존체 자체가 무(無)로 돌아간 시기로, 육체가 묻혔던 무덤(墓)조차 한 줌 흙이 되어 자연으로 돌아간 단계다.

사, 묘, 절의 단절은 같은 듯하지만, 많은 차이가 있다. 사는 육체는 분리되었지만, 정신적으로는 연결되어 있다. 아버지가 돌아가신 후 마음속에 슬픔과 그리움이 차오르는 게 사의 상태다. 묘는 육체와 정신 모두 고립되어 분리된 상태다. 무덤에 찾아가 아버지를 떠올리긴 하지만, 시간이 지남에 따라 슬픔과 그리움조차 조금씩 희미해져 간다. 절은 육체와 정신 모두 형체도 없이 사라져, 세상과의 인연이 끝난 상태다. 오랜 세월이 흘러 무덤마저 사라지고, 결국 기억하는 이 하나 없는 것에 비유할 수 있다.

음의 극단에서 양이 시작되고, 양의 극단에서 다시 음이 싹트듯, 절은 무에서 유로, 유에서 무로 향하는 전환점에 해당한다. 강의 흐름을 바꾸는 둑처럼 모든 대상의 에너지 방향을 바꾸는 것이 절의 힘이다. 단 오랜 세월이 지나면 아버지를 기억하는 이가 더 이상 존재하지 않게 되듯, 현실에는 없는 힘(마음, 의지, 기운)이라 그 자체로는 굉장히 불안정한 상태일 수밖에 없다.

아무것도 아니기에 모든 것이 될 수 있는 절의 극단적인 특성은 모 아니면 도의 기운으로 나타난다. 무한한 가능성을 바탕으로 큰 성공을 거머쥐거나, 아무것도 이루지 못한 채 극도의 외로움과 고립감에 빠질 수도 있다. 실제 절의 기운이 강하면 극도로 빼어난 미모를 가지거나 큰 권력을 손에 쥐었다가도 고립무원에 빠지는 등, 한 순간 모든 것을 잃기도 한다.

절이 가진 끝과 시작의 기운은 결단과 청산의 힘으로도 작용한다. 자신을 옭아맸던 불필요한 과거를 깔끔하게 정리하고, 새 출발을 하는 힘이다. 어려운 사람을 그냥 지나치지 못하고 애정도 풍부하지만, 절 이 가진 자기 극복의 힘은 결혼 생활의 불안정성과 연결되기도 한다. 깊이 얽혀 있던 인간관계를 단호하게 정리하고, 언제든 새로운 만남과 인연을 다시 만들어 갈 수 있기 때문이다.

절지의 특징은 절처봉생(絕處逢生)이다. 위기의 순간마다 극적인 반전을 만들어, 국면을 새롭게 전환시키는 힘을 지녔다는 뜻이다. 예를 들어 갑신일주는 물상적으로 절벽 위의 소나무에 해당한다. 뿌리내리기엔 험난하지만, 역설적으로 꽃가루나 솔씨를 가장 멀리 퍼트릴 수 있는 건 절벽 위의 소나무다.

참고로 절의 기운을 잘 쓰기 위해서는, 오히려 인생의 밑바닥을 겪어야만 한다는 해석도 있다. 절의 기운이 강한 부자가 사업에서 도저히 어찌할 수 없는 시련을 맞을 때, 오히려 다 정리하고 파산을 겪어야 더 큰 부를 쌓을 수 있다고 보는 것이다. 예를 들어 병화 일간인 나의 경우 월주가 갑신으로, 갑목 편인이 절지에 올라가 있다. 사실 명리책을 사서 공부하다 너무 어려워, 구매했던 많은 명리 책들을 모조리 되판 적이 있었다. 정확히 말하면 열정을 쏟았지만 오랫동안 공부에 진척이 없어 절망한 후, 다시는 쓸데없이 명리 따윈 공부하지 않으리라 포기했던 때였다. 힘든 시절에 명리 책을 다시 집어든 이후, 이번에는 내 사주가 풀리기 전까지 절대 공부를 멈추지 않으리라 다짐했다. 명리학을 주제로 강의도 하고 책도 쓰고 있는 현재를 생각할 때마다, 절지에 있는 갑목 편인의 작용을 다시 한 번 곱씹게 된다.

옛날에는 관성이 절지에 놓인 여명의 사주를 특히 부정적으로 보았다. 남존여비사상이 팽배했던 유교권 사회에서는, 남편의 사회적 안정성을 절대적으로 여길 수밖에 없었기 때문이다. 하지만 결혼 여부와 상관없이 여성이 자기 힘으로 주체적인 삶을 살아갈 수 있는 현대에는, 고전의 해석과 달리 절지의 활용이 더욱 중요해졌다.

실제로 임상 시, 일지가 절인 여성이 이혼 후 이전보다 사회적으로 크게 성공하는 사례를 많이 볼 수 있었다. 결혼 후 아이를 키우느라 사회적인 경력이 단절됐지만, 이혼 후 원국의 관성을 남편이 아닌 자신의 일로 쓰다 보니 되레 성공을 거두는 힘으로 작용한 것이다. 위기에 몰릴수록 상황을 극적으로 돌파해 내는 비상한 힘이 바로 절지이자 절처봉생이다.

서로 상극의 글자들 즉, 이상을 상징하는 목과 현실을 상징하는 금이 아래 위로 대치할 때 절이 형성된다. 극적인 변화를 이루기 위해서는 이상과 현실이 일시에 동원되어야 한다는 뜻이다. 원국 내 십이운성 해석의 핵심은 천간의 위치다. 월간, 일간, 시간이 어느 자리에 놓여 있느냐에 따라 조금씩 의미가 달라진다. 월주는 무의식을, 일주는 현실 영역을, 시주는 미래 지향성을 내포한다. 만약 월주가 갑신, 을유라면 현실에서 드러날 여부와 상관없이, 내 무의식 속에는 이미 변화에 대한 열망이 자리잡고 있다고 볼 수 있다. 만약 일주와 시주가 절지인데 정체된 삶을 살아가고 있다면, 내 가능성을 펼치기 위해 능동적으로 변화를 추구해야 한다.

절은 변화의 운동성을 가장 강하게 가진 십이운성으로, 무엇보다 타이밍이 중요하게 작용한다. 절지에 놓인 천간을 특히 일주나 시주에 가진 사람들은 삶에서 큰 성취를 거두었다 해도 변화무쌍한 파고를 넘나드는 경우가 많다. 이런 변화에 대응하기 위한 효율적인 전략이 바로 타이밍이다. 특히 미래지향적 의미가 강한 시주가 일종의 가이드라인이 될 수 있기에, 시주가 십이운성으로 어떤 동력의 자리에 놓여 있는가를 잘 판단해야 한다. 만약 시주에 있는 시간이 관성 절지에 놓인 경우, 직업의 변동성이 굉장히 강력함을 암시한다. 이런 원국을 가졌다면, 특히 직장이나 직업을 자주 바꿀 시 좋지 않은 결과를 낼 가능성이 높다.

시주	일주	월주	연주
비견	본원	겁재	편인
乙	乙	甲	癸
酉	酉	子	卯
편관	편관	편인	비견
*	*		**
庚辛	庚辛	壬癸	甲乙
절	절	병	건록
도화	도화	도화	
		귀문	
		천을	

정치인 이재명의 명식이다. 일주와 시주가 전부 유금 편관 절지에 놓였다. 이는 내가 주체가 되어 수행하는 일들이 수많은 고비들을 거치면서 진행될 가능성이 큼을 암시한다. 가능성과 잠재력을 뜻하는 월주와 달리, 일주와 시주는 현실과 미래의 영역이기 때문이다.

절은 유에서 무를 지나 다시 무에서 유를 창조하는 힘인 만큼, 기존의 시스템을 갈아엎고 개혁하는 힘이 강하다고 해석할 수도 있다. 기신인 을목 비견이 절지에 놓여 있어, 대세운의 환경이 불리하게 조성될 때 환경 변화에 대한 대처가 무력해지거나, 타이밍에 대한 판단 능력이 흐려질 위험이 있다. 참고로 고서에서는 절의 기운이 강할 때, 극단적인 고난과 시련을 겪을수록 이를 딛고 일어나 큰 성공을 이룰 수 있다고 해석했다.

시주	일주	월주	연주
편재	본원	식신	비견
庚	丙	戊	丙
寅	申	戌	辰
편인	편재	식신	식신
*	*	*	*
戊丙甲	戊壬庚	辛丁戊	乙癸戊
장생	병	묘	관대
역마	역마	화개	화개
천덕			공망
월덕			천덕
문창			월덕
암록			

프랑스 전 대통령 프랑수아 미테랑의 명식이다. 일간 병화가 시지 인중 병화에 뿌리내리고 있지만, 전체적으로 신약하고 식신과 편재가 강해 목 인성이 용신이 된다. 시지에 있는 용신 인성은 인신충과 천간 경금의 극으로 인해 힘이 약해졌다. 시간 경금은 인목 위에서 절지에 해당하는 만큼 불안정성이 높은 편이다.

식상생재의 흐름이 강해 일견 사업가의 명식처럼 보이기도 한다. 하지만 미테랑은 사업을 하는 대신 인목이 상징하는 정치와 선동의 힘을 바탕으로 사회당 출신으로는 최초로 프랑스의 대통령 자리에 올랐다. 여기에는 십성 중 식신이 뜻하는 연설과 설득의 힘, 지지 신금이 뜻하는 미디어적 권력을 향한 욕망 등도 중요한 영향을 미쳤다.

참고로 원국에서 시주가 경인, 신묘, 갑신, 을유처럼 절지에 해당하지는 않은지 잘 살펴야 한다. 월주가 연주나 일주와, 일주가 월주나 시주와 상호작용하는 것과 달리, 시주는 주변 글자와 관계 맺는 폭이 월주나 일주보다 넓지는 않기 때문이다. 게다가 시주는 일간이 자신의 사회적 활동을 어디까지 확장할 수 있을지를 가늠하게 해주는 자리라는 의미에서, 연주보다 그 중요성이 훨씬 높다.

절은 십이운성 중 예측불가능성이 가장 높기 때문에, 무엇보다 대세운의 향방을 잘 살펴야 한다. 특히 일간을 기준으로 한 봉법상, 대세운에서 들어온 편재나 편관 용신이 절과 만나면 환경 변화가 유리하게 펼쳐질 가능성이 높으니, 이때는 적극적인 변화모색을 시도하는 것이 좋다. 대세운의 천간이 거법상 지지 위에서 절지에 놓이면, 자신의 기운을 제대로 드러낼 수 없으니 이 부분도 유념해야 한다.

예로부터 십이운성 중 절은 목욕과 쇠를 만나면 길하고, 건록과는 트러블이 많다고 여겨졌다. 목욕과 쇠는 삼합을 하고, 건록과는 충을 하는 관계에 놓이기 때문이다. 물론 절은 방향을 전환하려는 기운이고 건록은 힘차게 뻗어나가는 기운이라 서로 맞지 않는 부분이 있다.

⑪ 태지: 이상주의의 성 - 수용과 가능성

태(胎)는 아이 밸 태 자로, 생명이나 사물의 기원을 뜻한다. 생애주기로 치면, 음과 양이 만나 어머니의 자궁 속에서 새로운 생명이 싹트는 시기다. 정자와 난자가 수정은 했지만, 아직 자궁에 안착하지는 않아 불안정하다. 과연 태어날 수 있을지, 남자일지 여자일지도 알 수 없지만, 무엇이든 될 수 있다는 의미에서 무한한 가능성이 내포되어 있다.

태는 형체가 없어 눈에 보이지만 않을 뿐, 분명히 존재하는 생명으로 인한 이상주의적 기운이 있다. 어떤 형태나 틀에도 갇혀 있지 않아 편견없이 자유롭고 순수한 상태다. 태가 강한 사람들은 본능적으로 세상의 영향력이나 규범에 잘 얽매이지 않고, 부드러운 성품으로 타인을 배려하는 경향이 있다. 태의 고결함은 진보 정치, 사회 운동, NGO에서 활동하게 만드는 원인이 되기도 한다.

모든 가능성을 열어두고 있기에 태는 어떤 형태로든 발전할 수 있다. 하지만 현실성과 지구력이 떨어져 일반적인 조직생활과는 잘 맞지 않으며, 한 가지 직업에만 전념하기도 어렵다. 자신이 잘할 수 있는 일에 꾸준히 몸담는 것이 태가 가진 잠재력을 발휘하는 지름길이다.

태지에는 일지 정재, 정관의 기운들이 주를 이룬다. 위 일주들 모두 유순하고 통제가 쉬워(?) 예부터 널리 사랑받아 왔다. 일지 구성상 병화와 무토, 임수는 자신의 힘을 제대로 펼치기 어렵다. 나아가 정해와 계사는 귀명으로 분류되는데, 이 말은 조금 삐딱하게 생각하면 시키는 대로 잘 따라오는, 말을 잘 듣는 일주라는 뜻이 되기도 한다.

태지의 본질은 수용이다. 강하든 약하든 모든 가능성이 열려 있으며, 오염되지 않아 순수하기까지 하다. 태가 있는 일주들은 총명한 수재형으로, 공부하는 것에 비해 비교적 성적이 좋은 경우가 많다. 이런 태지의 명민함은, 해면이 물을 빨아들이듯 여러 정보들을 신속하게 흡수하는 힘에 바탕을 두고 있다.

약점이 있다면, 역지사지가 잘 되지 않는다는 점이다. 수용력이 뛰어난 태지는 자기 본위적 사고로, 타자에 대한 배려심이 조금 떨어질 수 있다. 자신의 이익만을 좇기보다 타인과 본인이 속한 세상을 향해 나아갈 때, 무궁무진한 가능성을 현실에서 구현하며 고귀하고 품격 있는 사람으로 거듭날 수 있다. 슈바이처, 요한 바오로 2세 같은 인물들의 사주에는 태가 강하다.

태는 약하고 유순한 힘이라, 어떤 십이운성과도 잘 어울린다. 특히 관대와 병을 만나면 더욱 좋지만, 제왕을 만나는 것은 좋지 않다고 여겼다. 관대와 병은 삼합이 되고, 제왕과는 충이 성립하기 때문이다.

⑫ 양지: 계승의 성 - 온화와 대비

　양(養)은 수정된 태아가 자궁 안에서 열 달 동안 자라나는 시기다. 각종 양분을 흡수하고 성장하며, 순조롭게 세상에 나올 준비를 하고 있다. 여전히 자궁이라는 제한된 공간에 있지만, 태와 달리 안정적이며 어느 정도 형태도 갖추고 있다. 양은 인간의 생애주기 중 가장 편안하고 평화로운 시기다. 엄마의 절대적 보호하에 놓여 있기에, 십이운성 중 가장 온화하고 온유하다.

　'기르다'라는 뜻을 가진 양(養) 자는 다른 사람의 자녀를 자신의 자식으로 삼을 때 쓰기도 한다. 먹고사는 게 시급했던 과거에는, 다른 집에 양자로 입양되는 걸 풍족함의 상징으로 여겼다. 즉 양자가 입양된 가문의 자산이나 아버지의 직책을 상속받듯, 양은 조상이나 부모로부터 재능, 학업, 성품 등을 물려받는 경우가 많다.

　다만 지나치게 의존적이거나 끈기가 부족해, 일이 자기 뜻대로 풀리지 않으면 쉽게 짜증을 내는 경향이 있다. 양이 강하면 태아가 조금씩 성장하듯 천천히 한 걸음씩 나아가는 것이 좋다. 양은 일이나 학업, 사업 영역에 있어 빠르게 성과를 내기보다, 안정적이고 꾸준히 성과를 내는 힘이 있다.

　양지는 전부 지지가 고지로 되어 있다. 목 일간은 조토에, 금 일간은 습토 위에 놓여 있다. 갑목에게 십이운성으로 술토는 아직 세상의 뜨거움을 몰라 '아, 세상은 밝고 아름다워.'라고 생각하는 단계다. 장마가 지나고 나면 잡초가 무성해지듯, 을목에게 미토는 안정적으로 생명력을 꽃피우기 가장 좋은 때다. 지지의 고지는 아기 캥거루를 위한 엄마의 배주머니처럼, 안정적인 보금자리와 같다.

　양지를 가진 사람은 말투나 외견에서 안정감과 온화함이 느껴진다. 같은 괴강이라도 메마른 토 위에 있는 경술과, 모내기 땅에 있는 경진은 다른 차이를 보인다. 안정적인 상황에 놓이면, 양지는 크게 욕심을 부리지 않고 사태를 낙관적으로 보려 한다. 안정적인 직업을 누릴 때엔 욕심을 부리지 않고, 조직이 구조조정을 단행해도 온화하게 표정 관리를 하니, 예부터 권력이 바뀌어도 화를 면하고 좋은 평판을 유지했다.

　양지의 약점은 상황에 안주하려다 보니 발전이 약하고, 언제 올지 모르는 힘든 날에 대한 대비가 부족한 경우가 많다는 것이다. 양지는 위기에 대한 대응체계를 평소에 갖추어 놓는 것이 중요하다. 참고로 타고나는 품성과 관련이 있는 만큼, 양지 역시 월주에 있을 때 가장 유력하다.

십성 중 편인이 양지에 놓여 있으면 남녀 모두 특히 여성 고객을 상대로 한 사업에 유리하다. 편인이 뜻하는 기술은 사실 개발하는 데 많은 시간과 비용이 소요될 수 있다. 하지만 이런 기술이 안정감과 유복함, 온화함의 기운인 양지에 놓이면 복잡한 최첨단의 영역이 아니라, 기존에 이미 많은 사람에게 활용되고 있는 분야에서 유리한 고지를 점할 수 있다. 원래 엄마 품에 안긴 아이가 떼를 쓰고 울 때는, 단지 제때 먹여주고 기저귀만 갈아줘도 충분한 법이다. 안정적인 상태에서 실질적으로 필요한 것들이 지속적으로 공급되는 게 바로 양지다. 화장품이나 생필품 등 모두에게 익숙한 분야에서 그 쓰임을 빛낼 수 있는 것도 양지가 가진 강점이다. 글을 쓰더라도 여성들이 좋아할 만한 분야의 글을 쓰는 것이 좋다.

예로부터 양은 사나 건록을 만나면 길하고, 쇠를 만나면 파란이 생긴다고 보았다. 사나 건록과는 삼합을 이루고, 쇠와는 충이 된다. 합은 길하고 충은 흉하게 본 관점으로, 크게 신경 쓸 필요는 없다.

음양오행, 십성과의 관계

10천간 십이운성	양						음			
	甲	乙	丙	丁	戊	己	庚	辛	壬	癸
절지	申 (편관)	酉 (편관)	亥 (편관)	子 (편관)	亥 (편재)	子 (편재)	寅 (편재)	卯 (편재)	巳 (편재)	午 (편재)
태지	酉 (정관)	申 (정관)	子 (정관)	亥 (정관)	子 (정재)	亥 (정재)	卯 (정재)	寅 (정재)	午 (정재)	巳 (정재)

다른 층위에서 10천간 중 갑을병정무는 양으로, 기경신임계는 음으로 나뉜다. 재미있는 건, 천간이 목·화 오행일 때 일지 편관이 절지에, 금·수 오행일 때 일지 편재가 절지에 놓인다는 것이다. 갑신과 을유는

편관 위에서, 경인과 신묘는 편재 위에서 절이 성립한다. 병화와 정화는 편관 해수와 자수 위에서 절지에 놓이며, 임수와 계수는 편재 사화와 오화 위에서 절지에 놓인다.

십이운성을 인간의 라이프 사이클에 비유할 때, 건록과 제왕이 에너지 준위가 가장 높은 단계라면, 절과 태는 에너지 준위가 가장 낮은 단계에 해당한다(태지는 십이운성 중 에너지 준위가 가장 낮은 절지에서 에너지가 상승하는 바로 다음 단계다). 그렇다면 절지가 국면의 전환, 새로운 시작을 의미하게 된 이유가 무엇일까? 한자로 끊어진다는 뜻의 절(絶)지는 이전과의 관계 단절을 의미한다. 양의 끝에서 음의 씨앗이 태동하고, 음의 끝에서 양의 씨앗이 태동하는 것처럼, 이전과의 단절과 종결은 명리학적으로 새로운 시작을 뜻한다.

고서에서는 이런 절과 태의 기운이 강한 사주를 포태격(胞胎格)이라 칭하기도 했다. 따로 격으로 분류될 만큼, 기운이나 특징이 분명했다는 뜻이다. 십이운성을 포태법 또는 장생법이라고도 하는데, 이는 십이운성의 시작을 절로 보느냐 장생으로 보느냐에 대한 입장이 담긴 용어로, 크게 중요하지는 않다. 다만 절을 십이운성의 시작으로 보는 용어에 주목할 필요가 있다. 세포를 뜻하는 포(胞)는 십이운성의 절(絶)을 뜻하는데, 절을 부정적으로 보는 통상의 시각과 달리, 절을 시작의 힘이 강한 긍정적인 기운으로 해석했기 때문이다.

시주	일주	월주	연주
겁재	본원	비견	비견
甲	乙	乙	乙
申	酉	酉	酉
정관	편관	편관	편관
戊壬庚	庚辛	庚辛	庚辛
태	절	절	절
천을	도화	도화	도화
월공			
천의			

《삼명통회》에서 '어린 시절부터 임금의 은총을 받는다.'고 소개한 포태격의 명식이다. 역시 이 명식을 절지격이나 절태격이 아니라, 포태격이라 칭했다는 점에 주목해 보자. 절의 기운이 강하면 한 번은 인생에서 큰 위기를 겪지만, 이를 이겨내는 힘이 강한 만큼 결국 사회적으로 두각을 나타낸다고 여겼다. 위 사주는 재물(재성)을 추구하면 관성이 더욱 일간을 위협하기 때문에, 인성을 추구해야 한다. 결국 인성을 끌어오면 관성도 다스릴 수 있는 사주라, 관인의 가치가 높았던 시대에는 더욱 귀명으로 분류했다.

십성을 공부할 때는 보통 칠살이라 하여, 일간을 극하는 편관을 일간을 가장 위협하는 십성으로 본다. 하지만 십이운성의 개념을 도입하면, 조금 재미있는 해석이 가능해진다. 바로 일지가 편재일 때 십이운성으로 절지가 성립하기 때문이다. 편재는 정재에 비해 즉흥적이며, 인간관계도 넓고 추진력도 강하다. 늘 재미와 즐거움을 좇는 편재는 인간의 현실적 욕망과 밀접하게 관련되어 있다. 이런 편재 역시, 편관 못지않게 일간의 힘을 강하게 빼간다는 점은 명리학에 흥미로운 통찰을 더한다. 일간의 에너지를 과도하게 소모시키는 건, 재물이나 명예를 향한 인간의 욕망이라는 뜻이다.

131

《명리, 나를 지키는 무기: 중급편》에서 천간의 충을 다룰 때, 양간은 정재와 합하고, 음간은 정관과 합하는 이유를 상세히 설명한 바 있다.* 간단히 요약하면, 양간은 진취적인 추동성을 바탕으로 발산·확장하려는 힘이 강하다. 음간은 안정성과 실리를 추구하며, 수렴하고 응축하고자 한다. 양간이 정재와 합한다는 건, 안정적이고 주도적으로 상황을 통제하고 싶어 한다는 뜻이다. 양간은 결국 주변의 상황이나 목표(재성)를 내가 원하는 방식으로 만들어 가려는 성향이 강하다고 볼 수 있다. 정관과 합을 이루는 음간은, 양간과 달리 내가 상황을 주도적으로 끌고가려고 하기보다, 내가 거처할 수 있는 세력이나 주변 환경을 통해 나를 드러내려 한다. 수렴성이 강한 음간은 관을 반기거나 기다리며 안정성을 추구한다고 해석할 수 있다. 십이운성을 통해서도, 역시 음과 양의 본질을 확인할 수 있다. 발산의 속성을 가진 양간은 자신을 극하는 관성에 대항할 때 에너지 소모가 크다. 목·화 일간이 정관이나 편관을 만날 때 절지와 태지가 성립하기 때문이다. 수렴의 속성을 가진 음간은 관성에게 극을 당하기보다, 자신이 주체가 되어(자신의 기운을 발산하며) 재성을 극할 때 더욱 에너지 소모가 크다. 금·수 일간은 정재나 편재를 만날 때 절지와 태지에 놓인다. 결국 음과 양 모두 수렴과 발산이라는 자신의 본성을 거스를 때 더욱 피로도가 쌓인다고 볼 수 있다.

참고로 갑인, 을묘, 경신, 신유 일주는 십이운성으로 건록지에 놓인다. 병오, 정사, 무오, 기사, 임자, 계해 일주는 제왕이다. 일지가 비겁일 때는 십이운성상 건록이, 겁재일 때는 제왕이 성립하는 것이다. 건록과 제왕은 노련하거나 정점에 이른 힘을 뜻한다. 하지만 자신의 힘을 과신하여 독단적이고 오만해지기 쉬운 만큼, 배우자와의 관계에 문제가 생기기 쉽다. 이는 십성으로 일지가 비견 또는 겁재일 때 갖는 의미와 상통한다.

덧붙여 화토동법을 기준으로 하면, 무토와 기토는 십이운성상 병화또는 정화와 같은 흐름을 가진다. 하지만 오행에 따라 십성이 달라지

---

* 《명리, 나를 지키는 무기: 중급편》18쪽 '일간, 변하지 않는 나의 본질'을 참고하길 바란다.

기 때문에, 위 표에서는 무토와 기토는 따로 떼어놓고 봐야 한다. 무토는 지지 해수 편재 위에서 절지에, 자수 정재 위에서 태지에 놓인다. 기토는 자수 편재 위에서 절지에, 해수 정재 위에서 태지가 된다.

입묘, 입고, 개고

십이운성 중 특히 입묘(入墓), 입고(入庫)와 관련해서는 학자마다 견해차가 있다. 입묘는 죽어서 무덤에 들어간다는 뜻으로 부정적인 경우에, 입고는 창고에 저장해 둔다는 뜻으로 긍정적인 경우로 사용되기도 한다. 하지만 나는 굳이 입묘와 입고를 구분하지 않고 있다. 용어야 어쨌든, 입묘 작용 자체를 부정적으로 해석하지 않기 때문이다. 십이운성상 묘의 시기에는 휴식, 안정, 저축과 관련된 활동이 긍정적으로 펼쳐지기도 하지만, 반대로 정체, 침체, 고립 등의 현상이 나타나기도 하는 만큼 양면적인 해석이 필요하다고 본다.

입묘가 되면 천간이 가진 고유한 기운은 잘 드러나지 않게 된다. 양과 음의 일간인 병술일주와 임진일주를 예시로 살펴보자. 병화는 천간 중 자신을 가장 드러내고 싶어하는 간지다. 밝고 명랑하며 활기차다. 하지만 병화가 입묘지인 술토를 일지에서 만나면, 병화가 가진 고유한 속성은 현실 영역에서 발목 잡히게 된다. 내적으로 침체되는 상황을 맞으면 우울증에 빠지기 쉬운 이유다. 병술일주에게는 '외화내빈'이라는 설명이 따라붙는다. 겉으로는 아무 일 없어 보이지만, 힘든 상황에 처하면 감정의 기복이 크게 나타난다. 활달해 보이지만, 남 모르는 외로움이나 우울증에 쉽게 빠질 수 있으므로 마음 건강을 잘 챙겨야 한다.

임수는 천간 중 반대로 자신을 잘 드러내려 하지 않는 간지다. 과묵하고, 자신의 생각이나 감정을 잘 감춘다. 이런 임수가 입묘지인 진토를 만나면 어떻게 될까? 겉으로 드러내기보다, 내부로 침잠하는 성향이 더욱 강해진다. 지혜를 상징하는 임수가 자기 수렴의 기운을 만나면, 남들은 감히 범접할 수 없을 만큼 탄탄히 자기 세계를 쌓기 시작한다. 임진의 경우 신살로 괴강의 기운을 타고나는데, 임진 괴강이 가진 극도의 총명함은 상상의 힘에 바탕을 두고 있다. 임진은 입묘 작용 때문에 잘 풀릴 경우 임진일주였던 세종대왕처럼 평생에 걸쳐 현실에서 이상을 구현해 나간다. 하지만 잘못될 경우 비대해진 자아가 공상의 바다에 빠져 끊임없이 침잠하거나, 절실함이 집요함으로 변해 현실과 담을 쌓을 수 있다.

덧붙이면 특히 묘고에 갇혀 암장된 기운은 마땅히 충으로 개고(開庫)되어야 한다는 주장이 있다. 이에 대해 《자평진전》의 묘고형충설론[論墓庫刑沖之說], 《적천수천미》의 지지론 등에서 비판하듯, 묘고가 충을 만나면 열린다는 것은 사람들의 잘못된 말일 뿐이다. 특히 원국에서 붕충이 존재하거나, 대세운에 따라 원국과 붕충이 발생할 경우, 원국에 없는 오행과 관련된 건강문제가 크게 불거지거나 해당 십성의 작용력은 거의 사라지게 된다. 지지에 암장된 간지가 땅을 뚫고 나와 만천하에 자신의 기운을 드러내는 게 아니라, 오히려 부정성이 커진다는 뜻이다.

진사라망, 술해천문

병술과 임진의 입묘 작용은 신살인 진사라망(辰巳羅網), 술해천문(戌亥天門)과도 연관이 있다. 진토는 화의 기운을 가장 잘 설기하는 간지고, 사화는 지지에서 가장 양의 기운이 강한 육양지기(六陽之氣)다. 뱀은 양기가 얼마나 강한지, 다리가 없어도 땅에서 자유롭게 움직이며 물 위를 헤엄친다. 이런 진토와 사화가 만나면 수의 기운이 제한될 수 있다. 술해천문은 반대로 화의 기운을 제한시키는 작용을 한다. 술토가 화의 기운을 입묘시키고, 해수는 음기가 가장 강한 육음지기(六陰之氣)로 화기를 극한다. 화기나 수기가 제한되어 조후가 한쪽으로 치우치게 되면, 세속적인 영역 대신 눈에 보이지 않는 세계에 대한 관심이 커진다. 영성, 종교, 철학 같은 형이상학적 영역에서 큰 성과를 낼 수 있으니, 천라지망을 살이라 하여 부정적으로 볼 필요는 없다.

고전에서는 원국 내 술해가 있을 경우 술해천문살로, 진사가 있을 때는 진사라망살이 있다고 보았다. 술해천문과 진사라망을 합쳐 천라지망이라 한다. 천라(천문)는 날아다니는 짐승들을 하늘에 친 그물로 가두고, 지망(라망)은 땅 위의 짐승들을 땅에 친 그물로 가두어 잡는 형상을 뜻한다. 옛날에는 남명에 양기(화기)를 제한하는 술해가 있거나,

반대로 여명에 음기(수기)를 제한하는 진사가 있을 경우 훨씬 부정적으로 해석했다. 결국 과거에는 천라지망을 그물에 갇히는 것처럼 하는 일마다 지체되거나 중단되는 일이 생기는 살로 여겼지만, 부정적으로 볼 근거가 전혀 없다. 천라지망은 하늘과 땅의 문을 연다는 뜻으로 신비하고 영적인 것에 관심이 많거나, 뛰어난 직관력을 의미한다고 해석해야 한다. 따라서 명리학과 같은 분야는 물론, 활인업(의료, 봉사, 교육, 복지, 상담, 지도)에서 큰 성취를 이루는 힘으로 볼 수 있다.

덧붙이면 고전인 《삼명통회》에는 '辰(진토)는 천강(天罡), 戌(술토)는 하괴(河魁)가 되니, 이는 음양(陰陽)의 절멸지(絕滅地)다.' 라는 구절이 나온다. 이를 음미해 보면 신살 중 진토, 술토와 관련이 깊은 괴강을 다른 관점에서 바라볼 수 있다. 괴강은 무술, 경진, 경술, 임진처럼 지지가 진토나 술토로 이루어져 있다. 술토는 양기(화기)를 입묘시키지만, 양기를 가득 채운 창고 역할을 하기도 한다. 진토는 음기(수기)를 입묘시키지만, 역시 음기를 가득 채운 창고 역할을 한다. 양기나 음기가 가득 찬 창고 문을 열었을 때 발생할 수 있는 엄청난 폭발의 힘이 바로 괴강인 것이다. 같은 맥락에서, 음양의 기운이 절멸한 것처럼 창고에 꼭꼭 숨겨져 있기 때문에, 괴강은 잠재력이 무궁무진하다고 볼 수 있다. 참고로 진토와 술토는 강한 파괴력 때문인지, 고상한 성품을 뜻하는 천을귀인이 임하지 않는다.

입묘의 현상을 표현한 그래프

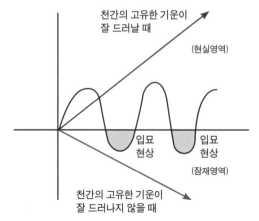

천간이 가진 고유한 기운이 입묘 작용에 의해 현실에서 잘 드러나지 않게 되는 상황을 그래프로 표현한 것이다. 고유한 속성을 제한한다고 해서, 무조건 입묘 현상을 부정적으로 볼 순 없다. 원국에서 병화일간이 너무 강한 화 기운을 가질 경우, 때에 따라 허영심이나 자기과시로 문제가 발생할 수 있다. 이럴 때 입묘가 되면 자기 기운이 제한되니, 화가 과다할 때 따라올 수 있는 부정성이 줄어들 수 있다. 사주가 신강한 경우 병, 사, 묘, 절처럼 자기 기운을 덜어낼 수 있는 십이운성을 만나는 게 긍정적인 이유다.

개고는 지장간에만 숨겨져 있던 간지가 대세운의 충으로 인해 바깥으로 꺼내질 때를 말한다. 주로 진술축미의 지장간에만 있는 용신이 운에서 일 대 일 충을 만나 깨끗하게 드러날 때를 일컫는다. 하지만 용신이 충을 만나 개고가 된다 하더라도, 크게 위험해질 때가 있다. 지장간에서 붕충하는 오행이 원국에 없을 때다.

시주	일주	월주	연주
편인	본원	비견	비견
己	辛	辛	辛
丑	丑	丑	未
편인	편인	편인	편인
*	*	*	***
癸辛己	癸辛己	癸辛己	丁乙己
양	양	양	쇠

인다신강한 사주로, 미중 을목이 용신이 된다. 하지만 이미 지지에서의 삼 대 일 붕충으로 인해 을목은 지장간 속에서 산산조각난 상태다. 원국에 목 오행이 없기에, 이런 경우 목 오행과 관련한 건강 문제에 취약할 가능성이 아주 높다. 진술축미가 입묘 작용을 하기에, 일부 학자들의 경우 지지에서 붕충이 되면 개고가 일어난다 하여 긍정적으로 보는 경우가 많았다. 하지만 《적천수천미》에서도 임철초가 서술했듯,

저런 구조의 사주는 축토를 대세운에서 만나면 축미쟁충이 사 대 일로 일어나 용신인 미중 을목이 더욱 위험해진다. 따라서 개고가 긍정적으로 일어날 때와 부정적으로 일어날 때를 반드시 살필 줄 알아야 한다.

삼재의 원리

삼재(三災)는 인간의 힘으로는 어찌할 수 없는 세 가지 재앙을 뜻한다. 민간신앙이나 불교에서는 삼재가 들 때 온갖 안 좋은 일이 일어난다고 했는데, 언젠가부터 명리학에서도 삼재가 신살로 자리 잡더니 널리 쓰이기 시작했다.

인간은 누구나 9년에 한 번씩 삼재를 맞는다. 삼합과 방합, 십이운성, 역마의 개념을 알고 있다면, 삼재의 성립 원리를 쉽게 이해할 수 있다. 예를 들면 임인(壬寅, 2022)년, 계묘(癸卯, 2023)년, 갑진(甲辰, 2024)년 3년은 무슨 띠가 삼재일까? 바로, 신자진 삼합을 이루는 원숭이(申), 쥐(子), 용(辰)띠이다.

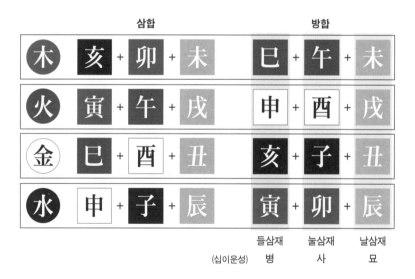

표 왼쪽에서 함께 삼합을 이루는 그룹은, 오른쪽 방합이 들어오는 해에 삼년간 삼재를 맞는다. 즉 삼합으로 목국을 이루는 해(돼지띠)·묘(토끼띠)·미(양띠)년생은 사·오·미년에 삼재에 걸린다. 화국을 이루는 인(호랑이띠)·오(말띠)·술(개띠)은 신·유·술 해에 삼재가 된다. 사유축·신자진년생도 각각 같은 줄에 있는 방합의 해인 해자축·인묘진년이 삼재다.

해수, 묘목, 미토가 만나면 목국을 이루는데, 갑목은 십이운성으로 사화에서 병, 오화에서 사, 미토에서 묘지에 들어간다. 인목, 오화, 술토는 화국을 이루고, 천간의 화기인 병화는 신금에서 병, 유금에서 묘, 술토에서 입묘한다. 즉 삼재가 시작되는 들삼재는 모두 역마의 글자고, 삼재가 끝나는 날삼재는 십이운성으로 삼합에서 국을 이루는 천간의 양간이 입묘가 되는 해라는 것을 알 수 있다.

왜 하필 역마가 시작되는 해를 삼재의 시작으로 본 걸까? 옛날에는 역마의 기운을 매우 부정적으로 인식하여 역마살이라 불렀다. 마을을 벗어났다가 천연두 같은 질병에 걸리거나, 산적 또는 호랑이를 만나 죽는 경우도 부지기수였다. 사농공상 중에서 상인이 최하층 계급이었다는 점은, 여기저기 돌아다니는 행위를 사회적으로 불길하게 보았음을 방증한다. 즉 삼재이론에는 강한 활동의 기운을 매우 부정적으로 바라봤던 시대적 사고가 그대로 반영되어 있는 것이다. 끊임없는 가뭄, 홍수, 지진, 전쟁, 기근, 전염병 등으로 인해 평균수명이 매우 짧았던 과거에는 인간의 생존 그 자체가 삶의 목표였을 만큼, 모두가 불행한 시대였다. 삼재는 인간에게 닥치는 삶의 불행을 어떻게든 설명하기 위해 탄생한 신살이 아니었을까?

삼재가 들 때는 관재 송사에 휘말리거나, 사고가 생기거나, 순조롭게 진행됐던 일들이 갑자기 엎어지는 일이 발생한다고 한다. 이 말을 액면 그대로 받아들인다면, 국민의 4분의 1이 매년 삼재에 걸려 매우 불행해질 수밖에 없다. 가족의 사주를 들고 한 철학관에 간 지인이 사업이 잘 안 풀리는 이유에 대해 '초등학생 딸이 삼재에 들었기 때문'이라는 답변을 듣고 어이가 없었다고 했다. 만약 사주명리학을 기반으로 하는 철학관에서 삼재 이야길 꺼내며, 개명이나 부적을 권하거든 그냥 그 자리를 빠져나오길 바란다.

삼재는 태어난 년도, 즉 띠(연지)를 기준으로 사주를 보던 당사주에 근간을 두고 있다. 삼재라고 위축되거나, 안 좋은 일이 생겼을 때 이를 두고 삼재를 탓하지는 말자. 차라리 삶의 태도를 돌이켜보고 미래를 계획하는 시기로 삼으면 어떨까 싶다.

십이운성을 둘러싼 논쟁

① 화토동법과 수토동법

십이운성은 고전 《명리정종》의 입장에 따라 수와 토를 동일하게 보는 수토동법과, 《자평진전》의 입장에 따라 화와 토를 동일하게 보는 화토동법으로 나뉜다. 현재는 20 대 80 정도로 화토동법이 우세한데, 수토동법의 입장을 존중하긴 하지만 개인적으로는 화토동법을 따르고 있다. 지극히 개인적인 견해로, 세 가지 근거를 이야기하고 싶다.

먼저 천간합의 순서를 살펴보자. 천간합은 갑기합화토, 을경합화금, 병신합화수, 정임합화목, 무계합화화로 나뉜다. 양간 갑목 입장에서 기토는 정재가 되고, 음간 기토 입장에서 갑목은 정관이 된다. 양간 경금은 을목이 정재지만, 을목 입장에서 경금은 정관이 된다. 즉 천간합은 서로의 입장에서 정재와 정관의 관계가 되는데, 남성이 여성을 재성으로 보고, 여성은 남성을 관성으로 보는 관점이 천간합의 관계에서도 기인한 게 아닌가 여겨진다. 모든 일간은 정재를 목표로 극을 하고 이후 정관으로 나아간다. 이런 측면에서 보면, 음양이 합하는 천간합의 관계는 남녀가 만나 관성(가정)을 이루려 하는 것으로도 해석할 수 있다. 이런 천간합의 시작은 갑기합화토, 즉 토에서부터 시작한다. 생명의 시작을 수가 아닌 토로 인식했다는 점은 수토동법이 아닌, 화토동법의 근거가 된다.

또한 일간이 무토나 기토인 일주들의 성격을 살폈을 때 수토동법(명리종종식)이 아닌, 화토동법(연해자평식)으로 보는 것이 더 타당하다고 여겨진다. 예를 들면 무오일주의 경우 명리종종식으로 십이운성이 태지, 무자일주는 제왕지가 된다. 하지만 자평진전식으로 십이운성을 살피면 무오일주가 제왕지, 무자일주가 태지가 된다. 태지는 정자가 난자에 착상되는 단계로, 무엇이든 될 수 있는 무한한 가능성을 품고 있다. 생명의 근원이 싹트는 단계로 배려, 수용, 안정, 호기심 등의 속성이 있다. 무자일주는 호수를 둘러싼 산 같은 형상으로, 신중하고, 합리적이며, 보수적이고, 안정성을 추구하려는 성격이 강해 태지에 가깝다. 무오일주는 물상적으로 보면 고요한 화산으로, 겁재 기토와 편인 병화, 정인 정화를 일지에 두고 있다. 천상천아 유아독존, 고독함, 까칠함, 돌직구, 여유만만함 등의 속성을 갖춘 만큼 제왕에 가깝다.

마지막으로 오화의 지장간을 살펴보자. 오화의 지장간은 병화, 기토, 정화다. 오중 기토의 존재 이유에 대해서는 여러 설명이 존재한다. 여기에는 화의 뜨거운 기운을 중재하기 위해 무토보다 기토가 더 적합하다는 설명이 주를 이루긴 한다. 천간에서 갑을병정무라는 양기를 지나, 기경신임계의 음기로 접어들 때의 첫 시작점이 습토인 기토이기 때문이다(물론 일부 대만의 명리학자들은 오화의 지장간을 기토를 제외한 병화와 정화로만 보고 있다). 오중 기토의 존재에서 유추할 수 있듯, 화와 토가 한 몸이라는 관점은 화토동법에 무게를 더한다. 참고로 문창귀인, 학당귀인, 암록귀인 등 몇 가지 신살은 화토동법으로 병화와 무토, 정화와 기토가 똑같이 적용된다.

② 양포태와 음포태: 십이운성의 흐름

양은 기세·발산·원심력·전진·확장을, 음은 형질·수렴·구심력·후퇴·축소 등을 뜻한다. 양생음사, 음생양사라 하여 음과 양이 다르게 펼쳐지는 이유는 음과 양의 본질이 다르기 때문이다. 양간은 저돌성과 추진력이 장점이지만, 성급한 만큼 일을 그르치기도 한다. 음간은 속도는 느리지만, 주변을 꼼꼼히 살피기 때문에 실속이 있다.

나는 음양의 특성이 다르듯, 양간과 음간의 십이운성 또한 다르게 보아야 한다는 입장(음포태)이다. 음양을 구분하지 않는 십이운성 이론을 양포, 음양을 구분하는 이론을 음포태라 부르기도 한다.

《자평진전》에 따르면, 양간인 갑목은 생기(生氣)이고, 음간인 을목은 형질(形質)이다. 갑목은 해월[亥]에 생(長生)하고, 오월[午]에 사(死)한다. 나무는 여름에 가지와 잎이 무성한데, 여름에 사지에 접어든다고 하는 이유가 무엇일까? 양기가 극에 달하여 생기가 전부 발설되었기 때문이다.

'십이운성에 따른 활동성 주기'(104쪽)를 보면, 사지는 외적인 활동성은 점차 제한되는 반면 내적인 활동성은 증대되는 단계다. 을목은 이와 반대로, 가지와 잎이 무성한 오월[午]에 생(長生)하고, 가지와 잎이 시드는 해월[亥]에 사(死)한다. 이처럼 양간과 음간의 흐름이 다른 것을 '양생음사, 음생양사' 또는 '양순음역'이라 한다.

전 계절인 해수에서 생한 양간 갑목은, 다음 계절인 미토에서 입묘한다. 양간인 병화는 화의 생기로, 전 계절인 봄 인목에서 생하고, 다음 계절인 가을 술토에서 입묘한다. 경금은 금의 생기로 전 계절인 여름 사화에서 생하고, 축토에서 입묘한다. 임수는 수의 생기로, 가을 신금에서 생하고, 진토에서 입묘한다. 이런 규칙에 '양생음사, 음생양사'의 흐름을 그대로 적용해 보자. 양간은 순행하고, 음간은 역행한다. 예를 들어 병화를 생기로, 정화를 형질로 볼 때 물상적으로 병화는 빛에, 정화는 열에 비유할 수 있다. 인시에 모습을 드러낸 태양(병화)은 정오에 정점에 이른다. 이를 장생에서 제왕의 단계로 볼 수 있다. 태양은 낮이 길 하지에도 술시(입묘)가 되면 이윽고 모습을 감춘다. 중요한 건 태양이 지상에 빛을 드리웠다 하여, 곧바로 따스함(정화)이 발생하진 않는다는 것이다. 지상은 태양이 가장 높이 뜬 정오가 아니라, 이후인 미시에 가장 뜨거워진다. 이게 정화가 미시에서 양인이 성립하는 이유다.

얼핏 왜곡된 것처럼 보이는 양생음사•음생양사의 흐름이, 역설적이게도 자연적으로 무척 정교한 현상들을 만들어 낸다. 예를 들어 여름에 열대야가 일어났을 때에도, 정화가 입묘하는 축시가 되면 지상의 열기는 뚝 떨어진다. 같은 관점에서 명리학이 동지가 아닌 입춘을 새해의 시작으로 보는 것도 이러한 시간적 왜곡을 염두에 둔 것이다. 자연의 질서는 지금도 변함없이, 자월이나 축월 대신 인월과 묘월의 바닷물을 가장 차갑게 만든다. 나는 이러한 이유로, 십이운성을 선인들이 자연을 관찰한 후 정립한 일종의 동양 물리학으로 설명한 명리학자 박청화의 비유가 정확하다고 생각한다.

참고로 일부 명리학자들이 십이운성상 음과 양은 반대로 흐르지만, 양간이 건록과 제왕지일 때 음간은 절과 태지에 놓인다는 견해를 낸 바 있다. 동의하기 어려운 이론으로 음양에 대한 십이운성의 질적•양적 개념을 무시하고, 시간적 흐름을 기계적인 방식으로 해석하는 것은 무척 위험하다고 본다.

甲(순행)

亥	子	丑	寅	卯	辰	巳	午	未	辛	酉	戌
장생	목욕	관대	건록	제왕	쇠	병	사	묘	절	태	양

순행

양생음사
음생양사

乙(역행)

亥	子	丑	寅	卯	辰	巳	午	未	辛	酉	戌
사	병	쇠	제왕	건록	관대	목욕	장생	양	태	절	묘

역행

위 표의 흐름처럼 을목인 경우, 해수에서 생하는 갑목과 반대로 해수에서 사가 된다. 나머지 병화, 정화, 경금, 신금, 임수, 계수의 흐름도 마찬가지다. 토 일간은 화토동법에 따라 무토는 양화인 병화, 기토는 음화인 정화와 십이운성의 흐름을 똑같이 보면 된다.

③ 통근에 대한 관점

천간은 어떤 지지를 만나느냐에 따라 에너지 준위가 달라진다. 십이운성론에 따르면, 통상 장생에서 쇠까지를 천간의 힘이 강하게 드러나는 시기로, 병에서 태까지를 천간의 힘이 내적으로 수렴되는 시기로 본다. 태 다음에 놓인 양은 천간의 외적 활동성이 상승하기 직전의 단계라, 아직은 그 힘이 미약하다. 만약 십이운성상 천간의 기운은 강한데, 지지의 지장간에조차 뿌리를 내리지 못했다면 어떻게 해석해야 할까? 반대로 십이운성상 기운은 약한 천간이, 지지의 지장간에 제대로 통근하고 있다면 그 힘을 어떻게 바라봐야 할까?

시주	일주	월주	연주
비견	본원	편인	편인
甲	甲	壬	壬
子	子	子	子
정인	정인	정인	정인
壬癸	壬癸	壬癸	壬癸

사례 1

시주	일주	월주	연주
편인	본원	편인	비견
辛	癸	辛	癸
酉	酉	酉	酉
편인	편인	편인	편인
庚辛	庚辛	庚辛	庚辛

사례 2

　사례 1과 사례 2 모두 득령, 득지했지만 지장간에조차 일간의 뿌리가 없다. 사례 1의 갑목은 십이운성을 살피면 자수 위에서 목욕지에 놓인다. 십이운성의 힘을 중요시하는 학자들은, 갑목이 본인의 기운을 잘 드러낼 수 있는 목욕지에 놓일 경우 주변에 인성이 많아도 자신의 주체성을 굳건히 지킬 수 있다고 여긴다. 즉 물이 아무리 많아도 주체성이 강한 나무라 썩을 일이 없기 때문에, 인다신강한 사주라고 해석하는 것이다. 나의 경우 《명리, 나를 지키는 무기: 중급편》에서도 서술했듯, 일간이 지지 인성에 의지하고 있다 하더라도 지장간에 같은 오행이 없다면 제대로 통근하지 못했다고 본다. 즉 사례 1은 인성이 많아 신약해진 인다신약 사주다. 사례 2의 계수 역시 신금과 유금에게 생조받고 있지만, 지지의 지장간에 자기 뿌리를 두지 못했다. 게다가 계수는 유금 위에서 십이운성상 병지에 놓여 힘이 강하지 않다. 역시 인다신약한 사주다.

시주	일주	월주	연주
비견	본원	비견	비견
庚	庚	庚	庚
辰	辰	辰	辰
편인	편인	편인	편인
乙癸戊	乙癸戊	乙癸戊	乙癸戊

시주	일주	월주	연주
식신	본원	식신	편재
丁	乙	丁	己
丑	丑	丑	丑
편재	편재	편재	편재
癸辛己	癸辛己	癸辛己	癸辛己
쇠	쇠	쇠	쇠
백호		백호	

사례 3 　　　　　　　 사례 4

　사례 3은 앞서 사례 1, 2와 달리 일간의 주체성이 강한 편이다. 지지에 경금의 뿌리는 없지만, 천간에 모두 일간과 같은 비견을 두고 있기 때문이다. 게다가 습토인 진토 안에는 경금이 가장 사랑하는 계수가 있다. 이 경우 경금이 수로 설기되지만 자신을 맑게 빛낼 수 있는 득수이청(得水而淸)의 구조가 되어, 천간에 있는 경금들이 더 강한 힘을 낼 수 있다. 덧붙여 천간 경금은 진중 을목과 을경합을 하여, 을목도 자신의 뿌리로 만들려 한다.

　십이운성의 힘을 중요시하는 학자들은 천간 경금이 전부 양지에 놓이기 때문에, 지지에 뿌리가 없음에도 불구하고 이 사주를 인다신강으로 해석한다. 경금은 양금이라 오행 자체로도 주체성이 강하고, 양지 위에서 양간으로서의 힘 또한 안정적으로 펼쳐 보일 수 있다. 게다가 경금은 진토 위에서 신살로 괴강이 성립한다. 이 모든 조건에도 불구하고, 경금이 지지에 같은 오행으로 뿌리를 내리지 못해 이론적으로는 신강하기 어렵다는 것이 나의 입장이다. 지지에 신금 겁재, 정관 정화, 무토 편인을 둔 경술과 지지에 을목 정재, 계수 상관, 무토 편인을 둔 경진의 차이는, 지지에 일간의 뿌리를 두고 있느냐 없느냐에서 비롯된다. 개인적으로 경진보다 경술이 가진 괴강의 힘이 조금 더 파괴적이라 생각한다.

사례 4 역시 일간 을목이 지지의 지장간에조차 뿌리를 두지 못했다. 월간과 시간의 정화가 축토 위에서 입묘가 되어 자신을 주장하기 힘들어진 까닭에, 일부는 이 사주를 토 재성 전왕으로 해석할지 모르겠다. 하지만 십이운성으로 을목은 축토 위에서 쇠지에 놓인다. 십이운성의 힘을 중요시 여기는 학자들은 일간 을목이 자신의 주체성을 충분히 지킬 수 있기 때문에, 결코 토 재성 전왕이 될 수 없다고 해석할 여지가 있다.

나의 경우, 을목은《적천수》에서 서술하듯 규양해우(刲羊解牛)라 하여 축토와 미토 위에서도 충분히 뿌리내릴 수 있다고 본다. 축중 신금과의 충의 작용도 고려해야겠지만, 축토 위에서 쇠지에 놓인 일간 을목은 축중 계수로부터도 생조받으며 자신의 입지를 지킬 수 있다. 축토에 암장된 신금의 기운도 강한 극신약한 사주로, 억부적으로 용희신은 목 비겁, 수 인성이 된다. 한신은 화 식상, 기구신은 금 관성, 토 재성이다.

십이운성상 일간이 일지에 입묘되는 여섯 개의 일주가 있다. 이 중 일지가 비겁에 해당하거나, 지장간에 같은 오행으로 통근한 병술, 무술, 기축, 임신은 과연 일간의 힘을 어느 정도로 규정할 수 있을지에 대해 학자마다 의견이 분분한 상황이다.

무술이나 기축의 경우 일주가 간여지동으로 이루어져 있기 때문에, 십이운성상 천간의 기운을 중요시하는 학자라도 대부분 그 힘을 약하게 보지는 않는다. 여기서 문제는 술중 정화에 뿌리내린 병화와 진중 계수에 뿌리내린 임수의 상태다. 이론적으로 입묘된 일간은 그 힘이 크게 줄어들어, 자신을 드러내거나 행동으로 표현하기가 어렵다고 해석한다.

엄밀히 말해 일간이 입묘되어 있다고 하여, 그 힘이 무조건 약하다고 볼 수는 없다. 외적 활동성에 제한이 생겨 천간의 특성이 잘 드러나지 않을 뿐, 반대로 내면의 정신적 활동성은 증가한 상태이기 때문이다. 단순히 힘의 강약의 관점에서 보기보다, 힘의 유형과 방향성이 다르다고 이해해야 한다. 십이운성은 천간이 지지와 만나 어떤 상태를 나타내는지를 이해하기 위한 개념이지, 단순히 힘을 논하기 위해 탄생한 이론이 아니다.

입묘가 되면 천간의 양적인 특성이 상황에 따라 제한될 수 있지만, 반대로 어떻게 활용하느냐에 따라 잠재된 기운이 폭발적으로 발현될 수 있다. 후술하겠지만, 나는 입묘를 단순히 힘의 소멸이나 약화로 바라보는 게 아니라, 내면적인 성찰이나 새로운 출발을 위한 준비과정으로 이해하고 있다. 이 때문에 입묘된 일주는 상황에 따라 외부의 역량을 키우기보다, 내면을 강화하는 방향을 통해 장기적으로 더 큰 성취를 이룰 수 있다고 본다.

④ 귀삼합과의 관계

귀삼합은 특정 천간을 묘지, 절지, 태지에 놓이게 하는 간지가 원국에 모여 있을 때 천간의 활동성이 제한된다는 이론이다. 위에서 십이운성을 중요하게 활용하고 있음에도 불구하고, 앞서 귀삼합의 작용에 대해서는 부정적인 입장임을 밝힌 바 있다.

특히 연구를 위해 논의를 확장하여 ①묘, 절, 태가 모두 모여 있는 대신 지지 네 개가 특정 천간을 기준으로 묘지나 절지, 태지로만 이루어진 극단적인 원국 ②조후적 영향이 강한 월지에 왕지가 있고 시지에 생지가 있는 상태에서 귀삼합을 이룬 원국 ③귀삼합 때문에 힘을 쓸 수 없게 된 천간이 원국에는 아예 존재하지 않거나 심하게 고립된 경우 모두를 꼼꼼히 검토해 봤지만, 다음에 후술할 한 사례를 제외하고 나머지는 그 작용력을 확인할 수 없었다.

시주	일주	월주	연주
비견	본원	비견	비견
癸	癸	癸	癸
亥	亥	亥	亥
겁재	겁재	겁재	겁재
戊甲壬	戊甲壬	戊甲壬	戊甲壬
제왕	제왕	제왕	제왕

특정 천간을 지지에서 전부 묘지나 절지, 태지에 놓이게 하는, 원국 전체가 하나의 기운으로만 관통된 일기격 사주다. 연주와 월주, 일주, 시주가 모두 같은 일기격은 총 열 가지로 갑술·을유·병신·정미·무오·기사·경진·신묘·임인·계해일기격이 있다. 이 중 계해일기격 사주의 여성은 선천적으로 심장이 좋지 않아, 유년기에 심장 수술을 받은 바 있었다. 심장과 관련이 있는 병화는 해수 위에서 절지에, 정화는 태지에 놓이니 천간의 화 기운이 미약해져 건강적인 부정성이 커졌다고 볼 수 있다. 게다가 초년에 갑자대운과 을축대운이 흘렀는데, 이때도 병화와 정화의 힘이 약한 시기다.

하지만 여러 명리 커뮤니티에서 알게 된 계해일기격 여명의 사주 사례를 추가로 검토해 봤지만, 여섯 중 건강상 심장이 안 좋은 건 위 사례뿐이었다. 음양오행의 기운과 인간의 신체는 밀접하게 연관되어 있지만, 건강에는 여러 변수가 있기 마련이다. 따라서 이처럼 사례가 적은 경우, 이론적 연관성을 쉽게 단정짓기 어렵다고 생각한다(귀삼합 이론이 폭넓게 적용되려면, 모든 일기격 사주들은 어딘가 한 군데 이상 치명적인 건강 문제를 앓고 있어야 한다).

귀삼합 이론에 대해서는 개인적으로 비판적인 입장이지만, 임상이 부족한 만큼 앞으로도 꾸준한 연구가 필요함을 밝힌다. 가능성을 열어 두는 차원에서 덧붙이자면, 천간의 간지가 대세운에서 뿌리없이 오거나, 주변 오행과의 충극 작용으로 파극을 당했을 때에 한해서만 천간의 작용력에 일부 제한이 생길 수 있다고 본다.

이처럼 원국에 축토, 인목, 묘목이 있어 목 귀삼합이 발동되는 원국이 있다고 가정해 보자. 경인대운이 들어올 때, 경금은 인목 위에서 절지에 놓여 불안정성이 무척 높은 상태이다. 이때 경금을 극하는 병오세운이 들어온다면, 경금이 오행이나 십성적으로 원국에 미치는 작용력은 어느 정도 제한받게 된다. 물론 원국의 연주와 나머지 자리에 금오행이 있거나, 금 오행은 아니더라도 연지에 경금이 뿌리내릴 수 있는 간지가 있다면 이야기는 달라질 것이다.

귀삼합론에 의하면, 이런 구조를 가진 사주는 조후를 잃어 수 관성이 무력해진다. 지지가 진토, 사화, 오화로 이루어져 수의 기운을 제한하기 때문이다. 십이운성을 적용하면 천간 임수는 연지 진토, 시지 사화, 월지 오화에서 각각 묘지, 절지, 태지에 놓인다. 게다가 일간 정화는 일지 미토 위에 강하게 뿌리내리니, 대세운에서 임수가 약하게 들어올 때는 조후적으로 원국에 큰 도움을 주기 힘들다. 음간인 계수 역시 진토, 사화, 오화, 미토 위에서 각각 양지, 태지, 절지, 묘지에 놓이는만큼 그 힘이 강하지 않다.

148

사례 1

시주	일주	월주	연주
*	*	●	●
편관	본원	식신	정관
壬	丙	戊	癸
辰	午	午	巳
식신	겁재	겁재	비견
乙癸戊	丙己丁	丙己丁	戊庚丙
관대	제왕	제왕	건록
월공	도화	도화	천의
	양인	양인	
	공망		
	월덕		

사례 2

시주	일주	월주	연주
●	*	*	*●
편인	본원	겁재	정관
乙	丁	丙	壬
巳	未	午	辰
겁재	식신	비견	상관
■	■	■	
戊庚丙	丁乙己	丙己丁	乙癸戊
제왕	관대	건록	쇠
역마	양인	도화	월공
천의	공망	월덕	
	암록		

사례 1은 《적천수천미》의 저자 임철초의 사주로, 연간과 월간이 무계합화화하여 무척 뜨거워졌다. 시간 임수가 진토 위에서 묘지에 놓였지만, 진중 계수에 뿌리내려 자신의 목소리를 주장하고 있다. 사례 2는 어린아이의 원국으로, 지지에 사오미 방합이 형성되어 무척 뜨거운 사주다. 일지 미토가 거의 화로 변해버린 까닭에, 시간 을목은 주변의 불구덩이 속에 놓인 형국이 됐다.

위 사주 모두 지지에 진토, 사화, 오화가 있어 화 귀삼합이 형성되어 있다. 귀삼합 이론에 의해 수의 기운이 제한될 수밖에 없다면, 위 사주 모두 전왕이 되어야 한다. 하지만 두 사주 모두 수의 창고인 진토와 천간의 임수 덕분에, 모두 전왕이 되지 못했다. 게다가 임철초는 50임자 대운을 지나는 동안 명리학을 깊이 연구했고, 60신해대운에 《적천수천미》를 저술하며 명리학 역사에 불멸의 이름을 남겼다. 60신해대운의 천간 신금은 원국의 병화와 만나 수 관성이 된다.

⑤ 십이운성의 인정 여부

십이운성을 인정하지 않는 학파는 고전에서도 십이운성을 관법으로서 적극적으로 활용하지 않았고, 오행의 생극제화와 십이운성의 이론이 서로 어긋남을 주장한다. 예를 들면 을목이 지지에서 해수를 만나거나 계수가 신금을 만나면 사지가 된다. 해수는 을목을 생하고(수생목), 지지 신금 역시 계수를 생하는(금생수) 관계인데, 어떻게 사지가 될수 있냐고 말한다. 오행과 오행의 관계에서 힘의 왕쇠(旺衰)를 살피는 것을 왕상휴수사(旺相休囚死)라 하는데, 이는 간지를 오행의 관점으로만 해석하는 관법이다. 하지만 십이운성은 전혀 다른 이론으로, 오행의 관계를 떠나 천간과 지지를 결합시켜 왕쇠를 논한다. 음양과 오행, 충과 합, 형 등을 논하는 것을 이법이라 하고, 십이운성을 논하는 것을 기법으로 분류한 이유가 있다. 기준이 다르기 때문이다. 왕상휴수사는 오행을 따르기에 계절을 근간으로 하는 방합과 관련되었고, 십이운성은 생로병사의 흐름을 12단계로 나누어 천간과 지지를 연결하였기에 삼합과 연관이 있다.

십이운성은 상위개념인 음양오행이 아니라, 더 하위의 개념인 천간과 지지를 논한다. 전혀 다른 기준을 적용하고 있는 만큼, 음양과 오행의 잣대로만 판단하면 십이운성은 명리학의 테두리 안에 자리 잡기 힘들게 된다. 하지만 해묘미 목국, 인오술 화국, 사유축 금국, 신자진 수국의 형성을 다루는 삼합 이론은, 십이운성에 뿌리를 두고 있다. 갑목은 해수 생지, 묘목 제왕지를 지나 미토에서 입묘한다. 병화는 인목 생지, 오화 제왕지를 지나 술토에서 입묘한다. 사유축, 신자진 역시 천간의 경금과 임수를 십이운성에 적용해 보면 흐름이 이해가 될 것이다.

이뿐 아니라 일간이 일지와 결합하여 형성되는 일주 역시, 십이운성에 따라 보다 입체적인 해석이 가능해진다. 아직 미답의 영역이긴 하나, 일본의 추명학 권위자인 아베 다이장이 주창했듯, 이젠 십이운성 역시 적어도 명리학에 있어 보조적인 지위를 인정해야 옳다고 본다. 단 원국에 대한 심층적 해석 없이, 십이운성과 근묘화실론만을 결합한 조악한 관법으로 사주를 단식으로 해석하는 것에는 반대하는 입장이다.

명리영역 기출문제

1. 다음 중 십이운성의 기운이 할 법한 말로 가장 적절하지 않은 것을
   고르면? (난이도 하)

① 쇠지: "마지막으로 저 서산을 붉게 물들이리라!"

② 제왕: "천상천하 유아독존!"

③ 양지: "이불 밖은 위험해!"

④ 묘지: "무덤에 들어가다니… 난 이제 죽을 게 분명해."

⑤ 목욕: "난 역시 센스가 있다니까!"

2. 다음 중 십이운성만 살폈을 때 천간 정화의 힘이 가장 약한 것을
   고르면? (난이도 하)

① 정축(丁丑)

② 정해(丁亥)

③ 정미(丁未)

④ 정사(丁巳)

⑤ 정유(丁酉)

3. 다음 중 특정 용어에 대한 설명 중 가장 옳지 않은 것을 고르면?
   (난이도 중)

① 자하: "입묘(入墓)는 천간의 기운이 십이운성상 특정 지지 위에서
   묘가 성립될 때를 말해. 인간이 죽어 무덤(墓)에 들어가는 시기에
   비유한 것뿐이지, 무조건 나쁘게 해석할 순 없어."

② 리라: "맞아. 묘의 시기는 긍정적으로 휴식, 안정, 저장 등을 뜻
   해. 물론, 부정적으로는 정체, 침체, 고립 등을 의미하기도 하는
   만큼, 보다 입체적인 해석이 필요해."

③ 다한: "입고(入庫)는 천간의 기운이 특정 지지를 만나면 창고에 들
   어간다는 걸 뜻해. 기운이 다시 상승할 가능성을 내포하고 있는 만
   큼, 입묘보다 어감이 훨씬 긍정적이야. 하지만 강조하는 지점만
   조금 다를 뿐, 원론적으로 보면 입묘나 입고 모두 뜻이 같다고 할

수 있어."

④ 지왕: "묘지(墓支)를 고지(庫支)라고도 하잖아? 둘을 합쳐서 묘고(墓庫)라고도 하는데, 이는 결국 입묘와 입고의 개념을 모두 포괄하는 용어라 할 수 있어."

⑤ 유현: "개고(開庫)는 창고가 열린다는 뜻으로, 잠재된 기운이 활성화되고 드러나는 것을 뜻해. 입묘된 기운은 제대로 힘을 쓸 수 없는 만큼, 붕충이라도 일어나서 마땅히 개고되어야 하지 않을까?"

풀이 노트

1. → 정답은 ④번 묘지이다. 묘지는 단어 뜻이나 뉘앙스와 달리, 사람이 죽는 것과는 전혀 관련이 없다. 외적 활동성이 떨어지는 대신, 창고에 물건을 보관하듯 자신의 기운을 내부로 수렴시킬 수 있다. 심리적·환경적 변화에 둔감하긴 하지만, 멀리 보면 한 가지 일을 끈기 있게 이어 나가는 힘이 되기도 한다.

2. → 정답은 ①번 정축이다. 십이운성으로 정축은 묘, 정해는 태, 정미는 관대, 정사는 제왕, 정유는 장생이다. 오행의 상생상극 관점으로는 위 보기 중 정해가 가장 힘이 약할 수 있다. 해수가 정화를 극하기 때문이다. 하지만 해수의 지장간은 무토, 갑목, 임수로 암합을 하고, 정화는 해수의 정기 임수와 정임 암합을 한다. 암합역시 살펴야 하는 기운으로, 정해와 병자를 비교하면 암합으로 인해 천간 정화가 병화에 비해 수극화의 영향을 덜 받는다고 할 수 있다. 만약 오행의 상생상극만 살핀다면, 정화에게 축토는 식신이된다. 하지만 십이운성도 함께 살핀다면, 정화는 축토 위에서 자신의 기운을 제대로 드러내기 어렵게 된다. 게다가 물상이나 간지론적으로도 촛불 같은 정화는 한겨울의 얼음장 같은 토양인 축토위에서 자신의 뜨거움을 유지하기 어렵다. 십이운성을 적용하면,

이처럼 간지를 다른 관점으로도 살필 수 있게 된다.

3. → 정답은 ⑤번이다. 십이운성상 묘는 지지가 토 오행인 경우에만 성립할 수 있다. 특정 천간이 지지에서 토를 만나 입묘될 때, 봉충이 발생하면 개고되어 암장된 기운을 꺼내 쓸 수 있다는 주장도 있지만 이는 위험천만한 이론이다. 예를 들어 원국에서 축미충이 존재할 때, 축토와 미토 지장간 사이에는 정계충과 을신충이 일어나게 된다. 이렇게 토 오행 사이에서 수와 화의 충, 목과 금의 충이 일어나는 경우, 만약 원국에 특정 오행이 천간이나 지지, 지장간에도 존재하지 않는다면 어떻게 될까? 해당 오행에 섬세하게 금이 가, 오행과 관련된 신체부위가 취약해지거나, 해당 십성의 작용력이 거의 드러나지 않는 등 부정성이 커지게 된다. 만약 원국에서 축미충이 발생했는데 목 오행이 없다면, 눈이나 간, 척추, 근육 등이 약할 가능성이 높아진다.

십이운성 관법의 종류

시주	일주	월주	연주
정인	본원	편인	정인
乙	丙	甲	乙
未	午	申	丑
상관	겁재	편재	상관
*			*
丁乙己	丙己丁	戊壬庚	癸辛己
쇠	제왕	병	양
백호	도화	역마	
천의	양인	문창	
	월공	암록	

한창 명리학을 공부할 당시, 가족의 사주를 들고 몇 군데 철학관을
돌았다. 한 분은 내게 무슨 고민이 있는지는 묻지도 않고, 내 사주를 적
자마자 이렇게 말하기 시작했다.

역술가: "자네는 어렸을 때 공부를 무척 잘했을 것이고, 대학도 잘
        갔을 거야. 양반 가문인 데다, 조상 중에 공부를 잘한 사람도
        많았을 거고."

나는 이 분이 단순히 십이운성과 근묘화실론을 적용시키는 방식으
로만 사주를 보고 있다고 생각했다.

나: "선생님. 제가 명리학을 공부하고 있는데요. 죄송합니다만, 혹시
    연주에 학문을 상징하는 정인 을목이 있는데, 그게 축토 위에서
    쇠지라 제가 어렸을 때 공부를 잘했을 거라고 보신 거죠?"
역술가: "그렇죠(그전까지 분명 내게 반말을 했는데, 갑자기 말투가 바뀌었
        다!)"

나: "그러면 연주에 인성이 없으면 어렸을 때 공부를 못하는 건가
요?"

역술가: "네. 사주에 인성이 없으면 공부가 잘 안됩니다."

나: !?(그럼 어릴 때 대운에서 인성이 들어오면 어떻게 되는지 물으려다 겨우
참았다.)

나는 주머니에 접어두었던 종이를 펼쳐들며, 감명비를 더 드릴 테니
가족 사주도 함께 살펴봐 달라고 했다. 사실 인성의 유무는 공부나 성
적과는 전혀 상관이 없다. 비겁이나 식상, 재성, 관성을 쓰며 공부하는
방법이 있기 때문이다. 공부하는 데 인성이 필요한 사람이라면, 대운
이나 세운에서 인성이 오는 걸 기대할 수도 있다. 어쨌든 나는 욱하는
마음에, 배움을 구하려던 생각은 싹 잊고 눈앞의 역술인이 말할 바가
궁금해서 종이를 꺼냈다.

시주	일주	월주	연주
●*	*	●	
편재	본원	겁재	정인
乙	辛	庚	戊
未	丑	申	辰
편인	편인	겁재	정인
*	*		*
丁乙己	癸辛己	戊壬庚	乙癸戊
쇠	양	제왕	묘
백호		양인	화개
천의			백호
			공망
			암록

동생의 사주

시주	일주	월주	연주
*		*	
편관	본원	식신	편인
丙	庚	壬	戊
戌	申	戌	辰
편인	비견	편인	편인
*		*	**
辛丁戊	戊壬庚	辛丁戊	乙癸戊
쇠	건록	쇠	양
백호	역마	백호	화개
천덕		월공	백호
월덕			

배우자의 사주

동생과 배우자의 사주를 본 역술가는 득의양양한 웃음을 띠며 말했
다.

역술가: "가족 모두 명문대에 다니셨겠군요. 연주에 인성이 강하지
　　　　않습니까?"

나: "……."

동생은 대학 졸업장이 없을 만큼 공부에는 큰 관심이 없던 탓에 일
찍이 사업가로 성장했고(시간에 떠 있는 편재를 보라), 아내 역시 대학과
는 별 인연이 없는 삶을 살았다. 사주를 꺼냈을 때 가족 관계가 어떻게
되느냐고 물어보지도 않은 역술인의 태도는 둘째치고, 이런 식의 단식
해석만으로도 충분히 영업 행위(?)를 할 수 있다는 것에 어안이 벙벙
했다. 참고로 동생의 경우, 초년 대운에 유금과 술토가 들어와 연지 진
토가 해공된다.

후술하겠지만 일부 역술인들이 억부나 조후, 격국론적 관점 등을 통
해 운의 유불리를 따지다가도, 뭔가 판단이 잘 서지 않을 때 도깨비방
망이처럼 꺼내 드는 게 십이운성이다. 이를 방증하듯 매년 연말연시가
되면 오로지 십이운성만으로 판단한 일간별 신년 운세 유튜브 영상이
높은 조회수를 기록한다. 나는 일부 십이운성을 통해 간지를 입체적으
로 조망하기보다, 근묘화실론과 결합시킨 단식 해석으로 명리학을 저
잣거리의 술수로 전락시키고 있는 것이 큰 문제라고 본다.

십이운성을 잘 이해하면, 사주 해석은 물론 명리학의 수많은 이론이
보다 정교화된다. 예를 들면 해묘미, 인오술, 사유축, 신자진 삼합이 지
지의 여러 합 중에서 가장 견고한 이유는 무엇일까? 십이운성의 기운
을 살피면 갑목 입장에서 해묘미는 장생, 제왕, 묘지가 된다. 병화 입장
에서 인오술, 경금 입장에서 사유축, 임수 입장에서 신자진 삼합 역시
십이운성으로 장생, 제왕, 묘지로 구성된다. 에너지의 흐름만 살펴도
생장과 소멸의 순환 체계 내에서 하나의 방향을 지향하는 삼합의 기운
이 가장 조화롭다는 것을 알 수 있다.

십이운성을 통해 사주를 살필 때는 크게 ①봉법 ②거법 ③좌법 ④인
종법을 쓴다. 이 관법들에 대해 하나씩 살펴보고, 이를 적용할 때의 문
제점들에 대해서도 자세히 알아보도록 하자.

① 봉법

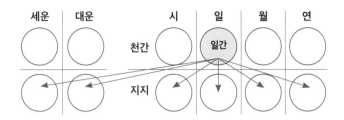

봉법(逢法)은 일간을 기준으로 연지, 월지, 일지, 시지에 대입해서 힘의 상태를 살피는 방법이다. 보통 만세력 앱에서 사주를 뽑으면 연주, 월주, 일주, 시주에 적히는 십이운성이 봉법이 된다(봉법을 궁법이라고도 한다). 병화일간인 내 사주를 기준으로 연지 축토는 양, 월지 신금은 병, 일지 오화는 제왕, 시지 미토는 쇠가 된다. 대세운에서 지지로 들어오는 진토는 관대가 된다.

봉법은 연주를 초년기, 월주를 청년기, 일주를 중년기로 보는 근묘화실론과 결합해서 사용된다. 이를 내 사주에 적용해 보자. 내 원국은 연주가 양이고 월주가 병이니, 초년기부터 청년기에는 외적인 활동이 적어 두각을 나타내지 않는다. 하지만 일지가 제왕이니 중년기 이후에는 높은 추진력으로 왕성한 활동력을 보이게 된다고 해석할 수 있다.

시	일	월	연
천간	壬		
지지			辰

그런데 정말, 이런 식으로 해석해도 되는 걸까? 왼쪽처럼 임수 일간이 연지에 진토를 놓고 있을 경우 십이운성으로 입묘가 된다. 일부 상담 현장에서는 조상을 상징하는 연주에서 입묘가 되니 조상복이 없다거나, 부모로부터 물려받을 게 없다는 이야길 하는 경우도 있을 것이다.

	시	일	월	연
천간		甲		
지지	未			

여기에 십성을 결합시키면, 더욱 그럴싸한 겁박 카드가 된다. 이번에는 갑목일간이 시지에 미토를 두었다고 해보자. 갑목은 미토 위에서 입묘가 된다. 즉 자식이 장애를 가지고 태어난다거나, 건강한 몸을 가지고 있다 하더라도 입묘가 되었으니 사회적으로 이름을 날리기는 어렵게 되었다고 말하는 경우가 있었다. 이런 식이라면 부모가 자식에게 도움받을 일이 없다는 악담의 근거로 오용되기도 할 것이다. 후술하겠지만 나는 이 같은 해석에 전혀 동의하지 않고, 심지어 위험하다고 생각한다.

실제 나는 상담 도중, 남편이 일찍 죽은 게 본인의 일지가 사지이기 때문이냐고 묻거나, 세운에서 입묘가 되니 사업을 하면 망하게 되는 거냐고 묻는 분을 만나기도 했다. 십이운성이 근묘화실론과 결합하여 공포명리, 협박명리의 도구로 쓰이는 데는 특히 병, 사, 묘, 절과 같은 부정적인 어감의 용어에 기인한 바가 크다. 현재 국내에 유행하는 십이운성 관법들에 가장 큰 영향을 미친 아베 다이장은 십이운성의 명칭이 사람들의 심리에 미칠 영향을 고려하여 병은 휴(休)로, 사는 승(昇)으로, 묘는 귀(歸) 등으로 고치기도 하였다. 그는 십이운성 중 가장 오해가 큰 묘를 태, 장생, 제왕과 함께 네 가지 귀한 기운으로 분류했으며, 일간이 신약하면 장생과 제왕이 운에서 들어와 일간의 균형과 조화를 돕는 게 가장 좋다고 보았다.

정리하면 십이운성에 관한 활용법을 가장 체계적으로 정리한 아베 다이장조차 십이운성의 용어에만 치우쳐 사주를 단식 판단하는 걸 경계했다는 것이다. 그는 사주를 볼 때 일간의 강약과 사주의 구조, 용신 등을 먼저 살핀 후 십이운성은 보조적으로만 참고했다.

② 거법

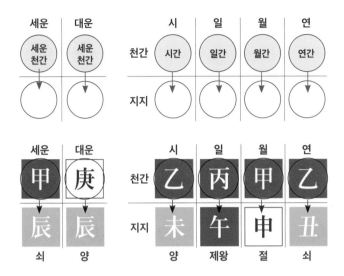

거법(居法)은 일간이 아니라, 나머지 천간(연간, 월간, 시간)이 각각 연지, 월지, 시지 위에서 어떤 십이운성인지를 살피는 방법이다. 참고로 학자에 따라 거법은 오직 원국 내 천간이 같은 주 지지 위에서 얼마만큼의 힘을 갖는지 살필 때에만 쓰는 용어라고 보기도 한다. 하지만 내 사주를 예로 들면 대세운의 경금과 갑목이 같은 주 지지인 진토 위에서 어느 정도의 에너지 준위를 갖는지 살필 때도 거법으로 분류했음을 밝힌다.

내 사주에서 연간 을목은 축토 위에서 쇠가 된다. 월간 갑목은 신금 위에서 절이다. 시간 을목은 미토 위에서 양이 된다. 거법으로 을축은 쇠고 을미는 양이니, 연간에 있는 을목이 시간 을목보다 조금 더 땅에 굳건히 뿌리내리고 있다고 볼 수 있다.

고전 《적천수》에는 을목의 특성을 을목수유(乙木雖柔), 규양해우(刲羊解牛) 즉, 을목이 비록 여리고 약하다고 하나, 미토나 축토를 만나도 능히 뿌리를 내릴 수 있다고 서술하고 있다. 미토나 축토 위에 놓인 을목이 결코 약하다고 볼 수 없으나, 십이운성을 대입하면 쇠지에 놓인 연간 을목이 조금 더 힘이 강하다고 볼 수 있다. 월간 갑목은 신금 위에서 절지에 놓여 있으니, 절벽 위에 겨우 뿌리를 내린 소나무처럼 불안정한 양상이다. 자평명리의 등장 이후 일간 중심으로 사주를 보기 시작했지만, 이렇듯 원국의 천간들이 각각 어떤 지지 위에 올라가 있는지를 십이운성으로도 세심하게 살필 줄 알아야 한다.

거법으로 내 원국의 월간 갑목 편인은 월지 신금 위에서 절지에 놓인다. 고서에서는 예로부터 편인이 절지에 놓이면 불안정성이 높아지는 만큼, 꾸준히 공부하는 게 쉽지 않다고 보았다. 나의 경우 앞서 말했듯이 충과 합, 용신 파트가 잘 이해되지 않자, 그간 사 모은 책들을 모두 내다 팔고 명리학 공부를 포기한 경험이 있다. 이후 다시 뜻이 서 운좋게 문리가 트인 케이스다(내다 판 책들은 고스란히 다시 구입했다). 내 원국의 월간 갑목 편인이, 극적인 전환 또는 리셋의 의미가 있는 절지 신금 위에 놓여 있다는 걸 주목해 보면 좋겠다.

각 주의 십이운성을 그 주의 인자(因子)라고 할 때, 일간 중심의 십이운성은 내가 그 인자를 운영하고 실현하는 관점에서 해석할 수 있다. 하지만 모든 사주는, 일주는 물론 나머지 삼주 즉, 연주, 월주, 시주까지 모여 구성된 기운이다. 따라서 일주를 제외하고, 나머지 주를 각각 떼어놓고 살펴야 원국을 입체적으로 이해하는 데 큰 도움이 된다. 내가 가진 간지들이 각각 얼마만큼의 힘을 갖추고 있는지가 나를 이루는 근원적 요소로 작용하기 때문이다.

연주, 월주, 시주의 간지들을 요리에 쓰일 재료로 보다 쉽게 비유해보자. 이때 연간, 월간, 시간이 각각 어떤 지지와 만나는지에 따라 재료의 신선함이나 활용도가 조금씩 달라진다. 병, 사, 묘, 절 등 에너지 준위가 낮은 천간을 낮은 등급의 소고기라 할 때, 마블링이 적어 질기다는 이유로 값어치를 낮게 볼 수는 없다. 요리사에 따라 숙성, 연육, 조리법 등을 달리하면 최상의 재료가 될 수 있기 때문이다. 낮은 등급의 소고기는 통상 오랜 시간 끓이는 찜이나 국, 장조림 등의 요리에 적합한 만큼, 각각의 쓰임새가 다르다.

내 사주의 구성

乙	甲	乙
未	申	丑
丁乙己	戊壬庚	癸辛己
편재	편관	편재
양	절	쇠
백호		
을미	갑신	을축

내 사주 연간과 시간의 을목은, 지지 축토와 미토 위에서 십성으로 편재가 된다. 갑목 입장에서 지지 신금은 십성으로 편관이다. 나는 사주 구조를 떠나 스스로에 대해 늘 편재와 편관적 성향이 강하다고 여겨왔는데, 이렇게 간지론적으로 각 주를 떼어놓고 살펴보니 더욱 수긍이 됐다(물론, 병화가 천간 중 가장 편관적 양상이 두드러지는 간지라는 것도, 이같은 해석에 무게를 더한다).

나는 연주와 월주를 욕망과 내면의 영역으로, 일주와 시주는 현실과 실현의 영역으로 해석하고 있다. 따라서 일간의 힘이 약한 신약 사주는 거법으로 볼 때 일지와 시지의 십이운성이 더욱 중요하다고 본다. 시주가 미래지향적인 의미를 담고 있는 만큼, 시주 자체의 힘이 강하면 강할수록 내가 가진 에너지를 더욱 폭발적으로 쓸 수 있기 때문이다. 일간의 힘이 강한 신강 사주는 비유하면 스포츠카처럼 엔진의 출력이 높다고 할 수 있다. 수시로 기름을 채워야 하는 만큼, 나머지 주의 힘이 너무 과잉되어 있다면 순간의 폭발력은 강하지만 그 힘을 운영하는 데 필요한 지속성은 떨어질 수 있다. 요약하면 일간을 기준으로 신강한지 신약한지에 따라 연월주와 일시주 십이운성의 밸런스 역시 중요하다는 뜻이다.

거법을 통해 원국이 가진 근원적 힘이나 자질을 살펴보자. 나의 경우 편재의 양과 장생, 편관의 절에 대한 인자를 가지고 있다. 즉 연월주가 의미하는 편재와 편관에 대한 내면의 욕망이 현실에서 구현되는 것은, 나를 이루고 있는 무의식적인 요소를 현실에서 가장 잘 쓸 수 있게 된다는 뜻이기도 하다.

시주	일주	월주	연주
정인	본원	편인	정인
乙	丙	甲	乙
未	午	申	丑
상관	겁재	편재	상관
*			*
丁乙己	丙己丁	戊壬庚	癸辛己
쇠	제왕	병	양
백호	도화	역마	
천의	양인	문창	
	월공	암록	

99	89	79	69	59	49	39	29	19	9
편인	정인	비견	겁재	식신	상관	편재	정재	편관	정관
甲	乙	丙	丁	戊	己	庚	辛	壬	癸
戌	亥	子	丑	寅	卯	辰	巳	午	未
식신	편관	정관	상관	편인	정인	식신	비견	겁재	상관
묘	절	태	양	장생	목욕	관대	건록	제왕	쇠

당연히 대운의 십이운성도 함께 살펴야 더욱 다양한 해석이 가능해진다. 내 원국에는 천간에 인성이, 지지에 식상이 놓여 있다. 지금처럼 명리학을 주제로 강의를 하고 저술활동을 꾸준히 이어간다면, 49기묘 대운 이후 학문적으로도 더욱 큰 발전을 이루리라 생각한다. 원국 내 천간의 인성과 지지 식상이 49대운부터 위아래로 호응하기 때문이다. 일간 병화는 봉법으로 묘목 정인 위에서 목욕이 되고, 인목 편인 위에

서 장생이 된다. 억부적 관점에서 일간이 조금 신강한 만큼, 초년의 사오미를 지나 말년의 해자축까지 대운의 흐름이 점차 약하게 흘러간다는 게 오히려 순조롭다.

49대운과 59대운의 기토와 무토는 모두 절각으로, 지지에게 극을 당한다. 기토는《적천수》에서 일컫는 것처럼 불수목성(不愁木盛)이라 목이 많아도 폐해가 적고, 월간의 갑목과 합하여 묘목의 극으로 인해 발생하는 피해를 줄일 수 있긴 하다. 무토 역시 인목에게 극을 당하긴 하나, 초기인 인중 무토에 뿌리를 내린 만큼 통상적인 절각과는 다르게 해석할 수 있다.

하지만 십이운성으로 살피면 무토와 기토의 힘은 그리 강하진 않다. 이 대운들에 거법을 적용해 보면, 기토는 묘목 위에서 편관에 병이 되고, 무토는 편관에 장생이 된다. 결국 장생이 가진 성장과 학습의 힘, 병이 가진 공감력과 활인의 힘을 얼마만큼 잘 쓰는가가 해당 대운의 성공 포인트라고 본다.

시주	일주	월주	연주
	●	●	
편재	본원	정재	편재
壬	戊	癸	壬
子	申	卯	寅
정재	식신	정관	편관
▲	▲※●	●	＊
壬癸	戊壬庚	甲乙	戊丙甲
태	병	목욕	장생
도화	역마	도화	역마
	원진	귀문	공망
	천덕	원진	천의
	문창	공망	
	암록		

163 　　　내 스승이신 명리학자 강헌의 명식이다. 각각 연간 임수, 월간 계수,

시간 임수가 십이운성상 아래 지지들과 어떤 관계에 놓여 있는지 살펴보자. 임수는 거법으로 인목 위에서 식신에 병이다. 계수는 묘목 위에서 장생이며, 문창과 천을귀인을 둔 식신에 해당한다. 이들 모두는 욕망, 무의식, 가능성의 인자다.

일간 무토는 연월주의 여러 인자들을 DNA에 지니고 태어났지만, 내면의 심층부에 있는 까닭에 이 인자들의 존재를 영원히 자각하지 못할 수도 있다. 이는 연월주 무의식 영역의 사령부인 월지가 왕지인 묘목이라도 마찬가지다. 물론 월지가 원국에 투간해 있거나, 대세운의 천간에서 관성을 만난다면 이야기는 조금 달라질 것이다.

월지 육합에 관한 스승님의 독창적인 이론에 따르면, 묘목과 육합 관계인 술토가 잠재된 묘목의 요소들을 현실로 끌어올리는 동력이 된다. 술토는 일간 무토에게 비견이며, 십이운성상 묘지다. 즉 무덤에 갇힌 것처럼 드러내 놓지 않더라도 독자적으로 꾸준히 내 일을 할 때, 그 욕망이 현실에서 구현된다는 해석이 가능하다.

스승님의 삶은 본인 스스로 자주 말했던 것처럼, 월지 정관과는 거리가 멀었다. 평생에 걸쳐 종횡무진 문학과 영화, 음악과 공연, 오디오와 와인에 빠진 후 마치 중독된 것처럼 바쁘게 살아왔다. 잠깐 공직을 맡기 전까지, 월급 한 번 받아본 적이 없었다. 월지가 왕지면 격으로 인정할 만큼, 격국론에서도 왕지의 힘을 강하게 해석한다. 하지만 스승님의 삶이 관적인 것과 거리가 먼 이유는 사람은 때로 자신이 가진 대로만 살아가지 않기 때문이다.

스승님은 평생 주식은 쳐다도 보지 않을 만큼, 재물에는 큰 욕심이 없었다. 돈이 생길 때마다 늘 여러 사람들과 어울렸고, 오디오와 좋아하는 음반을 사기 위해 전국을 돌아다녔다. 스승님 원국에서 시주의 인자는 겁재에 제왕인 임자다. 어마무시한 힘인 만큼, 재물에 대한 집착이 생기면 끝장을 보려할 수도 있다. 수 재성이 혼잡되어 있는 양상인데, 무토 입장에서 자수는 태지가 된다. 스승님은 언젠가, 만약 본인이 재물에 집착했다면 삶이 비참해졌으리라 짐작했다. 태지는 이상과 꿈을 상징하지만 아직은 미약한 힘이다. 고작 태지의 가능성을 믿고 돈을 좇았다간, 극신약한 무토가 재물에 깔려 죽을 수도 있었다는 의미로 이해했다.

스승님은 20대에 이미 소설로 등단을 했고, 강단에서 25년 이상 강의와 글쓰기를 병행했다. 하지만 글쓰기가 직업이 된지 27년이 지나서야 공식적인 첫 책을 냈다. 성공의 길을 몰랐던 만큼, 명리학을 일찍 공부했더라면 좋았을 거라며 농담처럼 한 이야기가 있다. 술토가 뜻하는 비견과 묘가 상징하는 대로 일찍부터 절약을 몸에 익혔더라면, 작가로서의 일과 건강한 삶을 위한 루틴을 만들고 실천했더라면, 더욱 합목적적이고 만족도 높은 삶을 살았을 거라고 말이다.

물론 스승님의 원국은 극신약하여, 화 인성이 용신급 희신의 역할을 한다. 명리학적으로 지속력, 꾸준함, 학문의 힘을 뜻하는 인성이 매우 중요하다. 여기에 십이운성까지 덧붙이면 더욱 다채로운 해석이 가능하다. 월지 묘목과 육합관계인 용신 비견 술토는 무토에게 묘지가 된다. 묘는 천간의 정신적 활동이 최고조에 이른 단계로, 재성이 상징하는 현실적 속성과는 대척점에 놓인다.

시주	일주	월주	연주
●			
겁재	본원	식신	식신
辛	庚	壬	壬
巳	辰	子	子
편관	편인	상관	상관
●	▲	▲	▲
戊庚丙	乙癸戊	壬癸	壬癸
장생	양	사	사
천덕	화개	월덕	월덕
암록	괴강		

영화배우 이정재의 사주다. 연주와 월주가 각각 임자로, 천간 임수는 자수 위에서 겁재에 제왕과 양인이 된다. 십이운성 중 가장 폭발력 넘치는 기운이, 내면의 자리에 관을 깨는 식상으로 이루어져 있다. 어

쩌면 결혼을 하여 가정을 이루고, 관성의 환경에 본인을 밀어넣기보다, 식상을 본인이 성취하고자 하는 것들을 이루기 위한 강력한 동기나 열망으로 쓰는 게 더 어울리지 않을까 싶다.

연주의 특성 파악하기

신년운세를 살필 때는 기본적으로 일간을 기준으로 한 내 원국과, 신년에 들어오는 기운과의 상관관계를 분석한다. 개인적으로 십이운성만으로 신년운세를 살피는 것에 비판적인 입장이지만, 적어도 한 해의 기운을 살필 때는 세운을 일주처럼 놓고 해석하는 작업도 동시에 진행해야 한다고 생각한다. 세운의 천간을 기준으로 한 오행과 십성은 물론, 거법으로 십이운성까지 함께 살펴야 간지론적 특성을 제대로 이해할 수 있기 때문이다. 예를 들어 내 사주의 연주인 을축은 병화 입장에서 정인과 상관으로 쓰인다. 하지만 원국에서는 일간과 가장 거리가 먼 연주라 하더라도 을축이라는 간지 또한 원국의 독립적인 구성 요소로 분명히 작용하고 있다.《명리, 나를 지키는 무기: 기본편》에서 다루었듯, 상관을 일지에 둔 갑오·을사·경자·신해년 모두 기존의 질서가 무너지고 새로운 질서가 만들어지는 시대였음을 떠올려 보자.

원국에서는 가장 희미한 연주의 작용을 어느 정도 파악할 수 있는 방법이 있다. 같은 연주를 가진 사람들을 한데 모아, 그 특성을 살펴보는 것이다. 예를 들어보자. 내가 다니던 대학 학과에서는 한 학번 높은 선배들이 신입생 후배들을 몇 달간 관찰한 다음, 해당 학번의 특징에 맞는 별명 두 음절을 학번 앞에 붙여주는 전통이 있었다. 일부만 언급하자면 98학번에는 차마 말할 수 없는 비속어가 붙었고, 99학번에는 양아99, 03학번에는 주사03이란 별명이 붙었다. 98학번은 무인년, 99학번은 기묘년, 03학번은 갑자년 출생들로, 무인은 편관을 정기로 갖춘 만큼 호방하고 남자다우면서도 조금은 거친 느낌을 주는 사람이 많다. 기묘는 가족을 우선하고 다정다감한 사람이 많지만, 특이하게도 일이 잘 풀리지 않으면 어둠의 세계에 종사하는 경우가 많다. 무인과 기묘년생 학번에 거친 별명이 생긴 건, 무인과 기묘의 특징에 기인하는 바가 크다고 본다. 갑자는 일지가 왕지인 자수인 데다, 풍류 성향이 강해 술을 가까이하는 경우가 많다. 갑자년생인 03학번에 특히 술을 좋아하는 학생들이 많아 웃지 못할 사건사고도 많았던 만큼 주사03이란 별명이 생겼다고 추측하고 있다. 이런 식으로 특정 년도에 태어난 사람들을 한데 모아보면, 어느 정도 연주의 특성을 가늠해 볼 수 있을 것이다. 물론 양간년 생인지 음간년 생인지에 따라 조금씩 다른 성향 차이를 보이기도 한다.

③ 좌법

좌법(坐法)은 지지와 지장간의 관계를 보는 방법이다. 내 사주의 연지 축토를 기준으로 살펴보자. 축토의 지장간은 계수, 신금, 기토다. 천간 계수는 축토를 지지에서 만나면 십이운성으로 관대가 된다. 신금은 축토 위에서 양이, 기토는 묘가 된다. 좌법은 주로 월지 지장간의 투간과 투출 여부에 따라 격을 나누는 격국론의 입장에서 지장간 십성의 힘을 살피거나, 일주의 특성을 상세히 살필 때 쓰인다.

예를 들어 을축 일주를 살펴보자. 쇠의 창고라고 불리는 을축일주 중에는 특히 부동산 부자가 많다. 축토의 지장간은 계수 편인, 신금 편관, 기토 편재로 십성 모두 유동성이 강한 '편 시리즈'로 이루어져 있다. 토생금, 금생수로 지장간의 흐름 또한 순일하게 이어지니, 식상생재 재생관의 속도가 매우 빠름을 알 수 있다. 부동산을 뜻하는 인성이 없음에도 을축을 부동산과 연결 짓는 건 무슨 이유일까? 문전옥답을 상징하는 축토의 정기 기토의 특성을 잘 살리면, 조금씩 모은 알토란 같은 재산들을 부동산에 투자해서 큰 성과를 낼 수 있다는 식의 해석도 가능하다.

여기에 좌법을 적용하면, 접근법에 따라 해석도 달라진다. 을목에게 편재에 해당하는 기토는 축토를 만나면 묘가 되기 때문이다. 즉, 묘의 특성에 따라 근검 절약을 몸에 익힌 후 조금씩 부동산에 장기투자를 한다면, 다른 사람보다 쉽게 큰 재물을 모을 수 있다는 뜻이 된다.

고전에서 귀하게 여긴 계사의 경우, 위에서 본 을축과 달리 지장간이 전부 정재, 정관, 정인으로 이루어져 있다. 계사를 재관쌍미라 하여 재물과 관직 모두가 안정적인 일주로 본 이유가 어디에 있을까? 좌법을 적용하면, 병화 정재와 무토 정관은 사화 위에서 건록, 경금 정인은 장생이 된다. 즉 지장간으로도 재관인의 요소를 가지고 있는데, 십이운성으로도 그 요소들의 힘이 강력함을 알 수 있다. 게다가 계수는 사화 위에서 태지에 놓인다. 태지는 성품이 온화하고 마음이 넓으며, 안정성을 추구한다. 즉 지장간의 십성 모두 안정성이 강한 '정 시리즈'로 이루어진 만큼, 태지 위에 놓인 일간 계수와의 상성도 매우 좋음을 알 수 있다.

④ 인종법

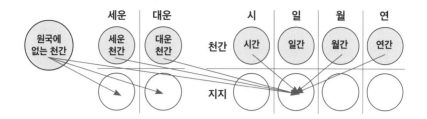

인종법(引從法)은 원국에 존재하는지와 상관없이, 기운을 살피고자 하는 천간을 ① 원국의 지지에 대입하거나 ② 운에 따라 들어오는 지지에 대입하여 살피는 방법이다. 위의 예시에서는 임의의 천간을 일지와 대세운의 지지에만 대입하는 것처럼 표기했지만, 당연히 연지, 월지, 시지에도 적용할 수 있다.

보통 인종법을 원국에 적용할 경우, 근묘화실론적인 관점에서 초년기(연지), 중년기(월지), 장년기(일지), 노년기(시지)에 특정 천간의 기운이 얼마나 강한지를 살피는 데 활용한다. 또는 일지에 대입하여 배우자 운을 살피거나, 시지에 대입하여 자녀 운을 살피는 데도 쓰인다. 나아가 연주(국가)와 월주(도시, 마을)를 사회적인 영역으로 보고, 일주와 시주를 개인적인 영역으로 보기에, 조직이나 회사 등 주체가 몸담은 환경에서 특정 천간이 얼마만큼 힘을 갖는지를 살피기도 한다.

가장 널리 통용되는 관법이긴 하지만, 그렇다고 하여 근묘화실론을 절대적으로 받아들여선 안 된다고 본다. 예를 들어 십이운성상 쇠지는 제왕이라는 정점을 넘어 이제 막 쇠퇴하는 단계다. 이를 근묘화실과 접목하여 연주에 쇠가 있으면 선조 때부터 집안이 몰락하기 시작했다거나, 월주에 쇠가 있으면 부모 때에 이르러 가문의 쇠퇴가 예상된다는 식으로 해석하면 곤란하다는 뜻이다. 마찬가지로 연월주에 묘가 있으면 국가나 사회적 규모의 영역에서 큰 힘을 드러낼 수 없으니 금융권을 희망하더라도 국책은행 쪽의 취직은 어렵다고 말할 순 없다.

《명리, 나를 지키는 무기: 기본편》에서도 서술했듯, 근묘화실론이 형성된 배경과 달라진 시대적 상황을 함께 놓고 사주의 의미를 살피는 것이 중요하다.* 일간을 중심으로 보면, 시주에 비해 연주는 거리가 멀어 일간에게 미치는 영향이 적다. 연으로 향할수록 근원적이고 잠재적인 과거의 의미가 있고, 시로 향할수록 현실적이고 직접적이며, 미래 지향적인 의미가 있다. 따라서 연주, 월주, 일주, 시주를 시기별로 세분화하기보다 연월주, 일시주를 묶어 생애의 전반부와 후반부로 나누어 보는 것이 조금 더 합리적이라 본다.

예를 들어 연월주에 상관이 있으면 재능은 뛰어나지만 윗사람에게 박한 평가를 받는 경우가 많다. 자유분방한 상관은 남들과 차별화되는 특별한 재주를 지니게 하지만, 관성을 극하는 만큼 조직 내 안정성과는 거리가 멀다. 외부의 공격에도 민감하게 대응하다 보니, 주변사람과 불화를 만들어 내며 쉽게 구설수에 휩싸이기도 한다. 연월주의 기운이 어린 시절 내면 형성에 조금 더 밀접하게 작용하는 만큼, 상관의 기운이 평생에 걸쳐 근원적으로 작용한다고 생각하면 된다.

같은 맥락에서 연월주에 편재가 있는 경우는 어떻게 해석할 수 있을까? 어린 시절 불우한 환경에서 자랐다면 크게 성공하지만, 반대로 유복한 환경에서 자랐다면 결과는 정반대가 될 가능성이 높다. 정재가 나무를 본다면 편재는 숲을 본다는 말이 있을 만큼, 편재는 재물을 바라보는 스케일도 크고 활동범위 또한 압도적으로 넓다. 어린 시절 불우한 환경에서 자라 재물의 유동성을 어느 정도 통제할 줄 알게 된다면, 편재의 단점을 보완하여 더 큰 성공을 이룰 수 있다는 식으로 해석할 수 있다. 물론 연주보다 월주가 일간에 더 큰 영향을 미치는 만큼, 위에 언급한 상관과 편재 역시 월주에 있어야 평생에 걸쳐 잠재적인 힘을 드러낸다.

개인적으로 근묘화실론을 등에 업은 경직된 해석을 비판하는 이유는, 인종법을 적용할 때도 원국과 대세운의 관계에서 서로 어긋나는 지점이 발생하기 때문이다. 이 부분은 다음 장에서 자세히 다루기로 하고, 잠깐 비슷한 맥락이라 여겨지는 또 다른 이론에 대해 짚어보자.

명리학에는 원국에 드러나지 않은 숨겨진 글자, 즉 허자(虛字)가 특

---

* 《명리, 나를 지키는 무리: 기본편》 288쪽 '근묘화실론을 차용한 단식 해석 비판'을 참고하길 바란다.

정 조건이나 상황에 따라 작용한다는 이론이 있다. 이른바 허자론은 원국만으로 설명하기 어려운 현상이나 주체의 심리, 운의 흐름 등을 해석하는 데 활용된다. 예를 들어 원국에 재성이 없기 때문에 오히려 재물을 갈망하여 더 큰 부자가 될 수 있었다는 식이다. 개인적으로 허자론이 원국 해석에 유연성을 높여주긴 하지만, 이현령비현령식 해석과 연결될 수 있어 매우 비판적인 입장이다.

그렇다면 원국에 없는 천간이라 하더라도, 지지와의 관계에 따라 그 기세를 살필 수 있다는 인종법은 전혀 문제가 없는 걸까? 인종법 역시 허자론과 마찬가지로, 사주 원국에 표면상 드러나 있지 않은 기운의 작용을 인정하고 있기 때문이다. 인종법과 허자론은 비슷한 듯하지만 분명히 다른 개념을 다루고 있다. 이 책에서 허자론을 자세히 소개하진 않겠지만 결론부터 이야기하면, 나는 사주의 주체가 처한 상황에 따라 인종법만큼은 중요하게 활용해야 한다고 본다. 인종법은 음양오행의 순환원리와 자연의 변화 과정을 인간의 삶에 비유하는 십이운성 관법 중 하나다. 허자론이 합, 충, 형 등의 관계를 통해 숨겨진 기운이 작용하는 법과 특정 사건이 발생한 이유를 설명한다면, 인종법은 기운의 흐름과 상태의 변화에 무게를 두고 설명하는 쪽에 가깝다.

예를 들어 신강하여 식상과 재성을 용희신으로 쓰는 을목일간의 사주를 가정해 보자. 안타깝게도 관성이 원국의 지장간에조차 없으며, 대운과 세운에서도 관성이 들어오지 않는 상황이다. 이때 내담자가 관성과 관련된 것들을 계획하고 있다면 어떻게 해야 할까? 인종법을 통해 관성에 해당하는 경금이나 신금이 대세운에서 어느 정도의 기세를 갖는지 살펴야 한다. 관성의 기세가 십이운성상 약하다면, 관성이 한신이기 때문에 크게 무리하지 않는 선에서 관성과 관련된 것들을 시행해도 괜찮다고 조언할 수 있다. 하지만 허자론을 중요하게 쓰는 이라면, 천간의 을목이 경금과 합하는 관계이기 때문에, 본인이 간절히 갈망하고 노력(?)하기에 따라 사주에 없는 관성을 끌어올 수 있다고 말할 것이다. 이러한 이론을 허자론 중에서도 천간 공협(拱夾)이라 하는데, 해석에 자의적인 부분이 있어 무척 신중하게 활용해야 한다고 본다.

일주별 특성 살피기

좌법뿐만 아니라 인종법을 통해서도 일주가 가진 특성을 살필 수 있다. 사주의 전체적인 구성을 떠나, 원국에 없는 천간이라도 일지 위에서 얼마만큼의 힘을 가지는지를 파악해 보면, 일주가 가진 가능성을 충분히 가늠할 수 있다.

60갑자 중 첫 번째인 갑자일주를 살펴보자. 갑목에게 자수는 십성으로 정인에 해당하며, 십이운성으로는 목욕지에 놓여 있다. 자수는 왕지라 도화의 기운을 품고 있는데, 신살 중 도화가 목욕을 만나는 것을 고전에서는 색욕과 관련이 크다 하여 '나체도화'라 불렀다. 하지만 색욕과 관련이 크다기보다, 같은 일을 해도 쉽게 주목을 받다 보니 남보다 쉽게 전문성을 갖추게 되거나, 이성에게 인기를 얻는다고 보는 것이 합리적이다.

자수의 지장간을 보면 임수와 계수로 이루어져 있는데, 갑목에게는 편인과 정인의 기운이 된다. 편인은 기술과 관련된 끼나 감각을, 정인은 사물의 본질을 파고들어가는 통찰력을 의미한다. 십성만 해석하면, 똑같은 요리사라 하더라도 갑자는 편인에 해당하는 테크닉은 물론 요리의 재료나 역사 등 인문학적인 지식에도 관심을 둘 확률이 높다. 오행적으로 수생목이 잘되는 구조라 끈기 있으면서도, 목이 상징하는 공감능력도 뛰어나 NGO, 교육, 복지 계통에 종사하면 어울린다.

이제부터 오행이나 십성은 제외하고, 십이운성 중 인종법을 통해서만 갑자일주를 살펴보도록 하자. 예를 들면 갑자에게 식상에 해당하는 병화나 정화를 일지 자수에 대입해 보는 것이다. 음양의 짝을 맞추어 병화만 자수에 대입할 경우, 이를 '병화를 자수에 인종한다.'고 표현한다. 같은 관점에서 각각 갑목 비견, 병화 식신, 무토 편재, 경금 편관을 자수에 인종해 볼 수 있다.

천간 음화인 정화는 자수와 짝이 될 수 없기에, 병화 식신만 자수에 인종해 보자. 병화 식신이 태지에 놓이니 갑자의 표현력은 떨어지지만,

172

일지 인성이 일간 갑목을 왕성하게 생하니 건강하고 활동적인 편이다. 태지는 수용성이 강한 만큼, 본인이 좋아하는 일이 생기면 중독적으로 빠져들기 쉽다. 또한 태는 정자와 난자가 만나는 단계라 새로운 시작, 창조, 임신 등을 뜻하며, 무엇이든 생겨날 수 있다는 가능성 때문인지 창의력이 높고, 기발한 아이디어도 잘 떠올린다. 연구, 창작, 예술, 기획, 마케팅 분야에 종사할 경우 자신의 두각을 잘 나타낼 수 있다.

갑자에게 편재가 되는 무토 역시 자수 위에서 태지가 된다. 편재가 순수한 힘이 강한 태지에 앉으니, 갑자의 재성은 재성답지 않게 현실성이 떨어지는 편이다. 편재는 돈보다는 본인의 흥미나 재미, 즐거움을 추구하니, 아무래도 유흥에 쉽게 빠지거나 영화나 드라마에 나올 법한 이상적인 사랑을 꿈꾸는 경우가 많다. 식재가 모두 태지에 속하는 만큼, 이성에 일찍 눈을 뜨거나 지나친 욕심을 부린 탓에 돈 관리에 실패하는 경우도 있다. 이 때문에 갑자는 사업이나 장사보다, 직장생활이 더 어울리는 편이다.

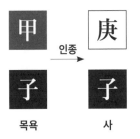

갑자에게 편관에 해당하는 경금은 자수 위에서 사지에 놓이게 된다. 사는 끈길지게 버티면서 고도의 집중력을 발휘하는 힘으로, 기술을 갖출 경우 엄청난 경쟁력을 드러낸다. 병원에서 실력이 무척 뛰어난 의사가 식음을 전폐하고 열 시간 이상 암이나 뇌를 수술하는 장면을 떠올려보면 된다. 갑자는 한 직장에서 오래 버티거나, 한 분야에 오랫동안 종사할 경우 결국 최고의 자리에 오르는 경우가 많다.

참고로 갑자에게 인성에 해당하는 천간 임수나 계수의 경우, 인종법 대신 지지와 지장간의 관계를 살피는 좌법을 적용해야 한다. 갑자에게 인성을 뜻하는 임수나 계수 모두 제왕이나 건록으로 힘이 왕성하다. 사실 왕지에 해당하는 모든 간지는 지장간 내 초기의 기운 때문에 어느 정도 혼잡의 기운이 내재되어 있다. 갑자 역시 인성혼잡의 기운으

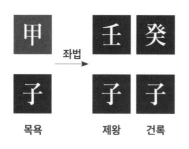

로 인해, 공부로도 성공할 수 있지만, 전문 자격증을 기반으로 한 특수분야에서도 얼마든지 빛을 발할 수 있다.

인성의 강한 힘 때문에 갑자는 전통적으로 모친이 큰 영향력을 가지고 있거나, 모친에게 지나치게 의존하는 경우가 많다고 여겼다. 부부궁인 일지에 어머니가 공존해 있으므로, 갑자 남성의 경우 결혼 후 고부갈등이 생길 수 있다고도 보았다.

갑자는 수 인성이 왕성한 만큼, 이성 관계나 술로 인한 실수가 생기지 않도록 늘 자기관리가 필요한 일주다. 또한 너무 강한 인성이 식상을 극하면 나태해지기 쉽고, 인성이 강한 만큼 모친에 비해 상대적으로 재성에 해당하는 부친은 영향력이 크지 않다고 해석했다.

예로부터 많은 고전들이 일지에 천을귀인을 놓았다고 하여, 귀하게 여기던 네 개의 일주가 있다. 정유, 정해, 계묘, 계사 일주다. 특히 정유일주의 경우 대부분의 고전에서 남녀 불문 용모가 수려하고, 단정한 사람이 많다고까지 서술되어 있을 정도다. 이번에는 신살과 십이운성을 함께 적용해서 정유일주를 살펴보도록 하자.

정유는 일지가 재물을 상징하는 유금 편재인 데다, 음간이라 양간과 달리 수렴성이 강해 기본적인 재물복이 강하다고 해석한다. 게다가 십이운성으로 정화는 유금 위에서 장생지고 천을귀인까지 안고 있으니, 고전에서는 아무리 어려워도 굶어 죽는 법이 없고, 부자가 많다는 해석도 덧붙인다. 정유는 신살로 문창귀인도 갖고 있어 똑똑하고 지혜로우며, 가르치는 일에도 소질이 있다. 게다가 어이없게도, 정유는 공망이 성립하지 않는 일주다. 정유는 지지에 진토와 사화가 오면 공망이 되는데, 일지 유금이 유진합과 사유합을 하여 자연스레 해공이 되기 때문이다. 여기까지만 설명해도, 고전에서 정유를 왜 귀하게 여겼는지 충분히 알 수 있을 것이다. 하지만 십이운성 중 좌법이나 인종법을 적용하면, 정유에 대한 더욱 입체

174

적인 해석이 가능해진다.

정화에게 정편재에 해당하는 신금, 경금은 좌법으로 유금 위에서 각각 건록, 제왕지에 놓인다. 재성은 부친을 뜻하는 만큼, 부모님에게 거액의 유산을 물려받는 경우가 흔하다. 물론, 명리학은 양면을 들여다봐야 하기 때문에, 늘 좋은 부분만 확대해석할 순 없다. 재성을 배우자로 볼 경우 이성 문제 때문에 피곤해질 일이 많다고도 볼 수 있기 때문이다.

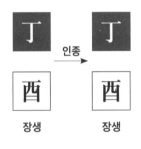

정유는 형제와 우애가 깊다고 알려져 있는데, 장생지에 놓인 촛불이 더해지니 더욱 주변을 환하게 밝힐 수 있기 때문이라고 해석한다. 한편으로는 일지가 재성혼잡인 데다 재성이 건록과 제왕지에 놓여 있는 만큼, 부모님의 유산이 다툼의 씨앗이 되면 오히려 우애가 더 멀어진다고 보기도 한다.

정화에게 식신이 되는 기토는 유금 위에서 장생지에 놓인다. 정유가 식복이 많고, 타고난 미식가도 많다고 보는 이유는, 바로 식신이 장생지에 있기 때문이다. 생기 넘치는 식신 때문에 언변이 좋은 정유는, 어떤 모임을 가든 사람들에게도 쉽게 주목을 받는다. 게다가 베푸는 것에도 아끼지 않으니, 주변 사람들에게 쉽게 사랑받는다.

참고로 기토 식신 역시 유금 위에서 문창귀인이 성립하는 만큼, 정유가 남보다 쉽게 배우고 익히는 힘이 강하다는 해석에 힘을 더한다. 식신과 재성 모두 장생, 건록, 제왕으로 힘이 강하니, 식상생재로 열심히 노력해서 큰 부를 일구거나, 성실한 태도 덕분에 조직에서 쉽게 인정받는 경우도 많다.

정유에게 편관이 되는 계수는 유금 위에서 병지에 놓인다. 힘이 강한 재성이 계수 편관을 생조하니, 직장에서도 더욱 쉽게 인정받고 쉽게 승진하는 그림이 된다. 정유의 식신은 장생, 재성은 건록과 제왕인데, 이런 식상생재의 흐름이 관으로 이어지니 직장 생활은 물론, 자영업이나 전문직으로도 성공하는 경우가 많다.

예로부터 여러 일주 중 정유에게는 인성의 중요함이 강조되었다. 물론, 관성과 인성의 가치가 무엇보다 중요한 시대였음을 감안해야겠지만, 정유에게만 특히 인성이 강조되던 이유를 어디에서 찾아볼 수 있을까?

정유는 똑똑하고 책도 늘 가까이하지만, 학교 성적의 우수함에 비해 공부로 성공을 거두는 경우는 그리 많지 않다고 여겼다. 고전에서는 편인에 해당하는 을목이 유금 위에서 절지에 놓이기 때문이라 해석한다. 바로 여기에서, 인성의 중요함이 강조된다. 재성과 관성을 잘 쓰기 위해, 정유에게 무엇보다 인성의 힘이 필요함을 알 수 있을 것이다.

십이운성만 놓고 사주를 단적으로 해석할 순 없지만, 이렇듯 좌법과 인종법, 신살 등을 종합적으로 활용하면 일주 해석에 풍성함을 더할 수 있다. 갑자나 을축, 정유뿐만 아니라, 다른 일주에도 같은 관법을 적용해 보면, 고전에서 일주마다 어떤 특성을 적용했는지 그 배경을 쉽게 살펴볼 수 있을 것이다. 이외 나머지 일주에 대한 자세한 내용은 《피클 일주론 사주명리학의 꽃》(조재렬 지음, 책과나무, 2020)을 참고하면 좋겠다.

⑤ 십이운성 적용의 문제점

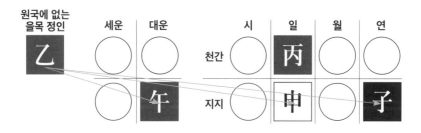

원국에 없는 을목 정인 | 세운 | 대운 | | 시 | 일 | 월 | 연

근묘화실론적 관점에서 인종법을 쓸 때, 원국과 대세운의 관계에서 서로 어긋나는 지점은 없는지 살펴보자. 병화 일간인 경우 원국에 인성이 없고, 대운에도 인성이 들어오지 않는 상황이다. 근묘화실론에 따르면 초년에 공부 운을 살필 때, 병화에게 정인에 해당하는 을목이 얼마나 힘을 갖고 있는지 연지나 대세운의 지지에 대입해 볼 수 있다. 연지가 자수고, 일지는 신금일 경우, 을목 정인은 자수 위에서 병지, 신금 위에서 태지, 오화 위에서 장생지에 놓인다. 근묘화실론을 중요하게 여기는 이라면, 초년에는 을목 정인이 병지라 힘이 없으니 공부하는 데 어려움이 컸을 것이고, 일지 위에서 역시 태지에 놓이니 장년기에도 학문과는 인연이 없을 거라 이야기할 것이다.

여기서 만약, 장년기를 보내고 있는 명주가 현재 오화 대운을 보내고 있다면 어떨까? 을목은 오화 위에서 장생이니, 현재 대운이 들어오는 동안 대학원 논문을 쓰거나, 자격증을 따는 데 어려움은 없을 거라 말해도 되는 걸까?

이번에는 오로지 십이운성으로만 사주를 살피는 역술가에게 24년 갑진년의 사업운을 물었다고 가정해 보자. 대체적으로 십이운성으로 사업운을 볼 때는 편재를 살핀다. 즉 인종법을 통해 일간에 따라 편재에 해당하는 천간이 갑진년의 진토 위에서 어떤 힘을 갖는지를 살핀다는 뜻이다. 예를 들어 병화 일간이라면, 병화에게 편재가 되는 천간 경금이 사업운의 길흉을 판단하는 기준이 된다.

경금은 진토 위에서 십이운성으로 양에 해당한다. 아직 힘이 강한 단계는 아니므로, 십이운성을 맹종하는 역술가라면 분명 사업을 해도 시원찮을 거라 말할 것이다. 또는 사업을 해도 갑진년에는 큰 성과가 나지 않을 것이나, 지지의 운이 사오미로 접어들면서 점점 많은 돈을 벌게 될 거라 덧붙일 수도 있다. 경금이 사오미를 만나면 십이운성도 장생, 목욕, 관대로 접어들기 때문이다.

나 역시 인종법을 사용하면 원국에 없는 천간이라 하더라도 얼마든지 그 기세를 살필 수 있다고 본다. 하지만 원국에 특정 간지가 강하게 자리 잡고 있거나, 지지에라도 유력한 역할을 하고 있을 경우 인종법으로만 운을 판단하는 것은 매우 위험하다는 입장이다.

무진일주의 경우 월주 임자는 편재가 된다. 월간 임수는 거법으로 살필 경우 월지 제왕지에 놓여 있어 무척 힘이 강하다. 그러나 인종법으로 월간 임수는 갑진년의 진토 위에서 입묘가 된다. 사실 월간 임수가 월지 위에서 제왕이라 하더라도, 현실적으로 천간이 얼마나 큰 힘을 드러낼 수 있는지의 여부는 일지와의 관계를 통해서만 살필 수 있다는 입장도 있다. 이 경우 인종법으로 월간 임수가 일지인 진토 위에서도 입묘가 되긴 마찬가지다.

이 사람은 갑진년에 사업을 해도 괜찮을까? 원국에서 월간 임수가 가진 힘을 무시하고 인종법으로만 운을 살필 경우, 갑진년의 진토에 임수 편재가 입묘하니 사업에는 불리하다고 할 수 있다. 일간은 득지하여 신왕한 데다, 월간 임수 역시 자수에 뿌리를 내려 더없이 강하지만 이 모든 것들이 무시된다. 게다가 인종법은 천간에 뜬 간지를 운에서뿐 아니라, 일지에도 대입하여 살핀다. 그렇다면 갑진년에 월간 임수가 진토를 만나는 것은 차치하더라도, 월간 임수는 건강, 배우자, 직업을 상징하는 일지 진토에 입묘가 되니 사업을 하기만 하면 망한다고 할 수 있을까? 만약 그렇다면 웃기게도, 무진일주들은 평생 편재와 관련된 사업을 해선 안 될 것이다.

오직 십이운성만으로 사주를 보는 사람들은 대부분 공부운은 인성을 보고, 남자의 결혼운에는 재성, 여자의 결혼운에는 관성만 살핀다. 책이나 명리학 강의에서 다루고 있는 수많은 십이운성 실관 사례를 보면, 사업운은 오로지 십성 중 편재로만 판단한다. 편재로 식당을 운영하는 사람은 장사가 잘되면, 망설임 없이 알바를 더 뽑거나 가게를 확장하려 한다. 정재형인 경우 가게를 확장하기 이전에, 본인이 더 늦게까지 영업을 하려 할 것이다. 십성 중 인성, 관성, 식상, 비겁에 따라 사업을 하더라도 각각 형태가 다르게 나타나는데, 왜 편재로만 사업운을 살피는지 잘 이해가 되질 않는다.

사실 조금 전 살펴본 임자월 무진일주 사주처럼, 원국에 편재의 기운이 강할 때는 인종법으로 편재가 입묘되는 해를 만난다고 하여 무조건 꺼릴 이유는 없다. 원국에 이미 편재의 기운이 강하기 때문이다. 하지만 편재에 해당하는 간지가 전무하거나 원국에 있어도 뿌리가 전혀 없을 때, 편재가 입묘되는 해가 들어오면 어떻게 될까? 이때는 먼저 식상의 유무를 살펴야 한다. 만약 식상이 원국이나 운에서 유력하다면, 불확실한 상황 속에서는 방어가 중요하니 적금을 넣는 마음으로 조심스럽게 사업을 하는 게 좋겠다고 조언하는 것이 좋다. 정리하면 거법이든 인종법이든, 십이운성으로만 천간의 기운을 살피기보다, 원국 내에서 다른 오행과의 생조 관계는 물론 대운과 세운, 그리고 원국과의 관계도 두루 살펴야 한다.

대운	시주	일주	월주	연주
●*●				
편재	정인	본원	편인	정인
庚	乙	丙	甲	乙
辰	未	午	申	丑
식신	상관	겁재	편재	상관
	*			*
乙癸戊	丁乙己	丙己丁	戊壬庚	癸辛己
관대	쇠	제왕	병	양
화개	백호	도화	역마	
	천의	양인	문창	
		월공	암록	

99	89	79	69	59	49	39	29	19	9
편인	정인	비견	겁재	식신	상관	편재	정재	편관	정관
甲	乙	丙	丁	戊	己	庚	辛	壬	癸
戌	亥	子	丑	寅	卯	辰	巳	午	未
식신	편관	정관	상관	편인	정인	식신	비견	겁재	상관
묘	절	태	양	장생	목욕	관대	건록	제왕	쇠

48	47	46	45	44	43	42	41	40	39
2032	2031	2030	2029	2028	2027	2026	2025	2024	2023
편관	정재	편재	상관	식신	겁재	비견	정인	편인	정관
壬	辛	庚	己	戊	丁	丙	乙	甲	癸
子	亥	戌	酉	申	未	午	巳	辰	卯
정관	편관	식신	정재	편재	상관	겁재	비견	식신	정인

억부적으로 경금 편재가 용신인 내 사주를 보자. 39경진대운이 용희
신으로 들어오는 만큼 이때에는 식상, 재성과 관련된 우호적인 환경이
얼마든지 펼쳐질 수 있다. 특히 28년 무신년, 29년 기유년의 경우 대운
과 세운의 천간 지지 모두 서로 호응하기 때문에, 마음만 먹으면 사업
을 통해서도 큰 성과를 낼 수 있을 것이다.

하지만 인종법을 통해 대운을 위주로만 사주를 살필 경우, 판단은 정반
대가 되어버린다. 단순히 경금이 진토를 만나면 양지에 놓여 힘이 강하지
않기 때문이다. 더 나아가 십이운성을 얄팍하게 사용하는 이들은 어떤 간
지라도 입묘만 하면 힘을 못 쓴다고 주장한다. 경금이 사주 내에 간여지
동으로 존재한다 하더라도 이 같은 해석은 크게 변하지 않을 것이다.

	대운		시주	일주	월주	연주
			*●	*	*●	*
	겁재		정인	본원	편재	상관
	癸		辛	壬	丙	乙
	未		亥	戌	戌	未
	정관		비견	편관	편관	정관
	丁乙己		戊甲壬	辛丁戊	辛丁戊	丁乙己
	양		건록	관대	관대	양
	화개			백호	백호	화개
				월공	천덕	백호
					월덕	

96	86	76	66	56	46	36	26	16	6
편재	정재	편관	정관	편인	정인	비견	겁재	식신	상관
丙	丁	戊	己	庚	辛	壬	癸	甲	乙
子	丑	寅	卯	辰	巳	午	未	申	酉
겁재	정관	식신	상관	편관	편재	정재	정관	편인	정인
제왕	쇠	병	사	묘	절	태	양	장생	목욕

마이크로소프트의 창업주이자 전 세계에서 손꼽히는 부호인 빌 게이츠의 사주다. 연간의 을목 상관은 연지 미토에, 월간의 병화 편재는 월지와 일지 술중 정화에 아름답게 뿌리내리고 있다. 고서에서는 이렇게 지지에 뿌리를 둔 식상과 재성이 천간에서 아름답게 생조하면, 거부가 될 가능성이 높다고 여겼다.

빌 게이츠 사주의 용희신은 수 비겁과 금 인성이다. 어릴 때부터 반평생 이상 대운에서 용희신의 기운이 흘렀다. 그는 식상이 왕성해지는 갑신대운 을묘년에 친구인 폴 앨런과 함께 마이크로소프트를 창업했고, 이후 도스와 윈도우를 팔아 엄청난 돈을 벌었다. 사실 그는 소프트웨어를 하드웨어와 분리한 후, 소프트웨어의 배타적 재산권을 주장하고, 이를 판매하기 위한 비즈니스 모델을 새롭게 확립한 사람이다. 유능한 프로그래머로서 소프트웨어 재산권을 통해 막대한 부를 축적했다는 부분은, 그의 용희신인 금 인성과 밀접한 관련이 있다.

정리하면 컴퓨터과학의 천재이자 사업가로서의 재능이 좋은 대세운을 만나 큰 시너지를 냈다고 볼 수 있다. 하지만 아이러니하게도 그의 원국을 거법으로 살피면, 연간 을목은 미토 위에서 양지라 힘이 강하지 않고, 월간 병화는 월지 술토 위에서 입묘가 된다. 게다가 그가 사업을 시작했던 갑신대운의 신 소운은, 편재인 병화가 병지에 놓이는 만큼 그리 힘이 강하지 않다.

물론 나는 원국만 보면 유동성이 강한 병화 편재가 술토에 입묘되어 있으니, 편재의 불확실성이 줄어들어 사업을 하기에 더 유리했다고 본다. 십이운성 중 묘와 어울리는 건 정재지만, 편재에 묘가 되면 위험한 모험을 꺼리고, 벌어들인 돈도 잘 쓰지 않는다. 그래서 편재에 묘가 들 때 차라리 장기투자 목적으로 부동산을 매입하여 가진 돈을 묶어두는 것도 좋은 전략이 된다.

빌 게이츠 사주에서 신금 소운의 병화는 병지에 놓여 힘이 약하지만, 그가 사업을 시작한 신금 소운 을묘년부터 사오미로 운이 흐르니, 세운만 보면 병화 편재의 힘은 대운과 다르게 점점 왕성해진다. 물론, 대운만 보면 사업을 하기에 그리 유리한 환경은 아니지만, 세운은 정반대로 큰 성과를 내기에 좋은 시기라 여길 수도 있다.

식상입묘 필외종명

식상입묘 필외종명(食傷入墓 必畏終命)이라는 말이 있다. 보통 식상이 원국에서 뿌리 없이 붕 떠 있거나, 충을 맞아 약한 상태에서 입묘하는 운을 만나면 명이 위태롭다는 뜻이다. 사람이나 키우던 동물이 죽을 때가 되면 음식을 제대로 넘기지 못하는 걸 떠올리면 된다. 몸이 아무리 튼튼해도 몸에 쌓인 노폐물을 제때 배출(식상)하지 못하면 쉽게 병에 걸리는 것과도 같다. 사회적으로 지위가 높거나 많은 자산을 소유한 거부의 경우, 식상이 아니라 편재가 입묘되는 해가 위험하다는 관점도 있다. 식신은 의식주를, 편재는 큰 재물이나 사회적인 활동 영역을 뜻하니, 입묘가 되면 이 모든 것들이 무덤에 파묻히게 된다는 것이다.

개인적으로 임상을 해보면 비겁이나 편재가 입묘될 때보다 식상이 입묘될 때 건강이 안 좋아지거나 식상이 부정적으로 발현되는 경우가 있었다. 하지만 이 경우에도, 원국에 있는 식상이 무척 약한 경우에 한해서다.

세운	대운
편재	겁재
壬	己
寅	丑
편관	겁재
	●*
戊丙甲	癸辛己
장생	양
역마	삼형
월덕	천을

시주	일주	월주	연주
		●	
겁재	본원	비견	식신
己	戊	戊	庚
未	戌	子	寅
겁재	비견	정재	편관
	●	●●	
丁乙己	辛丁戊	壬癸	戊丙甲
쇠	묘	태	장생
천을	화개	도화	역마
	괴강		

이 사주의 경우 연간 경금 식신이 연지 인목을 만나 절지에 놓인다. 신강한 사주라 용희신은 금 식상과 수 재성이지만, 경금은 인목 위에서 불안정성이 매우 높고, 월지 자수는 경금이 강하게 생조해 줄 수 없

어 고립의 양상을 보이고 있다.

어린 학생의 사주로, 연간 경금 식신이 세운에서 다시 입묘가 되는 임인년 때부터 교우관계를 끊고 등교를 거부하기 시작했다. ADHD와 우울증 때문에 고생을 했는데, 월지 자수의 고립과 관련이 있는 듯했다. 대운이 원국과 만나 축술미 삼형을 이루는 데다, 연간 경금이 인종법으로 축토에서는 입묘가, 세운에서는 절지가 된다. 이 사주는 연간에만 유일하게 존재하는 식신이 뿌리 없이 떠 있는 극히 예외적인 사례다. 일간 무토가 생조해 주고 있고, 일지인 술중 신금에도 뿌리가 있지만 거리가 멀다. 이처럼 원국에 있는 미약한 기운이 대세운에서조차 도움을 받지 못하고 입묘가 될 때에 한해 극히 제한적으로 부정성을 드러낼 수 있다고 본다.

사실 봉법이나 거법, 인종법을 단식으로만 적용하는 것은 매우 위험하다. 일간과 같은 비겁이 입묘되는 해에는 내가 죽고, 건강을 의미하는 정관이 입묘될 때는 내 건강이 무너지며, 문서를 의미하는 인성이 입묘될 때 내가 소유한 부동산이 폭망한다고 해석하면 안 된다는 뜻이다.

사례 1

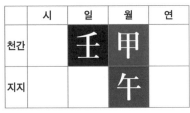

사례 2

	시	일	월	연
천간		壬	甲	
지지			申	

사례 3

사례 1~3 모두 임수 일간이 월간에 갑목 식신을 두고 있다. 고전의 이론을 중시하는 이들은 위 예시 중 자식의 몸이 아픈 사주를 사례 3으로 꼽는다. 월간 갑목이 신금 절지 위에 놓여 위태로운 상황이기 때문이다. 명리학을 운명결정론적 관점에서 벗어나 상담의 도구로 활용하는 내 입장에서, 너무 육친에만 매몰된 해석은 곤란하다고 본다.

예를 들어 자식의 건강 문제로 상담을 받기 위해 찾아온 내담자가 사례 3 구조의 사주를 지닐 경우, 당신의 사주 때문에 자식이 아픈 거라고 말하면 그게 위로가 될 수 있을까? 자식의 건강 문제를 명리학적으로 알아보고자 한다면, 당연히 자식의 사주를 먼저 살피고 이후에 특수관계인의 사주를 확인해야 한다.

사실 임상 시 남성 무재사주의 경우 결혼을 하지 않거나 이성에 관심을 갖지 않는 경우를 종종 보았다. 이 경우에도 단순히 사주에 재성이 없어 여자가 없다기보다는, 재성이 약하니 넓은 인간관계에 관심이 없어 이성과 교제할 필요성을 못 느낀다고도 볼 수 있다. 드물지만 남성에게 재성이 없거나 무력할 경우, 아버지가 일찍 돌아가시거나, 아버지에게 도움을 받지 못하는 등 육친과 관련된 인연이 박하기도 했다. 하지만 극히 적은 가능성을 가지고, 사주 구조만 보고 도사 흉내를 내며 다른 사람과의 인연을 함부로 단정 지어선 안 될 것이다.

사례 1처럼 원국에서 식상이 월주를 간여지동으로 차지하고 있는데, 식상이 입묘되는 대운이 들어온다고 하여 무조건 식상의 힘이 약해진다고 볼 순 없다. 원국에서는 식상이 약한 상황에서 대운이 식상을 입묘하는 상황이 생길 수 있다. 설사 그렇더라도 세운이 식상을 건록이나 제왕에 올려놓을 수 있기 때문에 반드시 전체를 살펴야 한다.

	시주	일주	월주	연주
	*		*	
	정인	본원	상관	편관
	辛	壬	乙	戊
	丑	寅	卯	申
	정관	식신	상관	편인
	●	*●	●	*●
	癸辛己	戊丙甲	甲乙	戊壬庚
	쇠	병	사	장생
		역마	도화	역마
		공망	천을	천덕
		문창		
		암록		
		천의		

91	81	71	61	51	41	31	21	11	1
상관	식신	겁재	비견	정인	편인	정관	편관	정재	편재
乙	甲	癸	壬	辛	庚	己	戊	丁	丙
丑	子	亥	戌	酉	申	未	午	巳	辰
정관	겁재	비견	편관	정인	편인	정관	정재	편재	편관
쇠	제왕	건록	관대	목욕	장생	양	태	절	묘

앞서 다루었던 원철 스님의 명식이다. 인종법으로 식상이 절지나 태지에 놓일 경우, 식상이 뜻하는 자기 표현력이 약해지거나, 체력이 떨어진다고 해석한다. 이 원국에서 식상에 해당하는 갑목은 대운의 신금에서 절지에, 을목은 태지에 놓인다. 하지만 원철 스님은 용신에 해당하는 금 인성이 강하게 들어오는 41경신대운에 논술교사로 전국적인 명성을 얻었다.

나아가 인종법과도 상통하는 귀삼합 이론에 따르면 위 원국은 경금을 입묘하는 축토는 물론 절지나 태지에 놓이게 하는 인목과 묘목이 모두 존재하기 때문에, 천간의 금이 오더라도 힘을 쓸 수가 없다. 하지만 41경신, 51신유 용신 대운 때 원철 스님은 사회적으로 큰 성취를 이루었다. 아무리 금 기운의 작용을 제한하는 간지들이 원국에 모여 있다 하더라도, 대운에서 간여지동으로 강하게 들어올 때만큼은 금 기운이 전혀 방해받지 않고 발현된다. 대세운의 지지가 특정 천간을 입묘시킨다 하더라도, 원국에 해당 천간이 강하게 자리 잡고 있을 경우 힘이 억눌리는 상황이 생기지 않는다는 뜻이다.

앞서 말했듯이 상담 현장에서 일간과 원국 내 십성들의 강쇠, 충과 합, 대세운의 흐름 등 명리학의 다른 이론을 전혀 고려하지 않은 채 십이운성만 단독으로 사용하는 곳들이 있어 큰 문제다. 십이운성 중 특히 인종법을 활용할 줄 알게 되면 맞든 틀리든 애정운, 사업운, 건강운, 취업운, 승진운 등에 대해 쉽게 떠들 수 있게 된다. 이 같은 이유로 십이운성이 역술인 단기 속성 취업반(?)에서 단골 과목으로 취급받고 오용되며, 사주를 얄팍한 술수로 만드는 데 일조하는 것이다.

십이운성을 잘못 해석하는 대표적인 사례는 장생, 목욕, 관대, 건록, 제왕, 쇠는 강성해서 좋고 병, 사, 묘, 절, 태, 양은 쇠약해서 좋지 않다고 이해하는 것이다. 특히 사, 묘, 절에는 온갖 극단적인 해석을 갖다 붙이면서도 병, 태, 양에는 별다른 설명을 하지 않는다. 이런 식으로 인간의 비극과 불행을 강조하기 위해 그때그때 필요한 것만 가져다 쓰는 식이라면 절대 제대로 된 학문이 될 수 없다.

다시 한 번 강조하자면, 십이운성은 좋고 나쁜 것을 판단하기 위한 도구가 아니라 기운의 흐름을 단계적으로 나타낸 것에 불과하다. 즉 에너지가 내부로 수렴되며 정신적인 성장이 이루어지는 시기에는 활동 범위가 축소되고 외적인 활동성 역시 크게 떨어질 수 있다고 이해해야 한다. 반대로 외부로 에너지가 확장하는 시기에는 활동범위는 넓어지나 개인적이거나 정신적인 활동에 집중하기 힘들 수 있다.

정리해 보자. 인종법으로 천간의 기운을 살필 때는 몇 가지 조건이 있다. 특정 기운이 원국에 없거나, 있더라도 전혀 힘이 없어야 한다는 것이다. 바로 이 경우, 내 원국의 도구와 운세의 흐름을 종합적으로 살핀 후 십이운성의 특성에 맞는 시기별 행동지침을 도출해 낼 수 있게 된다. 십이운성을 등에 업은 시장의 경직된 해석에 비판적인 입장을 밝혔지만, 개인적으로는 십이운성을 제대로 익혀야 결국 통변의 최종 국면에 접어들 수 있다고 본다.

예를 들어 누군가 작가, 홍보, 마케팅, 강의, 기획, 요식업, 보육업, 교육업, 기타 서비스업 등 식상을 활용한 사업을 구상 중이라고 해보자. 안타깝게도 식상이 지장간에조차 없을 때는, 식상에 해당하는 기운이 인종법으로 대운이나 세운의 지지와 만나면 어느 정도의 힘을 갖는지를 살펴야 한다.

만약 식신이 묘지에 있다면 어떻게 해야 할까? 내가 주도적으로 사업을 벌이기보다, 일단 관심 분야의 교육을 받거나, 직원으로 일하며 충실히 경험을 쌓는 것이 좋다. 만약 교육자가 되고 싶다면, 장생이 올 경우 교단에 서고, 관대가 올 경우 학원 사업을 해서 부가가치를 높이는 게 좋다. 강사의 경우 보통 학생들에게 인기를 얻을수록 더 좋은 대우를 받기 때문에, 관대에 있는 식신의 힘으로 더 좋은 퍼포먼스를 낼 수 있을 것이다.

원국에서 식신이 약한 사람이 요양병원을 운영하거나, 어린이집을 운영하려고 한다면 언제가 좋을까? 양육과 돌봄의 기운을 상징하는 장생과 식신이 만날 때다. 만약 식신이 목욕지에 들어선다면, 식당을 하는 게 좋을 것이다. 단골 손님에게 나를 친근하게 어필하거나 조금 더 감각적으로 음식을 플레이팅하는 데 강점이 있기 때문이다(식당을 운영하더라도 사주에서 식신을 더 잘 쓰는 사람이라면 대중적인 음식을, 상관을 더 잘 쓰는 사람이라면 퓨전 음식이나 좀 더 부가가치를 올릴 수 있는 음식을 하는 게 더 유리할 것이다). 이처럼 십이운성은 십성이 가진 특성을 단계별로 나누어, 보다 입체적인 전술 치침을 내리는 데 큰 도움을 준다.

이외 일간별로 인종법을 통해 세운의 흐름을 조망하고 싶다면,《사주풀이 Z엔진》(박청화 지음, 신지평, 2010)를 읽어보시길 권한다.

나의 사주 이야기

- 콜린성 두드러기

세운	대운		시주	일주	월주	연주
정관	정관		정인	본원	편인	정인
癸	癸		乙	丙	甲	乙
未	未		未	午	申	丑
상관	상관		상관	겁재	편재	상관
*	*					*
丁乙己	丁乙己		丁乙己	丙己丁	戊壬庚	癸辛己
쇠	쇠		쇠	제왕	병	양
천덕	천덕		백호	도화	역마	
천의	천의		천의	양인	문창	
				월공	암록	

고3이 되는 계미년에 몸의 온도가 조금만 올라가도 온몸이 따갑고 간지러운 증세에 시달렸다. 계미대운 계미년은 내 원국의 시지 미토와 함께 미토 삼병존을 이룬다. 대세운에서 천간에 계수가 들어왔지만, 모두 지지에서 조토인 미토에게 극을 당해 무력하기 짝이 없다. 게다가 계수는 미토 위에서 십이운성으로 묘지에 놓였다. 묘지는 천간의 작용력을 제한하는 기운으로, 미토 위에서 계수는 자신의 힘을 온전히 드러내기 힘들어진다. 계수는 천간 중 가장 음기가 강한 간지라 병존을 이루면 천간의 어떤 간지보다 결속력과 방어력이 매우 강해진다. 그럼에도 불구하고 십이운성의 입묘 작용 때문에, 계수는 한신으로서 건강에 별 도움을 주지 못하고 무력화되었다.

십이운성 입묘를 활용하는 방법은 좋은 습관을 들이고 루틴을 지키는 것이다. 계미년 때는 공부하는 시간을 줄이고, 충분한 수면을 통해 부족한 수 기운을 보충했어야 했다. 일찍 자는 습관을 통해 입묘의 시기를 방어적으로 보냈다면, 아직까지 콜린성 두드러기로 고생하는 일은 없었을 것이다.

• 폐결핵

세운	대운
● ●	●
정관	편관
庚	壬
寅	午
편인	겁재
▲ *	●
戊丙甲	丙己丁
장생	제왕
역마	도화
공망	양인
	월덕

시주	일주	월주	연주
정인	본원	편인	정인
乙	丙	甲	乙
未	午	申	丑
상관	겁재	편재	상관
*			*
丁乙己	丙己丁	戊壬庚	癸辛己
쇠	제왕	병	양
백호	도화	역마	
천의	양인	문창	
월공	암록		

99	89	79	69	59	49	39	29	19	9
편인	정인	비견	겁재	식신	상관	편재	정재	편관	정관
甲	乙	丙	丁	戊	己	庚	辛	壬	癸
戌	亥	子	丑	寅	卯	辰	巳	午	未
식신	편관	정관	상관	편인	정인	식신	비견	겁재	상관
묘	절	태	양	장생	목욕	관대	건록	제왕	쇠

2010년 경인년, 월운이 사오미로 흐르던 시기에 금 오행과 관련된 폐결핵에 걸렸다. 월지 신금이 세운 경인년을 만나, 천간으로 경금이 투출되는데 왜 폐와 관련된 병에 걸린 걸까? 인목 위에 놓인 경금은 십이운성으로 절지다. 절지는 변화와 변동의 기운으로, 역시 절지에 놓인 용신은 불안정성이 높아져 예측이 어려운 상황에 놓였다고 볼 수 있다.

사실 내 원국에서 신금은 다른 자리에 비해 영향력이 큰 월지에 놓여 있는 데다, 습토인 연지 축토로부터도 생조받고 있으니 힘이 그리

약한 편은 아니다(경금은 연지 축토 위에서 입묘가 되고, 축토의 정기인 기토 또한 축토 위에서 입묘가 된다. 귀삼합론이나 근묘화실론을 중요하게 여기는 학자라면, 축토의 생조력이 떨어져, 초년기에 월지 신금의 힘이 약했다고 볼 수도 있다). 하지만 임오대운에서 경인년은 오화가 강해지는 오화 소운이었다. 세운 인목이 내 월지와 인신충을 하는데, 대운 및 일지 오화와 만나 땔감 역할도 한다. 세운의 천간 경금이 인목을 극하느라 힘이 설기되는 데다, 원국의 천간과 을신쟁충에 갑경충까지 하니 경금의 기운은 순도가 떨어지게 되었다.

임오대운과 경인세운을 원국과 함께 놓고 보면, 충합으로 너무도 어지럽다. 임오 암합까지 포함하여 총 여덟 개의 충합이 펼쳐지는데, 용신이 운으로 들어온다 하더라도 이런 식으로 충합이 너무 복잡하게 전개되면 한 치 앞도 내다볼 수 없게 된다. 누가 적군인지 아군인지 구분할 수 없는 상황이 되는 것이다.

세운 경인과 월주 갑신은 서로 천충지충을 한다. 경금은 인목 위에서, 갑목은 신금 위에서 절지에 놓인다. 갑목은 인목 위에서 건록, 경금은 신금 위에서 건록에 해당한다. 십이운성 중 건록과 절은 서로 충의 관계다.

• 임오대운 임진년

세운	대운
*	*●
편관	편관
壬	壬
辰	午
식신	겁재
	●
乙癸戊	丙己丁
관대	제왕
화개	도화
월덕	양인
	월덕

시주	일주	월주	연주
정인	본원	편인	정인
乙	丙	甲	乙
未	午	申	丑
상관	겁재	편재	상관
*			*
丁乙己	丙己丁	戊壬庚	癸辛己
쇠	제왕	병	양
백호	도화	역마	
천의	양인	문창	
	월공	암록	

2012년 임오대운 임진년에 한 홍보회사에서 일하게 됐다. 업계에서 인지도가 높은 곳이었는데, 생각지도 못할 만큼 쉽사리 공채로 입사하게 됐다. 월지 신중 임수 편관이 대세운에서 천간에 투출하니, 취업운은 무난했다고도 볼 수 있다. 문제는 원치 않았지만 떠밀리듯 동기들의 대표가 되었다는 것이다. 당시 회사에서 공채 시스템을 도입한 지 얼마 되지 않았기 때문인지 동기들은 물론 회사 내 구성원들 모두 나에 대한 기대가 상당히 높은 편이었다. 매일 야근을 해야 할 정도로 사내 업무가 쌓여 있는 상황에서, 동기 대표로서의 업무와 책임이 부여되니 개인적으로도 바쁘고 우울한 시간을 보내야 했다.

대세운의 임수 편관은 모두 세운 진토 위에서 묘지에 놓인다. 안정성은 높아지는 대신, 편관의 활동성은 반대로 떨어지는 시기다. 이때는 앞에 나서서 동기들을 이끌거나 부여된 여러 행사들을 진두지휘하기보다, 뒤에서 조용히 서포트하는 게 더 나았을 것이다.

십성과 십이운성의 만남

이제부터 십이운성과 지지, 그리고 십성의 관계를 종합적으로 정리해 보려 한다. 개인적으로 원국을 볼 때는 ①일간을 기준으로 지지를 보는 봉법과 ②연간, 월간, 시간을 기준으로 그 아래 지지를 보는 거법만을 활용하고 있다. 대세운을 볼 때는 여기에 더해, 인종법까지 활용해야 한다. 운은 그 시기 동안 원래 내가 지니고 있는 기운처럼 작용하므로, 예를 들어 정축대운이 올 때는 정화를 기준으로 아래 지지인 축토와의 관계를 살펴야 한다. 나아가 원국에서는 미약하거나 존재하지 않더라도 내가 중요하게 쓰고자 하는 십성의 기운이 축토 위에서 어느 정도의 힘을 갖는지도 동시에 파악해야 한다.

봉법, 좌법, 거법, 인종법으로 십이운성 관법을 체계적으로 정리한 이는 일본의 아베 다이장이다. 그의 저서가 소개된 이후 국내에서는 도계 박재완과 자강 이석영에 의해 십이운성 활용법이 널리 회자되기 시작했다. 여러 학자들 덕분에 발전을 거듭해 오긴 했지만, 특히 십이운성과 지지, 십성의 관계에 대한 부분은 앞으로도 더 많은 연구가 필요하다는 점을 덧붙이고 싶다.

근묘화실론과 결합한 경직된 해석은 최대한 배제한 후 개인적으로 현장에서의 임상을 통해 활용할 수 있는 내용들만 아래에 정리해 보았다. 십이운성의 시기별 의미를 정리해 보고, 통변의 마지막 단계에서 보조적으로만 적용해 보길 바란다.

① 장생지

연주, 월주	심성이 착하고 여리다. 주변의 후원과 도움이 많다. 유산 상속의 가능성이 있다. 진로가 일찍 결정될 수 있다. 학문적 발전가능성이 높다. 예술적 소질이 있다.
일주, 시주	온순하며 인간관계가 원만하다. 배우자와의 관계가 좋다. 배우자나 처가로부터 도움받는다. 건강하게 살고 장수한다.
비겁	공통 : 청년기까지는 무난하게 성장하지만, 이후에는 부침이 생길 수 있다. 동료나 경쟁자에게도 도움을 받으며 성장한다. 형제간에 우애가 깊지만, 유산 분쟁시 사이가 틀어지거나 불리할 수 있으니 공평하게 나누어야 한다. 봉사와 희생정신이 강하다. 자수성가의 힘이 있다.

식상	공통 : 공부한 것을 바탕으로, 특출한 재능을 드러낸다. 인성을 둘 경우, 전공하거나 전문화된 분야에서 자수성가한다. 이해력이 좋고, 두뇌가 비상하다. 식신 : 편인이 강할 경우 무위도식에 유의해야 한다. 가족사업이나 소규모로 사업 시 자수성가한다. 상관 : 법 질서를 위반하면 불리하다. 송사는 피하는 것이 좋다. 엉뚱하고 극단적인 삶을 살 수 있다.
재성	공통 : 부모나 주변으로부터 도움을 받는다. 재주나 능력을 인정받는다. 편재 : 결혼 이후 축재한다. 정재 : 삶의 안정성이 높다.
관성	편관 : 안정된 직장일 경우, 성실함으로 인정받는다. 주말부부도 좋다. 정관 : 가업 상속과 인연이 깊다.
인성	공통 : 훌륭한 멘토를 만나거나, 내면의 성장이 이루어진다. 학업 성취도가 높아진다. 편인 : 예체능 분야에서 두각을 나타낸다. 일생이 건강하여 장수를 누린다. 천진난만한 매력이 있다. 정인 : 교육 분야나 국가자격증을 가진 직업이 유리하다. 내 능력이 부족해도 주변의 도움으로 소정의 성과를 얻는다.

② 목욕지

연주, 월주	예술적 감수성이 있다. 직관력이 뛰어나다. 호기심이 왕성하다. 주색잡기에 빠질 수 있다. 주변에 너무 의존하면 좋지 않다.
일주, 시주	취미가 직업으로 연결된다. 배우자와의 관계가 불안정할 수 있다. 사치에 빠질 수 있다.
비겁	공통 : 성정이 순수하고, 영감이 뛰어나다. 사치나 유흥, 이성문제에 주의해야 한다. 겁재 : 주거부정으로 이어질 수 있는 만큼, 안정된 직업이 필요하다.
식상	공통 : 예술·기술적 재능과 감각이 탁월하다. 솔직한 매력으로 인기를 얻는다. 화술이 좋고, 풍류적 기질이 있다. 상관 : 특히 이성관계에서 경솔한 언행과 구설수에 주의해야 한다.
재성	공통 : 사교적이고 대인관계가 좋다. 편재 : 비즈니스 감각과 이성교제 능력이 뛰어나다. 서비스업, 교육업 등 소통 능력을 활용할 수 있는 직업이 유리하다. 정재 : 식상의 생조를 받으면 큰 부를 축적할 수 있다.
관성	편관 : 본업에 소홀할 수 있다. 이성문제로 구설에 오를 수 있다. 사내커플 운이 있다. 취미가 직업이 될 수 있다. 정관 : 직장에서의 성과가 높다. 한 분야에서 전문가가 된다.
인성	공통 : 여러 분야에 관심이 생긴다. 직업 변동이 잦다. 편인 : 관심 분야에 대한 몰입도가 높다. 취미가 직업이 되면 성공할 수 있다. 정인 : 유흥이나 도박, 이성문제에 유의해야 한다. 전문적인 능력을 갖추면 성공한다.

③ 관대지

연주, 월주	학습력이 뛰어나다. 자격증 취득에 강하다. 자존심이 강하다. 지적 호기심이 강하다.
일주, 시주	실패를 겪을수록 빠르게 성장한다. 출세욕이 강하다. 자수성가한다. 윗사람에게 인정받는다. 창의적이고 예술적인 감각이 있다. 상상력은 풍부하지만, 현실감각은 부족할 수 있다.
비겁	공통 : 자기중심적이다. 집안과 바깥에서의 평가가 다를 수 있다. 주관이 뚜렷하고, 경쟁심과 호승심이 강하다. 개인간 보증과 대출에 주의해야 한다. 겁재 : 재주와 재능이 뛰어나지만, 성패가 극단적이다.
식상	공통 : 분위기 메이커 역할을 한다. 유행에 민감하고 트렌드에 밝다. 새로운 아이디어를 잘 떠올리며, 예술적인 영역에서 재능을 발휘한다. 식신 : 성실하고 언변이 좋다. 상관 : 재성으로 생하면 사업에서 성공할 수 있다. 부부 인연이 박하다(재혼수).
재성	공통 : 좋은 배우자를 만날 수 있다. 물질적인 부분에 욕심이 많다. 실리와 실속을 잘 챙긴다. 편재 : 가업을 계승하면 성공할 수 있다. 정재 : 안정된 집안에서 성장할 수 있다.
관성	편관 : 성패가 극단적일 수 있으니, 너무 고집부려선 안 된다. 전문직종에 종사하는 것이 아니라면 안정된 직장이 길하다. 정관 : 사업 구상을 잘하고 기획 능력이 좋다. 제복을 입거나, 특수한 전문직을 갖는다.
인성	공통 : 심성이 어질다. 시험운이 좋다. 편인 : 예술, 종교, 철학, 무속 분야에 심취한다. 정인 : 학업에 열중하면 성공한다. 자존심이 세거나 욱하는 기질이 있다.

④ 건록지

연주, 월주	경쟁과 투쟁을 통해 발전한다. 독립심이 강하다. 일찍 입신양면한다. 가족을 부양할 의무와 책임이 생긴다.
일주, 시주	자유롭고 독립적인 분야에서 성과가 크다. 직장과 주거의 변동이 잦을 수 있다. 배우자와의 관계가 불안정하다. 학문과 예술 방면에서 큰 힘을 발휘한다.
비겁	공통 : 자수성가의 힘이 있다. 고난을 견디는 힘과 배짱이 있다. 식상으로 흐르면 전문직이나 개인사업으로 성공한다. 비견 : 형제나 동료에게 도움을 받는다. 겁재 : 형제와 금전적인 갈등을 빚는다. 배우자와의 관계가 불안정할 수 있다. 사고가 자유분방하며, 억압이나 구속을 싫어한다.
식상	식신 : 의식주에 구애됨이 없고, 안정적인 가정에서 성장한다. 풍류를 즐길 줄 안다. 상관 : 부모와의 인연이 약하다. 재물을 만들어 내는 힘이 강하고, 자수성가한다.

재성	편재 : 부모의 도움으로 사업을 발전시켜 나간다.
	정재 : 안정적인 가정에서 성장한다. 배우자에게 도움을 받거나, 배우자를 도와 가업을 번창시킨다.
관성	편관 : 리더십이 강하다. 일처리가 깔끔하다. 권력이나 지위 남용에 주의해야 한다.
	정관 : 공직이나 직장에서 인정받는다. 가정사에 무관심할 수 있다. 아랫사람을 잘 챙기지 않으면, 정년이 어려울 수 있다.
인성	공통 : 품행이 바르다. 모친과 인연이 깊다. 모성애가 강하다. 부동산과 인연이 깊다. 시험운이 좋다.
	편인 : 총명하며, 다재다능하다. 권위에 대한 갈망이 크다. 여성인 경우 생식계통 건강에 주의해야 한다.
	정인 : 학력을 높이거나, 전문자격증 취득 시 매우 유리하다. 자존감이 너무 높아지는 만큼, 자신에 대한 객관성이 필요하다. 모친과 갈등이 생길 수 있다. 예술성과 창의성이 뛰어나다.

⑤ 제왕지

연주, 월주	가족과 헤어져 지낼 수 있다(조기 유학, 부모 이혼, 이별, 사별 등). 경쟁과 투쟁을 통해 발전한다. 친구나 지인 등 인맥 구성이 다양하다. 자수성가의 기운이 강하다.
일주, 시주	업무 역량이 뛰어나다. 전문 영역에서 활동하면 크게 성취한다. 가족과 떨어져 지낼 수 있다. 동료, 동업자, 지인 등 주변에 활용 가능한 네트워크가 많다. 협업에 강하다. 자녀가 일찍 부모와 떨어져 지낼 수 있다. 부부 인연이 박하다.
비겁	비견 : 역마를 바탕으로 한 사업이 유리하다. 타향에서 발복할 가능성이 더 높다. 주변과 불화가 생기기 쉽다.
	겁재 : 부부 인연이 박하다. 감정의 기복이 심한 만큼, 폭력성을 조심해야 한다. 재물이나 건강 관리에 유의해야 한다. 살을 쓰는 직업에서 성공할 가능성이 높다.
식상	식신 : 주변의 도움과 후원을 받는다. 대인관계가 원만하다.
	상관 : 자유분방하다. 실패의 경험 이후 안정된 삶을 산다.
재성	편재 : 큰 자산을 상속받거나, 아니면 부모에게 별 도움을 받지 못한다.
	정재 : 사업과 재물운이 안정적이다(제왕지 중 가장 안정적인 기운). 단, 배우자운은 안정적이지 않다.
관성	편관 : 우울증, 공황장애 등 멘탈 관리에 유의해야 한다. 독신수가 강하다. 늦은 결혼이 좋다.
	정관 : 공직이나 규모가 큰 직장에서 일할 경우 크게 인정받는다. 이성으로 인한 어려움이 있다(연애 경험이 많을수록 좋다). 주변의 견제가 강하다. 조금 인색할 수 있다.
인성	편인 : 특수한 분야나 마이너한 전공에서 재능을 드러낸다. 취미에 몰입한다.
	정인 : 두뇌가 명석하다. 교육 관련 사업에서 성공한다. 야망이 크다.

⑥ 쇠지

연주, 월주	유년기에 부모의 도움이 부족할 수 있다. 투기나 모험을 싫어하고, 안정을 추구한다.
일주, 시주	인정에 치우쳐 타인에게 피해를 입을 수 있다. 책임감과 성실함으로 조직에서 일찍 성공한다. 참모 역할을 통해 본인을 빛낸다. 활동이 적고, 집중력이 필요한 일에 강하다(연구직 등).
비겁	공통 : 나를 도와주는 사람들이 있다. 비견 : 형제, 자매, 동료 간 관계가 좋다. 형제 중 능력이 뛰어난 사람이 있다. 겁재 : 주변에 베푸는 것이 좋다.
식상	식신 : 안정적인 가정에서 성공한다. 상관 : 다재다능하지만, 한 우물을 파야 크게 성공한다. 감정에 휘둘리면 좋지 않다.
재성	편재 : 특수 자격증이나 면허증을 취득하는 것이 좋다. 처음에 고생하면 끝이 좋지만, 처음이 순탄했다면 마지막에는 수성(守城)해야 한다. 정재 : 가정을 안정적으로 유지한다. 재혼도 길하다.
관성	편관 : 크게 고생하지만 자신의 힘으로 원하는 걸 얻는다. 강한 활동성을 요구하거나, 살을 쓰는 직업에서 크게 성공한다. 정관 : 삶을 안정되게 유지하는 힘이 강하다. 공직이나 조직 생활과 인연이 있다.
인성	공통 : 종교나 철학에 강하다. 여유와 통찰력이 있다. 예의와 체면을 중요시한다. 편인 : 고독함을 예술적·기술적 자질로 승화시킨다. 촉이 매우 좋다. 정인 : 온화하고 다정다감하다.

⑦ 병지

연주, 월주	다정다감하며 공감능력이 뛰어나다. 신체가 허약할 수 있다. 주변인들로부터 관심과 사랑을 받는다.
일주, 시주	잔병치레가 많거나, 지병 때문에 고생할 수 있다. 활인업에 강하다. 재혼의 성공률이 높다.
비겁	공통 : 타인에 대한 공감 능력이 뛰어나다. 다양한 취미를 갖거나, 사람들과 교류의 폭을 넓히는 것이 좋다. 겁재 : 강자에 굴복하지 않는 용기가 있다. 인간적인 매력이 있다.
식상	식신 : 추진력이 약하다. 의식주가 안정적이다. 화목한 가정을 이룬다. 상관 : 성취욕과 질투심이 강하다. 기획력이 좋다. 호불호가 극단적이다. 소수의 지인에게 큰 지지를 받는다.
재성	편재 : 활동성이 매우 강하니, 여행을 자주 다니는 것이 좋다. 개인사업 시 자산을 안정적으로 늘려 나간다. 정재 : 기우는 가세를 다시 일으킨다.

관성	편관 : 활동성을 요구하는 분야에서 직장생활하는 것이 좋다. 이사를 자주 하거나, 여행을 자주 다니는 것도 좋다. 정관 : 꾸준히 경제활동을 해야 한다.
인성	편인 : 특수 자격증이나 면허증을 취득하는 것이 좋다. 철학이나 종교에 심취할 수 있다. 유학을 가는 것이 좋다. 비주류적인 분야에서 큰 성공을 거둔다. 정인 : 평판이나 신용을 잃을 수 있기 때문에, 직업이나 직장을 자주 바꾸는 것은 좋지 않다.

⑧ 사지

연주, 월주	사리 분별이 빠르다. 교우 관계에 어려움을 느낄 수 있다.
일주, 시주	물질적 풍요보다 정신적인 만족을 추구한다. 부부 관계가 불안정할 수 있다. 제한된 공간에서 집중력이 필요한 일에 두각을 나타낸다(기술직이나 사무직).
비겁	공통 : 결단이 필요할 때 주저한다. 성패의 기복이 심하다. 비견 : 초년에 고생했다면, 중년 이후 발복의 수가 있다. 겁재 : 시작과 끝이 달라질 수 있다. 생각지도 못한 역경과 고난을 겪을 수 있다.
식상	식신 : 열심히 노력하면 자수성가한다. 상관 : 예술적·기술적 자질이 뛰어나다. 약자에 대한 연민이 강하다.
재성	공통 : 투자나 투기는 금물이다. 편재 : 재물에 큰 욕심을 내면 경제적 기복이 클 수 있다. 부모에게 큰 도움을 받기 어렵다.
관성	편관 : 미리 보험을 들어두는 게 좋다. 특수직이나 살을 쓰는 직업에서 성공한다. 만혼이 유리하다. 정관 : 사업을 하든 직장생활을 하든 안정성이 강하다. 단, 명예나 자존심 때문에 송사에 휘말리는 것은 좋지 않다. 한 분야에 매진하면 큰 결실을 맺는다.
인성	공통 : 문서 계약 시 신중해야 한다. 학업이 중단될 수 있다. 편인 : 철학, 종교, 예술, 예능, 정밀공학, 기술 분야에 강하다. 평소 건강관리에 힘써야 한다. 정인 : 생각이 깊고, 신중하다. 열심히 공부하면 최상위권에 오르나, 하지 않으면 최하위권에 머무른다.

⑨ 묘지

연주, 월주	계획을 잘 세운다. 저축을 열심히 한다.
일주, 시주	속마음을 잘 드러내지 않는다. 실리적인 부분을 중요시하고, 물질적인 것에도 관심이 많다. 외로움이 많다.

비겁	공통 : 관인생으로 흐르지 않으면 부침이 클 수 있다. 인정의 전후반이 완전히 다를 수 있다.
	비견 : 어렸을 적 형편이 어려운 환경에서 자랐다면, 재물을 모이는 힘이 강하다.
	겁재 : 가정사가 불안정할 수 있다. 재혼도 길하다.
식상	식신 : 식성이 까다롭다. 병치레가 잦다(보험 필수). 알뜰하며 저축을 잘한다. 휴식만 잘 취한다면, 정신노동에서 성과가 두드러진다.
	상관 : 생활의 안정성은 떨어지나, 모험적인 도전을 통해 큰 능력이 발휘된다.
재성	편재 : 검소하다. 번 돈을 잘 저축한다. 사업을 확장하기보다, 장기적으로 보유해야 하는 부동산에 투자하는 것이 낫다.
	정재 : 의식주가 안정적이다.
관성	편관 : 대운에 따라 기복이 심하다. 힘의 강약 조절이 필요하다.
	정관 : 직장이나 사업 활동 시 성과와는 별개로 안정성이 크다.
인성	편인 : 의지력은 약하지만, 예술, 종교, 철학, 기술, 활인과 관련된 분야에서 두각을 나타낸다.
	정인 : 근검절약하여 경제적으로 안정성이 높다. 종교활동이나 명상이 큰 도움이 된다

⑩ 절지

연주, 월주	과감하고, 결단력이 강하다. 어렸을 적 가정환경이 불우할 경우 자수성가할 힘이 강하다.
일주, 시주	외모가 매력적일 수 있다. 변화에 빠르게 대처한다. 큰 실패 이후 큰 성공을 거둔다. 사는 곳의 변화변동이 잦다. 결혼생활의 불안정성이 발생할 수 있다. 직업이 자주 바뀔 수 있다.
비겁	비견 : 형제, 자매와 소원하나 각자 자수성가한다.
	겁재 : 직업이나 진로를 바꾸면 의외로 큰 성과를 낸다. 독선을 경계해야 한다.
식상	공통 : 전문직에 종사하거나, 특별한 재능이 있다.
	식신 : 끈기와 실천력이 부족하다. 인성이 식상을 강하게 극할 경우, 도박이나 불법적인 사업을 경계해야 한다.
	상관 : 위기를 겪을 때 큰 잠재성이 드러난다(국면전환의 힘).
재성	편재 : 돈 관리에 약하기 때문에 가계부를 작성하거나, 남에게 관리를 맡기는 게 좋다. 적은 금액이라도 꾸준히 기부해야 좋다. 충동소비를 경계해야 한다. 안정된 직장생활을 오래할수록 좋다. 가정 환경이나 직업, 직장이 바뀌는 등 매우 큰 변화가 발생할 수 있다.
	정재 : 사업이나 장사 운은 좋지 않다. 투자나 동업은 불리하다. 겁재가 동반될 경우 사기에 주의해야 한다.
관성	편관 : 극강의 외모를 가지거나, 남에게 크게 주목받는다. 배우자나 가족, 특수관계인들과의 관계가 불안정할 수 있다. 가정 환경이나 직업, 직장이 바뀌는 등 매우 큰 변화가 발생할 수 있다.
	정관 : 직장 이동수가 강하다. 큰 명예를 한 번에 얻거나, 쉽게 잃기도 한다.

인성	편인 : 부모나 배우자와의 관계가 흔들릴 수 있다. 모친과 떨어져 지내는 것이 더 유리하다. 능력 개발에 힘쓰면 성공한다. 정인 : 자꾸 새로운 분야를 공부해 나가면 좋다. 자신의 힘으로 안정을 일군다.

⑪ 태지

연주, 월주	총명하고, 학업운이 좋다. 몸이 허약할 수 있다. 성향이 자유롭고, 무언가에 얽매이는 걸 좋아하지 않는다. 윗사람의 말을 잘 수용한다.
일주, 시주	현실성이 부족하고, 이상주의적 성향이 강하다. 한 가지 일에 매진할 때 큰 성취를 보인다.
비겁	공통 : 장남·장녀의 역할이 어렵다. 자신감이나 실천력이 부족하다. 형제자매와 소원할 수 있다. 타인에게 의존하려는 성향이 있다. 현실성을 키우고, 스스로를 객관화해야 한다.
식상	공통 : 자기 주장이 약하고, 매사에 소극적이다. 식신 : 말의 유창성이 떨어진다. 관심사가 다양하지 않다. 기발한 아이디어를 잘 떠올린다. 구설수를 경계해야 한다. 연구, 기획, 마케팅, 예술 분야에 강하다. 상관 : 삶에 불안정성이 크다.
재성	편재 : 안정적인 직장생활이 좋다. 유흥이나 투기, 이성문제에 주의해야 한다. 정재 : 배우자와의 관계가 순탄하다. 가정 환경이 안정적이다.
관성	공통 : 안정적인 직장생활이 좋다. 편관 : 성격이 밝고 명랑하다. 사교성이 좋아 대인관계가 원만하다. 정관 : 주변의 도움이 많다. 타고난 재능과 끊임없는 노력을 통해 신망을 쌓는다.
인성	편인 : 변덕만 잘 다스리면, 한 분야에서 일가를 이룰 수 있다. 정인 : 가정을 안정적으로 유지한다. 여러가지 취미활동을 하는 게 좋다.

⑫ 양지

연주, 월주	온화하며, 낙천적이다. 유산 상속의 가능성이 있다. 풍족한 환경에서 성장할 수 있다.
일주, 시주	부모님에게 얹혀 살 가능성이 있다. 친화력이 좋고 유대감을 잘 쌓는다.
비겁	비견 : 대인관계가 원만하다. 겁재 : 한 분야에서 특출난 재능이 있다. 성공한 후 이성문제에 주의해야 한다.
식상	식신 : 교육, 양육, 종교 분야에서 성공한다. 남에게 잘 베푼다. 손 감각이 좋거나 다양한 재주가 있다.
재성	편재 : 계획적이며 알뜰하여 경제적인 어려움이 거의 없다. 상관 : 미각이 발달해 있다. 종교, 복지, 상담 분야에서 두각을 드러낸다.

관성	편관 : 여성일 경우, 남편이 경제적으로 무능하다면 대신 큰 능력을 발휘한다. 정재 : 상속 운이 강하다. 가정을 안정적으로 꾸려 나간다. 정관 : 꾸준한 노력을 통해 승승장구한다. 자상하며 성실하다.
인성	편인 : 여성을 고객으로 하는 일이 유리하다. 정인 : 특히 인성을 쓰는 가업을 상속할 경우 크게 키운다(농공업, 부동산, 법조 중에서도) 변호, 회계, 의료 업무 등 면허를 기반으로 한 사업, 신뢰 기반 사업 등).

십이운성을 구체적으로 활용하는 방법

이제부터 위의 표에 적힌 내용들을 어떻게 구체적으로 활용할 수 있을지 알아보자. 원국 내에서 십이운성을 활용할 때는 먼저, 봉법을 통해 일간이 연지, 월지, 일지, 시지 위에서 어떤 힘을 갖고, 그에 따라 어떤 잠재적 특성을 지니고 있는지 살펴야 한다. 연월주와 일시주가 각각 생애의 전반부와 후반부의 내용을 형성하는 데 조금 더 영향을 미친다고 할 때, 주체를 뜻하는 원국의 일간이 생애에 따라 어떤 십이운성의 단계를 지나는지가 또한 중요하게 작용하기 때문이다.

내 원국을 봉법으로 보면 일간 병화를 기준으로 연주는 양지, 월주는 병지, 시주는 쇠지가 된다. 양지나 병지가 연월주에 있거나, 쇠지가 일시주에 있을 때 어떤 해석이 가능한지, 202쪽의 명식에서 해당되는 내용을 찾아보면 된다. 양지나 병지가 연월주에 있으면, 다정다감하고 온화한 성격을 지니고 있을 가능성이 있다. 쇠지가 일시주에 있으면 참모 역할이 어울리거나, 활동량이 적고 집중력이 필요한 일에 강하다.

나아가 봉법으로 병화는 일지 오화 겁재 위에서 제왕이 된다. 감정의 기복이 심한 만큼 평소 재물이나 건강 관리에 힘쓰는 것이 좋다. 병화를 기준으로 연지 축토 상관은 양지에, 월지 신금 편재는 병지에, 시지 미토 상관은 쇠지에 놓인다. 이는 종교, 복지, 상담 분야에서 한 우물을 팔 때 두각을 나타낼 가능성이 높다는 뜻이다.

그 다음으로는 거법을 통해 연간과 월간, 시간이라는 원국의 인자(요리 재료)들이 각각 연지, 월지, 시지 위에서 어떤 특성(신선도, 활용도)을 갖고 있는지를 살펴야 한다. 각 주의 십이운성을 그 주의 인자라 할 때, 통변의 관점에서 일간인 내가 그 인자들을 어떻게 구체화하여 현실에서 활용할 수 있는지에 대한 관점 또한 중요하기 때문이다.

시주	일주	월주	연주
정인	본원	편인	정인
乙	丙	甲	乙
未	午	申	丑
상관	겁재	편재	상관
*			*
丁乙己	丙己丁	戊壬庚	癸辛己
쇠	제왕	병	양
백호	도화	역마	
천의	양인	문창	
	월공	암록	

99	89	79	69	59	49	39	29	19	9
편인	정인	비견	겁재	식신	상관	편재	정재	편관	정관
甲	乙	丙	丁	戊	己	庚	辛	壬	癸
戌	亥	子	丑	寅	卯	辰	巳	午	未
식신	편관	정관	상관	편인	정인	식신	비견	겁재	상관
묘	절	태	양	장생	목욕	관대	건록	제왕	쇠

거법으로 보면, 내 원국의 연간 을목 정인은 연지 축토 위에서 쇠지에, 월간 갑목 편인은 월지 신금 위에서 절지에 놓인다. 표에서 연월주에 쇠지와 절지가 있으면 어떤 의미가 있는지 찾을 게 아니라, 편인이 절지에 놓일 때와 정인이 쇠지에 놓일 때의 의미를 살펴야 한다. 편인이 절지에 놓여 있으면 불안정성은 높지만, 본인의 재능을 어떤 식으로 폭발할지 모르기 때문에 능력 개발에 힘쓰면 좋다. 정인이 쇠지에 있으면 온순하고 다정다감한 성격을 갖거나, 예술적인 잠재력이 클 수 있다.

이번에는 운에서 오는 대세운을 살펴보자. 내 원국에는 49세부터 기묘대운이, 59세부터 무인대운이 들어온다. 이때 일간 병화를 기준으로 하는 봉법은 물론, 대운 자체를 거법으로 끊어서 보거나, 특정 천간을 기준으로 인종법을 대입하여 보는 것이 큰 도움이 된다.

일간 병화 입장에서 봉법상 묘목 정인과 인목 편인은 각각 목욕과 장생에 해당한다. 정인이 목욕에, 편인이 장생에 놓일 때의 내용을 표에서 찾아보자. 정인이 목욕지에 있을 때 전문적인 능력을 갖추면 성공의 가능성이 높아지고, 편인이 장생에 놓이면 천진난만한 매력을 바탕으로 예체능 분야에서 두각을 나타낼 수 있다. 거법으로 기토 상관은 묘목 위에서 병지에, 무토 식신은 인목 위에서 목욕지에 놓인다. 강한 성취욕을 바탕으로 예술적, 기술적 재능을 갈고 닦기 좋은 흐름이다.

대세운에서는 무엇보다 인종법을 잘 활용해야 한다. 해당 대운에서 인성을 중요하게 쓰고자 한다면 어떻게 해야 할까? 원국 내 존재 유무와 상관없이, 일간을 기준으로 천간에서 인성에 해당하는 간지들이 각각 묘목과 인목 위에서 어느 정도의 힘을 갖는지 살피면 된다. 병화일간인 내게 인성에 해당하는 천간의 갑목과 을목은 49, 59대운에서 지지 묘목과 인목을 만나 건록과 제왕을 이룬다. 편인과 정인이 건록을 만나면 조직 생활보다 전문직에 종사하거나 자영업이 유리하다. 또한 특수한 분야나 교육관련 사업에서 두각을 나타낼 수 있다.

이번에는 기묘대운과 무인대운을 거법으로 살펴보자. 기토는 묘목 편관 위에서 병지에, 무토는 인목 편관 위에서 장생지에 놓인다. 기토와 무토는 병화 일간 기준으로 각각 상관과 식신이 된다. 상관은 병지에서 강한 성취욕을 드러내고, 식신은 장생에서 특출한 재능을 드러내거나 전문화된 분야에서 자수성가할 가능성이 높다.

그렇다면 일간을 기준으로 하는 봉법은 대세운과의 관계를 살필 때 어떻게 활용될 수 있을까? 억부적 측면에서 대운의 흐름이 일간과 어느 정도 균형을 이루는지를 살펴야 한다. 예를 들어 일간이 신강한 경우, 대운상 십이운성의 흐름이 병, 사, 묘 등 에너지 준위가 낮은 단계로 흐르는 것이 순조롭다. 반대로 일간이 신약할 경우에는 장생, 목욕, 관대 등 에너지 준위가 점점 높은 단계로 흐르는 것이 순조로울 것이다.

참고로 봉법으로 일간이 대세운의 지지를 편재나 편관으로 쓰면서 절이 성립할 때, 직업을 비롯한 환경적 변화가 일어나는 경우가 많았다. 예를 들어 경금일간인 경우 22년 임인년의 인목을 만나면 편재에 절이 성립한다. 신금일간인 경우 23년 계묘년에 묘목을 만나면 편재에 절이 성립한다. 임상을 해보면 경금 일간인 경우 22년에, 신금 일간인 경우 23년에 환경적 변화가 크게 나타났다. 일간이 운에서 사회적 활동력과 관련이 큰 재성과 관성을 쓸 때, 십이운성상 절지를 만나면 환경적 변화로 이어질 가능성이 높다고 해석할 수 있다. 덧붙이면 일간이 편재나 편관의 절을 만날 때, 용희신 운인 경우 본인이 의도하지 않았다 하더라도 결과적으로 보면 환경적 변화가 긍정적으로 작용되는 경우가 훨씬 많았다.

십이운성과 삼합의 만남

지지에서의 삼합은 해묘미합, 인오술합, 사유축합, 신자진합 총 네 가지다. 어떤 천간이든 지지 삼합을 이루는 생지, 왕지, 고지 위에서 십이운성상 ①절, 목욕, 쇠 ②장생, 제왕, 묘 ③건록, 사, 양 ⑤병, 태, 관대 중 하나에 놓이게 된다. 예를 들어 일간 갑목이 지지에서 신자진 삼합을 이루면, 신금, 자수, 진토 위에서 십이운성상 절지, 목욕지, 쇠지에 놓이게 된다. 일간 병화가 지지에서 사유축 삼합을 만나면 사화, 유금, 축토 위에서 십이운성상 건록지, 사지, 양지가 성립된다. 십이운성과 삼합의 만남을 합작이라고도 한다. 예를 들어 갑목이 신자진을 이루니 절욕쇠 합작을, 병화가 사유축을 만나니 록사양 합작을 이루었다고 말할 수 있다. 이런 식으로 일간마다 지지에서 어떤 삼합을 만나느냐에 따라 절욕쇠, 생왕묘, 록사양, 병태대로 네 가지 합작을 이룰 수 있다.

고전에서는 해묘미, 인오술, 사유축, 신자진 중 사유축 삼합의 가치를 가장 높게 여겼다. 사유축은 한 해의 결실을 이루려는 금국의 단단한 기운으로, 사회나 조직에서 맡은 바 책임을 다하고 점진적인 성과를 내기에 가장 안정적인 합이다. 이 때문에 금이 기구신일 경우에도 개인은 힘들지언정 맡은 일은 끝까지 해내니 사회적으로 비약적인 성과를 이룰 수 있다고 보았다.

대운		시주	일주	월주	연주
***●		***●	*	*	*
편관		편관	본원	비견	비견
辛		辛	乙	乙	乙
巳		巳	丑	酉	丑
상관		상관	편재	편관	편재
▲●		▲●	▲	▲	▲
戊庚丙		戊庚丙	癸辛己	庚辛	癸辛己
목욕		목욕	쇠	절	쇠
			화개		화개

95	85	75	65	55	45	35	25	15	5	0
비견	상관	식신	정재	편재	정관	편관	정인	편인	겁재	비견
乙	丙	丁	戊	己	庚	辛	壬	癸	甲	乙
亥	子	丑	寅	卯	辰	巳	午	未	申	酉
정인	편인	편재	겁재	비견	정재	상관	식신	편재	정관	편관
사	병	쇠	제왕	건록	관대	목욕	장생	양	태	절

천간에는 을을을 삼존을, 지지에는 사유축 삼합을 형성한 복덕수기 격의 명식이다. 신약하긴 하지만 을목이 축토 위에서 쇠지에 놓이는 데다, 천간 삼존으로 끈질긴 생명력을 갖추게 되었다. 억부적으로 용 희신은 목 비겁과 수 인성, 기구신은 금 관성과 토 재성이 된다. 35신 사대운은 지지 사화가 사유축 삼합을 하여 금으로 기반되니 간여지동 급으로 기신이 된다. 완벽주의자인 지인의 명식으로, 기신인 신사대운 에서 사회적으로 비상한 발전을 이루었다. 규모는 작지만 알찬 기업에 신입으로 입사했으나, 신사대운에 초고속 승진을 거듭한 후 이인자의 자리에 올랐다. 예로부터 복덕수기격을 이루면 명예를 소중히 여기고 조직에 헌신하니, 구성원들을 잘 관리할 수 있다고 여겼다. 위의 사주 는 을목일간이 지지 사유축으로 절욕쇠 합작을 이룬 사례다.

여기서 절욕쇠 합작에 대해 알아보자. 절지는 단절과 리셋, 절처봉생의 의미를 가지고 있다. 위기의 순간에 타계책을 마련하는 승부사나 해결사의 힘이 있다. 목욕지는 감각과 멋, 사교력 등을 뜻한다. 몸을 씻고 단장하여 본인을 아름답게 꾸민 사람을 떠올려 보면 된다. 특히 대인관계에서 적극적으로 호감을 이끌어 낼 수 있는 만큼, 영업과 외교 분야에서 두각을 나타낸다. 언변이나 표현력이 좋고, 트렌드도 빠르게 읽어내기 때문에 홍보나 마케팅 분야의 상품화 능력이 뛰어나다. 쇠는 위기관리 능력이 강점이다. 온화한 중재자적 힘을 바탕으로 후배들을 잘 챙기고, 자신이 가진 풍부한 경험과 노하우를 통해 조직을 안정적으로 이끈다.

절욕쇠 합작의 중심은 목욕으로, 목욕은 반복을 통해 자신의 강점을 전문화시키는 힘이 있다. 이런 목욕이 절과 짝을 이루면 절처(絶處), 즉 세상과 떨어져 주목받지 못하는 곳에서 힘을 기르며 재기를 꿈꾸는 모습이 된다. 절욕쇠 합작을 마무리하는 쇠지는 십이신살로 말의 안장, 사회적 성공을 뜻하는 반안살에 해당한다. 목욕이 쇠를 만나면 절치부심하는 동안 갈고 닦았던 실력을 만천하에 드러내며 봉생(逢生)을 이룬다. 사회적 성공을 거둔 자가 말을 타고 다니는 여유로운 그림이다. 정리하면 절욕쇠 합작은 낮은 자리에서부터 꾸준한 노력을 통해 자신의 실력을 갈고닦은 사람이, 마침내 성공을 거머쥐는 자수성가형 기운에 해당한다 볼 수 있다.

지지 삼합 중 사유축합을 최고로 여긴 것처럼, 합작 중에서는 록사양이 가장 높은 평가를 받았다. 건록은 자신의 노력으로 결실을 얻고 경제적 안정을 이루는 시기로, 예로부터 식복과 장수, 성공을 상징하는 기운으로 여겨졌다. 록사양 합작은 건록으로 시작하여 사색과 고도의 집중, 학문의 수양과 탐구를 뜻하는 사로 나아간다. 마지막은 보육, 돌봄, 후원 등을 뜻하는 양으로 마무리된다. 양은 물질적 풍요와 안정이 넘치는 시기로 부모나 조상에게 재능이나 학업, 자산을 물려받는 기운이다. 십이운성상 록사양 합작은 다른 합작에 비해 기운의 조합이 가장 순탄하고 안정적이다. 기구신이라도 사유축 삼합이 비범한 성과를 만들어 내는 것처럼, 록사양 합작 역시 내면의 고통을 수반하더라도 결국 큰 부를 만들어 내는 기운으로 작용한다.

사례 1

세운	대운
편재	상관
戊	丁
戌	卯
편재	겁재
▲	
辛丁戊	甲乙
양	제왕
화개	도화
	양인

시주	일주	월주	연주
*	●**	*	●
편관	본원	편관	정재
庚	甲	庚	己
午	寅	午	巳
상관	비견	상관	식신
▲	▲	▲	
丙己丁	戊丙甲	丙己丁	戊庚丙
사	건록	사	병
도화		도화	문창
			천의

사례 1

사례 2

세운	대운
●	
편재	비견
戊	甲
戌	寅
편재	비견
▲	▲
辛丁戊	戊丙甲
양	건록
화개	역마

시주	일주	월주	연주
	●		●
비견	본원	편재	정인
甲	甲	戊	癸
子	午	午	丑
정인	상관	상관	정재
●**	*	*	●
壬癸	丙己丁	丙己丁	癸辛己
목욕	사	사	관대
	도화	도화	백호
			천을

사례 2

갑목일간인 경우 지지에서 인오술 삼합이 이루어질 때 십이운성상 록사양 합작이 성립한다. 위 사주는 둘 다 화 식상과 토 재성이 기구신 인 사주로, 각각 2018년 무술년에 원국의 오화와 함께 인오술 삼합과 록사양 합작을 이룬다. 억부적으로는 두 원국 모두 인오술 삼합이 형성되는 시기라 매우 불리하기 짝이 없다. 하지만 기구신으로 세운에서 들어온 술토가 록사양 합작을 완성하는 양지로 작용하며, 두 사람 모두에게 매우 이례적인 경제적 풍요로움을 가져다 주었다. 사례 1은 큰 프로젝트가 체결되어 사업상 순탄한 흐름이 만들어졌고, 사례 2는 부모의 자산을 물려받아 경제적 안정을 이루었다. 둘 모두 이 시기에 정신적인 스트레스는 매우 컸지만, 기구신을 떠나 록사양 합작을 통해 인생의 중요한 발판을 만들어 냈다.

십이신살: 지지를 통해 관계를 살피는 도구

십성은 일간을 기준으로 원국 내 다른 간지들과의 관계를 다루고, 십이운성은 천간과 지지의 관계를 통해 간지의 힘을 파악한다. 이에 반해 십이신살은 천간은 배제하고, 오로지 지지를 통해 사람 사이의 관계를 살필 때 쓰였다.

당사주의 영향으로, 십이신살 역시 최초에는 연지만을 기준으로 삼았다. 특별히 조심해야 하는 띠가 있다거나, 띠별로 어떤 방향이 길하다는 개운법과 관련된 이야기들 대다수가 십이신살에서 비롯되었다고 보면 된다. 하지만 일주 중심인 자평명리의 등장 이후, 십이신살을 살필 때도 일지를 기준에 포함하게 되었다.

사실 오리지널 십이신살은 오직 연지만을 기준으로 한다는 주장도 있으나, 이 경우 띠만 같아도 십이신살 역시 모두 같아진다는 문제가 생긴다. 현재는 연지와 일지를 둘 다 살피는 경우가 많지만, 학자에 따라 드물게 연지만 기준으로 놓거나 연지, 월지, 일지, 시지를 전부 놓고 십이신살을 살피는 경우도 있다. 학자마다 기준이 다양하다는 부분은, 그만큼 십이신살의 중요도가 떨어진다는 방증이기도 하다.

신살론에서 주로 신(神)은 긍정적인 기운을, 살(殺)은 부정적인 기운을 나타낸다고 했는데, 장성살과 반안살을 제외한 십이신살의 대부분이 '살'로서 명리보다 오히려 무속에서 많이 쓰이고 있다. 십이신살 역시 근묘화실론과 결합하여 통변에 활용되기도 했는데, 예를 들면 연지 겁살은 태어나면서부터 박복하고, 월지 겁살은 부모나 형제와의 인연이 박하다는 식으로 해석했다. 일지 겁살은 이혼을 하더라도 배우자에게 재산을 뺏기거나, 시지 겁살은 자녀의 질병이나 사고로 인해 옴짝달싹 못하는 일이 생길 수 있다고 보았다. 나에게 겁살에 해당하는 사람과 동업을 하면, 내가 그 사람으로 인해 구속되거나 재산이 압류될 수도 있다고 설명하는 경우도 있다.

십이신살 역시 삼재처럼 인간의 비극과 불행을 설명하기 위한 수단으로 변질된 측면이 있어, 상담 시 현장에서 전혀 활용하지 않고 있다. 천간보다 지지를 특히 중요하게 여기는 학파의 경우 오직 십이신살로만 통변하는 경우도 있다고 하지만, 십이신살만큼은 조금의 비중도 둘 필요가 없다는 것이 내 견해다.

그럼에도 불구하고 십이신살을 다루는 이유는, 공부하는 차원에서 십이운성을 폭 넓게 이해하는 데 큰 도움이 되기 때문이다. 십이신살 은 오행의 삼합을 놓고 관계를 따지기에, 십이운성과도 밀접한 관련 이 있다.

	시	일	월	연
천간		丙		
지지		기준	子	

사례 1

	시	일	월	연
천간		기준		기준
지지	寅	午		子

사례 2

십이운성은 연간, 월간, 일간, 시간은 물론, 심지어 원국에 없는 간지 라도 천간이라면 기준이 될 수 있다. 사례 1로 예를 들면, 천간인 병화 가 지지에서 자수를 만날 때 어느 정도의 힘을 가지는지 살피는 것이 십이운성이다. 하지만 십이신살은 사례 2처럼 대체적으로 연지, 또는 일지가 기준이 된다. 즉 연지인 자수, 또는 일지인 인목이 지지에서 오 화를 만나면 어떤 기운이 생기는지를 살피는 것이 십이신살이다.

십이운성과 십이신살 모두 자연의 기운을 열두 개로 나누고, 간지 들끼리의 관계를 살피기 위해 탄생한 이론이다. 명칭만 다를 뿐 같은 기운을 다르게 표현한 것으로 이해할 수 있다. 사례 1에서 천간 병화 는 지지에서 자수를 만나면 십이운성으로 태의 기운을 갖는다. 사례 2에서 자수가 지지의 오화를 만나면 십이신살로 재살의 기운을 갖게 된다.

십이운성이나 십이신살 역시, 간지가 다른 간지를 만나 합, 충, 형의 작용을 통해 새로운 관계를 만들어 내는 것과 같다. 즉 사례 1에서 병 화가 자수를 만나면 태의 관계를, 사례 2에서 자수가 오화를 만나면 재 살의 관계가 성립되는 것이다. 십이신살은 연지뿐만 아니라, 일지가 기준이 되기도 한다. 이 경우 인목이 오화를 만나니 지살의 관계가 성립한다. 만약 연지가 인목인 사람이 연지가 오화인 사람을 만나거나, 일지가 인목인 사람이 일지가 오화인 사람을 만나도 지살의 관계가 성립한다고 보면 된다.

십이신살 조견표

	겁살	재살	천살	지살	연살	월살	망신살	장성살	반안살	역마살	육해살	화개살
亥卯未 (목국)	申	酉	戌	亥	子	丑	寅	卯	辰	巳	午	未
寅午戌 (화국)	亥	子	丑	寅	卯	辰	巳	午	未	申	酉	戌
巳酉丑 (금국)	寅	卯	辰	巳	午	未	申	酉	戌	亥	子	丑
申子辰 (수국)	巳	午	未	申	酉	戌	亥	子	丑	寅	卯	辰
십이 운성 (甲,丙,庚, 壬기준)	절	태	양	장생	목욕	관대	건록	제왕	쇠	병	사	묘

일단 이해를 돕기 위해 연지를 기준으로 위 조견표에 따라 십이신살을 살피는 방법에 대해 알아보자. 예를 들어 해묘미 띠에게 겁살은 신금[申]이고, 재살은 유금[酉]이다. 인오술 년에 태어난 사람은 천살이 축토[丑]고, 지살은 인목[寅]이다. 사유축년생이라면 연살은 오화[午], 월살은 미토[未]가 된다. 신자진 띠에게 묘목[卯]은 육해살, 진토[辰]는 화개살이 된다.

눈여겨봐야 할 것은 조견표에서 맨 아래 십이운성의 방향이다. 해묘미는 봄의 운동성을 나타내는데, 천간으로 치면 갑목에 해당한다. 갑목이 지지에서 해묘미 삼합 운동을 한다고 표현할 수도 있다. 같은 관점에서 천간으로 치면 인오술은 병화, 사유축은 경금, 신자진은 임수에 해당한다. 이들 갑목, 병화, 경금, 임수의 십이운성을 십이신살과 함께 놓고 보면 겁살, 재살, 천살부터 순서대로 절, 태, 양으로 흐르는 것을 알 수 있다.

십이운성에 대한 이해를 돕기 위한 차원에서, 십이신살의 뜻을 살펴보도록 하자.

① 겁살

기본적으로 겁살(劫殺)이 들어오면 강제로 내 재물을 뺏기거나 자유를 박탈당하여 구속되는 상황이 생긴다고 보았다. 원국에 겁살이 있으면 경쟁심이 강해 무언가를 이루고자 하는 욕심이 많을 수도 있다.

십이운성으로 겁살은 절지에 해당한다. 절은 극단적인 변화와 전환을 의미하는 기운으로, 전화위복의 힘이 있다. 극단성과 불안정성이 높은 만큼, 큰 발전을 이루거나, 반대로 큰 실패를 겪을 수 있다. 예로부터 겁살은 십이신살 중 가장 흉하다고 하여 대살(大煞)이라고도 불렀다. 해묘미 삼합의 경우 가을의 첫 기운인 신금[申]이 겁살에 해당한다. 십이운성을 살피면 해묘미가 목의 방향으로 나아가려 하는데, 금 기운이 들어오니 이를 불길하다 본 것이다. 십이운성으로 절지라 불안정성이 매우 높은 만큼, 삶의 안정을 중시하던 고전에서는 겁살을 더욱 부정적으로 볼 수밖에 없었을 것이다.

② 재살

재살(災殺)은 재난을 겪는다는 의미로, 역시 타인이나 외력으로 인해 내가 가진 것을 빼앗기는 살이다. 죄를 짓고 구속된다고 하여 수옥살(囚獄殺)이라고도 불렸다. 겁살이 나의 행동과 욕심으로부터 비롯된다면, 재살은 나의 의사와는 상관없이 외부의 작용으로부터 발생한다. 원국에 재살이 있으면 남에게 빼앗기지 않으려는 본능이 강해, 눈치는 빠르지만 다른 사람을 잘 믿지 못하게 된다고 해석했다.

재살은 십이운성으로 태지에 놓인다. 해묘미 목국의 왕지인 묘목과 충하는 유금이 재살에 해당하는 만큼 '겁살이 적이라면 재살은 적의 수장'에 해당한다. 여기에는 임금을 중심으로 권력이 수직화되어 있던 옛 시대에, 사회적 안정성을 상징하는 삼합을 얼마만큼 중요하게 여겼는지에 대한 사고가 녹아 있다.

③ 천살

천살(天殺)은 하늘이 벌을 내리는 살이다. 냉해, 수해, 지진, 가뭄 등 주로 인간의 힘으로 어찌할 수 없는 자연재해를 만난다고 보았다. 원국에 천살이 있으면 현실을 도외시한 채 이상적인 것에 치우칠 수 있고, 천살이 들어오는 대운을 만나면 난치성 질환에 걸릴 위험이 높다고 해석했다.

천살은 삼합이 시작되기 전의 기운에 해당한다. 해묘미라면, 해수가 시작되기 전인 술토가 천살이 된다. 십이운성으로는 어머니의 뱃속에서 태아가 보호받는 양지와 같다. 모태로부터 실체를 부여받기 전 단계인 만큼, 가장 이상적인 상태라고도 할 수 있다. 양지는 여유 넘치는, 근심걱정 없는 성격을 상징한다.

농사를 중요시하던 시대에는 인간의 힘으로는 감히 맞설 수 없는 것 중에 하나가 자연재해였다. 풍요를 향한 낙관성에 대한 경고나 자연재해에 대한 두려움이, 꿈과 이상을 상징하는 하늘로부터 비롯된 천살을 만들어 냈는지도 모르겠다.

④ 지살

지살(地殺)은 땅을 밟고 다니며 늘 바쁘게 움직이는 살이다. 역마와 비슷한 의미로 작은 역마라고도 불렸는데, 역마가 자의성이 강하다면 지살은 타의성에 더 무게가 실려 있다고 보면 된다. 농사 짓던 시대에 가장 중요하게 여기던 땅의 이름이 붙은 만큼, 살이라 하더라도 긍정적인 의미가 강했다. 원국에 지살이 많으면 부동산과 관련하여 큰 재물을 축적할 수 있다고 해석한 것도 그 때문이다.

지살은 삼합에서 생지에 해당하는 자리인 만큼 활동성과 이동성이 특징이다. 십이운성상 장생에 해당한다. 장생은 뛰어난 학습력과 총명함, 자유분방함을 바탕으로, 끊임없이 발전하는 기운이다. 결국 지살은 이동을 통해 변화의 에너지를 만들어야만 크게 성장할 수 있다는 걸 암시하는 신살로도 볼 수 있다.

⑤ 연살

연살(年殺)은 흔히 말하는 도화살에 해당한다. 연살은 함지살(咸池殺)이라고도 불렸다. 함지가 큰 못이나 아름다운 호수를 의미하는 만큼, 타인에게 주목받는 힘이 강하다고 본 것이다. 연살이 원국에 있을 시 대인관계에서 두드러지는 사교성을 보인다. 다만 운에서 연살을 만나면 이성에 의한 구설수나 비도적적인 사건 등이 일어날 수도 있다고 해석했다.

연살은 삼합을 이루는 왕지와 부정적인 작용을 하는 간지로 이루어져 있다. 해묘미 목국의 왕지인 묘목과 연살인 자수는 자묘파나 자묘 상형을 이룬다. 인오술 화국의 왕지인 오화는 연살인 묘목과 묘오파를, 사유축의 왕지인 유금과 연살인 오화는 오유파를, 신자진 수국의 왕지인 자수(子)와 유금은 자유파나 자유 귀문을 형성한다. 전부 인간관계의 불화나 어긋남을 의미하는 기운이다[개인적으로 파(破)의 작용은 전혀 인정하지 않고 있다].

십이운성으로 연살은 감각과 사교력을 의미하는 목욕에 해당한다. 목욕은 멋과 유행에 민감하고, 과시적 성향이 강하다. 연살은 유혹, 밀애, 성적인 탈선 등 인간관계 중 특히 이성으로 인한 목욕지의 부정적 의미를 강조하고 있다고 보면 된다. 연살이 목욕(沐浴)살로도 불리는 이유다.

⑥ 월살

월살(月殺) 역시 천살과 마찬가지로 하늘이 벌을 내리는 살이다. 오직 달빛에만 의존하여 캄캄한 길을 홀로 걸어가야 하는 형국이다. 씨를 뿌려도 싹이 나지 않아 결실을 맺기 어려울 만큼 메말랐다 하여, 고초살(枯焦煞)이나 고갈살(枯渴煞)이라도 불렸다. 월살은 달이 뜻하는 것처럼 음의 기운이 무척 강한 살이다. 주로 우울증과 공황장애 같은 정신적인 어려움을 겪을 수 있다고 해석했다. 월살이 운에서 들어올 때는 종교활동을 하는 것이 가장 좋다고 보지만, 자칫 이상한 종교단체에 빠질 위험도 있다.

월살은 삼합의 마무리 운동을 하는 간지와 충을 하는 간지에 해당한다. 해묘미의 경우 목 운동을 마무리하는 미토와 충하는 축토가 월살이 된다. 십이운성상 월살은 관대에 해당한다. 관대는 의욕이 앞선 만큼 진취적이지만, 아직 요령이 부족하여 좌충우돌하는 양상이다. 삼합의 마무리 운동을 하는 간지와 충이 일어나면 붕충인 만큼 겉으로는 잘 드러나지 않지만, 관대가 상징하는 것처럼 안으로는 여러 시행착오를 겪게 된다고 해석할 수 있다.

월살 역시 나중에 언급할 화개살과 마찬가지로, 전부 토 오행에 해당한다. 진술축미는 사계절의 힘이 마무리되는 자리에 있지만, 다른 시각으로는 새로운 기운으로 넘어가는 자리에 있기도 하다. 모두 앞선 기운이 약해지면서 새로운 기운이 움트는, 극적인 변화의 가능성을 품고 있다. 극적인 변화 가능성 때문에 진술축미는 종종 IC, 즉 인터체인지에 비유되곤 한다. 진술축미 모두 천간의 모든 기운이 복잡하게 섞여 있는 만큼, 조화와 중용을 상징한다. 하지만 토가 과다해지면 쉽게 정신과 물질이 혼탁해지거나 정체되어 움직일 수 없다고 보았다.

참고로 긴 밤을 혼자 외롭게 보낸다고 하여 여성의 월살을 고독살(孤獨殺)이라고도 불렀다. 역시 토 오행으로 이루어진 화개가 극한의 고독함을 감내한 끝에 마침내 정신적인 고결함을 이루어 내는 힘이라는 걸 떠올려 보자. 고독살의 연유를 이해하면 월살을 꼭 살로만 해석할 수 없다는 것도 알게 될 것이다.

원국이나 운에서 토끼리 충이 일어날 경우, 지장간에서 충하되 원국에는 없는 오행을 잘 살펴야 한다. 만약 원국에 수가 없는 사람이 축미충이나 진술충을 만나 지장간에서 계수가 깨진다면, 특히 수가 상징하는 정신적인 어려움을 겪을 가능성이 더욱 높아지기 때문이다. 예로부터 월살과 화개가 동주하면 암과 관련이 크다고 보았다. 축술미 삼형이 암과 같은 난치성 질환을 암시한다는 걸 떠올려 보면 의미심장한 대목이다.

215

⑦ 망신살

망신살(亡身殺)은 집안의 재산이 다 없어지고 몸까지 망쳐 패가망신 하게 되는 살이다. 운에서 만나면 원하지 않아도 나의 부끄러운 비밀 이나 잘못이 탄로나 명예와 신용, 건강을 모두 잃게 된다고 해석했다. 파군살(破軍殺)이라고도 불렸는데, 장군이 자신의 힘을 과신하다 전략 을 망쳐 군을 파멸로 이끄는 것을 의미하기도 했다.

망신살은 삼합이 향하는 계절의 생지에 해당한다. 예를 들어 목 운 동을 하는 해묘미 삼합의 경우 봄의 생지인 인목이 망신에 해당한다. 여름으로 향하는 인오술 삼합의 경우, 여름의 생지인 사화가 망신이 된다. 삼합을 방해하지 않고, 오히려 도와주는 간지가 망신살에 놓이 게 된 이유가 무엇일까?

십이운성으로 망신살은 노련함과 주도성을 뜻하는 건록지에 해당한 다. 건록은 독립적이고 자신이 넘치지만, 자만하다 주변의 신의를 잃 을 위험이 높다. 즉 사리에 맞는 일을 하더라도, 자기 뜻을 굽히지 않 고 고집을 부리면 주변과 화합하기 어렵다는 의미가 암시되어 있는 것 이다. 결국 망신살은 주변 사람들에게도 귀 기울이는 처세의 중요함을 암시한 신살로 해석할 수 있다.

⑧ 장성살

장성살(將星殺)과 후술할 반안살은 십이신살 중 가장 긍정적인 신살 들로 분류된다. 장성살이 원국에 있으면, 자신의 강성한 기운을 바탕 으로 특정 분야에서 일가를 이루는 전문가가 된다고 보았다. 다만 여 성의 장성살은 부정적으로 보았는데, 이는 여성의 사회적 지위가 남성 보다 낮은 시대에 형성된 편견에 불과하다.

장성은 삼합의 왕지에 해당하는 신살이다. 해묘미 삼합의 경우 묘목 이, 인오술의 경우 오화가 장성살에 해당한다. 장성살이 긍정적인 의 미를 갖게 된 이유는, 왕지가 사회적 안정성을 상징하는 삼합의 구심 적 역할을 하기 때문이다. 삼합은 십이운성상 권위와 자격을 뜻하는 제왕에 해당한다. 왕성한 활동력을 바탕으로, 공직이나 권력형 조직에서 두각을 나타내는 기운으로 해석했다.

⑨ 반안살

반안(攀鞍)은 말 안장을 의미한다. 즉 반안살을 만나면 말 안장에 앉아 편하게 길을 걷는 것처럼 삶이 안정적으로 흐르게 된다고 보았다. 근묘화실론에 입각하여, 원국 중 연지 반안살은 초년이 순조롭고, 월지는 청장년이 순탄하며, 시지는 노년이 화평하다고 해석했다. 대체적으로 반안살을 성공, 출세, 합격, 승진, 진급 등을 상징하는 긍정적인 신살로 여겼다.

삼합이 향하는 계절의 고지가 반안에 해당한다. 즉 해묘미의 경우 계절이 봄이므로 진토가, 여름인 인오술은 미토가 반안이 된다. 삼합이 지향했던 계절의 고지가 삼합의 운동성을 해치지 않으면서도, 그 계절의 기운을 아름답게 갈무리하는 그림이다.

십이운성상 반안살은 노련함과 장년기를 상징하는 쇠지에 놓인다. 쇠지는 풍부한 경험과 성실함으로, 어떤 일을 하든 뛰어난 성과를 만들어 낸다. 또한 책임감과 헌신, 숙달된 전문성을 갖추었으니, 사회적으로 성공할 가능성이 가장 높다고 여겼다.

⑩ 역마살

역마살(驛馬殺)은 지살과 의미가 비슷하나 변화와 변동의 폭이 훨씬 크다. 원국에 있을 경우, 활동력이 강해진다. 일을 한다면 교사, 군인, 공무원 등 때에 따라 근무지를 옮길 수밖에 없는 직종이 어울린다. 역마의 성립 요건이나 작용, 의미에 대해서는 이미 앞장에서 다루었으므로, 자세한 내용은 생략한다. 참고로 이미 다루었던 연살(도화살)과 역마살, 후술할 화개살 모두 십이신살에서 비롯된 신살이다.

⑪ 육해살

육해살(六害殺)은 삶의 여섯 가지 불행(질병, 가난, 관재수, 가족과의 사별, 파산, 사망)을 의미하는 신살이다. 십이신살의 종착점인 화개살 바로 앞에 놓인 신살로, 삶의 마지막 순간을 앞두고 늘 초조하고 불안하게 된다고 해석했다. 운에서 만나면 내 신상은 물론, 가족에게도 해로운 일이 생긴다고 본 만큼 가장 부정적으로 여겨진 신살이다. 흉액을 당하면 어쩔 수 없이 남에게 의지할 수밖에 없다고 하여 의지살(依支殺)이라고도 불렸다.

삼합을 마무리하는 간지의 앞자리가 육해에 해당한다. 해묘미의 경우 목 운동을 마무리하는 미토 바로 앞 간지인 오화가 육해살이 된다. 육해살은 십이운성으로 사지에 해당한다. 사실 사지는 십이운성상 태어나서 죽을 때까지 삶의 시기를 열두 갈래로 나누었을 때 죽음의 시기에 해당할 뿐, 사지가 죽음 자체를 의미하는 것은 아니다. 하지만 사(死)라는 어휘가 주는 부정적인 어감 때문에, 십이신살 중 육해살에 가장 부정적인 의미가 덧씌워진 게 아닌가 싶다.

십이운성상 사지는 육체적인 힘은 약하지만 정신력과 집중력이 가장 뛰어난 자리다. 고도의 기술에 특화된 만큼, 전문적인 기술 쪽으로도 큰 성과를 낼 수 있다. 묘지에 들어가기 전 단계라 육체적인 에너지는 가장 고갈된 상태지만, 정신적으로 고양되어 있어 수행이나 수도, 영성의 기운으로 활용할 수도 있다.

⑫ 화개살

화개살(華蓋殺)은 십이운성으로 묘에 해당한다. 무덤에 들어가는 만큼, 격리되어 있지만 반대로 집중력은 강해지는 시기다. 내일을 위해 하루의 일과를 마치고 잠자리에 드는 것처럼, 다음 활동을 위해 정신적인 휴지기를 보내는 것과 같다.

화개는 진술축미에 해당한다. 진술축미 모두 지장간이라는 창고에 다른 오행의 기운을 담았다가, 필요하면 언제든 꺼내어 쓸 수 있다. 십이운성으로 묘지가 창고를 의미하는 만큼, 저장과 정리·보관의 속성을 진술축미와 연결지어 보자. 1년의 농사를 마무리한 후 창고에 식량을 보관하는 것처럼, 토 오행 역시 다른 오행을 품은 창고로서 일종의 항구성을 갖추고 있다고 보아야 한다.

토 오행은 중용과 조화를 상징하지만, 과다해지면 정체되어 움직일 수 없다는 단점이 있다. 진술축미는 창고가 상징하는 고독하지만 안정된 환경 속에서, 수도나 종교, 예술적 힘을 결국에는 틔워내는 토양이 된다. 결국 화개를 어떻게 활용할지는, 이 창고에 무엇을 담느냐에 따라 얼마든지 달라질 수 있다.

명리영역 기출문제

1. 다음 중 보기의 사주를 십이운성을 기준으로 해석했을 때 가장 옳은 것을 고르면? (난이도 하)

98	88	78	68	58	48	38	28	18	8
겁재	편인	정인	편관	정관	편재	정재	식신	상관	비견
庚	己	戊	丁	丙	乙	甲	癸	壬	辛
午	巳	辰	卯	寅	丑	子	亥	戌	酉
편관	정관	정인	편재	정재	편인	식신	상관	정인	비견
병	사	묘	절	태	양	장생	목욕	관대	건록

① 강한: "신금 일간이 연지 진토에서 입묘가 되네? 어릴 적 운을 상징하는 연주가 입묘지니까, 공부를 못했거나 가문이 별 볼 일 없을 거야."

② 수정: "무슨 소리야? 어릴 적 운을 나타내는 연주가 전부 정인이

고, 연간 무토가 진토 위에서 관대라 정인의 힘이 엄청나게 강하잖아? 반대로 어렸을 때 학업운이 좋았을 거야. 아니면 집안이 학문적 풍토를 갖추고 있을 수도 있어."

③ 장진: "일간에겐 월지가 제왕지이기도 하지만, 월간 기준으로 보면 경금은 신금 위에서 건록이 되거든. 연주는 월지와의 관계 속에서 살펴야 하는데, 연주가 깔끔하게 월주를 생해주고 있잖아? 결국 비겁의 힘이 아주 강한 만큼, 독립이나 자수성가의 기운 또한 강하다 할 수 있어."

④ 독고: "시간의 을목은 쇠지에 있고 일간 신금은 양지에 있잖아? 천간의 일 대 일 을신충 때문에, 결국 힘이 약한 을목이 죄다 깨져버리지 않았을까?"

⑤ 주온: "십이운성만 보면 무조건 힘이 강한 관대, 건록, 제왕이 길하다 할 수 있어. 그런데 저 사주는 초년부터 말년까지 대운이 정반대로 흐르잖아? 이런 사주는 이미 운이 안 좋은 사주야."

2. 다음 중 아래 사주와 관련된 보기 중 가장 옳지 않은 것을 고르면? (난이도 중) * 단, 아래 보기에서 대운을 설명할 때는, 원국과의 충합은 따로 고려하지 않기로 한다.

세운	대운
●●	※●
편재	편관
庚	壬
寅	午
편인	겁재
∧*	●
戊丙甲	丙己丁
장생	제왕
역마	도화
공망	양인
	월덕

시주	일주	월주	연주
정인	본원	편인	정인
乙	丙	甲	乙
未	午	申	丑
상관	겁재	편재	상관
*			*
丁乙己	丙己丁	戊壬庚	癸辛己
쇠	제왕	병	양
백호	도화	역마	
천의	양인	문창	
	월공	암록	

99	89	79	69	59	49	39	29	19	9
편인	정인	비견	겁재	식신	상관	편재	정재	편관	정관
甲	乙	丙	丁	戊	己	庚	辛	壬	癸
戌	亥	子	丑	寅	卯	辰	巳	午	未
식신	편관	정관	상관	편인	정인	식신	비견	겁재	상관
묘	절	태	양	장생	목욕	관대	건록	제왕	쇠

222

① 헌재: "9세 계미대운의 천간 계수는 지지 미토에게 극을 당하는데다, 계수 입장에서는 미토가 묘지라 계수의 수 기운은 너무나 미약하다고 해석해야 하지 않을까?"

② 길헌: "임오대운 경인세운의 경금은, 십이운성상 인목 위에서 절지지만 별 의미는 없을 것 같아. 오히려 경금이 인목을 강하게 극하기 때문에, 인목의 부정성을 크게 떨어트리잖아? 이때는 오히려 건강적인 측면에서도 매우 유리한 해로 볼 수 있지 않을까?"

③ 구용: "39경진대운은 이 사주의 용희신 대운이네? 진토가 습토로서 경금을 잘 생해주고, 경금 입장에서는 진토가 또 양지라, 이 사주의 주체 입장에선 매우 안정적인 용희신 대운이 될 것 같아."

④ 공찬: "19임오대운의 임수나, 79병자대운의 병화 모두 거법으로 십이운성상 태지라 천간이 가진 힘은 비슷하다고 봐야 하지 않을까? 수가 화를 극한다는 오행의 관점에선 19대운의 임수가 79대운의 병화보다 더 힘이 세겠지만 말이야."

⑤ 장수: "49기묘대운의 기토와 59무인대운의 무토를 비교하면, 무토가 더 안정적이지 않을까? 십이운성상 기토는 묘목 위에서 병지인데, 무토는 인목 위에서 장생지잖아. 게다가 인목의 지장간 초기에 무토가 있으니, 무인대운의 천간 무토는 인목에도 뿌리를 둘 수 있을 것 같아."

3. 다음 중 아래 두 사주에 대한 해석으로 가장 잘못된 것을 고르면? (난이도 상)

세운	대운
*	●●○
편관	정재
壬	辛
寅	巳
편인	비견
▲*	■●●
戊丙甲	戊庚丙
장생	건록
역마	역마
삼형	
공망	
월덕	

시주	일주	월주	연주
정인	본원	편인	정인
乙	丙	甲	乙
未	午	申	丑
상관	겁재	편재	상관
*			*
丁乙己	丙己丁	戊壬庚	癸辛己
쇠	제왕	병	양
백호	도화	역마	
천의	양인	문창	
	월공	암록	

99	89	79	69	59	49	39	29	19	9
편인	정인	비견	겁재	식신	상관	편재	정재	편관	정관
甲	乙	丙	丁	戊	己	庚	辛	壬	癸
戌	亥	子	丑	寅	卯	辰	巳	午	未
식신	편관	정관	상관	편인	정인	식신	비견	겁재	상관
묘	절	태	양	장생	목욕	관대	건록	제왕	쇠

보기 1

224

세운	대운
*	
식신	정인
壬	己
寅	未
편재	정인
*	*
戊丙甲	丁乙己
절	관대
역마	천을
월공	

시주	일주	월주	연주
*		*	
편관	본원	식신	편인
丙	庚	壬	戊
戌	申	戌	辰
편인	비견	편인	편인
*		*	**
辛丁戊	戊壬庚	辛丁戊	乙癸戊
쇠	건록	쇠	양
백호	역마	백호	화개
천덕		월공	백호
월덕			

98	88	78	68	58	48	38	28	18	8
식신	상관	편재	정재	편관	정관	편인	정인	비견	겁재
壬	癸	甲	乙	丙	丁	戊	己	庚	辛
子	丑	寅	卯	辰	巳	午	未	申	酉
상관	정인	편재	정재	편인	편관	정관	정인	비견	겁재
사	묘	절	태	양	장생	목욕	관대	건록	제왕

보기 2

① 강두: "보기 1 사주에서 정화는 병화에게 겁재가 되잖아? 연주는
조상을 상징하는데, 병화에게는 겁재가 되는 정화가 연지 축토
에 입묘가 될 수 있겠네. 이런 경우 저 사람의 형제나 자매가 어
렸을 때 죽었을 수도 있지 않을까?"

② 미랑: "보기 1 사주에서 연간과 시간의 을목 중 지지에 더 강하
게 뿌리내린 쪽은 아무래도 연간 을목이 아닐까? 병화 입장에서
축토나 미토 모두 상관이긴 하지만, 십이운성을 보면 을목은 축
토에서 쇠, 미토에서 양이잖아."

③ 찬미: "임인년은 보기 2 사주 입장에서 용희신에 해당하는 해네?

십이운성으로 편재에 절이 들어오는데 이게 용희신이라면 환경 변화가 유리하게 펼쳐질 수 있을 것 같아. 이런 해에는 본인이 오랫동안 마음먹은 사업을 하거나 이직을 시도해 보는 게 좋겠어."

④ 영우: "위 사주 모두 신강한 사주라 관대, 건록, 제왕 같은 십이운성을 대운에서 만나는 것보다 약한 십이운성을 흐르는 게 좋을 것 같아. 다행히 두 사주 모두 일간 기준으로 대운의 십이운성이 점점 약해지네."

⑤ 철상: "보기 1 사주의 69정축대운에서 정화는 기신의 부정성을 거의 드러내지 못할 것 같아. 정화는 축토 위에서 입묘가 되거든. 한겨울의 촛불 같은 그림인데, 기신인 정화가 입묘까지 되니 더할 나위 없이 좋은 것 같아. 게다가 축토는 희신인데 습토라 화 기운을 강하게 설기시켜 주잖아?"

4. **아래 일주와 관련된 대화로 가장 적절하지 않은 것을 고르면?**
(난이도 상)

① 도현: "갑진과 갑술 중에 편재를 조금 더 잘 쓸 수 있는 건 갑진이지 않을까? 갑진은 일지가 편재지만 거의 득지로 볼 수 있는 예외적인 일주라, 일간이 강하게 일지 편재를 움켜쥘 수 있는 구조잖아. 게다가 좌법으로 갑목에게 편재에 해당하는 무토는 진토 위에서 관대에, 술토 위에서 묘에 놓이니까, 무진의 편재적 힘이 더 강하다고 할 수 있어."

② 한얼: "무진과 무술 중에 극강의 자존심을 지녔지만, 겉으로 잘 드러나지 않는 건 무술일 것 같아. 무토는 술토 위에서 묘에 놓이잖아. 게다가 지장간이 신금, 정화, 무토로 이루어져 있는데, 중기인 정화 정인이 신금 상관을 잘 제어하는 형국이거든."

③ 이순: "무진의 힘도 만만치가 않아. 일지가 비견으로 간여지동으로 이루어진 데다, 신살로는 백호도 있거든. 무진이 모내기가 끝난 광활한 논의 물상이라면, 무술은 끝이 보이지 않는 거대한 산이라 할 수 있지. 결국 무술의 힘이 Y축의 방향으로 강하다면,

226

무진의 힘은 X축의 방향으로 강하다고 봐야 해."

④ 범수: "기축이 갖는 키워드가 성실함과 자수성가잖아? 지장간이 계수 편재, 신금 식신, 기토 비견이라 그 자체로 식상생재하는 힘을 갖췄어. 게다가 기축은 십이운성으로 묘에 놓여 있으니, 굳이 따지자면 근검절약하는 힘도 강한 게 아닐까?"

⑤ 재범: "경진과 경술 둘 다 일지 편인이지만 일지를 기준으로 한 인종법을 통해, 십성에 내재된 힘을 파악할 수 있지 않을까? 예를 들어 경진의 경우 정관인 정화와 정인인 기토 모두 쇠지에 놓이잖아? 하지만 경술의 경우 정관인 정화와 정인인 기토가 술토 위에서 모두 양지에 놓여. 결국 관인상생의 힘만 놓고 보면 경진보다 경술의 힘이 더 세다고 볼 수 있겠지."

풀이 노트

1. → 정답은 ③번이다. ①번은 일간을 기준으로 근묘화실과 결합시켜 원국의 십이운성을 살피는 봉법이다. ②번은 원국의 천간들을 각각 기준으로 삼아, 아래 지지를 살피는 거법이다. 십이운성의 문제는 보기 ①, ②번처럼 어떤 천간을 기준으로 삼느냐에 따라 원국이나 운에 대한 해석이 서로 충돌할 수 있다는 점이다. ④번 역시 잘못된 설명이다. 시간 을목은 미토 위에서 양이고, 일간 신금 역시 축토 위에서 양이다. 서로 같은 힘으로 천간과 지지가 일 대 일 충을 하고 있는 만큼, 신금과 을목은 서로 활성화되고 있다. 게다가 을목과 신금 역시 각자 지지의 지장간 중기에 나란히 뿌리내리고 있다. 물론 을목은 월간 경금과 을경합을 하니, 신금과의 충이 강력하다고 보긴 힘들다.

보기처럼 전체적으로 신강한 사주는 대운의 십이운성이 반대로 흐르는 것이 더 좋다. 일간의 강한 힘을 어느 정도 다스릴 수 있게 되기 때문이다. 따라서 ⑤번도 역시 잘못된 설명이다.

2. → 보기의 대운들에 대한 설명 모두 원국과의 충합은 고려하지 않는다고 전제할 때, 정답은 ②번이 된다. 나의 사주를 예시로 든 문제로, 나머지 보기는 전부 옳다. 임오대운 경인세운의 경금은 십이운성상 인목 위에서 절지라 불안정성이 높다. 2009년 기축년에 뉴질랜드로 워킹홀리데이를 떠난 나는, 2010년 경인년에 귀국했다. 세운에서 사오미 월을 지나고, 인목이 점점 강해질 때 대학병원에서 폐결핵 진단을 받았다. 원국과의 충합은 고려하지 않고 십이운성만 살폈을 때, 절지에 놓인 천간 경금은 너무나 무력하다. 경금이 인목을 극하기 때문에 인목 구신의 부정성이 떨어져야 했지만, 이때만큼은 경금의 경금의 기운이 불안정해진 까닭에 인목을 강하게 극하지 못한다.

④번을 보충하면, 십이운성의 측면에서 대운으로 오는 임오와 병자에 대한 재미있는 해석이 가능해진다. 오행으로 보면 수가 화를 극하지만, 임오의 임수와 병자의 병화는 서로 같은 힘을 지니고 있다고 보아야 한다. 19임오대운의 임수는 내게 한신이라 건강적인 측면에서 도움이 되어야 했지만, 기대했던 것보다 큰 역할을 하지 못했다. 2004년 갑신년, 2005년 을유년에는 세운에서 금이 들어와서인지 콜린성 두드러기가 그리 심하진 않았지만, 앞서 내 사주를 다룰 때 자세히 설명했던 것처럼 2006년 병술년에는 건강이 크게 무너졌다. 임수가 화로 둘러싸여 형체도 없이 증발하는 양상이 되기 때문이다. 오행적으로는 임수가 주도권을 갖고 병화를 극하는 것처럼 보이지만, 임수와 병화는 서로 대등한 관계로 팽팽한 균형을 이루고 있다고 보아야 한다. 십이운성으로도 임오와 병자는 같은 힘을 가진 태지다. 병화와 임수는 에너지가 대등하기 때문에, 천간에서 만나면 극이 아니라 충이 일어나 서로의 에너지가 활성화된다.

참고로 경인세운 때 경금의 안정성이 떨어진 것도 임오대운이었기 때문이다. 임수가 오화를 강하게 극하지 못하는 상황에서, 오히려 세운의 인목이 오화의 땔감이 되니 전체적으로 화기를 더욱 키우는 형국이 되었다. 세운에서 온 경금 역시, 강해진 화기 속에서 뜨거운 여름을 맞아 더욱 약해지게 되었다.

3. → 정답은 ①번으로 나머지는 전부 옳은 해석이다. 보기 1은 나의 사주로, ①의 설명 자체는 어긋남이 없다. 병화에게는 겁재가 되는 정화가 연지 축토 위에서 입묘하기 때문이다. 이렇게 원국에 없는 천간의 기운을 사주나 대세운에 대입하여 살펴보는 관법을 인종법이라 한다.

형제나 자매를 상징하는 겁재가 연주에서 입묘하는 것을 두고 근묘화실론적으로 여러 가지 해석이 가능하다. 해석이 맞는지 확인하기 위해, 초창기 명리학을 공부할 때 부모님께 내가 모르는 형제가 있었는지 여쭈어 본 적이 있었다. 어머니가 첫째인 나를 낳기 전 유산을 한 적이 있다 하여 깜짝 놀란 적이 있다. 하지만 함께 명리학을 공부하는 도반들과 이러한 관법을 다른 사람에게도 적용할 수 있는지 고민해 보고, 오랜 상담을 통해 내담자들의 사주도 철저하게 검토해 본 결과, 명리학의 육친과 근묘화실론은 현대 명리학이 단적으로 활용하기에 적합한 이론이 아니라고 결론 내리게 되었다.

원국에서 아버지를 상징하는 편재가 건록이나 제왕지에 놓여 있으면, 아버지가 사회적으로 높은 지위에 있다고 해석하는 이도 있다. 하지만 같은 논리대로 무인성 사주는 어머니가 안 계시고 무재성이면 아버지가 안 계시는 사주라고 할 수 있을까? 십성이 상징하는 육친과의 인연이 약할 수는 있지만, 단지 육친과 십이운성, 근묘화실론을 결합시킨 후 사주만 보고 섣부른 판단을 내리는 건 위험하다고 강조한다. 예를 들어 식상이 묘나 절, 태에 놓일 경우 식상의 힘이 약하다고 볼 수는 있지만, 그렇다고 함부로 유산이나 낙태를 들먹이거나 태어날 자녀로 인해 근심 걱정을 안게 된다고 말하는 건 비합리적이라는 이야기다.

4. → 정답은 ⑤번이다. 경진과 경술 모두 일지 편인에 괴강이지만, 지장간은 물론 술토 위에서 일간 경금이 각각 양과 쇠지에 해당

한다는 점에서 차이가 생긴다. 따라서 정답은 ⑤번이다. 일지를 기준으로 인종법을 적용할 때는, 천간이 양간인 경우 양간인 십성을 지지에 대입하고, 천간이 음간인 경우 음간인 십성을 지지에 대입해야 한다. 경술과 경진 모두 천간이 양간이므로, 관인상생의 힘을 비교하려면 모두 경금 입장에서 편관인 병화와 편인인 무토가 십이운성상 술토나 진토 위에서 어느 정도의 힘을 갖는지 살펴야 한다. 경진은 편관 병화와 편인 무토가 진토 위에서 관대에 해당한다. 경술은 술토 위에서 편관 병화와 편인 무토가 묘에 해당한다. 결국 관인상생의 기운이 더 강한 것은 십이운성상 편관, 편인이 모두 관대의 힘을 가진 경진이다. 나머지는 모두 맞는 설명이다.

命理
武器

3
장

운에 따라 환경이 다르게 펼쳐지는 이유

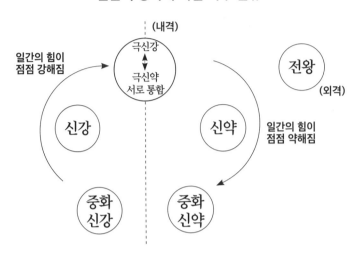

일간의 강약에 따른 사주 분류

용희신이나 기구신에 해당하는 운이 들어올 때마다 어떤 환경이 펼쳐질까? 이를 제대로 이해해야, 해당 운을 어떻게 활용하고, 방어할 수 있을지에 대한 방향 설정이 가능하다. 일단 억부적 관점에 따라 왜 용희신과 기구신이 달라지는지를 신강 사주와 신약 사주를 비교하며 자세히 살펴보도록 하자.

신강·신약한 정도에 따라 사주의 스펙트럼을 나누어 보면 대략 그림처럼 분류가 가능하다. 극과 극은 통한다는 이치에 따라, 극신약한 명식은 극신강한 사주와 같은 위치에 놓았다. 참고로 절대적으로 조화와 균형을 이루고 있는 사주란 존재하지 않기에 그림에서 중화사주는 제외했다. 또한 일반적인 억부의 이론으론 용신을 쓰기 힘든 전왕사주는 외격으로 분류했음을 밝힌다.

신강은 주체의 자아가 환경에 비해 훨씬 강한 상태를 뜻한다. 반면, 신약한 사주는 주체의 자아가 환경에 비해 훨씬 약하다. 이해를 돕기 위해, 만약 다시 태어난다면 짧지만 강렬한 삶을 선택할지 혹은 길지만 무난한 삶을 선택할지 질문한다고 해보자. 이는, 신강한 사주와 신약한 사주가 보일 수 있는 삶의 형태에 대한 질문과도 같다.

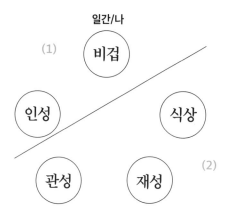

일단 원국의 십성을 그림처럼 나누어 보았다. 일간을 기준으로 1의 그룹이 더 강하다면 신강한 사주로, 2의 그룹이 더 강하다면 신약한 사주로 분류할 수 있다. 만약 1그룹과 2그룹의 힘이 비슷할수록, 중화한 사주에 가까울 것이다.

신강과 신약의 기준은 일간이다. 그렇기 때문에 일간의 뿌리가 하나도 없어 일간의 힘은 약하고, 인성만 과다한 경우에는 인다신약한 사주로 분류된다. 인성이 비겁을 생해준다 하더라도, 뿌리 없이 허공에 떠 있는 비겁은 자기 주체성을 담보할 수 없다. 나무가 많으면 불이 꺼지는 것과 같은 이치다. 이와 달리 인성과 비겁이 모두 과다한 사주는 인다신강한 사주로 분류된다(신강 또는 신약한 사주의 조건이 헷갈리는 분이 있다면《명리, 나를 지키는 무기: 중급편》의 2장 '원국을 분류하고 용신을 찾는 방법' 부분을 다시 읽어보길 권한다).

신강한 사주는 독립성과 주체성이 강한 게 특징이다. 무슨 일을 하든 추진력과 돌파력, 과감함이 돋보인다. 개척적인 성향에 판단과 행동도 빠르고, 정면승부도 피하지 않는다. 만약 신강한 사람이 이것저것 재고 결정을 미룬다면, 문제가 있는 건 아닌지 살펴야 한다. 이런 상황이 고착화되면 실패할 경험도 쌓지 못하기 때문이다. 특히 인다신강한 경우에는 고집스러움과 결정장애, 과다한 의존성이 복합적으로 발목을 잡기도 한다.

신강한 사람은 주관이 강해 맺고 끊는 것도 확실하고, 늘 자기 확신이 넘친다. 특히 겁재가 발달한 경우 자기로 수렴되는 강한 에너지를 잘 다스릴 수만 있다면, 멀티태스킹을 할 때 큰 강점을 보인다. 하지만 음과 양이 동전의 양면처럼 작용하듯, 이런 특성들은 곧 단점과도 연결된다. 주관이 강함을 넘어 때론 고집스럽고, 맹목성과 무모함을 보이기도 하는 것이다. 신강한 사람은 자신에 대한 믿음이 강하다. 늘 듣고 싶은 말만 듣고 싶어 해서, 주변 사람들에게 조언을 구한다고 해도 마음속으로는 잘 받아들이지 않는다. 주변을 잘 살피지도 않아 사업을 하다 실패할 경우 통상의 정도를 넘어선 큰 실패를 경험하기도 한다. 시원시원하고 호탕하기도 하지만, 자기밖에 몰라 주변 사람들을 피곤하게 만들며, 남을 쉽게 무시하는 경우도 많다. 주머니 사정이 좋지 않더라도 자존심 때문에 곧잘 돈을 쓰며 아쉬운 소리를 하지 않는다. 한마디로 말하면, 전혀 실속이 없다.

신강한 사주는 보통 비겁과 인성이 기구신이 된다. 평소에도 비겁과 인성의 특성들이 부정적으로 발현되기 쉽다는 뜻이다. 만약 신강한 사람이 대운이나 세운에서 비겁과 인성을 기구신 운으로 만난다면, 당연히 본인이 가진 단점들이 더 크게 드러나게 된다. 신약한 사주는 대체로 식상, 재성, 관성이 기구신이다. 역시 평소에도 식·재·관의 특성들이 부정적으로 발현되기 쉽고, 운에서 만날 경우 더욱 힘든 상황에 처할 수 있다.

비겁과 인성이 약한 신약한 사주는 통상적으로 온화하고 주변 사람들과도 원만하게 지내는 경우가 많다. 주체성이 낮아 자신을 크게 드러내지 않기 때문이다. 신약한 사람은 실패를 최소화할 더 나은 방법을 찾거나, 자신을 돌아보기 위해 조언을 구한다. 안정지향적이라 주변을 잘 살피고, 큰 모험을 하지 않기에 신강한 사람에 비해 실패할 가능성이 훨씬 낮다. 가게를 하다 망해도, 최소한 본전은 뽑을 줄 안다. 한마디로 실속을 잘 챙기는 것이다.

신약한 사주는 신중한 성격상 유지, 보수, 방어에 강하다. 재미있게도 이런 특성들 때문에 신약한 사주는 기구신 운을 만나도, 신강한 사주에 비해 기구신의 폐해가 훨씬 덜하다. 적어도 신약한 사주가 기구신인 재성이나 관성을 만날 경우, 큰 스트레스를 받더라도 재성운에 돈을 벌거나, 관성운에 승진을 하는 경우가 많다.

여러 가지 장점에도 불구하고, 신약한 사주가 가진 특성 역시 고스란히 단점이 되기도 한다. 실패를 두려워하기에 무슨 일을 하든 꼼꼼하게 하고 계획도 잘 세우지만, 실행을 망설이다 타이밍을 놓치기도 하는 것이다. 다른 사람들의 기분도 세심하게 배려할 줄 알지만, 자기 목소리를 내지 못해 남들에게 끌려다니기도 한다. 특히 직장생활을 할 때 남들이 기피하는 일들을 혼자 떠맡고, 남몰래 스트레스받는 경우가 잦다. 신약한 사주는 비겁과 인성보다 식성, 재성, 관성이 발달되어 있다. 발달된 식재관이 기구신이라는 이야기는, 식재관과 관련된 특성들이 부정적으로 발현되기 쉽다는 뜻이기도 하다. 이는 나의 삶을 살기보다, 다른 사람들에게 나를 맞추며 살아가는 경향이 더 크다는 것과 같다.

신강하고 신약한 경우에 따라 어떻게 용희신과 기구신이 달라지는지, 해당 운이 들어올 때마다 어떤 일들이 전개될 수 있는지 이해한다면, 때에 따라 자신에게 맞는 전략과 전술을 수립할 수 있게 된다. 예를 들어 병오일주에 화기가 강해 신강한 나는, 기구신인 목과 화 운이 들어와 사주가 뜨거워질 때마다 건강에 큰 문제가 생겼다. 20대 때 기흉과 폐결핵으로 고생했고, 2014년 갑오년에는 수술까지 해야 했다. 돌이켜 생각해 보면, 내 몸을 그렇게 만든 건 바로 나 자신이었다. 20대 때에는 건강을 자신했기에 잠도 몇 시간 자지 않았고, 밥을 거르면서까지 나를 몰아붙이며 일했다. 직장생활을 할 때에는 그게 독이 되는 줄도 모르고, 남에게 인정받고 더 열심히 하겠다는 마음을 앞세워 지나치게 술을 많이 마셨다. 그러다 2014년에 심각한 상태로 몸이 망가져 원치 않은 수술까지 해야 했다.

2018년 무술년에는 배우자와의 갈등이 극에 치달았다. 축술미 삼형에 오술합의 영향으로 사주에 화 기운이 더 강해지니, 배우자와 다툴 때마다 나를 객관화하지 못한 채 무조건 내가 옳다고만 생각했다. 신강한 사주답게 평소에도 내 주장이 강하긴 했지만, 그 해만큼은 극단적으로 내가 가진 성격적 단점들이 칼날이 되어 나를 찔렀던 것이다.

반대로 2021년 신축년 용희신 해에는 내게 우호적인 일들이 많이 생겼다. 직장인이었던 당시 회사 사정이 어려워져 경제적으로는 가장 곤

궁했지만, 새로운 일을 시작하면서 점점 나만의 길을 찾을 수 있을 거라는 확신이 들었다. 실제 내가 시작한 일들이 조금씩 성과를 드러냈고, 명리학자로 설 수 있는 발판을 그때 만들어 냈다. 만약 내가 용희신 운에 아무 일도 하지 않았다면, 지금의 나는 여전히 무기력한 모습의 회사원으로 살아가고 있지 않았을까 싶다.

명리학을 공부하는 과정은 곧, 나를 객관화하는 과정이기도 하다. 과거 기구신운에 왜 그런 환경이 펼쳐졌는지, 나로부터 그 원인을 찾아 이해한다면 앞으로 같은 운이 다가온다 해도 충분히 방어할 수 있다. 명리학을 공부한 덕분에, 기구신에 해당하는 2026년 병오년과 2027년 정미년에 나를 지키기 위한 장치들을 미리 구축할 수 있었다. 혹시라도 그때 혼자만의 힘으로 불리한 운을 방어해 내기 어렵다면, 내게 필요한 기운을 가진 지인들의 도움을 받거나 거주 환경을 옮길 수도 있을 것이다.

사실 운에 따라 환경이 다르게 펼쳐지는 이유는 멀리 있지 않다. 운이 바뀔 때마다 내 마음의 상태나 기질·생각 등이 달라지니, 기구신 운에는 자칫 판단을 그르칠 가능성이 높아지는 것이다. 이때 내가 선택하고 행동한 일들이, 결국 내 발목을 잡는 경우가 생겨난다. 반대로 용희신 운에는 내가 가진 사주의 기운이 조화와 균형을 이루게 되니, 보다 합리적인 판단하에 내게 우호적인 선택을 할 가능성이 높아진다.

예를 들어 운에서 재성이 들어온다고 가정해 보자. 보통은 재물이 들어온다고 해석하겠지만, 돈과 관련된 내 욕망이 커진다고 이해해야 한다. 혹은 이전과는 달리, 사람과의 관계를 더 넓게 확장하려는 마음이 들 수도 있고, 투잡을 뛰며 더욱 바쁘게 일할 수도 있다. 이러한 일들로 실제 돈을 벌어들일 가능성이 높아지기도 하겠지만, 더 중요한 건 재성운과 관련된 흐름을 다른 십성과의 관계에서도 확장할 줄 알아야 한다는 것이다. 재성이 인성을 극하면 대학원 과정을 중도 포기하고 회사를 다니거나, 가지고 있던 부동산을 정리할 수도 있다. 또는 재성이 원국의 미약한 관성을 강하게 생해줄 경우, 사업만 하던 사람이 갑자기 정치를 하겠다고 뛰어들 수도 있다. 물론 배우자 몰래 불륜을 저지르거나, 돈 욕심에 눈이 멀어 섣불리 투자를 하다 모든 돈을 잃을 수도 있다.

이런 환경적 변화를 세심히 살피고 나아가 더욱 입체적이고 정교하게 전략을 구사하고 싶다면, 무엇보다 용신을 제대로 파악해야 한다. 만약 대학원에서 석사 과정을 밟던 사람이 재성운에 공부를 그만두고 취업을 해야 할지 망설인다면, 재성운이 용신인지 아닌지를 판단할 줄 알아야 한다. 재성이 용신일 경우에는, 어쩌면 공부(인성)를 이어가는 것보다 취업(재성)을 하는 게 더 낫다고 조언해 줄 수 있기 때문이다. 재성이 용희신이라는 이야기는 비겁과 인성이 강한 신강한 사주라는 뜻이다. 비겁과 인성이 강해 신강한 사람이 할 수 있는 최악의 선택 중 하나가, 경쟁을 두려워하여 취업을 유보하다 아무런 학문적 목표 없이 그냥 대학원에 가는 것이다. 이런 사람에게 재성운이 들어오면, 과다한 비겁과 인성의 기운이 재성으로 설기된다. 이때 좁은 우물을 벗어나 돈을 벌거나, 더 넓은 세상에서 자신이 진짜 하고 싶은 일을 해야겠다는 마음이 들 수도 있다(상담을 할 때에는 단순히 운에 대한 희기를 판단하기 전에 왜 대학원에 진학하려 했는지, 다른 계획은 없었는지도 살펴야 한다).

세상 모든 일이 의지와 노력만으로 이루어지진 않는다. 그렇다고 운에 따라 모든 것이 결정되어 있다고 여기는 건 너무도 위험하다. 기구신 운이 들어온다고 내가 하는 사업이 무조건 망하고, 내 건강이 아무 이유 없이 나빠진다고 보는 것은 어리석은 태도다. 기구신 운이 들어온다는 걸 미리 알았다면, 그 전에 사업의 규모를 줄이거나 건강검진을 통해 혹시라도 내 몸에 아픈 곳은 없는지 세심히 살펴야 한다. 사업이 잘된다고 규모를 벗어난 투자를 감행하다 큰 실패를 맛보거나, 건강을 자신하다 뒤늦게 암이 발견되기도 한다. 운에 따라 환경이 달라지는 것도, 잘 살펴보면 내가 선택한 것들의 인과인 경우가 많다. 이를 이해해야, 시기에 따라 내가 하려고 했던 선택들을 미루거나 언제 어떤 일을 시작할지 결정할 수 있다. 또한 앞으로의 운의 흐름에 따라, 내가 하려는 일들이 어떻게 전개될지도 어느 정도 예측할 수 있다. 이런 관점에서 용신 운을 어떻게 활용하면 좋을지 구체적인 계획을 세우고 실천해야, 일상을 더욱 풍요롭게 채울 수 있게 된다.

덧붙이면 나처럼 비겁과 인성이 강한 신강한 사주가 자신의 기운을 다스리는 방법이 있다. 조금 힘들긴 하겠지만, 비겁과 인성이 강할 때 드러날 수 있는 단점들을 최소화하기 위해 늘 노력하는 것이다. 또한 식상, 재성, 관성으로 자신의 기운을 유통시켜 과다한 비겁과 인성의 기운을 어떻게든 덜어내야 한다. 반대로 식상, 재성, 관성이 강하고 신약한 사주라면, 운과 상관없이 평소에도 비겁과 인성의 기운을 채우기 위해 노력해야 한다.

운을 떠나 내 삶을 최대한 조화롭고 균형 있게 유지해 나가는 방법이 있다. 바로 노력과 행동을 통해 내 삶의 내용과 양식을 용희신에 해당하는 쪽으로 끌고 나가는 것이다. 생각은 말이 되고, 말은 행동이 된다. 행동이 습관으로 자리 잡히면 성격으로 굳어져, 나를 규정하게 된다. 용신을 지향하는 내 모습은 결국 운을 더 유리하게 끌고 가려는 나의 의지다. 결국 이 의지에 따라 내 운명의 방향이 결정되는 것이다.

중화사주를 살필 때 주의해야 할 점

세운	대운		시주	일주	월주	연주
	●					
겁재	정재		편인	본원	편인	편인
己	癸		丙	戊	丙	丙
丑	卯		辰	寅	申	戌
겁재	정관		비견	편관	식신	비견
	■●		*	*	*	*
癸辛己	甲乙		乙癸戊	戊丙甲	戊壬庚	辛丁戊
양	목욕		관대	장생	병	묘
천을	도화		화개	역마	역마	화개
	원진		월공		공망	백호
	천덕				월공	월공
					문창	
					암록	

92	82	72	62	52	42	32	22	12	2	0
편인	정관	편관	정재	편재	상관	식신	겁재	비견	정인	편인
丙	乙	甲	癸	壬	辛	庚	己	戊	丁	丙
午	巳	辰	卯	寅	丑	子	亥	戌	酉	申
정인	편인	비견	정관	편관	겁재	정재	편재	비견	상관	식신
제왕	건록	관대	목욕	장생	양	태	절	묘	사	병

　　중화사주는 중화신약 또는 중화신강한 사주로 나눌 수 있다.《명리, 나를 지키는 무기: 중급편》에서 강조했듯, 억부적 관점에서 일간이 득세했지만 실령·실지했다면 신강한 사주가 될 수 없다. 이 사주는 실령·실지했지만 득세만 한 노무현 전 대통령의 명식이다. 신약할 경우 용신은 식상, 비겁, 인성 중 하나가 된다. 이 경우 월지에 있는 금 식상이 일지에 있는 목 관성보다 조금 더 강하기 때문에, 화 인성이 용신, 목 관성은 희신이 된다.

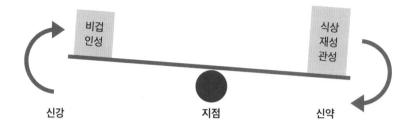

위 명식을 시소에 비유하면, 신약한 만큼 오른쪽으로 약간 기울어져 있는 상태라고 할 수 있다. 위 그림에서 지점을 일간이라고 생각해보자. 절대적으로 조화와 균형을 이루고 있는 사주란 존재할 수 없기에, 모든 원국은 아무리 중화라고 해도 오른쪽으로든 왼쪽으로든 조금씩 기울어져 있는 상태다. 이때 대세운에 따라 비겁이나 인성의 기운이 지나치게 많아지면 어떻게 될까? 당연히 비겁과 인성의 부정성이 드러날 가능성 또한 높아지게 된다. 대세운 또한 고스란히 원래 내게 주어진 기운처럼 작용하기 때문이다.

노무현 전 대통령의 사주는 중화신약한 사주지만, 09년 계묘대운 기축년 인성과 비겁의 기운이 너무나 강해진다. 기축이라는 겁재가 간여지동으로 들어오는 데다, 대운의 천간 계수 또한 원국의 무토와 무계합화하여 화 인성으로 바뀌기 때문이다. 이때 그는 검찰의 수사를 앞둔 상황에서 온 국민이 아는 비극적인 선택을 한다. 겁재가 가진 극강의 힘은 새로운 질서를 창조하는 힘이지만, 반대로 자기 자신을 쉽게 무너뜨리는 힘이 되기도 한다. 그 파괴적인 힘 뒤에 동전의 양면처럼 자리 잡은 극심한 허무함이 겁재가 가진 부정성 중 하나다.

그가 사법시험에 합격한 해는 관운이 강해지는 1975년 기해대운 을묘년이었다. 대운 해수 또한 원국의 일지 인목과 인해합화하여 목 관성으로 바뀐다. 이후 그는 1981년 경자대운 신유년, 상관의 기운이 강해지던 해에 부림사건을 계기로 인권변호사의 길을 걷게 된다. 상관은 시시비비를 가려 부정부패를 고발하고, 부조리를 파타하며, 개혁을 이끌어 내는 힘이 있다. 관성으로 표상되는 권위에 대한 반발심과 정의감이 아름답게 쓰일 경우, 약자를 돌보거나 인권 운동 등을 통해 세상을 더 나은 방향으로 이끌어 나간다.

그의 이력은 여기까지만 언급하고 다시 중화사주에 대한 논의를 이어가려 한다. 중화사주는 대체적으로 신강하거나 신약한 사주에 비해 대세운에 따른 일간의 희기가 분명히 드러나지 않는다. 중화사주들은 비겁과 인성, 식상과 재성, 관성의 힘이 서로 균형을 이루고 있기에 신강이나 신약한 사주가 보이는 단점이 거의 드러나지 않고 나름 조화를 이루고 있다. 이 때문에 중화사주는 인생에 큰 굴곡이 없고, 늘 흐름이 비슷한 삶을 살아가는 경우가 많다. 하지만 그의 명식에는 이상주의적 열망을 상징하는 병화가 연간, 월간, 시간에 떠 있고, 일지에도 모두 뿌리내리고 있다. 모두가 익히 알고 있는 바, 그는 파란만장한 삶을 통해 긍정적이든 부정적이든 한국 현대사에 굵직한 족적을 남겼다.

신강과 신약의 여부를 확실하게 구분 지을 수 없는 중화사주의 용신을 어떻게 파악하느냐가 억부법의 최종 관문이다. 삶에서 운의 유불리를 확실하게 파악하기 힘들기 때문에, 굳이 용신을 잡기 위해 애쓰기보다 어쩌면 대운이나 세운에 들어온 십성을 그대로 쓰는 게 더 나을 수도 있다. 이미 균형 잡힌 패를 많이 가지고 있거나, 어떤 패가 주어지더라도 잘 쓸 수 있게끔 일간이 튼튼하므로 상황에 따라 능동적인 대처가 가능하다는 뜻이다. 특히 오행을 다 갖추고 연주상생이 되는 중화 사주들을 상담 시, 섣불리 용신을 잡기보다 대세운에 오는 기운들을 그대로 쓸 수 있게 알려주는 것이 더 도움이 된다. 단 대세운이 간여지동으로 들어오거나 기반되어 특정 기운이 강해질 경우, 운의 흐름이 극단적으로 나타날 수 있으니 주의해야 한다.

이외 개두와 절각, 왕자충쇠쇠자발, 쇠신충왕왕신발의 이론들이 적용되는 사례를 제외하고, 억부나 조후상 일간을 기준으로 인비와 식재관의 기울기가 달라지는 경우를 살펴보도록 하자.

시주	일주	월주	연주
비견	본원	식신	편재
甲	甲	丙	戊
子	辰	辰	辰
정인	편재	편재	편재
▲	▲	▲	▲
壬癸	乙癸戊	乙癸戊	乙癸戊
목욕	쇠	쇠	쇠
	화개	화개	화개
백호		월공	백호

95	85	75	65	55	45	35	25	15	5
식신	겁재	비견	정인	편인	정관	편관	정재	편재	상관
丙	乙	甲	癸	壬	辛	庚	己	戊	丁
寅	丑	子	亥	戌	酉	申	未	午	巳
비견	정재	정인	편인	편재	정관	편관	정재	상관	식신
건록	관대	목욕	장생	양	태	절	묘	사	병

이 사주는 갑목이 일지 진토 위에 뿌리내려 신왕한 편이다. 연월지 역시 진토라 일간이 지지 전반에 강하게 통근한 듯 보이지만, 시지가 자수라 상황이 복잡해졌다. 연월일지 진토가 모두 수로 합화하진 않지만, 자수와 합이 되어 묶여 있기 때문이다. 이 사주를 신강하게 봐야 할까, 신약하게 봐야 할까? 일간이 연월일지에 통근해 있고, 시주가 모두 일간의 편이라 하더라도 신강하다고 보긴 어려울 듯하다. 재성이 전체적으로 강하기 때문이다. 결국 갑목이 연월일지에 뿌리내리고 시지에 생조받고 있음에도 불구하고, 중화신약한 사주가 되었다. 이 경우 일간은 그래도 신왕하기 때문에 용희신은 수 인성, 금 관성이 된다.

이 사주의 주체는 03년 무오대운 계미년에 지인들과의 관계에서 큰 스트레스를 겪고, 건강이 안 좋아졌다. 무오대운 계미년은 천간에서 무계합화화가 일어나 무토와 계수 모두 화 식상으로 바뀌니, 대운과 세운 모두 식상과 재성이 무척 강해지는 때다. 13년인 기미대운 계사년 역시 계수가 무계합화하여 화 식상으로 바뀌니, 전반적으로 식상과 재성이 강해진다. 아버지가 사고로 돌아가신 데다 여러 가지 일이 겹쳐, 글로 담기 힘들 정도로 큰 어려움을 겪었다. 18년 기미대운 무술년 재성이 가득 들어올 때는, 믿었던 지인에게 사기를 당해 금전적인 피해를 입게 된다. 정리하면 전부 토 재성이 강해지는 운에 여러모로 불리한 일들을 겪었다.

억부적 관점에서 기구신인 화토가 들어오면 운이 불리하게 흐르는 명식이지만, 용희신인 수와 금, 또는 한신인 목이 들어온다고 해서 운이 유리하게 흐른다고도 말할 수 없다. 대세운에서 신금이 들어와 지지에서 신자진 수국이 일어나면 상황이 더욱 복잡해질 수 있기 때문이다. 실제 이 명주는 16년 기미대운 병신년, 신금이 들어와 원국과 강한 신자진 수국을 이룰 때, 정신의학과에서 수와 관련된 우울증 치료를 받으며 인생에서 가장 힘든 시기를 보냈다. 비유하면 식상과 재성쪽으로 기울어져 있던 시소가, 대세운에서 수를 만나 비겁과 인성의 방향으로 더 크게 기울게 되었을 때도 불리한 흐름을 겪었다고 할 수 있다.

개인적으로 상담 시 억부적 관점에서 운의 희기 판단을 매우 중요하게 여기는 편이다. 하지만 중화 사주의 경우 대운이 간여지동으로 들어오지 않는다 하더라도, 대세운이 원국과 만나 전부 기반되거나, 삼합을 이루어 특정 기운이 가득 넘치게 될 때도 문제가 생겼다. 그 기운과 관련된 부정성이 높아지는 만큼, 통변 시 원국의 균형이 무너지지는 않는지 세심하게 살필 필요가 있다.

따라서 원국의 구조에 따라 용희기구한신을 파악하더라도, 사주상 드러나는 내담자의 욕망과 마음의 상태, 원국의 강점과 부족한 점, 가능성 등도 잘 살펴야 한다. 이후 건강은 물론, 십성에 따라 발생할 수 있는 긍정적인 부분과 부정적인 요인을 알려주고, 시기에 따라 운에서 들어오는 기운들을 보다 잘 쓸 수 있도록 조언해야 할 것이다.

시주	일주	월주	연주
	*		*
상관	본원	정관	편관
己	丙	癸	壬
丑	午	丑	子
상관	겁재	상관	정관
●	*	●	●*●
癸辛己	丙己丁	癸辛己	壬癸
양	제왕	양	태
귀문	도화	백호	천의
원진	양인	귀문	
	원진	원진	

　일간 병화가 득지했지만, 실령하고 실세하여 신약해진 사주다. 월지 축토는 월간 계수와 연주 임자에 의해 거의 수로 가버린 듯 보인다. 하지만 일지 오화가 자수와 충하고, 축토를 뜨겁게 생하며 월지가 수로 휩쓸려가는 것을 적극적으로 가로막고 있다. 축월 축시의 축토는 수 기운을 가득 머금은 토로 해석되지만, 시간 기토가 시지 축토를 덮으며 수 기운을 제한하고 있다.

　이 사주의 용희신은 목 인성과 수 관성, 한신은 화 비겁이 된다. 다만, 이런 구조 역시 희신에 해당하는 수 기운이 대세운의 지지에서 얼마나 강하게 들어오는지에 따라 큰 영향을 준다. 특히 해수가 들어올 경우, 지지에서 해자축 방합이 일어나면 원국이 수로 크게 휩쓸리게 된다. 억부적으로는 한신에 해당하지만, 조후적으로 화 비겁이 들어오는 것은 때에 따라 희신인 수 관성에 비해 더 큰 도움이 된다.

　억부적으로 용희신 운은 무조건 좋고, 기구신은 운은 무조건 나쁘며, 한신은 대체적으로 기신을 극하기 때문에 긍정적인 작용을 한다고만 여겨선 안 된다. 대부분의 생각과 달리 원국에서의 구조나 대세운과의 작용, 조후적 상황에 따라 용신보다 희신이 더 긍정적인 역할을 하거나, 기신보다 구신이 더 부정적인 역할을 하는 경우도 많기 때문이다.

《명리, 나를 지키는 무기 : 중급편》에서 다루었듯 용신에는 억부뿐만 아니라 조후, 통관, 고립, 전왕 등 수많은 용신이 있다. 억부법이나 다른 관점으로 사주를 살피는 것이 큰 틀에서 많은 부분 일치하더라도, 막상 깊이 들어가 보면 용희한신이 뒤바뀌는 경우도 있다.

시주	일주	월주	연주
*		*	
편관	본원	비견	겁재
丁	辛	辛	庚
酉	巳	巳	午
비견	정관	정관	편관
▲	▲●	▲●	
庚辛	戊庚丙	戊庚丙	丙己丁
건록	사	사	병
공망	천덕	천덕	도화
			천을
			월덕

92	82	72	62	52	42	32	22	12	2
비견	겁재	편인	정인	편관	정관	편재	정재	식신	상관
辛	庚	己	戊	丁	丙	乙	甲	癸	壬
卯	寅	丑	子	亥	戌	酉	申	未	午
편재	정재	편인	식신	상관	정인	비견	겁재	편인	편관
절	태	양	장생	목욕	관대	건록	제왕	쇠	병

미국의 감독이자 배우인 클린트 이스트우드의 명식이다. 이 사주는 화 관성이 금 비겁에 비해 강하기 때문에, 토 인성을 통관용신으로 쓴다. 통관법으로 금 비겁은 희신, 수 식상은 한신이 된다. 하지만 일간 신금은 월일지 사중 경금에도 뿌리내리고 있고, 지지에는 사유반합이 이루어져 있다. 나아가 일간이 시지에도 튼튼히 뿌리내리고 있기 때문에, 화의 기운이 강한 가운데에서도 능히 자신을 지킬 만하다. 신왕하고 관왕하므로, 억부적 관점에 따르면 수 식상이 용신, 금 비겁은 희신, 토 인성은 한신이 될 수도 있다.

참고로 학자에 따라 일간이 연지나 시지에 뿌리내리는 게 아니라, 반드시 득령 또는 득지를 해야만 신왕하다고 보는 견해가 있다. 나아가 득령 또는 득지를 했더라도 갑목의 자수나 정화의 묘목처럼 지장간에 일간과 같은 오행이 존재하지 않는 인성을 둘 경우 결코 신왕하다고 볼 수 없다는 입장도 있다. 원국의 전체적인 상황을 함께 살펴야겠지만, 나는 대체적으로 인성인 경우를 제외하면 천간에 비겁이 여럿 포진해 있고 시지가 왕지일 경우에도 신왕한 사주로 판단한다.

이 사주는 억부법이든 통관법이든 수 식상과 금 비겁, 토 인성 모두 내 편으로 쓸 수 있지만, 가장 중요한 용신은 완전히 달라지는 사례에 해당한다. 대운이 평생 용희한신으로 흐르는 만큼 그는 평생에 걸쳐 큰 굴곡 없이 영화배우, 감독, 제작자, 정치인, 음악가 등 다방면으로 화려한 족적을 남겼다. 정리하면 억부적 관점에 의해 사주의 신강과 신약을 구분하더라도, 사주를 도식적으로만 바라보는 것은 희기 판단을 그르쳐 주체의 다양한 가능성을 제한할 우려가 있다.

주지했듯 원국의 구조에 따라 다양한 관점에서 해석되거나, 대세운의 작용에 따라 얼마든지 원국의 기울기가 달라질 수 있는 만큼, 십성별로 해당 기운이 많고 적을 때 어떤 특징이 드러나는지를 알아야 한다. 나아가 부족한 십성을 끌어오는 방법은 무엇인지, 용신이나 기신운이 들어올 때 어떤 자세를 갖춰야 하는지도 검토해 보자. 원국의 조화와 균형을 추구하는 관점에서, 주어진 운을 더욱 유리하게 끌고갈 수 있는 방법을 고민해 보자. 이에 대한 구체적인 실천론을 제시하는 것이, 명리학이 궁극적으로 나아가야 할 방향이 될 것이다.

십성운의 활용과 방어

① 비겁운의 활용과 방어

비겁이 용신일 때

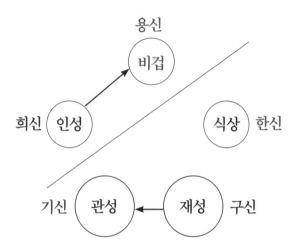

　비겁이 용신이라는 말은 비겁과 인성이 부족한 신약한 사주라는 뜻이다. 비겁은 독립성과 주체성을, 인성은 인내심과 지속력 등을 의미한다. 인비가 부족할 경우 자기확신이 약해 남의 시선에도 쉽게 위축되고, 타인의 평가에 지나치게 신경 쓰는 경우가 많다. 조직생활을 할 때도 자신이 하고자 하는 일을 끝까지 밀어붙이지 못하고, 타인에게 종속되는 삶을 살아간다. 자신이 진정 원하는 것을 추구하겠다는 욕망을 마음 한켠에 묻어둔 채 어제와 같은 오늘, 오늘과 같은 내일을 무력하게 이어가는 것이다.

　비겁의 기운을 끌어오는 방법은, 비겁이 가진 긍정적인 특성을 내 삶에 의도적으로 적용시키는 것이다. 즉 비겁의 주체성과 독립성, 경쟁심, 성취에 대한 욕망을 내면화해야 한다. 진정한 자아와 나만의 개성을 찾기 위해 남의 의견에 귀 기울이기보다, 스스로 자신을 들여다보아야 한다. 이전의 나를 벗어던지고, 자신감과 자존감으로 똘똘 무장해야 한다(자존감은 실패하더라도 나를 사랑할 수 있는 힘이다!). 하고자 했던 일이 있다면 어떻게든 시작하고, 선택이 틀리지 않았다는 자기 확신을 가져야 한다. 일을 하는 중에 어려운 일이 닥치더라도, 정면으로 맞서 불굴의 의지력으로 돌파해 내야 한다. 직장생활을 하는 중 상사에게 주눅 들었다면, 주먹을 꽉 움켜쥐고 때에 따라 자기 목소리를 내야 한다. 정리하면 비겁운에는, 내가 할 일을 내가 결정하는 것부터 시작해야 한다. 그렇게 나를 나답게 만드는 시기로 삼아야 한다.

만약 비겁이 운에서 들어온다면, 자신도 모르게 과감한 결정을 내릴 가능성이 높아진다. 직장을 다니다가도 자신감을 갖고 더 조건이 좋은 곳으로 이직을 시도하거나, 직장을 뛰쳐나와 사업을 감행할 수도 있다. 취업에 도전하거나, 결혼을 할 수도 있다. 확신이 없던 투자처에 용기를 내 투자를 하거나, 가게를 확장할 수도 있다.

여기서 중요한 건 비겁운이 용신으로 들어올 때 환경적으로 비겁의 긍정적인 작용이 펼쳐지기도 하지만, 이러한 일들이 무조건 이루어진다고 보면 안 된다는 것이다. 용신은 내가 써야 하는 기운이다. 따라서 비겁운이 들어올 때 가만히 있으면서 변화를 기대할 게 아니라, 자기 확신과 적극성을 가지고 과감히 시도해야 한다. 비겁운이 들어오면 비겁의 긍정적인 특성들이 강하게 내면화되기 때문에, 이전과는 다른 모습을 보이거나 전혀 다른 상황을 손쉽게 만들어 낼 수 있다. 그러니 더이상 내가 원하지 않는 것을 하며 살아가지는 않겠다고 마음먹어야 한다. 더는 인생에서 중요하지 않은 것들에 시간을 뺏기지 않고, 남들에게 끌려다니지 않겠다고 다짐해야 한다. 마음속에 한 번쯤 품어왔던, 언젠가 해보고 싶었던 일들을 이때 과감하게 실행에 옮겨야 한다.

비겁운 때만큼은 자신감이 부족해 늘 고백에 실패한 사람도 이성을 만나기 쉽다. 오랫동안 병상에서 앓아 누운 사람이라면, 나을 수 있을 거라는 희망을 가지고 건강 회복에 최선을 다해야 한다. 실제 비겁운에는 놀라울 만큼 건강 회복이 빠르다. 그러니 중요한 수술을 해야 한다면, 가급적 비겁 용신운에 하자. 발목을 잡는 배우자와 이혼을 망설이고 있었다면, 이때가 이혼을 감행할 때이다. 반대로 부모님이 결혼을 반대하고 있다면, 이때 사랑하는 사람과 새 출발을 하기에도 좋다. 비겁은 경쟁력을 의미하기도 하니, 어려운 소송을 앞두고 있다면 좋은 결과를 기대해도 좋다. 사업은 물론, 투자를 시작하는 것도 마찬가지다. 만약 사업을 하게 된다면, 사양산업 대신 앞으로 더욱 발전가능성이 높은 분야에 도전해 보는 것이 좋다. 보다 미래지향적인 분야에서 비겁이 가진 경쟁력과 승부욕을 활용해 내가 가진 가능성을 더욱 꽃피울 수 있기 때문이다.

이런 식으로 십성을 응용하여 일상으로 확장시켜야 한다. 예를 들어 신약한 사주를 가진 자녀가 안 그래도 자신감이나 경쟁심이 약해 걱정이라면? 평소에도 다른 아이들과 함께할 수 있는 운동을 시키거나, 웅변학원에 보내면 용신운에는 아이가 눈에 띄게 달라진다. 아이의 인정욕구를 충족시켜 주기 위해 과할 만큼 칭찬을 자주 해주는 것도 좋다. 신약한 아이가 학교 공부에 자신없어 할 경우, 비겁운이 들어올 때 공부 잘하는 친구들과 함께 어울려 놀 수 있도록 해주는 것도 좋은 방법이다. 그런 아이들이 있는 학원에 보내거나, 함께 그룹 과외를 시키는 것도 마찬가지 효과를 불러온다. 비겁은 경쟁과 협력의 기운이기 때문이다. 함께 어울리는 친구들의 성적이 오르면, 내면의 강한 경쟁심리가 발동하여 아이도 열심히 공부할 가능성이 높다. 이럴 때 선의의 경쟁이 가능해진다.

사실 내게 부족한 십성을 끌어오거나 용신운을 더욱 유용하게 활용하려면 어느 정도 삶에 대한 통찰이 필요하다. 예를 들어 은퇴하여 노년의 일상을 보내는 이에게, 비겁 용신운이 들어왔다고 하여 다짜고짜 사업이나 이직 등을 권유할 수는 없다. 비겁이 가진 특성인 독립성, 주체성, 경쟁력 등이 바탕이 되는 일을 자연스럽게 머릿속에 그려볼 수 있어야 한다. 용신을 추구하는 게 어렵다면, 관련된 행위를 취미로 일상화하는 것도 용신을 끌어오는 좋은 방법이 된다.

직장을 그만두고 노후를 계획하는 단계라면, 은퇴 후에 하고 싶었던 버킷리스트를 작성해 보자. '세계 맥주 10종 이상 먹어보기'나 '템플 스테이 체험하기'처럼, 소소한 일이어도 괜찮다. 가슴을 뛰게 하는 버킷리스트라면, 비겁운이 들어올 때 하나씩 실행에 옮겨보자. 운동이 취미라면 상금이 걸린 대회에 나가거나, 대학생이라면 공모전에 지원해 보는 것도 좋은 선택이다. 책을 출간하여 오랫동안 꿈꿔왔던 작가가 되거나, 퇴직 후 나만의 책방을 운영하거나, 세계여행을 떠나는 것도 좋다.

참고로 비견 대신 겁재가 강하게 들어오는 운이 용신운이라면, 천 대 일의 경쟁도 쉽게 통과할 수 있다. 만일 단 한 명의 교수를 채용하는 공고가 날 경우, 비견보다 겁재운에 도전할 때 채용될 가능성이 높아 진다. 겁재가 부족한 사람은, 절대 경쟁을 두려워해선 안 된다. 스스로 를 경쟁의 틀 안에 밀어넣어야 한다. 취업을 앞두고 있다면, 조금 더 눈 을 높여 굴지의 대기업이나 외국계 회사에 지원해 보는 것도 좋겠다. 공무원 시험을 보거나, 입찰 경쟁에 참여해 볼 수도 있다.

비견이 용신이면 프리랜서나 자영업처럼, 자신이 직접 룰을 만드는 형태가 어울린다. 겁재는 비견보다 훨씬 힘이 강하기 때문에 같은 프 리랜서라 하더라도 전문직에 가깝다. 운을 통해 이런 겁재가 강해진다 면, 팀원들의 독립성을 키우며 작은 조직을 효율적으로 운영하거나, 큰 조직 내에서 참모나 이인자 역할을 잘 수행해 낼 수도 있다. 자신의 넘치는 에너지를 운동을 하며 풀어내거나, 부업 또는 왕성한 취미활동 을 통해 발산하는 것도 훌륭한 전략이 된다. 가수로 최고의 위치에 오 른 연예인이 햄버거에 사활을 걸고 가게를 차린 후, 부업과 본업 모두 에 진심을 다하는 것도 겁재가 가진 멀티태스킹의 힘을 잘 쓴 사례에 해당한다.

비겁이 기신일 때

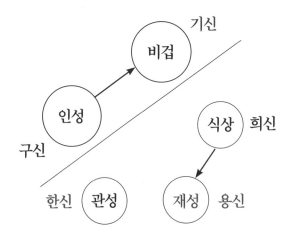

비겁이 기신이라는 말은 비겁과 인성이 강한 신강한 사주라는 뜻이다. 비겁과 인성이 기구신 운으로 들어올 경우, 자기 주체성이 강해지다 못해 교만함이 넘쳐나게 된다. 자기 중심적인 태도로 다른 사람을 무시하니, 주변과 쉽게 불화가 생기며 사회적으로 고립될 여지가 크다. 신강한 경우 비겁 기신 운을 만날 때가 가장 위험하다. 늘 옳다는 확신에 가득차 있어, 무슨 일을 하든 실패로 이어질 가능성이 높기 때문이다. 이런 시기에 사업이나 투자에 실패할 경우, 자신에 대한 과한 믿음이 칼날이 되어 자기 부정의 늪을 벗어나지 못하고 스스로를 해치는 일도 발생한다. 그만큼 비겁의 기운이 강하게 발현될 때는, 자신을 경계하고 객관적으로 돌아봐야 한다.

따라서 비겁 기신운 때는 사업을 한다고 회사를 나와 새로운 일을 시작하기보다 힘들더라도 환경을 바꾸지 말아야 한다. 혹시라도 이직을 한다면, 규율이 느슨하고 독립적으로 일할 수 있는 열린 조직에서 일하는 것이 그나마 낫다. 상대의 말을 귀담아듣지 않다가 다툼이 더욱 심해질 수 있기 때문에, 비겁운에는 결혼을 미루는 게 좋다. 투자 목적으로 부동산을 사거나 소송을 피하는 것도 상책이다. 비겁 기구신 운에는, 비겁이 가지고 있는 부정적인 요인들을 최대한 없애거나 드러나지 않게 노력해야 한다.

강한 비겁의 기운은 식상과 재성, 관성으로 유통시켜야 한다. 식상으로 비겁을 설기시키기 위해 주기적으로 다소 격한 운동을 하며 의도적으로 체력을 방전시키는 것이 좋다. 비겁 기구신 때 사회적 활동은 하지 않고 집에만 있을 경우, 스스로를 괴롭힘은 물론 가족들에게도 골칫거리가 되기 쉽다. 이때 사회적 활동(식상-재성)을 하며 돈이라도 벌어야 하는데, 상황이 여의치 않을 때는 밖에 나가 매일 규칙적으로 동네를 뛰기라도 해야 한다. 자기중심성이 높아지기 때문에, 취업을 준비하는 상황이라면 평소에는 꺼렸던 아르바이트 일이라도 하며 끊임없이 자신을 움직여야 한다. 비겁이 기구신인 경우, 자아가 철저히 깨지는 경험을 할수록 더욱 빠르게 성장할 수 있다. 힘들긴 하겠지만 바깥에서 쌓은 많은 경험들이(식상-재성) 고스란히 성장의 자양분이 되니, 비겁 기구신이라고 해서 나쁘게만 볼 필요는 없다.

마음처럼 몸이 잘 움직여지지 않는다면, 관성의 기운을 억지로라도 끌어와야 한다. 예를 들어 비겁이 강한 나의 경우 회사를 그만둔 후 아침에 일찍 일어나는 게 어렵게 되자, 일부러 아침 시간에 킥복싱 도장을 등록했다(규칙성 부여). 책을 써야겠다 마음먹고서도 진척이 없을 것 같아, 출판사와 의도적으로 먼저 계약을 했다(강제성 부여). 집에서 글을 쓰다 길게 낮잠을 자거나 딴짓을 하는 일이 잦자, 의도적으로 도서관에 출퇴근을 하기도 했다(사회적 시선 부여).

체육관 관장님과 최소 3개월은 하루도 빠지지 않겠다고 약속했고, SNS를 통해 최대한 많은 사람에게 이런 일상을 지속할 것임을 알렸다. 먼저 꺼낸 말이 있는데, 내 자신이 이를 지키지 않으면 소위 쪽팔릴 게 싫어서라도 열심히 운동하리라는 걸 알았기 때문이다. 만약 비겁이 강하고 관성이 약한 사람이 금연을 해야 한다면, 최대한 많은 사람에게 금연 계획을 알리는 게 좋다. 다시 흡연을 한다면 속된 말로 가오(관성)가 상할 것이기 때문이다. 같은 관점에서 출판사와 먼저 계약을 한 것도, 정해진 시간 안에 책을 쓰기 위해서였다. 결국 약속을 지키려다 보니 꾸준히 글을 쓰며 글쓰기 근육을 키울 수 있게 됐다. 도서관에서 글을 쓴 것 역시 내 자세를 바로잡기에 좋을 것 같아서였다. 도서관에 있는 어린 학생들 앞에서 금세 엎드려 자는 모습으로 비웃음 사지 않기 위해서라도 더 집중하게 되었다. 관성은 명예와 품위, 사회적 틀, 통제, 남들의 시선을 상징한다. 이런 식으로 각자의 상황에 맞게, 넘치는 비겁을 관성으로 다스릴 수 있는 방법을 생각해 내야 한다.

이번에는 십성을 오행과 결합시켜 일상으로 확장시켜 보자. 만약 목 오행이 용신이고 재성이나 관성이 필요한 경우, 아침에 일찍 일어나는 습관을 만들기 위해 미라클 모닝 클럽에 가입할 수도 있다. 목 기운을 끌어오기 가장 좋은 방법이 아침에 일찍 일어나는 것인 데다, 재성은 인맥과 네트워크 등을 의미하기 때문이다. 만약 화 관성이 용신이라면, 굳이 도서관에 가지 않더라도 유튜브(미디어-화)에 실시간 중계하는 방식으로 자신이 공부하는 영상을 타인과 공유하며 진득하게 학습하는 습관을 잡을 수도 있을 것이다.

기구신으로 비겁운이 들어온다고 하여, 역시 내 사업이 이유없이 망하거나 무조건 투자에 실패한다고 보면 안 된다. 이른바 경쟁자들이 내 재물을 빼앗아 간다는 군겁쟁재가 일어나기 쉽긴 하지만, 재성을 키우는 방식으로 얼마든지 방어할 수 있기 때문이다. 군겁쟁재 현상이 발생하는 이유는 시기와 질투심, 경쟁심이 더욱 높아지는 데 있다. 독불장군 같은 성향으로 재물욕을 숨기지 않다가, 친구나 동업자 간에 피치 못할 갈등이 생겨나는 것이다. 자기 오만에 빠져 주변의 경고도 무시한 채, 너무도 어이없게 사기를 당하기도 한다. 기구신 운을 떠나 비겁이 강한 사람이라면 습관적으로라도 내기를 하면 안 된다. 도박은 말할 것도 없다.

　비겁이 기구신인 아이에게는, 어떻게든 국가가 공인하는 자격증을 취득할 수 있도록 해주는 게 좋다. 기술이든 운동이든 예술이든 꼭 공부와 관련된 자격증이 아니어도 상관없다. 자격증은 모 아니면 도로 흐르는, 겁재가 가진 극단성으로부터 자신을 지키는 최소한의 방어막이다. 참고로 겁재가 강할 경우 가정이나 학교, 사회에서 갑작스럽게 폭력적인 양상을 드러낼 수도 있다. 밖에서는 사회적으로 싹싹하고 젠틀해 보이지만, 가족에게만 유독 억압적인 모습을 보일 수 있으니 내면의 폭력성을 다스리기 위해 더욱 노력해야 한다. 특히 양간에 일지가 겁재나 제왕인 아이가 학창시절이나 사춘기 때 기구신으로 겁재 대운을 만난다면 크게 삐뚤어질 우려가 있다. 비겁 운에는 특히 인정 욕구가 강해지는 만큼, 부모가 억압적으로 아이를 바로잡으려 하기보다, 칭찬이나 용돈을 통해 살살 구슬리는 게 더 낫다.

　비겁의 기운이 넘쳐나면, 재성이 극을 당해 재성과 관련된 문제가 생길 수 있다. 재성의 기운을 키우기 위해 재성이 상징하는 봉사나 기부를 하거나, 재성의 부정성을 최소화하기 위해 가계부를 쓰는 것이 좋다. 또한 사업의 형태를 바꾸는 것도 어느 정도 도움이 된다. 경쟁자나 동업자를 의미하는 비겁들이 내 재물을 뺏기 전에, 어느 정도 내 재물을 그들과 나누는 것이다. 예를 들어 한 미술작가가 자신의 갤러리에 화랑을 두고, 자신의 작품뿐만 아니라 다른 작가들의 작품들도 함께 전시·판매하고 있다고 가정해 보자. 이 작가는 동료들의 작품이 판매될 경우 일정 수수료를 가져가는 형태로 갤러리를 운영하고 있다.

하지만 수수료는 너무 적고, 화랑 공간을 저렴하게 임대해 달라는 곳이 많아 사업적으로는 오히려 손해인 상황이다. 어떤 이는 이 상황을 두고 '왜 경쟁 작가들의 작품까지 함께 전시를 해주느냐?'고 반문할 수 있다. 하지만, 이 작가는 다른 이들을 경쟁 작가로 인식하는 게 아니라, 다 함께 현대미술의 장을 넓혀가는 동료로 인식하기 때문에 어느 정도 손해를 봐도 괜찮다는 입장이다. 이런 게 바로 군겁쟁재 사주를 올바로 활용하는 경우에 해당한다.

자신이 가진 재물이나 공간을 나누며, 함께 시장을 키워가는 형태는 군겁쟁재의 폐해가 없다. 춘천 닭갈비 골목이나 인사동 떡볶이 거리, 광주 떡갈비 거리에서 식당 영업을 하는 경우도 마찬가지다. 내 가게가 아니라 옆 가게에 손님이 몰려도, 길게 보면 다 함께 골목을 활성화하는 관계가 되기 때문이다. 만약 프랜차이즈를 만들어 사업을 할 경우, 인테리어나 소스 공급을 통해 사업적으로 크게 이문을 남기려 하기보다, 내가 손해를 좀 보더라도 나와 함께하는 사업체들이 잘되길 바라는 마음을 갖는 게 좋다. 비겁이 기구신인 사람에게는 용신인 재성을 끌어오기 위해서라도, 액수에 상관없이 주기적으로 기부하거나 봉사할 것을 권하고 싶다. 상황이 여의치 않으면, 취약계층을 도울 수 있도록 복권이라도 구입하자.

군겁쟁재 사주를 활용하는 가장 좋은 방법은, 내가 가진 노하우를 남과 나누는 것이다. 오른쪽은 친동생의 사주로, 대운이 우호적으로 흐를 때 온라인에서 을목 편재가 상징하는 의류를 판매하며 사업을 안착시켰다. 이후 온라인 쇼핑몰을 하려는 사람들을 대상으로 강의와 컨설팅을 하며 사업을 확장했다. 현재는 새롭게 연을 맺은 사람들과 물품을 공동구매하며 매입 가격을 낮추는 방법으로, 동업자는 물론 경쟁자들과 시장의 규모를 키워 나가고 있다.

남,
극신강

시주	일주	월주	연주
●＊	＊	●	
편재	본원	겁재	정인
乙	辛	庚	戊
未	丑	申	辰
편인	편인	겁재	정인
＊	＊		
丁乙己	癸辛己	戊壬庚	乙癸戊
쇠	양	제왕	묘
백호		양인	화개
천의			백호
			공망
			암록

98	88	78	68	58	48	38	28	18	8
겁재	편인	정인	편관	정관	편재	정재	식신	상관	비견
庚	己	戊	丁	丙	乙	甲	癸	壬	辛
午	巳	辰	卯	寅	丑	子	亥	戌	酉
편관	정관	정인	편재	정재	편인	식신	상관	정인	비견
병	사	묘	절	태	양	장생	목욕	관대	건록

② 식상운의 활용과 방어

식상이 용신일 때

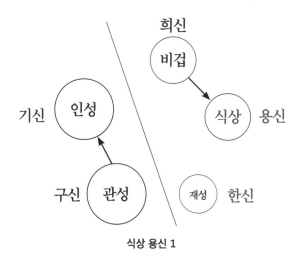

식상 용신 1

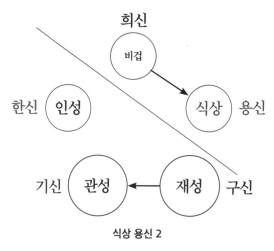

식상 용신 2

신왕하고 관왕한 사주는 식상이 용신이 된다. 보통 신강하면 재성이 용신, 식상이 희신이 되는데, 식상이 적어도 희신 이상이라 내게 도움이 된다면 최대한 식상 운을 잘 활용하거나 끌어와야 한다. 식상은 인간의 행복이나 의식주와 큰 관련이 있다. 고전에서는 식신이 가진 낙천성과 명랑성 때문에, 식신 용희신을 특히 귀하게 여겼다. 식신제살이라 하여, 식신이 일간에게 가장 큰 위협이 되는 편관을 억제하는 것도 식신의 가치를 높이는 요소다.

식상의 기운이 부족할 경우 자기 표현을 제대로 하지 못해, 남과 소통하거나 관계 맺는 부분에서 어려움을 느낀다. 본인 스스로도 이를 답답해하며, 사회적인 활동성이 떨어지는 경우도 많다. 또한 자신에게 익숙한 일만 찾아다니고, 경험해 보지 못한 새로운 일은 피하는 경향이 있다. 막상 일을 시작하더라도 빠르게 결과만 추구하니, 예상치 못한 일이 발생하며 진행이 자주 엉키기도 한다. 정리하면 바깥으로 에너지가 잘 펼쳐지지 않아, 자기 발전성이 무척 낮아진다고 할 수 있다.

식상의 기운을 끌어오고 싶다면, 식상이 가진 긍정적인 특성을 내 삶에 적용시켜야 한다. 즉, 내 삶에 식상이 뜻하는 호기심, 활동성, 예술성, 여유로움, 낙천적인 태도를 최대한 담아내기 위해 노력하는 것이다. 계획했던 대로 일이 잘 풀리지 않는다 하더라도, 자꾸 신경 쓰며 스트레스를 받기보다 의도적으로라도 낙천성을 함양하기 위해 노력해야 한다. 무겁게 생각할 것 없이 솔직하고 담박하게 소탈한 자세를 갖추어 보자. 만약 해보고 싶거나 배우고 싶은 일이 생겼다면, 그 즉시 몸을 움직이자. 새로 시작한 일을 기반으로 취미를 만들고, 취미가 같은 사람들과 어울리며 관심사를 더 넓게 확장시켜야 한다. 식상이 강하면 엉뚱한 분야에서 의외의 소득을 올리거나, 전공하지 않은 영역에서 전문가로 인정받는 경우도 많다. 이른바, 이로공명(異路功名)이다(참고로 원국의 신살 중 문창귀인과 천의성이 공존할 때 이로공명하는 경우가 많다).

식상이 용신인 경우 대체적으로 관성이 강한 만큼 조직생활을 할 때 과다한 업무에 치여 삶의 여유를 잃는 경우가 굉장히 많다. 책임감과 성실한 태도는 좋지만, 조직의 과업(관성)에만 파묻혀 있는 삶에 개인의 행복이 깃들 수는 없다. 식상이 무너지면 개인의 행복도 무너지고, 마침내 사회의 행복도 사라지게 되는 법이다. 부와 명예 같은 사회적 욕망과 성공에만 매몰되는 삶에서 벗어나야 한다. 내일 지구가 멸망한대도, 지금 당장 맛보고 싶은 음식들을 맛보며 즐거움을 느껴야 한다. 이왕이면 더 큰 잔에 술을 따르고 좋아하는 사람들과 마주 앉아 도란도란 음식을 나누자.

일상의 활력과 여유를 되찾을 수 있다면 어떤 일이든 좋다. 가정주부든 학생이든 회사원이든 개인 시간을 내어 음악, 미술, 운동, 와인과 관련된 취미활동을 하거나, 동네 문화센터에서 글쓰기, 공예 등을 배워보는 건 어떨까? 특히 식상은 작은 규모의 공동체를 뜻하기에, 혼자서 취미활동을 지속하기 어렵다면 동아리에 가입하여 새로운 사람들과 함께하는 것이 낫다. 그리고 이왕 취미를 시작하게 된다면, 바리스타든 가죽 공예든 타로 상담이든 적어도 단기 자격증이라도 취득하자.

참고로 식상이 용신이라면 큰 규모의 사업보다 3~5인의 소규모 사업이나, 가족 사업을 하는 게 더 낫다. 사업이 잘 되더라도 규모를 함부로 키우기보다 노동과 고용의 유연성을 유지하면서 가족처럼 조직 구성원들과 밀접한 관계를 형성하는 게 중요하다. 식상은 아이디어와 창의력 등을 뜻하니 홍보나 마케팅은 물론, 기획이 중요한 콘텐츠 사업을 해보는 것도 좋다.

역시 식상이 운에서 들어온다면, 나도 모르게 식상과 관련된 활동을 할 가능성이 높아진다. 주변 사람들과의 친교활동이 늘어나고, 새로운 곳을 찾아 여행을 떠나거나, 이전에는 생각지도 못했던 새로운 분야에 호기심을 갖고 몸담을 수도 있다. SNS를 통해 새로운 사람과 교제를 시작하거나, 남 앞에 나서기 싫어 꺼려왔던 발표를 도맡거나, 노래 배우는 게 갑자기 재미있어질 수도 있다. 유기견에 관심이 생겨 동물을 키우거나, 이사를 하고 싶거나, 불쑥 자녀를 갖고 싶다는 생각에 결혼하려는 마음이 생길 수도 있다.

식상은 익숙함 속에서 벗어나 나만의 새로운 길을 향해 힘차게 발을 내딛는 힘이다. 변화를 두려워하지 않도록 용기를 내고, 시인이나 음악가, 모험가가 되어 여행을 떠나야 한다. 여행길에서 새로운 지식을 만나고, 기존에 내가 알고 있던 것들과 다른 것들을 발견해야 한다. 하다 못해, 퇴근 후 집에 갈 때도 가끔씩 내비게이션을 끄고, 한 번도 가보지 않은 길로 떠나보는 자세가 필요하다.

식상은 기존에 없던 것을 새로 만들어 내는 창조적인 행위이기도 하다. 식상이 약하면 생물학적으로 자녀를 낳는 데 어려움이 있는 경우가 있지만, 바꿔서 생각하면 식상의 기운을 키우기 위해 아이를 낳고 돌보는 데 집중할 수도 있다. 혹시라도 출산에 어려움을 겪고 있다면, 용신인 식상 운이 들어올 때에 맞춰 자녀계획을 세우는 게 좋다. 참고로 현대에는 애완동물도 자식처럼 여겨지기 때문에, 동물을 키우는 것도 큰 도움이 된다.

식상운이 용신으로 들어올 때, 내면에 식상의 기운이 자연스럽게 채워지기도 한다. 음식을 먹고 체해도 시간이 지나면 자연스럽게 소화가 되는 것처럼, 식상운에는 내 삶의 행복도가 자연스럽게 올라간다. 하지만 내가 써야 용신의 기운을 제대로 끌어올 수 있다는 생각을 갖고, 내 삶의 지향점이 식상을 향하도록 더욱 노력해야 한다. 식상의 긍정적인 특성을 가속화하기 위해 운동, 취미, 요리, 산책, 모임, 연애 등 식상과 관련된 행동을 지속해 나가야 한다. 따라서 연애를 하고 싶었던이라면, 주변에 적극적으로 소개팅을 요청하거나, 취미활동에 돈을 아끼지 말자. 혹여나 원치 않는 결과가 나오더라도, 오히려 유쾌하게 즐기는 태도가 관건이다. 작지만 확실한 소확행을 추구하며 일상을 행복으로 채워 나가보자. 가끔 지인을 초대해 요리를 해주거나, 함께 영화나 연극을 보거나, 밖에서 정기적으로 만나 수다를 떠는 것도 좋다. 새로운 취미와 습관 속에서 삶의 즐거움과 활력을 느껴야 한다(참고로 식상의 이런 낙천성과 긍정성 때문인지, 식상이 용신인 분들은 심각한 병에 걸렸을 때도 이겨내는 경우가 유의미하게 많았다). 평범한 삶을 풍요롭고 아름답게 만드는 힘은, 각자의 행동에 달려 있다.

십성을 자유롭게 응용하며 일상으로 확장시킬 수 있다면, 자녀를 교육할 때도 구체적인 활용이 가능해진다. 예를 들어 아이가 식상이 부족하다면 어떻게 하는 게 좋을까? 특히 식신이 미각과 관련이 큰 만큼, 아무래도 식신이 약한 아이는 편식을 할 가능성이 높다. 아이가 편식을 한다면 좋아하는 음식만 골라 먹이기보다, 차라리 평소에 맛보기 힘든 다양한 음식들을 의도적으로라도 자주 해주며 아이의 다양한 감각을 깨워보는 것은 어떨까?

또는 아이의 표현력을 높이기 위해 웅변 학원에 보내거나, 음악, 미술, 춤, 운동 등 예체능 쪽으로 호기심을 유도하는 것도 좋은 방법이 된다. 식상이 용희신인 아이가 공부를 할 때, 학교에서 배운 것들을 집에서 직접 말로 표현하게 하거나, 책을 읽을 때 소리 내어 읽게 하는 것도 좋다. 일기처럼 매일 글쓰기를 하는 것도 마찬가지다. 단 식상을 키우기 위한 활동을 장려할 때는, 절대 부모가 억압적인 태도를 보여선 안 된다. 식상은 관성과 대척점에 있기에, 부모가 시켜서 마지 못해 하는 것이 아니라, 아이가 본인이 좋아서 할 수 있게끔 환경을 조성해야 한다.

열린 환경을 조성하고, 대화와 토론을 기본으로 아이의 목소리에 최대한 경청해야 한다. 만약 형제 중 형이 공부를 잘한다면, 형이 직접 동생을 가르치게 하거나, 아이가 친구들을 가르치게끔 도와주는 것도 효과적이다. 식상은 내가 배운 것들을 쓰고, 말하고, 정리하면서 완전히 내 것으로 만들어 낸다. 정 가르칠 사람이 없다면 발표자료라도 만들고, 자신이 공부한 내용을 직접 가르치는 것처럼 녹음해서 자주 들어보게 하는 것도 좋다. 식상운에는 아이의 학습 욕구가 높아질 수 있지만, 제도권에서 요구하는 학문과는 관련이 없는 경우가 많다. 이 때문에 부모의 기대와 어긋난다 하더라도, 관심 있어 하는 것들을 충분히 배우고 익히며 아이가 행복감을 느낄 수 있도록 해주어야 한다.

참고로 식상이 용신인데 ① 인성이 기신인 경우와 ② 관성이 기신인 경우는 어떻게 다를까? 일단 식상이 용신이라는 게 무슨 뜻인지에 대해 철학적으로 다시 한 번 생각해 보자. 식상은 비겁이 생하는 기운으로, 내 삶을 내가 원하는 방향대로 움직이겠다는 의지의 표명이다. 이때 식상은 내 삶의 영역을 넓히는 탐구와 창조활동이 된다. 비겁은 식상의 기운을 향해 나아가고, 재성을 극한다. 이른바 식상생재가 제대로 이루어지려면, 일단 일간의 힘이 튼튼해야 한다(뿌리가 있어야 한다).

① 인성이 기신인 경우는, 일간인 주체가 무언가 새로운 일을 시작하려 할 때 인성이 식상을 극하며 주체를 망설이게 한다. 이른바 인성이 식상에 비해 훨씬 과다한 경우다(인다신약한 사주가 관왕할 경우에도 여기에 해당된다). ② 인성이 한신인 경우는, 주체가 새로운 일을 할 때 주체의 등을 밀며 풍파를 헤치고 나아갈 수 있게 도와준다. 일간을 중심으로 인성과 식상의 균형이 비슷하여 조화로운 상태다. 흡사 빛이 보이지 않는 캄캄한 어둠 속에서 과감히 발을 뗀 주체가 계속 용기를 내며 앞을

향해 나아가는 형국이다. 이때 기신인 관성은 일간을 극하지만, 식상이
그런 관성을 제어하고(극하고), 주체가 자신의 뜻대로 움직일 수 있게
돕는다. 과다한 관성의 극에서 벗어나, 일간이 인성에게 힘을 받고, 자
신의 행복한 삶을 위해 식상의 기운으로 나아간다고 볼 수 있다.

인성의 기운은 일간을 거쳐 식상으로 적절히 유통되어야 한다. 예를
들면, 전통적으로 자녀를 낳거나 기르는 건 식상과 관련 있다 여겨지지
만, 자녀를 양육할 때는 식상뿐만 아니라 인성의 기운도 함께 필요한
법이다. 인성은 헌신 또는 자애로움과 관련된 기운이다. 식상의 교육이
아이를 돌보고 지식을 전달하는 데 필요한 기운이라면, 인성의 교육은
아이를 믿고 기다려주면서 올바른 인격을 갖추고 성장해 나갈 수 있도
록 헌신하는 쪽에 가깝다. 한쪽이 다른 한쪽을 극하는 관점으로만 바라
볼 게 아니라, 기운의 흐름이 자연스럽게 이어져야 한다는 관점으로까
지 시선을 넓혀야 한다.

식상이 기신일 때

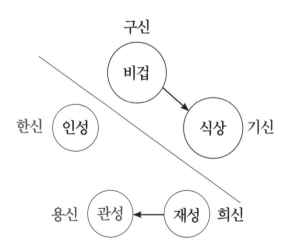

식상이 기신이라는 이야기는, 원국에서 식상의 기운이 가장 넘친
다는 뜻이다. 식상이나 식상을 키워주는 비겁이 기구신 운으로 들어
올 경우, 식상으로 인한 단점이 크게 드러나게 된다. 식상은 주체인 일
간의 표현 활동이니, 생각보다 말이 앞서거나 책임지지 못할 말을 자

주 내뱉어 본인의 신뢰감을 떨어트릴 수도 있다. 늘 분주하게 몸을 움직이니 항상 피곤한 가운데 공허함을 느끼기도 한다. 활동력의 방향이 분산되니 집중력도 떨어지고, 무엇 하나 제대로 끝맺지 못해 생각했던 것보다 소득도 적다. 조금만 뜻대로 되지 않으면 곧바로 다른 일을 찾다 보니, 우유부단한 사람이 되기도 쉽다. 따라서 식상의 기운이 강하게 발현될 때는 무엇보다 작은 일이라도 계획을 세우고 일상을 차분하게 가꾸어 나가야 한다.

식상이 넘쳐날 경우 대체로 관성을 잘 활용해야 한다. 이 말은 관성이 뜻하는 조직, 시스템, 규율에 따라 본인이 하고 싶은 말과 행동을 자제해야 한다는 뜻이다. 식상은 너무 강한데 비해 관성은 너무 약할 경우 다른 사람의 일에 끊임없이 간섭하고, 쓸데없는 말로 구설수에 오르기 쉽다. 쉽게 말하면, 여기저기 참견하며 말을 해야 할 때와 하지 말아야 할 때를 잘 구분하지 못한다. 식상이 과다하면 책장에 열 개 분야 이상의 책이 꽂혀 있는 경우도 많다. 관심사가 다방면에 걸쳐 있어 할 줄 아는 건 많아도 어느 것 하나 전문적인 능력을 갖추었다고 말하긴 어렵다.

육친 관계로 관성을 따지면 여성에게는 남성, 남성에게는 자식이 된다. 과다해진 식상은 관성을 강하게 극하니, 잦은 불화로 인해 가정의 안정이 쉽게 흔들릴 수 있다. 또한 관성은 명예나 사회적 대인관계를 의미하기도 한다. 식상이 과다해지면 사회적 관계가 매끄럽지 못해 직장생활이 불안정해지거나, 구설수 또는 성적인 사고와 연결되어 사회적 명예가 실추될 수도 있다.

조직 내에서 상사와 갈등이 생기거나 회사의 정책이 마음에 들지 않을 경우, 숙고의 과정 없이 쉽게 일을 그만두기도 한다. 목표와 계획 없이 행동부터 앞서 나가기에, 종국에는 파도 위를 표류하는 배처럼 한 곳에 안착하지 못하고 여기저기를 떠돌게 되는 것이다. 이 때문에 식상이 기신일 때는 바쁘게 몸을 움직이기보다 여유로움을 가져야 한다. 무언가를 하면서 정신없이 시간을 보낼 게 아니라, 무인도에 있는 것처럼 침묵 속에 자신을 놓고 스스로를 돌아볼 줄 알아야 한다.

강한 식상의 기운은 인성으로 제어하거나, 관성으로 설기시켜야 한다. 식상이 강하면 주의력이 분산되니, 특히 공부할 때 집중력이 크게 떨어질 수 있다. 이때는 놀고 싶은 마음을 꾹 누르고, 엉덩이를 붙이는 힘(관성-인성)을 키워야 한다. 학생의 경우 식상이 기구신인데 공부가 잘되지 않는다면, 억지로라도 학원에 다니거나 기숙사에서 생활하는 것도 생각해 볼 수 있다. 요컨대 비겁이 강할 때처럼, 규율이 강한 조직(관성)에 강제적으로라도 스스로를 밀어넣어야 한다. 공부할 때 스마트폰을 자주 들여다보는 이라면, 스마트폰 사용시간을 강제로 줄이는 앱 타이머를 설치하거나, 타이머 자물쇠 등을 활용할 수도 있다. 힘들지만 규칙적인 생활 패턴을 만들고, 이를 습관화하기 위해 부지런히 노력해야 하는 것이다.

　참고로 식신을 갖춘 사람은 적어도 굶어죽지는 않는다는 말이 있다. 식신의 기운을 잘 쓸 경우 활동성과 생산성이 강해지니 먹을 건 스스로 챙겨먹을 수 있다는 뜻이다. 하지만 식상이 기구신이 될 경우에는 이야기가 달라진다. 천 가지 재주 있는 사람이 다음 날 끼니 걱정하는 상황이 생길 수도 있는 것이다. 이런 우려를 최소화하고 싶다면, 대학원에서 석사나 박사 학위를 목표로 학문적 성취(인성)를 다지는 것도 좋다. 식상이 강한 경우 직장 이동이 잦을 수 있기에, 사회생활을 하기 전 미리 직업적인 안정성을 추구할 수 있는 전문 자격증(인성)을 갖추어 놓는 것도 현명한 자세다. 이외로 인성의 기운을 끌어오기 위해 육친상 인성에 해당하는 어머니와 안정된 관계를 유지하거나, 인성과 관련된 종교·영성 활동, 명상, 요가를 하는 것도 좋다. 만약 수 인성이 필요할 경우, 오랜 시간 자신의 내면에 집중할 수 있는 기수련이나 프리다이빙을 추천한다.

　강한 식상의 기운은 삶에서 단점으로 드러나기 쉽다. 그렇기 때문에, 역설적으로 식상의 기운을 최대한 불리하지 않은 방향으로 쓰도록 노력해야 한다. 식상이 넘치는 사람이 말을 전혀 할 수 없는 환경에 놓이거나, 어렸을 때 강압적인 부모 밑에서 자기 기운을 제대로 발휘할 수 없게 된다면 어떻게 될지 상상해 보자. 표현욕구가 강해 평소 말이 많은 사람이라면, 어떻게든 식상의 기운을 직업적으로라도 풀어내는 것이 좋다. 미술, 음악, 운동, 글쓰기와 관련된 직업을 갖거나 교육, 강의, 영업, 서비스업, 고객센터 상담과 관련된 업종에 종사하는 것도 환경상 유리하다. 몸을 자주 움직여야 하는 운수업이나 공장 제조업도 좋다. 늘 현장에 나가 취재를 하고 여러 사람을 만나야 하는 언론인이나, 끊임없이 새로운 아이디어를 생각해 내야 하는 홍보나 마케팅 쪽에 종사하는 것도 직업적으로 무척 어울린다.

식상은 명랑함과 낙천성의 기운이지만, 역시 식상이 지나칠 때에도 문제가 되기 쉽다. 삶의 근원적인 문제를 진지하게 해결하고자 끈기를 갖고 노력하기보다, 맛집 탐방, 사치, 쇼핑, 여행 등을 통해 문제를 쉽게 잊으려 하기 때문이다. 악착 같은 소비를 통해, 흥분이나 열정을 느끼는 건 좋지 않다. 이때는 과다한 식상이 재성으로 이어진다 하더라도, 경제적으로 허덕이는 상황이 생길 수 있다. 원국에서 넘쳐나는 식상의 기운이 재성의 힘도 크게 키워버리면, 일간을 중심으로 한 사주의 균형이 무너지기 쉽다. 십성적으로는 힘이 없는 일간이 원국에 과다해진 재성을 움켜쥘 수 없어, 주머니에서 돈이 샌다고 해석한다. 유행에 따라 최신 IT기기를 구매하거나 차를 자주 바꾸는 게 문제가 될 수도 있지만, 가치 있는 물건을 소개하는 블로거나 유튜버로 일하면서 욕구나 기운을 잘 풀어낼 수도 있다. 참고로 식상은 생식활동을 뜻하기도 한다. 과다한 기신 식상을 제어하지 못하면 최악의 경우, 성적 방탕이나 성추행 같은 불미스러운 일과도 연결될 수 있다.

만약 식상 중 특히 상관의 기운이 두드러질 때 조직생활을 한다면 동료들과 다툼이 잦아지거나, 배우자와 불화가 발생하기 쉽다. 혹시라도 욱하는 마음이 치밀더라도, 한 번 더 깊이 생각(인성)하고 말하는 습관이 필요하다. 만일 온라인상에서 나의 의견에 안 좋은 댓글이 달리면 논리적으로 반박하기보다 그냥 무시하는 자세가 필요하다. 식상의 기운과 관련된 부정적인 작용을 최소화하고 싶다면, 창의적이고 자율적인 활동이 가능한 조직에서 일하거나, 주말부부 생활을 해서라도 배우자와 독립된 영역을 설정하는 것이 좋다.

참고로 식상은 육친상 손아랫사람을 뜻한다. 식상이 기구신인 경우, 조직생활을 할 때 후배들과의 관계가 좋지 않은 경우가 많다. 따라서 평소 후배들에게 좋은 동료나 선후배가 되기 위해 노력해야 한다. 후배의 작은 실수를 굳이 들추어내지 말고, 하고 싶은 말을 줄이며, 생일을 맞은 동료에게 작은 선물이라도 건네보자.

③ 재성운의 활용과 방어

<u>재성이 용신일 때</u>

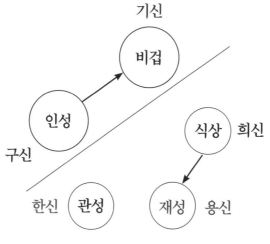

재성 용신 1

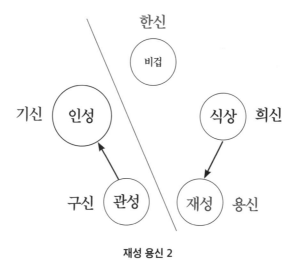

재성 용신 2

재성이 용신인 사주는 ① 비겁과 인성이 넘쳐 신강하거나 ② 일간의 힘은 약한데 인성이 강해 인다신약한 경우에 해당된다. 재성은 현실에 바탕을 둔 기획력, 목표, 관계, 재물, 사회적 욕망과 활동력 등을 의미한다. 재성이 부족할 경우 성취에 대한 열망이 낮아 적극성이 떨어지며, 하기 싫고 피곤한 일에는 굳이 나서려 하지 않는다. 어른이라면 특히 재화활동을 통해 자신의 삶을 독자적으로 꾸려 나가야 하는데, 재성이 뜻하는 재물은 물론 사회적인 활동에 필요한 집, 자동차, 안정된 직업을 갈구하는 마음 역시 높지 않으니 경제적으로도 실속이 없는 경우가 많다. 또한 어렸을 때부터 가깝게 지낸 사람과만 어울리고, 내가 익숙하게 느끼는 환경에만 안주하니 사회적 성장이 정체되는 상황이 지속된다.

재성의 기운을 끌어오고 싶다면, 역시 재성이 가진 긍정적인 특성을 내 삶에 의도적으로 적용시켜야 한다. 재성은 일간이 극하는 기운이다. 즉, 사회적 존재로서 내가 이루고 싶은 목표를 향해, 내 활동영역을 점차 넓혀 나가야 하는 것이다. 조직생활을 통해 나와 낯선 사람과도 함께 밥을 먹고, 공동의 이익을 위해 내키지 않더라도 싫어하는 일을 해내야 한다. 머릿속에 떠오른 중요한 아이디어가 있다면 적극적으로 기획해 현실에서 입안 가능한 영역으로까지 구체화시켜야 한다. 기획력이 떨어지는 재성은 현찰 없는 노름판이다. 꾸준한 습작이 훌륭한 작가를 탄생시키듯, 실행으로 이어지지 않더라도 꾸준한 기획을 통해 재성의 힘을 키워야 한다. 재성의 힘으로 성공하고 싶다면, 일종의 페이퍼 게임을 통해(기획) 자꾸 도전해 보며 잠재력을 현실에서 구현하기 위해 최선을 다해야 한다.

재성 용신의 힘으로 사업을 한다면, 여러 번의 실패에도 굴하지 않고 어떻게든 성공시키고 말겠다는 의지로 밀어붙여야 한다. 신강한 사람이 자신의 힘을 잘 활용하려면, 무엇보다 좌절과 실패를 두려워해선 안 된다. 목표를 세웠다면 수단과 방법을 가리지 않고, 어떻게든 그 일을 이루어 내기 위해 노력해야 한다. 정리하면 재성을 쓴다는 것은 비겁의 기운을 끊임없이 소모시키고, 작은 성취를 바탕으로 목표를 점점 키워나가는 것과 같다.

비겁이나 인성이 강한 경우 재성이 용신으로 들어와 사주의 균형이 맞춰지게 되면, 재성이 뜻하는 긍정적인 요소가 내 삶에 적용되는 경우가 많다. 혼자서만 무언가를 취미로 하고 있던 사람이, 갑자기 관련된 커뮤니티에 가입해서 새로운 사람들과 어울리거나, 그간 꺼려왔던 SNS를 새로 시작할 수도 있다. 대학 졸업 후 취업에 자신이 없어 대학원에 진학하려 했더라도, 갑자기 방향을 틀어 사업을 하거나 회사에 취직하고 싶어질 수도 있다. 경제적인 여유가 있건 없건, 갑자기 약자를 위해 소액이라도 기부를 하거나 봉사활동을 하며 자신이 가진 것들을 기꺼이 나누는 경우도 생긴다.

재성운에는 돈을 많이 벌 수 있다는 이야길 하기도 하는데, 정확히 말하면 할 일은 많아지고 만나는 사람 또한 늘어난다고 해석해야 한다. 재성이 뜻하는 재화는 가만히 있는다고 해서 저절로 생겨나는 것도 아니고, 나 혼자 만들어 낼 수도 없다. 재성이 용신이라는 말은 결국 신강하거나 인성이 강하다는 뜻이니, 집 밖에 나가 재화활동을 해야 한다고 이해해야 한다. 신강한 사람이 집에만 있으면, 자신을 괴롭히는 것은 물론, 가족들의 골칫거리로 전락하기 쉽다. 따라서 재성이 용신인 경우 더욱 부지런히 사람을 만나고 최대한 몸을 움직여야 한다. 여러 가지 일을 동시에 수행하며 활동적으로 영역을 넓혀갈수록 구체적인 성과와 연결될 가능성이 높으니, 자본주의 사회에서 재성 용신은 참으로 반갑기 짝이 없다. 따라서 재성이 운에서 용신으로 들어올 때는, 의도적으로라도 그게 뭐가 됐든 목표치를 높이는 것이 중요하다.

사실 용신은 내가 써야만 용신으로서 가치를 드러낸다. 따라서 재성운이 용신으로 들어올 때, 확신을 갖고 재성의 내용을 내 삶에 구체적으로 적용시켜야 한다. 회사를 다니다가도 더 큰 규모의 회사로 이직을 시도하거나, 사업을 하는 사람이라면 회사의 성장 목표를 크게 높여보자. 큰 돈을 벌기 위해 부동산이나 주식 투자에 과감히 뛰어들거나, 눈여겨보던 사업체를 인수하는 것도 좋다. 재성은 이성을 뜻하기도 하니, 새로운 이성과 교제하거나 결혼에 대한 생각을 강하게 품을 수도 있다. 재성운에는 갈등이 줄어들어 사회적 인간관계는 물론, 부부사이 또한 원만해지기 쉽다. 참고로 신강하고 재성이 용신인 사람들은, 결혼 후 남녀 공히 왕성한 사회적 활동을 통해 돈도 많이 벌고 가정도 안정되게 유지하는 경우가 많았다. 재성이 용신이라면, 평소에도 배우자를 존중해 주고 좋은 관계를 유지하기 위해 최선을 다해야 한다. 가화만사성이라는 말이 있듯, 먼저 가정이 평온하고 안정적이어야 사회에서의 역할을 제대로 수행할 수 있기 때문이다.

비겁과 식상이 가정이나 마을 공동체의 인관관계를 뜻한다면, 재성은 도시로까지 확장되는 사회적 관계를 뜻한다. 따라서 재성이 용신이라면, 재성운이 아니더라도 혼자서 일을 하는 것보다, 사회 속에 뛰어들어 다른 사람과 함께 재화활동을 해야 한다. 비겁은 많은데 재성이 약하다면, 많은 인물 간 관계를 입체적으로 조망할 수 있는 대하소설이라도 읽는 게 좋다. 그러면서 나와 완전히 다른 사람, 예를 들면 심지어 악인의 마음까지 이해해 볼 수 있도록 관계적 상상력을 넓혀보자. 적어도 SNS 계정을 새로 만들고, 피상적인 관계일지언정 나와 전혀 다른 사람들과 어울리기 위해 노력해야 한다. 참고로 수 재성은 텍스트 기반의 페이스북이, 목 재성은 글을 카테고리에 맞춰 체계적으로 정리할 수 있는 블로그가, 화 재성은 보다 불특정 다수와 관계 맺을 수 있는 유튜브 또는 인스타그램과 어울린다.

재성이 부족할 경우 유머감각도 떨어지고, 다른 사람이 보기에 가까이하기에는 왠지 딱딱한 느낌을 자아낼 수 있다. 연애나 결혼에 대한 필요성을 못 느끼기도 한다. 현실을 관장하고 움직이는 힘인 재성이 약하니, 이성을 어떻게 대해야 할지 모르거나, 이성을 대하는 기준이 아예 없는 경우다. 사회적으로 만난 사이라 하더라도, 촉촉한(?) 사람만이 가진 매력은 관계를 유연하고 친밀하게 만든다. 타인과의 원활한 교류를 위해, 재성이 없으면 아재개그라 하더라도 열심히 유머를 배워보자. 재성 용신운에는 재성이 가진 긍정적인 특성이 강해지니, 사회적 네트워크를 기반으로 하는 영업이나 알선 사업에서 큰 성과를 낼수도 있다. 이때는 자신감을 갖고 새로운 일을 시작해도 좋다. 편재가 용신인 경우, 보험·자동차·금융 영업처럼 본인의 실적에 따라 인센티브가 지급되는 분야에서 크게 두각을 나타낼 수 있다.

같은 재성이라도 정재와 편재는 조금씩 차이가 있다. 정재는 정확성을 바탕으로 한 근면과 성실의 힘이다. 안정성이 높기 때문에, 정재 용신운에는 큰 돈을 벌지는 못하더라도 가진 돈을 계획적으로 조금씩 불려나갈 수 있다. 무리한 대출보다 안정된 적금을 통해, 적어도 예상한 만큼의 재화는 쉽게 주머니에 넣는다. 주어진 자원을 치밀하고 꼼꼼히 관리해 나가는 정재는, 사회가 불안정할수록 자신은 물론 가족을 지키는 최고의 요소가 된다. 사업가라면 함께 일하는 사람들과의 약속을 잘 지키고, 공사를 명확히 구분하며, 우직하게 주어진 일을 해 나가니 자연스레 신용이 높아질 수밖에 없다.

편재는 유동적인 재물이나 내게 주어지지 않은 재물을 뜻한다. 공공재나 투자금, 대출금이 모두 편재에 해당한다. 주어진 재물이 없기 때문에, 편재는 돈을 벌기 위해 다양한 재능이나 기술을 연마하는 경우가 많다. 정재가 나무를 본다면, 편재는 숲을 보며 전체를 조망하는 능력이 매우 뛰어나다. 즉흥적으로 내가 재미있어 하는 분야에 뛰어들어, 먼 미래를 내다보며 과감히 투자를 단행하는 것도 정재가 아닌 편재다. 편재는 활동력도 정재보다 더 넓은 만큼 사교적이고 유연하며, 뛰어난 유머감각까지 갖추어 인기가 높다.

정재든 편재든 재성이 용신으로 들어올 때는, 위에서 언급한 속성을 내면화하기 위해 노력해야 한다. 만약 정재가 용신이라면 스텝 바이 스텝으로, 자신이 세운 목표를 향해 나아가야 한다. 설정한 규칙을 고수하며, 내가 얻고자 하는 것을 향해 일관된 자세를 유지해 나가는 것이다. 또한 꼼꼼하게 가계부를 쓰며, 지출 현황을 안정되게 관리하는 것도 좋다. 편재가 용신이라면 매사 유연함과 융통성을 바탕으로 당장의 이익보다 미래의 가능성을 향해 움직이는 것이 필요하다. 또한 정재보다 편재가 기부나 봉사와 더 가까운 만큼 약자를 배려하고 내가 가진 것들을 사회적 가치와 연결시키려는 자세를 함양해야 한다.

참고로 어른인 경우, 재성이 용신으로 들어올 때 재화활동을 바탕으로 삶을 안정되게 가꾸어 나갈 수 있다. 하지만 재화활동을 따로 할 수 없는 아이의 경우에는 다르다. 원만한 교우관계를 바탕으로 삶의 즐거움을 좇으니, 본인의 행복감은 높아지지만 학업 성취에는 썩 도움이 되지 않는다. 재성이 용신이라 하더라도, 학문을 뜻하는 인성을 극하기 때문이다. 이런 이유로 재성은 학마라 하여 공부와는 거리가 먼 십성으로 여겼다. 참고로 재성 중 편재는 전체를 한 번에 조망하는 힘이 있고, 정재는 시간을 효율적으로 활용할 수 있다. 이런 속성을 통해 재성은 기출문제를 빠르게 훑으며, 중요한 시험을 앞두고 벼락치기로 극적인 성과(?)를 내기도 한다. 순발력과 응용력은 강하지만 끊임없는 반복학습이 요구되는 일반적인 공부와는 거리가 멀다.

만약 재성이 용신인 신강한 아이가 재성운에도 통 공부에 관심을 보이지 않으면 어떻게 해야 할까? 아이를 학원에도 보내고, 과외도 시켜봤지만 성적이 오르지 않아 걱정인 학부모가 있다고 가정해 보자. 함께 어울려 다니는 아이들이 전부 신강하고 재성 용신운을 지나고 있다면, 해결책은 간단하다. 당장 학원을 끊고, 학부모끼리 학원비를 모은 후 아이에게 이렇게 약속하면 된다. '다음 시험 때 너희들 모두 성적이 오른다면, 기꺼이 이 돈을 너희에게 전부 주겠다. 하지만 단 한 명이라도 성적이 떨어지면, 이 돈은 줄 수 없다.' 아이들은 학원에 다닐 때보다 더 열심히 공부할 것이다. 재성은 실질적인 이익을 중요시하기 때문이다. 만약 무리에서 성적이 떨어질 것 같은 아이가 있다면, 다른 아이들이 채근하고 어떻게든 끌어내서 다 함께 열심히 공부할 가능성이 높다.

재성이 용신이라는 말은 비겁이 기신이거나, 비겁의 기운이 사주에서 강할 가능성이 높다는 뜻이다. 기신이라 해도 비겁은 경쟁과 뚝심, 재성의 기운은 사회적 협력, 관계 욕구, 재물을 향한 욕망과 연결된다. 실제 좋은 효과를 본 상담 사례로, 십성을 응용하여 구체적인 솔루션으로 확장시킨 경우라 할 수 있다. 아이가 구체적인 목표가 없을 경우, 지금 하는 공부가 삶의 어떤 이익과 구체적으로 연결되는지를 자주 상기시켜 주는 것도 좋다.

재성이 용신인데 ① 비겁과 인성이 기구신인 경우와 ② 인성과 관성이 기구신인 경우는 어떻게 다를까? 여기서 재성이 용신이라는 건, 재화활동을 통해 사회적 관계망 속으로 자신을 밀어넣겠다는 뜻이 된다. 인성이 강하면 바깥으로 활동하는 힘보다, 안으로 수렴하는 힘이 강하다. 인성은 통찰과 사유의 힘이지만, 지나칠 경우 식상을 극하며 주체의 활동을 방해한다. 무슨 일이든 해야 하는 상황에서 끊임없이 망설이고 회의하니, 성인이 됐는데도 집안에만 틀어박혀 아무것도 하지 않는 상황이 펼쳐진다.

① 비겁과 인성이 기구신인 경우, 인성과 비겁의 부정성이 함께 드러난다. 자신에 대한 믿음이 강하니 매사 자기중심적인 태도로 고집을 부리며, 주변과의 마찰 때문에 사회적으로도 고립되어 간다. 자기 믿음에 사로잡혀, 거의 반평생을 고시에 매달리는 것도 같은 맥락이다. 이때 자신을 객관화하는 힘은 타인과의 교류에 달려 있다. 고시 공부를 이어가더라도 최소한 성인이라면, 잠시 자신을 내려놓고 편의점이나 카페에서 아르바이트 일이라도 해야 한다. 식상이 가진 활동력과 표현력은 경제적인 활동과 연결될 때 가치를 빛낸다. 참고로 비겁과 인성이 강한데 오래 공부에 매달려야 하는 상황이라면, 규칙적으로 운동을 하거나 비슷한 처지의 사람들과 그룹 스터디를 하는 것이 더 좋다. 식상으로 비겁과 인성의 기운을 유통시킬 수 있기 때문이다.

② 인성과 관성이 기구신인 경우, 뿌리가 약한 비겁은 한신이 된다. 이때는 비겁운이 들어오더라도 유리하게 쓸 수 있다. ②의 경우에는 비겁이 한신이라 하더라도, 거의 희신만큼의 가치가 있다. 나를 사회적 존재로서 우뚝 설 수 있게 하는 힘은, 나 자신에 대한 믿음에 달려 있기 때문이다. 자존감과 주체성이 튼튼한 사람(비겁)이라야, 타인과 원만하게 교류(재성)할 수 있는 법이다.

재성이 기신일 때

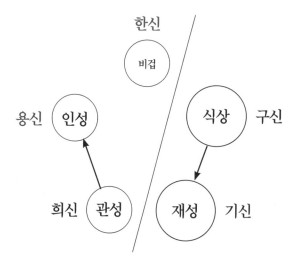

재성이 기신이라는 말은 원국에서 재성의 기운이 가장 넘친다는 뜻이다. 이때 재성을 키워주는 식상이 운으로 들어올 경우, 당연히 재성으로 인한 단점이 크게 드러나게 된다. 현실성이 강한 재성은 유행에 민감하고, 세상사에 관심이 많다. 늘 뉴스를 찾아보고 새로운 취미를 만들며, 새로 알게 되는 사람들과도 쉽게 교류한다. 게다가 경험의 폭이 넓기 때문에 한 번 배운 걸 쉽게 제 것으로 만들어 내는 재주가 있다. 하지만 재성이 과할 경우 현실적인 영역에만 관심을 두기에 피상적이며, 긴 시간을 들이지도 않아 진정한 의미에서 전문가가 되기가 쉽지 않다. 많은 대상에 몰입하다 쉽게 초조해지거나 피로를 느끼며, 자주 불안감에 휩싸인다. 가만히 있으면 뒤처진다는 생각 때문에 압박감 속에서 끊임없이 자신의 기운을 소모하는 것이다.

넘치는 재성은 비겁이나 인성으로 균형을 맞추어야 한다. 만약 재성의 기운이 강하게 발현될 때는, 인성의 힘으로 장기적인 계획을 세우고, 작은 일을 하더라도 끝까지 파고드는 자세를 갖추어야 한다. 사업이나 투자를 하는 이라면, 무리해서 욕심을 내기보다 지금 상황을 최대한 유지하려는 노력을 기울이는 게 더 중요하다. 재성 기구신 운에

272

는 손실을 입고, 의식주가 불안해질 가능성이 매우 높기 때문이다.

　재성이 기구신인 경우, 재성운이 들어올 때 돈을 번다 하더라도, 막상 정산해 보면 수중에 남는 돈이 얼마 없는 경우가 많다. 돈을 많이 번 경우에는 건강을 크게 잃거나, 가족을 포함한 사회적 관계가 안 좋아지는 경우도 있다. 재성이 들어올 때 강해진 물욕을 바탕으로 왕성하게 활동하긴 하지만, 결국 일간이 약해 그렇게 벌어들인 돈을 제대로 움켜쥐지 못하는 상황이 생기는 것이다.

　하지만 인간 관계에서의 지나친 파탄이나 사회적인 고립, 남녀 관계 등이 문제되지 않는다면 재성이 기구신이라도 크게 나쁘진 않다. 자본주의 사회에서 성인이라면 누구나, 재성이 의미하는 재화활동을 해 나가야 한다. 수중에 있는 돈이 금세 없어진다 하더라도, 소비를 마냥 꺼릴 이유는 없다. 돈을 써야 그만큼 돈을 벌 수 있기 때문이다.

　재성이 기구신인 경우 새로운 성취에 관심이 많고, 갖고 싶은 물건이 있다면 경제적 상황에 상관없이 수중에 넣어야 직성이 풀리는 경우가 많다. 이때 명품이나 고가의 외제차를 사면 돈은 쓰더라도 자산으로 남지만, 도박이나 술과 유흥에 쓰는 돈은 더없이 소비적이라 아름답지 않다. 재성이 기구신인 경우, 어차피 나갈 돈이라 생각하고 기부를 하거나, 형편이 어려운 사람들과 나누는 것이 큰 도움이 된다.

　참고로 정재가 기구신이면 정재가 가진 계획성과 꼼꼼함은 온데간데없이 사라지고, 자칫 게을러지거나 자기밖에 모르는 말과 행동으로 주위의 눈살을 찌푸리게 만드는 경우가 많다. 편재가 기구신인 경우 사치와 낭비로 인해 경제적 어려움을 겪고도, 무사안일로 흐르기도 한다. 편재든 정재든 재성이 기구신이라면 무리한 투자는 절대 금물이며, 반드시 지출 현황을 기록하고 관리하는 습관을 길러야 한다. 재성이 너무 많거나 아예 없으면 현실성이 결여되는 만큼, 재물을 취할 때는 반드시 내가 일한 만큼만 정당한 방법을 통해 취득해야 한다.

　재성의 과한 기운을 직업과 연결시키는 것도 좋다. 투자회사, 은행 등 금융권에서 일하며 합법적으로 많은 사람의 돈을 관리하고 유통하는 것이다. 내 돈이 아닌 큰 돈을 직업적으로 다루는 동안에는, 과한 재성의 기운을 효율적으로 풀어낼 수 있다. 고가의 카메라나 명품 시계,

차를 좋아하는 사람이라면 관련 분야의 관리자나 딜러로 일하는 것도 좋다. 단 재성이 기구신인 사람은 도박이나 술 중독에 유의해야 한다. 특히 편재가 강할 경우 늘 자신의 흥미와 성취를 좇아 움직이기에, 무엇에든 중독이 되면 벗어나기 힘들다. 과한 재성의 기운을 풀어내기 힘들다면 카지노에서 딜러로라도 일하는 것이 낫다. 재성의 과한 기운이 삶에서 단점으로 드러나기에, 역설적으로 재성의 기운을 불리하지 않은 방향으로 소모시키는 것이다.

재성은 가치 판단력이 뛰어나다. 특정 사안이나 특정인의 장단점은 물론, 자질을 한 번에 파악하는 안목이 있다. 조직의 중간 관리자인 경우, 필요한 자리에 능력 있는 사람을 배치하는 탁월함을 보이지만, 재성이 기구신인 경우 이야기가 달라진다. 자신과 가까운 사람이나 내게 이익을 가져다줄 사람들만 골라 낙하산 인사를 하는 경향이 생길 수 있기 때문이다. 재성 기구신 운에는 관계의 친밀성을 떠나 공익적 가치를 염두에 두고, 사람을 적재적소에 안배하려는 노력이 필요하다.

재성이 기구신인 경우, 남이 볼 땐 분주해 보이지만 정작 자신은 불안한 일상을 살아가는 경우가 많다. 마치 물주머니도 없이 넓은 사막 한가운데를 여기저기 뛰어다니는 것과 같다. 그렇기 때문에, 더욱 오아시스에 해당하는 인성의 기운을 끌어와야 한다. 소음을 만들어 내던 삶에서 벗어나, 고요 속에 자신을 맡기고 가끔은 눈을 감은 채 여유를 즐겨야 한다. 폭 넓은 취미활동을 통해 일상을 다채롭게 채워가는 이라면, 새로운 일을 시작할 때마다 반드시 관련 자격증을 취득해 보자. 배우고 싶은 게 있을 때마다 그 즉시 경험해야 직성이 풀렸다면, 앞으로는 관련 분야의 책을 여러 권 사서 진득하게 읽어 나가며 조금씩 깊이를 더해야 한다. 누구나 글을 쓰기 쉬워진 요즘, 해당 분야에 관한 책을 출간하는 것도 좋다. 무엇보다 인성을 키울 때는, 단기적인 결과에 집착하기보다 일관되게 목표를 향해 나아가는 자세가 중요하다.

재성의 인간관계는 다양하고 광범위하다. 자신에게 이익이 될 것 같으면, 동창회나 향우회 같은 행사에 나가 새로운 사람들과도 금세 친근한 관계를 만들어 낸다. 단점은 각계각층에 다양한 인맥을 두고 많은 사람에 둘러싸여 있으면서도, 내면적인 외로움과 고독함을 느끼는 경우가 많다는 것이다. 인간적인 애정과 신뢰로 형성된 관계는 아니기에, 열정과 흥분의 도가니에서 다수의 사람과 파티를 즐기더라도, 때로는 절친한 친구들과 조용한 모임을 가지며 진정한 연결과 소통의 즐거움을 누려야 한다.

과한 재성의 기운은 비겁으로도 다스릴 수 있다. 실제 재성이 과할 경우 어려운 일이 생길 때마다 학연이나 지연 등 사회적 관계에 기대려는 경향이 있다. 이때는 남에게 부탁해서 일을 처리하기보다, 자기 능력으로 돌파구를 마련하거나 동료와 힘을 합쳐 해결해 보려는 자세가 필요할 것이다. 어릴 때부터 친구나 형제자매와 긴밀한 관계를 유지하며 자존감을 높인 사람은, 어떤 사회적 관계 속에서도 쉽사리 자신을 잃지 않는다. 따라서 비겁이 가진 긍정적인 특성을 내 삶에 끌어와 적용해야 한다. 다양한 분야에서 취미활동을 하는 사람이라면, 매일 규칙적으로 운동하는 것이 좋다. 몸과 마음을 단련할 수 있는 운동을 통해, 재성을 극하느라 끊임없이 소진되는 일간의 힘을 더욱 키울 수 있기 때문이다.

참고로 과거에는 원국 내 이성을 뜻하는 재성이 과할 경우, 특히 남성에게 결혼을 여러 번 한다고 말하기도 하였다(여성에게는 관성이 과할 때 같은 말을 했다). 터무니없는 해석이지만, 재성이 강해질 경우 이성에 대한 관심이 지나쳐 특히 재성운에 골치 아픈 애정 문제가 생기기도 한다. 재성이 뜻하는 사회적 관계가 더욱 넓어지니, 이성과도 만날 가능성이 더욱 높아진다고 볼 수도 있다. 부부간에 불화는 물론, 여성의 경우 고부갈등이 야기되기도 한다. 이때 역시 비겁에 해당하는 강한 주체성을 통해, 타인이나 외부 환경에 휘둘리는 일 없이 삶의 균형을 올바로 유지하려는 자세가 필요하다.

④ 관성운의 활용과 방어

관성이 용신일 때

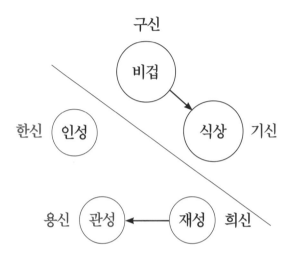

일간이 튼튼해서 신왕하고, 식상까지 강할 때 관성이 용신이 된다. 관성은 사회적 규율이나 타인의 시선, 명예, 통제력 등을 의미하며, 제도와 질서를 대하는 태도와 관련되어 있다. 관성이 부족할 경우 절제력이 약하고, 남의 시선에도 크게 신경 쓰지 않는다. 개인주의적 성향이 강해, 높은 충성도를 요구하거나 규율이 엄격한 곳보다 자신만의 방식으로 자유롭게 일하는 직장을 선호할 수도 있다. 매일 같은 업무를 반복해야 하는 조직에서는 큰 성과를 내기가 쉽지 않은데, 일을 내키는 대로 몰아쳐서 하거나, 쉴 때 한정 없이 쉬는 경향이 있기 때문이다. 일관성이 떨어져 일을 할 때도 즉흥적이며, 시간 관리를 잘하지 못해 업무 성과가 들쑥날쑥하다는 게 단점이다.

관성의 기운을 끌어오고 싶다면, 관성이 가진 긍정적인 특성을 내 삶에 의도적으로 적용시켜야 한다. 즉 관성의 규칙성과 일관성을 함양하고, 주어진 일은 책임감을 갖고 완수해 내는 것이다. 의지를 가지고 내가 가지고 있지 않거나 부족한 부분을 보완하기 위해 노력해야 한다. 내킬 때만 몸을 움직이는 것이 아니라, 일정한 계획에 따라 꾸준히 실행하는 습관을 길러야 한다. 전통적으로는 관이 조직을 의미한 만큼, 직장인이라면 힘들더라도 조직의 규율에 자신을 맞추고 직분에 충실해야 한다. 하다 못해 눈이 오나 비가 오나 출퇴근 시간만은 꼭 지키고, 인사를 잘하며, 실수가 생길 경우 다른 사람에게 책임을 돌려선 안된다.

관성이 발달된 사람은 조직이나 사람에 대한 통제력과 통솔력도 뛰어난 편이다. 수평적 관계에서 두각을 나타내는 재성과 달리, 관성은 규율이나 명령이 중요한 수직적 관계에서의 적응력이 높다. 정직하고 우직하며, 공익적 지향성도 강해 사심이 없기에, 대다수 사람에게 쉽게 리더로서 인정받는다. 따라서 관성이 운으로 들어올 경우 회사에서 승진하거나, 시험에 합격하거나, 선거에서 당선될 가능성이 무척 높아진다. 이렇듯 관성의 긍정적인 작용이 자연스럽게 구현되는 환경이 조성될 때일수록 자기 확신을 갖고 관성과 관련된 일을 적극적으로 수행해야 한다.

관성은 맹수의 침입으로부터 가축을 보호하는 울타리처럼 삶의 안정성을 상징하기도 한다. 따라서 관성이 용신인 경우, 안정적인 거주지를 우선적으로 마련하는 것도 좋은 방법이 된다. 루틴을 통해 좋은 습관을 만들면, 관성이 뜻하는 심리적인 안정감도 확보할 수 있다. 일종의 틀을 만들어, 지속성과 안정성을 불어넣는 것이다. 예를 들어 엉덩이를 붙이고 공부를 지속해야 하는 상황이라면, 관련 학원에 등록하거나 기숙사에서 생활해 보는 게 어떨까? 아니면 비슷한 처지의 사람들과 스터디 모임을 만들고, 지각을 하거나 과제를 하지 못할 경우에 대비해 벌금 제도를 운영하는 것도 좋은 방법이다.

사실 관성이 용신이라는 건, 스스로가 직접 계획한 것들을 실천하기 위해 노력한다는 뜻이다. 하지만 관성의 기운을 생성하는 게 어려울 경우, 억지로라도 주변 환경을 관성에 맞게 설정하거나, 그 틀 안으로 나를 밀어넣어야 한다. 최소한 사회적 시선이라도 내게 집중되도록 해야 한다. 다이어트를 계획한 경우, SNS를 통해 매일 운동한 기록이나 관련 활동을 주변에 알려야 한다. 매달 한 권씩 책을 읽기로 했다면 회원을 체계적으로 관리하는 독서모임에 가입하거나, 일찍 일어나기로 했다면 미라클 모닝 챌린지에 도전해 보는 것도 좋다.

관성이 용신운으로 들어올 때 작게는 학과 대표에서부터 조직체나 단체의 장에 출마해 보는 것도 좋다. 조직 내에 속하는 역할을 직접 부여하는 것이다. 관성 용신운에는 명예를 추구하는 성향이 강해지는 만큼, 사회적 책임과 역할이 부여되면 예상치 못한 높은 성과를 내며 구성원에게 두루 인정받을 수 있다. 조직에서 중요한 일을 맡게 됐다면, 가급적 공과 사를 구분하고 매뉴얼에 따라 일을 처리해 나가는 게 좋다.

사실 관성이 용신인데 원국에 없거나 너무 미약하다면, 재성이라도 끌어와 재생관의 흐름을 만들어야 한다. 따라서 시기가 됐다면 취직을 통해 생산활동에 참여해서라도, 관으로 가는 길을 만들고 관의 가치를 생산해 내자. 남자라면 군대에 입영을 하고, 평생을 사랑할 사람이 생겼다면 결혼을 해서 사회적 구속력을 갖는 것도 좋다. 만약 취업에는 시기가 이르다면, 숙련에 오랜 시간이 필요한 전문 기술을 체계적으로 익히거나, 국가가 보증하는 자격증을 취득하는 것도 유리하다.

과거에는 관성을 조직이나 단체로만 여겼지만, 현대에는 프리랜서나 자영업자도 얼마든지 관성의 기운을 끌어다 쓸 수 있다. 프리랜서가 가진 브랜드나 자영업자가 만나는 고객이 바로 관성이 되기 때문이다. 프리랜서로서 주어진 역할에 최선을 다하고 고객과의 신뢰를 구축해 나가며 브랜드 가치를 높여야 한다. 개업한 식당이 얼마 지나지 않아 들쑥날쑥 사장 내키는 대로 문을 연다면, 점차 사람들의 발길은 줄어들 수밖에 없다. 관성은 요약하면, 공동체의 가치를 우선시하는 행위다. 작게는 법을 준수하고, 사회의 일원으로서 내가 해야 하는 일을 수행하는 것이다. 어른이라면 누구나 식상이 뜻하는 가족을 넘어, 재성이 뜻하는 사회적 차원으로까지 관계를 확장해야 한다. 관성은 여기서 더 나아가, 자녀에게 '더 좋은 세상을 물려줘야 한다.'는 사고에 집중하며 공익적 가치를 높여 나간다.

참고로 고서에서는 용신인 관성이 원국에서 유정하며, 인성이 관성의 기운을 아름답게 설기시키는 경우를 가장 길하게 봤다. 상하계급이 엄격한 관료제 사회에서는 당연히 관인생 되는 사주가 사회 지도계층으로 진입하기 쉬웠을 것이다. 현재에도 많은 이들이 시험을 통해 신분을 높이고 안정된 삶을 확보하길 원한다. 재력을 가진 이들이 명예를 얻고자 정치권에 진입하고, 고위직 승진이나 사회공헌에 매달리는 것도 관인생의 가치가 여전히 유효하게 작용한다는 방증이다. 관성이 용신인 경우 스스로 사회적 인정과 평판, 신뢰를 중요하게 여기니, 통상 승진도 빠르고, 시험에도 합격할 가능성이 높다. 하지만 관성이 용신이라는 말은 삶의 행복과 의식주를 뜻하는 식상이 기신이라는 뜻이다. 규칙적인 생활을 통해 건강하고 안정된 삶을 살아갈 수도 있지만, 막상 고위직으로 승진을 해도 개인의 행복과 연결되지 않는 경우가 종종 생길 수 있다. 따라서 관성이 용신인 경우, 관성이 가진 긍정적인 속성을 내면화하되 과다한 식상의 부정성을 최소화하며 사회는 물론 자신을 위한 삶을 동시에 추구하는 것이 좋다.

육친 관계로 볼 때 여성에게는 남성이 관성이 된다. 특히 일지에 있는 관성이 용신이고 유정한 경우, 고서에서는 현모양처에 정경부인 사주라 하여 귀하게 여겼다. 대체로 비슷한 유형의 사주를 보면, 특정 시기에 가정일을 돌보기 위해 직장을 그만두고 전업주부가 되는 경우가 많다. 대체로 집안 사람을 잘 챙기고, 배우자의 사회적 활동을 잘 도우니 부부 사이도 화목한 편이다. 하지만 용신이라 하더라도 배우자의 사회적 지위만을 높이기 위해 애쓰기보다, 식상의 기운을 살려 자신이 좋아하는 일을 꾸준히 하는 것이 좋다.

관성이 미약한 여성의 경우, 전통적으로 배우자 인연이 박하다고 해석했다. 실제 구속을 싫어하는 성격으로 이것저것 따지는 것 없이 연애를 하다 보니, 쉽게 남자를 만나고 쉽게 남자를 떠나보내는 경우가 많다. 관성이 용신이면, 식상이 발달했다는 뜻이니 식상이 의미하는 친구들과의 빈번한 모임 때문에 이성과의 연애를 소홀히 여기기도 한다. 과거와는 달리 독신이라도 행복하게 살아갈 수 있는 시대인 만큼, 굳이 관성이 약한 점을 단점으로 생각하며 결혼이 어렵다고 여길 필요는 없다. 단 이 경우 반드시 직업을 가지고 경제적인 활동을 해 나가야 한다.

만약 아이에게 관성이 중요한 경우, 테스트를 거쳐야 등록이 가능한 엄격한 교육기관이나 체계적인 시스템을 갖춘 학원에 보내면 높은 성취를 보일 수 있다. 관성은 명예욕을 뜻하니, 내가 속한 조직을 통해 나를 드러내고 싶어한다. 무리를 해서라도 대다수가 인정하는 명문대에 입학하거나, 전문 자격증을 취득할 경우 이를 더욱 잘 활용할 수 있다. 따라서 아이가 본격적으로 수험공부를 하기 전 미리 꿈을 키울 수 있도록, 방학 중 명문대에 투어를 보내거나 명문대생에게 과외를 시키는 것도 좋다.

관성이 기신일 때

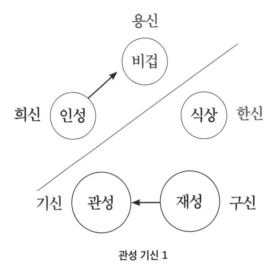

관성 기신 1

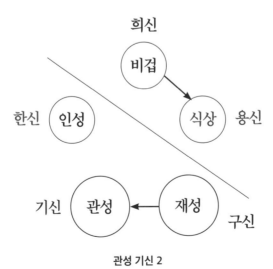

관성 기신 2

관성이 기신인 사주는 ① 일간의 힘이 아주 약하거나 ② 일간이 지지에 뿌리내려 신왕하더라도 신약하고, 관성이 강한 경우에 해당한다. 둘 모두 대세운에서 원국에 넘치는 관성이나 관성을 키워주는 재성이 기구신으로 들어올 때, 일간의 힘은 더욱 약해지게 된다. 일간은 관성에게 극을 당함과 동시에, 재성을 극하느라 자신의 기운을 빠르게 소모하기 때문이다. 적당한 관성의 기운은 자동차로 치면 브레이크의 역할을 하지만, 지나쳐서 기신이 되면 나를 억압하는 요소로 작용한다. 주변의 시선을 지나치게 의식하며, 하고 싶은 것이 있어도 극도로 망설이는 경우가 생기는 것이다. 자동차에는 늘 사이드 브레이크가 채워져 있고, 운전할 때마다 신호등에 걸리거나 여기저기서 단속 경찰이 튀어나오는 상황과 같다.

요컨대 관성은 억압과 통제, 복종의 힘이다. 관성이 기신인 경우 어릴 적 특히 가정 내 억압적인 분위기 때문에 제대로 기를 펴지 못하고, 자주 주눅 드는 상황이 발생할 수도 있다. 학교에서 강압적인 교사를 만나 눈치를 보며 자신감을 잃거나, 심한 경우 학교 폭력에 노출되기도 한다. 물론 모든 기운에는 양면성이 있기 때문에, 반대로 학교 폭력을 일으키는 당사자가 될 수도 있다. 여성의 경우 성과 관련된 불미스러운 사고가 생겨날 수 있어, 특히 초년 관성운은 더욱 세심히 살펴야 한다. 하지만 관성이 기신으로 들어올 때 무조건 이런 사고가 발생한다고 꺼려선 안 된다. 관성이 강하면 강제적인 환경 속에서 극도의 스트레스를 받기도 하지만, 초년 운에는 국내의 입시제도하에서 학업 향상에 적지 않은 도움을 받을 수도 있기 때문이다.

관성은 체계적인 시스템이나 조직을 뜻한다. 관성이 지나치면 자신과 조직을 과도하게 동일시하며, 조직을 쉽사리 떠나려 하지 않는다. 본인이나 가족의 안위를 돌보기보다, 실제 회사를 위한다는 명목으로 매일같이 야근을 하고 주말도 반납하는 경우가 많다. 문제는 융통성 없이 조직 내 구성원들에게 똑같은 삶을 강요한다는 것이다. 관성이 뜻하는 리더십과 통솔력이 부정적으로 작용하는 경우로, 억압적인 상사로 낙인 찍힐 수 있다(반대로 억압적인 상사에게 내가 시달릴 수도 있다).

마땅히 가져야 할 관성의 책임감과 의무감이 지나치면, 자신은 물론 가족의 삶 또한 크게 흔들리게 된다. 넘치는 관성은 자신이 속한 환경에 안주하려는 경향을 만들어 내는데, 이는 역설적으로 일간을 옥죄는 틀로 작용한다. 예를 들면 갑자스럽게 실직을 하거나, 정년 퇴직을 할 경우 한순간에 삶의 방향성을 잃어버리기도 한다. 조직 밖의 삶을 한 번도 생각해 본 적이 없기 때문이다. 목장의 가축들은 울타리 덕분에 삶의 안정성을 보장받지만, 울타리를 벗어나면 즉시 맹수의 위협에 노출된다. 참고로 관성 기구신 운에는 퇴직금을 종잣돈 삼아 벌이는 무리한 사업이나 투자는 무조건 피해야 한다. 실제 오랫동안 공무원이나 군인 등 관적인 직업에 종사해 온 사람이, 퇴직 후 과한 재물에 욕심을 내다가 평생 모은 돈을 어이없게 날리는 경우가 많았다.

　울타리 안에 있으면, 밖으로 나가고 싶어도 쉽게 나가지 못해 답답함을 느낄 수 있다. 마찬가지로 관성이 너무 강하면 자신을 구속하는 틀이 많다는 뜻이니 평소에 투덜대는 습관이 있거나, 불평불만이 많은 편이다. 관성이 강하다면 평소 내면의 불만을 다스리고, 명랑함을 키우기 위해 노력해야 한다. 관성이 강한 아이를 둔 부모라면, 아이가 어떤 환경에서든지 주눅 들지 않도록 자주 칭찬해 주며 기를 펴줘야 한다.

　육친 관계상 관성은 여성에게 남성이 된다. 전통적으로 여성 사주에 관성이 많으면, 결혼을 여러 번 한다며 부정적으로 바라봤다. 시대에 뒤떨어진 해석이지만, 관성 기신 운에는 이성과 관련된 아픔을 겪거나, 배우자가 폭력의 주체가 되는 경우가 있다. 이때는 환경에 매몰되는 경향이 강하게 나타나기 때문에, 우울증에 걸려 마음 고생을 하거나, 이별 또는 이혼을 감행하기 어려워하는 경우가 많다.

　관성이 넘칠 때 생겨나는 부작용을 막고자 한다면 비겁을 키우거나, 인성으로 설기시켜 원국의 균형을 맞추어야 한다. 극단적인 사례지만, 주폭이나 혼인빙자 사기 등 심각한 귀책 사유로 이혼을 선택해야 할 경우, 자립이 망설여지거나 변화가 두렵다는 이유로 뜻을 꺾어선 안 된다. 특히 요즘 시대에는 편관이 강한 여성의 경우 남편의 사회적 지위에 자신을 투영시키는 것도 좋지 않다. 가정주부라면 배우자에 대한 경제적 의존도를 덜어내고, 언제든 독립된 주체로서 홀로 설 수 있도록 미리 사회적 전문성(인성-학위)을 갖추어 놓아야 한다. 평생 직장이 사라진 시대인 만큼, 퇴근 후 대학원에서 공부하거나, 평소 자기계발에 투자하며 자신만의 가치를 높여야 한다.

일단 기신 관성 운이 강하게 들어올 때는, 무엇보다 가장 먼저 몸과 마음의 건강(비겁)을 챙겨야 한다. 조직의 일원이라는 자부심, 승진을 향한 열망을 잠시 내려놓고, 조직에만 매몰된 삶에서 벗어나기 위해 노력해야 한다. 가족과 함께하는 시간을 늘리고, 취미활동을 통해 내면에 집중하며, 여행을 통해 일상의 여유를 찾아야 한다. 관성은 규율과 체계의 힘으로, 집단의 가치를 내재화하며 자신을 빛내기도 한다. 하지만 권력과 명예를 향한 지나친 욕망은 양날의 칼이 되어, 때론 나뿐만 아니라 가족이나 특수관계인의 삶도 위험하게 만들 수 있다.

관이 과다하면, 터무니없는 명예심이나 공명심으로 온갖 암투를 벌이기도 한다. 과도한 권력 의지를 마음에 품은 공직자가 자신의 실수나 오류를 인정하지 않는 경우도 생긴다. 오기와 독선에 사로잡혀 물러나지 않고 버티는 순간, 모든 것이 파탄에 이를 수 있다. 본인이 열망하던 자리에 오른 경우, 약육강식의 논리로만 세상을 바라보며 공익적 가치를 훼손하거나, 사회적 약자를 향한 폭력성을 드러내기도 한다. 관성이 가진 억압과 복종의 힘을 내면화한 사람이, 막상 높은 위치에 올랐을 때 그 힘을 제대로 다스리지 못하고 바깥으로 분출하는 경우다.

특히 편관이 기구신일 때는 평소의 거침없는 특성이 부정적으로 흘러, 조직 내에서 기회주의적 성향을 보이거나, 권모술수를 부리다 신망을 잃기도 한다. 말이 앞서 막상 행동으로 옮기면 중도에 포기하다 보니, 차라리 아무 일도 안 하는 것이 나은 상황도 생겨난다. 정관이 기구신인 경우, 강자에게는 고개를 숙이지만, 약자에게는 가혹한 기준을 적용할 수 있다. 조직 내에서 당연한 승진을 앞두고 있더라도, 동료들에게 인심을 잃어 모함을 당할 수 있으니 각별히 경계해야 한다.

관성 기구신 운에는 예기치 못한 불미스러운 소송이나 관재수에 노출될 수도 있다. 송사는 피하는 게 최선이지만, 만약 잘못한 게 있다면 이를 인정하고 바로잡기 위해 노력해야 한다. 감당할 수 없는 목표에 지나친 욕심을 품고 불법적인 일을 도모하거나, 작게는 마땅히 내야 할 세금을 내지 않는 등의 행위는 사회의 건강뿐만 아니라 내 삶도 해치는 일이다.

'돈을 잃으면 조금 잃은 것이고, 명예를 잃으면 많이 잃은 것이며, 건강을 잃으면 모든 것을 잃은 것이다.'라는 말이 있다. 관성이 뜻하는 명예를 지킨다는 것이, 재성이 상징하는 재물을 지키는 것보다 훨씬 어려움을 잘 표현한 글이라 생각한다. 구속과 명예를 뜻하는 관은 나를 죽일 수도 있는(일간을 극하는) 무서운 힘이기에 고도의 장치가 필요하다. 재물은 쓰면 없어지지만, 권력은 쓰면 쓸수록 더 가지고 싶어진다. 이 때문에, 관성이 강할 때는 반드시 인성이 상징하는 지혜와 통찰력을 갖추어야 한다. 물러날 때 연연하지 않고 먼저 자리를 내려놓은 사람이, 외국에서 공부하거나, 자기 수양을 통해 더 크게 성장하는 경우가 관인상생의 좋은 예시다.

관성의 과한 기운 역시 직업과 연결시켜 풀어낼 수 있다. 관성은 규율과 체계가 잘 갖추어진 조직과 어울리기에, 규모가 큰 대기업에 들어가거나 교사, 군인, 공무원으로 일하는 것도 자연스럽다. 매뉴얼대로 일해야 하는 행정 업무나 데이터를 가공·수집하고 주어진 절차대로 분석하는 통계학, 프로그래밍, 정보처리학 같은 분야도 좋다.

특히 편관이 강한 여성이라면 남성을 상대로 하는 일에서 강점을 나타낸다. 관성이 많으면 단순히 결혼을 여러 번 한다고 볼 게 아니라, 어떤 환경에서든지 이성을 쉽게 인지하니, 이성 관계에서 두각을 나타낸다고 보는 게 합리적이다. 편관은 적극적이고 매력적인 리더십이다. 이 경우 남학생들이 많은 학교나 학원에서 교사로 근무하거나, 식당, 술집, 카페를 하더라도 남성 고객을 중심으로 영업을 하면 좋다. 어디에 속해 있든 자신을 매력적으로 드러낼 줄 알기에, 남성에게도 인기가 많다. 관성의 양면적인 기운으로 인해 본인의 넘치는 매력만큼이나, 기운이 강하고 선이 굵으며, 사회적으로 왕성히 활동하는 이성과도 쉽게 어울릴 수 있다. 시대가 달라진 만큼, 여성의 경우 관성이 많다고 하여, 무조건 부정적으로만 볼 필요는 없다는 이야기다. 당연히 관성이 혼잡된 경우도 마찬가지다. 참고로 관성 혼잡인 경우, 연애할 때는 매력적인 남성과 연애하더라도, 결혼 후에는 정관적인 삶을 사는 경우가 많았다. 편관과 정관을 다 쓸 수 있다는 뜻이다.

⑤ 인성운의 활용과 방어

인성이 용신일 때

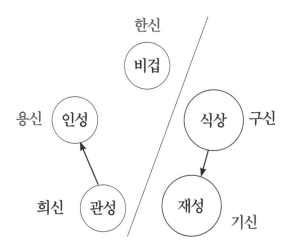

인성이 용신인 사주는, 식상과 재성이 넘치는 경우에 해당한다. 인성은 버티고 준비하는 힘, 삶의 여유, 지속력과 통찰력 등을 의미한다. 인성이 부족할 경우 하는 일의 마무리가 약하고, 삶의 목표 또한 자주 바뀌는 경우가 많다. 대학을 다니다가도 중도 퇴학하거나, 회사 한 곳을 오래 다니기 힘들어한다. 조금만 일이 안 풀려도 금세 마음의 여유를 잃고, 감정의 동요 속에서 쉽게 번아웃을 맞는 경우도 많다.

인성의 기운을 끌어오고 싶다면, 인성이 가진 긍정적인 특성을 내면화하기 위해 노력해야 한다. 인성은 관성에게 생을 받아, 일간의 힘을 복돋우는 기운이다. 내가 가진 능력을 통해 재화를 획득하고(식상-재성), 직장에서 사람들과 부대끼다 피곤함을 느낄 때, 잠시 하던 일을 멈추고 휴식을 취하는 힘이 인성이다. 인성을 끌어오고 싶다면, 반드시 지친 일상에서 빠져나와 재충전하는 시간을 통해 다시금 삶을 지속할 수 있게 만들어야 한다. 식상, 재성, 관성은 모두 일간의 힘을 소모하지만, 인성은 유일하게 일간을 생하며 일간이 하나의 목표를 향해 꾸준히 걸어갈 수 있게 도와준다.

식상이 새로운 사람을 만나거나, 여행을 통해 나를 확장한다면, 인성은 책을 읽거나, 깊이 있게 공부하며 나를 성장시킨다. 인성은 정신력, 학문과 공부의 힘이기 때문이다. 직장에서 업무적으로 부족한 부분이 있다면 이를 보완하기 위해 관련 자격증을 따거나, 승진시험을 앞두고 있다면 회사에서 인정받기 위해 열심히 공부하는 것이 좋다. 조급함을 버리고, 하나의 목표를 향해 일관된 자세를 유지하는 것이 중요하다. 내가 속한 환경이 조금 불만족스럽더라도 참아내고, 꾸준히 나를 성장시키며 새로운 기회를 만들어 내야 한다. 공부하고 있는 분야가 있다면 끝까지 파고들어 학위를 취득하거나, 더 높은 등급의 자격증을 취득하며 전문가로 인정받아야 한다.

신왕한데 인성이 미약할 경우 굳이 남의 도움을 기대하지 않고 어떤 일이든 자기 힘으로 성취하려는 열망이 강하다. 하지만 부모, 직장 상사, 선배, 은사 등이 자신을 도와주려 할 때, 자존심을 내세우며 이를 거절할 필요는 없다. 다른 사람의 조력을 통해 나를 객관화하고, 더 크게 성장할 기회를 만들어 낼 수 있기 때문이다. 하다 못해 다른 사람의 말에 공감하고, 경청하려는 태도를 갖추어야 한다. 인성이 가진 통찰과 승화의 힘을 끌어와, 보다 더 성숙한 내일을 향해 나아가야 한다.

식상, 재성이 강한 경우 인성이 용신으로 들어와 사주의 균형이 맞춰지게 되면, 인성이 뜻하는 긍정적인 요소가 삶에 적용되는 경우가 많다. 공부에는 별 뜻이 없었던 사람이 갑자기 대학원에 진학하거나, 한 분야의 책을 몽땅 사 읽으며 독서에 재미를 느낄 수도 있다. 여러 직장을 전전하거나, 대학 공부를 중도에 포기하는 등 방향 전환이 잦았다면, 인성운에는 갑자기 목표를 세우고 꾸준히 정진하며, 이전과는 다른 안정성을 확보하게 되는 경우도 많다. 사내 승진 시험에 노력을 기울이거나, 전혀 관심 없었던 부동산에 새롭게 관심을 가질 수도 있다.

일간을 생해주는 인성은, 육친 관계상 남녀 모두에게 어머니에 해당한다. 나를 사랑으로 감싸주고 길러주는 어머니의 힘은, 내가 받은 만큼 남을 도우려는 배려심과 모성애로 드러난다. 평소 말 안 듣는 자녀 때문에 조급함이 강했다면, 인성운에는 마음의 여유는 물론, 자녀가 올바른 인격체로 성장할 수 있도록 헌신하려는 마음이 강해져 양육태도가 완전히 달라질 수도 있다. 타인에 대한 배려심이나 사회적 약자를 향한 따뜻한 시선이 생겨나, 내가 조금 손해를 보더라도 가진 것을 기꺼이 나누려 할 수도 있다. 갑자기 종교에 관심이 생겨 교회나 절에 다니거나, 요가나 명상에 심취하게 되는 경우도 많다.

정인이든 편인이든, 인성이 용신으로 들어올 때 머뭇거리거나 현재에 안주해선 안 된다. 일간을 생해주는 인성은, 별다른 노력을 하지 않아도 일간의 부족한 부분을 알아서 채워주는 기운이다. 갑자기 부모나 선배, 동료로부터 뜻하지 않은 도움을 받고, 정서적 안정감이 커지는 경우가 많다. 만약 정인이 용신이라면 예의와 품위, 다른 사람들을 향한 너그러운 인품을 갖추기 위해 노력해야 한다. 누가 알아주지 않더라도 자신만의 도덕적 준칙을 세우고, 무슨 일을 하든 책임과 의무를 다해야 한다. 편인이 용신이라면 남과 차별화되는 창의력이나 개성을 만들어 내기 위해 노력해야 한다. 정인과는 달리 특히 실용적인 학문이나 예술, 체육 등 특별한 기술 또는 감각이 중요한 분야에서 자신만의 능력을 키워야 한다. 엔터테인먼트적인 재능이나 끼, 독특한 물건을 제작할 수 있는 능력은 특수한 직업 분야에서 나의 존재를 빛낸다.

용신은 내가 써야만 가치를 드러내며, 내 삶을 변화시킨다. 따라서 인성운이 용신으로 들어올 때, 확신을 갖고 인성의 긍정적인 특성들을 내 삶에 의도적으로 끌어와야 한다. 인성 용신운에는 꾸준함을 바탕으로 평생에 걸쳐 도움이 될 안정적인 삶의 발판을 만들어 낼 수 있다. 만약 학생이라면 성적을 올리기도 좋은 만큼, 공부에 최선을 다해보자. 공부를 통해 자신감은 물론, 자존감도 마음껏 높일 수 있다. 또한 사업을 할 때는 시간이 얼마가 걸리든 한 우물만 파야 성공할 수 있다. 인성이 용신, 관성이 희신인 경우, 10년이 걸리더라도 한 우물만 판 자가 지하수 대신 금맥이나 석유를 발견하는 법이다.

인성이 용신이라는 말은 신약하다는 뜻이다. 신약한 사람은 자아가 외부 환경에 비해 약하다. 자신이 진정 원하는 삶보다 타인을 위한 삶을 살아갈 가능성이 높기에 더욱 더 인성이 중요하다. 하나의 목표를 향해 꾸준히 정진하는 게 어렵다면, 일을 시작하기 전 실행가능한 목표와 계획을 최대한 구체적으로 세워야 한다. 사는 대로 생각하는 게 아니라, 내가 생각하는 대로 원하는 삶을 거머쥐겠다고 마음먹어야 한다. 내게 주어진 시간을 하나의 목표를 향해 효율적으로 통제해 나가야 한다. 학생 신분으로 고시 3관왕을 달성한 사람이 식사 시간을 줄이기 위해 밥을 질게 해서 김밥만 먹었다는 일화에서, 인성의 일관된 힘을 느낄 수 있다.

　신약한 사람은 공부(인성)를 통해 자신의 존재를 확립하고, 타자와의 관계 속에서도 중심을 지킬 수 있다. 대학원생이라면 학위 취득을 위해 정진하고, 자격증을 위해 공부 중이라면 어떻게든 목표했던 자격증을 취득해야 한다. 특히 변호사, 의사, 약사, 변리사, 회계사, 법무사 등 전문자격증을 취득하는 것이 큰 도움이 된다. 부동산과 관련 있는 공인중개사나 부동산경매사도 좋다. 인성운에는 장기적인 고시 공부에도 유리하니, 엉덩이 붙이는 힘이 약했던 사람이라면 이때만큼은 자신감을 갖고 과감히 도전해야 한다. 향후 취직을 하거나 사업을 하더라도, 보통의 사업 형태보다는 자격증을 바탕으로 사회적 활동을 해나가는 게 훨씬 유리하기 때문이다.

　참고로 연구원, 교사나 교수, 국가고시나 공공기관에서 일하는 공무원은 특히 정인과 어울리는 직업이다. 조직 내에서 문제가 생겼을 때, 정관을 쓰는 사람이 자신의 지위나 회사의 내규, 매뉴얼, 관습, 법으로 해결하려 든다면, 인성을 쓰는 사람은 지식에 기반한 전문가적 권위나 연구 성과를 내세워 갈등을 봉합한다.

　인성이 학위나 공부를 의미한다고 하여, 학위나 전문자격증을 취득하는 것만이 유일한 길이라고 생각해선 안 된다. 한 번 시작한 일이 있다면, 매듭을 지으려는 자세를 갖춰야 한다. 예를 들어 새로운 취미활동을 시작했는데 흥미가 떨어졌다고 하여 곧바로 그만두면 안 된다. 관련 자격증을 취득하는 게 어렵다면, 적어도 이수증이라도 받고 그만두는 것이 좋다. 무언가를 시작했다면, 거기에 상응하는 것들을 미리 확보해 놔야 한다. 혹시라도 대학원에 진학할 마음이 없다면, 그간 공부한 것들을 체계적으로 정리한 후 책을 출간해서라도 전문가로 인정받아야 한다. 배움의 길에 들어섰다면 훌륭한 멘토를 찾아나서고, 공부하려고 마음먹은 게 있다면, 해당 분야의 책을 먼저 잔뜩 사놓자. 필요한 자료를 우선 확보해 놓고, 궁금한 것이 생겼을 때 온갖 논문을 뒤적여서라도 끝장을 봐야 한다.

인성이 용신인 경우, 가급적 부동산을 통해 자산을 늘려가는 것이 좋다. 하다 못해 작은 소유의 텃밭이라도 가꾸며 주말농부가 되는 것도 좋다. 재성이 의미하는 현금성 자산과 달리, 인성은 문서로 된 자산을 의미한다. 집이나 땅문서, 인허가권이 인성에 해당한다. 인성의 핵심은 시간이 오래 걸리더라도, 천천히 안정성을 확보해 나가는 것이다. 현금 유동성을 바탕으로 자주 돈이 오가는 사업은 인성과 맞지 않다. 현금보다 지분을 중요시하고, 장기전에 강하기 때문에 오래 적금을 넣는다. 부동산을 여럿 확보한 후, 말년에도 안정적인 노후를 보내는 분들을 보면 대다수 재성보다 인성이 용신인 분들이 많았다. 부모가 큰 자산을 물려주는 경우 역시, 인성이 용신인 경우가 많았다.

사실 기술이나 유행이 빠르게 변해 더욱 예측이 어려워진 현대사회에서, 과거에 비해 인성의 가치가 조금 낮아진 건 사실이다. 속도가 느리고 변화를 따라가긴 어렵지만, 다른 십성과는 달리 오직 인성만이 할 수 있는 게 있다. 온고이지신, 즉 옛것을 바탕으로 새로운 것을 만들어 내는 것이다. 같은 관점에서 그날 내가 했던 일들, 떠올렸던 생각들을 일기를 쓰며 정리하는 것도 큰 도움이 된다. 스토아학파의 대표적인 철학자이자 황제였던 마르쿠스 아우렐리우스가 심란한 마음을 달래기 위해 작성했던《명상록》이 고전으로 남은 것도 인성의 힘과 관련이 크다.

기존 것을 대체하는 새로운 기술이나 지식도, 자세히 들여다보면 이미 있던 것에서 영감을 얻거나 옛것의 단점을 보완해서 발전시킨 경우가 많다. 인성은 종교나 철학은 물론, 고전, 한문, 농업 등 분야를 가리지 않고, 오래 전부터 내려온 학문에서 강점을 보인다. 학습의 영역에서 식상이 새로운 것을 배우는 학(學)의 영역에 가깝다면, 인성은 꾸준히 익혀서 내 것으로 만들어 내는 습(習)의 영역이다. 배우는 데 오랜 시간이 걸리는 학문에서 특히 강점을 보이기에, 성과가 더디게 나더라도 꾸준함을 통해 결국에는 자신만의 분야를 개척해 내는 경우가 많다.

만약 아이가 인성이 용신이라면, 학업성취도와 상관없이 한 분야에서 꾸준히 자신만의 길을 개척할 수 있도록 도와줘야 한다. 인성운에는 성실하게 노력한 만큼 정당한 대가를 취하려는 마음이 강해지기 때문이다. 인성은 본질을 들여다보며 원리를 깨우치는 고도의 사유체계다. 편재가 기출문제를 풀며 시험 출제자의 의도를 빠르게 파악하는 데 강점이 있다면, 인성은 문제를 많이 풀기보다 느리더라도 지속적이고 깊은 사유를 통해 이치를 파악해 낸다. 그렇게 해서 결국 의문을 완벽히 해소하고, 내 것으로 만들어 내는 건 재성이 아닌 인성이다.

혹시라도 아이의 학업성취도가 낮아 걱정이라면 어떻게 해야 할까? 인성의 기운을 활성화하려면 성적을 무조건 올려준다고 광고하는 학원이 아니라, 아이가 믿고 따르는 선생이 있는 학원에 보내는 것이 더 효과적이다. 또한 순발력은 강할 수 있지만 엉덩이 붙이는 힘은 떨어지므로, 시간이 좀 걸리더라도 꾸준함이 필요한 공부를 권장하는 것이 좋다. 기출문제를 많이 풀기보다, 문제를 하나 풀더라도 원리를 완벽하게 이해하게끔 하는 것도 중요하다. 인성의 힘으로 공부를 할 때에는, 무엇보다 자기를 믿고 지지해 주는 좋은 스승을 만나야 한다.

인성은 육친 관계상 어머니를 뜻하는 만큼, 어머니와의 친숙한 관계가 매우 중요하다. 무엇을 하고 어떤 모습으로 살아가든, 항상 어머니가 옆에서 응원하고 잘되기를 바라고 있다는 확신을 아이에게 주어야 한다. 이때 어머니의 칭찬이 아이에겐 최고의 약이 된다. 만약 아이가 신약한 경우, 공부를 잘하는 것과는 상관없이 나중에 대학원에서 학위를 취득하거나, 전문자격증을 딸 수 있도록 도와주는 것도 좋다. 전문성을 인정받을수록 더욱 안정적인 삶을 살아갈 수 있는 만큼, 특히 수 기운이 중요하다면 외국의 대학으로 유학을 보내는 것을 권장한다.

바둑이나 한문, 서예, 수학 등은 인성을 키우기에 좋은 학문이다. 차분하게 앉아서 오래 생각하는 습관을 함양할 수 있기 때문이다. 요가나 명상, 사경(寫經), 서예, 기수련을 통해서도 인성의 기운을 키울 수 있다. 학교 성적이나 먹고사는 문제와는 전혀 관련이 없다 하더라도, 철학이나 우주, 영성, 종교 등 눈에 보이지 않는 세계에 대해 아이가 갖고 있는 탐구심을 함부로 막아선 안 된다. 쓸데없다 여기지 말고, 아이가 원할 경우 관련 분야의 책이라도 원 없이 살 수 있도록 해줘야 한다.

원래 인성은 재성과 달리 현실성이 떨어지지만, 인성의 긍정적인 요인을 충분히 끌어올 수만 있다면, 결코 그것이 약점이 될 수는 없다. 참고로 예체능 분야에서 하루 종일 반복적인 연습을 통해 두각을 나타내는 아이들을 보면, 인성이 용신인 경우가 많았다. 공통점은 물질적이든 비물질적이든, 모두 어머니의 풍족한 조력을 등에 업고 있었다는 것이다.

재미있게도 무인성 사주인 분들 중 의외로 종교나 영성에 대한 관심이 강하거나, 신기가 있는 경우가 많았다. 인성은 돈오가 아닌 점수에 가깝다. 즉, 지속적인 사유체계를 뜻하는데, 무인성이라 지속성이 떨어지다 보니 어느 순간 돈오에 가까운 작용이 일어난 게 아닌가 싶다. 무인성은 일종의 백지와 같아서 어떤 색으로든 채워질 수 있다. 참고로 인성의 힘을 통해 깊은 통찰력을 갖추면 구루나 종교 지도자가 될 수도 있다.

인성이 기신일 때

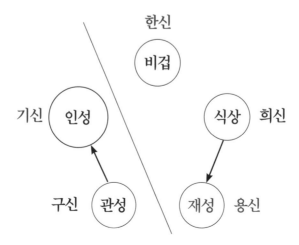

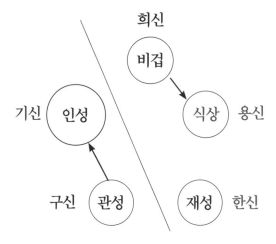

인성이 기신이라는 말은 원국에서 인성의 기운이 가장 넘친다는 뜻이다. 안 그래도 사주에 인성이 넘치거나, 인성을 키워주는 관성이 기구신 운으로 들어올 경우, 인성의 부정성이 크게 드러나게 된다. 인성은 육친으로 어머니를 뜻한다. 어머니의 사랑과 극진한 보살핌 속에서 아이가 평온함을 느끼듯, 인성이 있어야 삶의 안정감을 확보할 수 있다. 하지만 인성이 넘칠 경우 일간은 인성의 파도에 휩쓸려 주체성을 상실하게 된다. 자연에서 비바람을 맞고 자란 꽃들과 달리, 온실 속의 화초는 결코 자신만의 힘으로 겨울을 날 수 없다. 어머니의 과도한 사랑과 조력이 간섭으로 작용하여 자립의 기회를 빼앗는 것이다. 인성에 휩싸인 일간은 무엇을 하든 자기 힘과 노력으로 성취하려 하기보다 남들의 도움을 지나치게 바란다. 남에게 인정받고 싶은 마음에 남의 시선을 의식하고 눈치를 보며 자신의 삶이 아닌, 타인의 삶을 살아갈 가능성도 높다.

인성은 사유와 인내의 힘이다. 깊이 들여다보며 현상이나 사물의 본질을 꿰뚫어 보고, 불만이 있어도 내비치지 않고 끝까지 참아낸다. 하지만 인성이 과도할 경우, 쓸데없는 생각이 일간의 발목(식상)을 붙잡는다. 갈래길 앞에서 길을 택해야 하는데, 고민하다 선택의 시간을 놓치게 되는 것이다. 사실 결정이 어렵지, 실행하는 데는 큰 힘이 들지 않는다. 하지만 문제는 인성이 과할 경우, 선택한 길을 걷다가도 확신을 갖지 못한 채, 중도에 포기하고 다시 되돌아온다는 것이다.

과도한 인성 앞에 선 일간은, 결정장애의 굴레에 빠져 사소한 결정조차 내리길 힘들어한다. 일상에서는 점심 메뉴를 결정하지 못해 남이 시키는 대로 음식을 먹거나, 혼자서 쇼핑하는 것도 어려워한다. SNS나 인터넷 사이트를 뒤지며 자신과 비슷한 의견을 찾거나, 누군가 질문을 하면 "글쎄.", "잠깐만.", "잘 모르겠어." 같은 모호한 대답을 하기도 한다.

음이 극에 달하면 양이 되고, 양이 극에 달하면 음이 되듯, 극과 극은 통한다. 인성이 부족해서 생겨나는 요소들과, 인성이 넘쳐나서 생겨나는 부정적인 요소들이 서로 다르지 않다는 뜻이다. 인성이 과다해도, 인성이 없을 때처럼 하는 일의 마무리가 약하고, 삶의 목표가 자주 바뀔 수 있다. 인성이 너무 과다하거나 아예 없어도 삶의 안정성이 떨어지며, 자주 나아갈 방향을 잃는다.

특히 어린 시절 관성의 생조로 인성이 과다해졌다면, 엄격한 부모의 기대 수준에 맞추기 위해, 스스로를 검열하고 통제하며 자라나는 경우가 많다. 자신의 실수나 부족한 면이 남 앞에 드러날까 봐 전전긍긍하니, 성인이 된 이후에도 긴장된 삶을 살아간다. 대학을 다니다가도 중도하차하거나, 제대로 일해 보지도 않고 짧은 기간 내 여러 회사를 전전하기도 한다. 하는 일이 잘 안 풀릴 때마다 실질적으로 움직이며 제대로 완결짓기보다, 쓸데없는 생각에 많은 시간을 허비하니 마음의 여유와 안정을 찾기 어렵다.

인성이 가진 자애로움과 모성의 힘은, 받은 만큼 사랑과 호의를 베푸는 기운이 된다. 타인을 향한 따스한 배려와 베푸는 마음은 인성의 장점이지만, 역시 지나치면 주변 사람을 답답하게 만들 수 있다. 사려 깊은 태도로 상대를 존중한다고 하지만, 자기 감정이나 의사를 적극적으로 표현하지 못해 오해를 초래하기도 한다. 과도한 인성이 표현력과 활동력을 뜻하는 식상을 극하는 상황이다. 지나친 세심함이 오히려 불편한 경우를 만들기도 한다. 누군가 지적을 하면 '세상은 원래 이런 곳이야.' 혹은 '사람들은 원래 그래.'라고 여기며 자신을 돌아보지 않는다. 스스로에겐 '난 언제나 착한 사람', '난 언제나 좋은 사람'이라는 프레

임을 덧씌운 채, 타인의 까다로움과 엄격한 세상을 탓하고 비난한다. 자신감이 없고 늘 주눅들어 있다 보니, 타인과의 만남을 불안하고 낯설게 여기기도 한다.

정리하면 과도한 인성은 일간이 제대로 된 사회적 존재로 성장할 기회(식-재-관)를 빼앗는다. 모든 동물은 어느 정도 자라면 어미의 품이나 무리를 떠나 독립하지만, 과다한 인성에 휩싸인 일간은 마땅히 시기가 왔을 때도 홀로 나서길 주저한다. 실상은 자신이 만들어 놓은 생각의 틀 속에서 타인과 세상의 시선을 단정 짓고, 세상 밖으로 나아가길 저어하는 것이다. 당연히 세상살이의 기본 원칙을 모르니 현실감각이 떨어지고, 우유부단한 태도 속에서 다른 사람에게 자주 휘둘릴 수밖에 없다. 타인에게 상처받을 때마다 억울해하고, 조금만 손해를 봐도 스스로를 피해자라 여긴다. 자신의 열등감과 낮은 자존감, 편견과 고정관념이 상처받을 자신을 보호하며 어른으로의 성장을 가로막는 것이다.

인성이 넘칠 때 생겨나는 부정적인 요소들을 줄이고자 한다면, 재성과 식상, 비겁의 기운을 끌어와야 한다. 인성이 과다하니, 자연스레 공부를 많이 하게 된다고 여겨선 안 된다. 인성이 과다하다는 건 결단력이 부족하다는 뜻이다. 이때는 자신이 내린 선택을 의심하지 말고, 한번 결정내린 사안은 주저 없이 행동으로 옮겨야 한다. 힘들면 차라리 인성 그 자체의 힘을 믿고, 인성의 바다에 뛰어드는 게 낫다. 공부를 끝까지 하기로 결심했다면, 반드시 대학자가 되겠다는 각오를 다지자. 이 길이 맞나 확신이 서지 않고 의심하는 마음이 들 때마다 인성이 뜻하는 회의의 숲을 단칼에 베어내야 한다.

인성이 많으면 생각도 많고 측은지심도 강하다. 게을리 지내거나, 방에 혼자 틀어박혀 생각의 크기를 키우기만 해선 안 된다. 신앙생활을 하고 있다면 남을 위해 기도하거나, 거리에 나가 전도라도 하면서, 종교적 깨우침이나 각성을 위한 행동으로 옮겨야 한다. 인성이 없으면 종교, 영성, 명상, 요가 등을 통해서 눈에 보이지 않는 가치를 성찰하는 시간이 필요하다. 조금 어렵긴 하지만 반대로 과다한 생각을 비워내기 위해 명상이나 요가를 하는 것도 좋다. 인성이 많다면 내 생각을 말로 조리있게 정리하거나 체계적이고 정기적인 글쓰기를 통해 바깥으로 드러내는 것을 권장한다. 과다한 인성을 식상이나 재성의 기운으로 순환시키는 것이다.

일단 기신 인성운이 강하게 들어올 때는, 상처받기 두려워 안전함을 택한답시고 이불 속에만 누워 있어선 안 된다. 세상 밖으로 나와 진짜 나의 모습(비겁)을 찾아나서야 한다. 인성이 과다한 경우 한신이라 하더라도 비겁의 기운을 적극적으로 생성해 내야 한다. 해보고 싶었던 취미가 있다면 반드시 시작하고, 그 속에서 내가 잘할 수 있는 것들을 발견해 내야 한다. 운동, 여행, 산책, 모험, 연애, 동아리 활동, 친구들과의 수다 등 그 어떤 식상적 활동도 모두 큰 도움이 된다.

인성이 식상을 극하고, 재성의 힘을 소진시키는 만큼, 인성이 기신일 때는 사회적 활동이 너무나 중요하다. 특히 취업에 대한 두려움 때문에, 학문에 뜻이 없는데도 불구하고 대학원으로 도피하는 경우가 최악이다. 아르바이트라도 하며 꾸준히 재화활동을 하고, 내 삶의 발판을 바깥에서 만들어내야 한다. 내게 진짜 중요하고 의미있는 것을 찾아 삶의 목적으로 삼고, 이를 달성하기 위해 일관성 있게 나아가자. 자존감을 향상시키고, 스스로의 개성을 찾아내는 것이 관건이다. 자존감이란 스스로를 중요하고 가치 있는 존재로 인식하는 것이다. 타인의 판단이나 평가에서 벗어나, 긍정적이든 부정적이든 그대로의 나 자신을 객관적으로 바라보는 시도가 필요하다.

평소에도 내가 내린 판단을 존중하는 연습을 하고, 목표를 세웠다면 꾸준히 실행하는 습관을 길러야 한다. 남이 도와줄 거라는 기대와 의존성을 버리고, 무슨 일을 하든 내가 주체가 되어 끝을 보아야 한다. 인정과 칭찬, 호의를 얻기 위해 남들에게 지나치게 맞출 필요도 없다. 결정에 앞서 미리 선택지를 줄이고, 최소한의 가이드라인만 세워야 한다. 무슨 일을 하든 마감일을 정하고, 정해진 일은 어떻게든 기간 안에 끝내자. 선택에 대한 두려움을 없애고, 나의 직감과 판단을 전적으로 신뢰해야 한다.

인성 기구신 운에는 의존성이 높아져 내가 해야 할 일도 다른 사람에게 떠넘기고, 책임지지 않으려는 마음이 커질 수 있다. 일이 잘 풀리지 않으면 상대를 탓하거나, 책임을 오히려 떠넘기니 동업을 할 때 특히 불리하다. 재정 보증으로 인한 문제도 자주 일어나는 만큼, 누군가와 공동투자나 동업을 하기로 했다면, 구체적으로 계약서를 작성하여 서로의 역할과 책임 소재를 분명히 해야 한다. 인성이 문서를 뜻하기도 하는 만큼, 인성 기신 운에는 부동산을 매입하거나, 보증을 서는 등 계약과 관련된 일은 최대한 미루는 것이 현명하다.

인성의 과다한 기운을 직업적으로 풀어내는 것도 가능하다. 인성이 가진 사유의 힘을 철학이나 인문학, 수학, 종교, 영성, 우주, 물리학 등 자연 현상이나 법칙을 탐구하는 데 활용하는 것이다. 따라서 인성은 교수, 연구원, 또는 학자로 일하는 것이 무척 어울린다. 특히 성과를 내기에 시간이 오래 걸리고 꾸준함이 필요한 농업이나 문서를 다루는 부동산업, 자격을 부여받거나 부여해 주는 인허가 사업, 특허, 감사, 보증이나 신뢰를 바탕으로 하는 임대업 같은 분야도 좋다.

만약 아이가 인성이 기신인 경우, 부모라면 아이의 자율성과 자립심을 최대한 끌어올려 주어야 한다. 아이가 스스로 할 수 있는 일은 늘리고, 작은 결정이라도 스스로 내릴 수 있도록 해야 한다. 간단하게 아침 식사 때 무엇을 먹을지, 어떤 학원에서 무얼 배우고 싶은지, 주말에 뭘 하며 시간을 보낼지 스스로 선택하게 하자. 또한 자녀의 실패를 보호하려고 해선 안 된다. 아이들이 실패를 통해 어려움을 극복하고, 어떻게 문제를 해결해 나갈 수 있는지를 스스로 터득하게 만들어야 한다. 답답하더라도, 아이들이 독립적으로 성장하는 과정에 최대한 간섭하지 않는 것이 관건이다. 아이가 독립적인 환경과 자율적인 태도를 유지할 수 있도록 해주되, 어떤 경우라도 특별대우는 하지 말아야 한다. 참고로, 아이가 인성이 기신인데 엄마는 식상이 기신이라면, 무엇보다 아이 앞에서 곧바로 자신의 감정을 분출해선 안 된다.

만약 아이가 부모에게 지나치게 의존하려고 한다면, 차라리 기숙학교에라도 보내는 것이 좋다. 대학생이 되었다면 성인이므로, 조금 걱정이 되더라도 기숙사에 보낼 게 아니라, 자취를 하게끔 해주자. 아르바이트를 하며, 어느 정도의 용돈은 스스로 벌게끔 하는 것도 좋은 방법이다. 요지는 부모의 그늘에서 벗어나, 일상을 스스로의 힘으로 꾸려 나가게 만드는 것이다. 이렇게 해서라도, 비겁의 기운을 키워 아이가 독립된 존재로서 자립할 수 있게 해주어야 한다.

참고로, 아이의 학업성취도가 낮을 경우, 잡념이 많아 집중력이 떨어지거나 학습법에 문제가 있는 건 아닌지 체크해 봐야 한다. 인성은 원리를 이해하는 힘이지만, 과할 경우 자칫 중요하지 않은 부분에 매몰되게 만들어 학습의 효율을 떨어트리기 때문이다. 예를 들어, 학교 수학 선생이 이번 시험에는 방정식과 함수에 관한 문제를 많이 출제하겠다 공지한 상황이다. 인성이 과다할 경우 완벽히 이해되지 않으면 진도를 나가지 않다 보니, 몇 문제 출제되지도 않는 집합 부분만 자꾸 들여다보며 시간을 낭비하는 일이 생길 수 있다. 이때는 개념을 완벽하게 이해한 후에 문제를 고민해서 풀기보다, 다양한 문제를 숙달될 때까지 풀어보며 문제 유형을 익히고 응용능력을 높이는 식의 공부가 유용하다. 학습에 있어서도, 이른바 용신인 재성의 기운을 최대한 활용해 보는 것이다. 학습 일정과 목표를 단계별로 설정하여 효율을 높이고, 기출문제를 중점으로 출제자의 의도를 파악하는 방식의 공부법이 효과적이다. 문제 유형에 맞춰 시간을 적절히 배분하는 연습을 하는 것도 큰 도움이 된다.

명리영역 기출문제

1. 다음 중 오행 용신과 관련된 내용으로 가장 적절하지 않은 것을 고르면? (난이도 중)

① 이룸: "목화가 용희신이라면 발산의 에너지가 필요하고, 금수가 용희신이라면 수렴적 에너지가 중요하다고 봐야 해. 수목 용희신이라면 원국에 토가 많다는 뜻이니, 평소 과감한 전환이나 발상이 성패를 좌우할 거야. 지금 하고 있는 일이 잘 진행되지 않으면, 원점에서 재검토하고 다시 시작하는 게 좋을 수도 있어."

② 유엘: "화 재성과 목 식상이 용희신인 신강한 사람이라면, 수 재성과 금 식상이 용희신인 사람보다 사회적 관계망을 더 넓혀야 하지 않을까? 신중하거나 분석적인 성향이 강하기 때문에 사람을 만날 때도 이익을 우선 따지는 건 좋지 않아."

③ 경주: "맞아. 대신 수 재성과 금 식상이 용희신인 경우라면 실속 없게 사람을 만나는 게 아니라, 정말 내게 필요한 사람을 만나는 게 좋아. 사주 자체는 발산의 힘이 강하기 때문에, 관계에 있어서도 균형을 추구해야 해."

④ 서담: "화토나 토금이 용희신인 경우 핵심은 토 오행에 달려 있어. 자신감을 갖고, 새로운 변화를 두려워해선 안 돼."

⑤ 다율: "조직에서 화 관성과 목 재성을 용희신으로 쓴다면, 누군가 해야 할 일이 있을 경우 내가 먼저 나서서 책임감 있게 끝내는 게 좋을 것 같아. 똑같은 용희신이지만 가게 사장이라면, 조금 손해를 보더라도 단골 손님들을 우선 잘 챙겨야 해."

2. 다음 중 오행 용신과 관련된 내용으로 가장 적절하지 않은 것을 고르면? (난이도 중)

① 가동: "한신은 용신의 힘을 조금 덜어가기는 하지만, 대체로 기신을 극하는 힘이잖아? 신강하든 신약하든 용희신이 금수 또는 토금이라면, 목이 한신인 경우와 구신인 경우로 나눌 수 있어."

② 샘물: "신약한 금수 용희신 사주라면, 과시적인 목표를 더욱 경

계해야겠지? 나아가 수 인성과 금 관성이 용희신이라면, 대책없이 저지르는 일이 생겨선 안 될 거야."

③ 희망: "같은 인성이라도 목 인성과 화 관성이 용희신이라면 잘 쓰기가 어려워. 목화는 발산의 힘인데, 관인상생은 수렴의 힘이라 서로 결이 안 맞잖아."

④ 우현: "토금이 용희신이면 원국에 목화가 많다는 뜻이잖아? 그렇다면 남 좋은 일은 그만하고, 현실적인 이익과 손해를 꼼꼼하게 따져야겠지?"

⑤ 온찬: "금수가 용희신이면 현실을 고려한 꼼꼼하고 치밀한 계획이 더욱 중요할 거야."

3. 다음 중 십성과 관련된 내용으로 가장 알맞지 않은 것을 고르면? (난이도 하)

① 율: "어떤 십성이 과다하다는 건, 그 십성과 관련된 부정적인 특성이 더 잘 드러날 수 있다는 걸 뜻해. 예를 들어 인성은 통찰력과 인내력 등을 뜻하지만, 과다하면 이것저것 재다가 타이밍을 놓쳐버릴 수 있어."

② 민아: "원국 내 과다한 십성은 그 기운이 부정적으로 발현되지 않도록 최대한 써버리는 게 좋아. 예를 들어 편재가 너무 과다하면, 큰돈을 굴리는 은행이나 증권회사 같은 금융업에 종사하면 좋아. 내 돈은 아니지만, 그렇게라도 하면 재물에 대한 갈증을 풀어낼 수 있거든."

③ 예진: "비겁이 넘칠 때는 식상으로 흘려보내면 되지 않을까? 운동이나 여행 또는 식상이 뜻하는 취미활동을 다양하게 하는 거야. 친한 친구들과도 자주 만나서 수다를 떠는 것도 좋은 방법이고."

④ 하나: "어떤 십성이 부족하면, 그 십성과 관련된 인간관계를 통해서도 부족한 기운을 보충할 수 있어. 예를 들어 비겁이 필요하면 형제나 자매, 회사 동료들과 친근하게 어울리는 게 좋아. 식상이 필요하면 아랫사람이나 부하직원을 잘 챙겨줘야 해."

⑤ 아현: "인성은 나를 생해주는 기운이잖아? 어머니나 선생님(은 사, 멘토)처럼 나를 도와주는 윗사람 모두 인성이라 할 수 있어. 같은 관점에서, 회사에서의 선배나 상사 역시 관성이 아니라 인성으로 해석해야 해."

4. 다음 중 십성과 관련된 내용으로 가장 알맞지 않은 것을 고르면? (난이도 중)

① 준: "신약한 경우, 돈을 벌면 벌수록 더욱 재물을 열망하게 되는 이유가 재성이 관성을 생하는 데 있지 않을까? 소비 성향은 큰데, 삶의 안정성에 대한 집착이나 강박 또한 더욱 심해지니 모순이 생기는 거지. 어쩌면 재물을 통해 본인의 사회적 지위를 높이고자 하는 욕망이 작용하는 걸 수도 있어."

② 지율: "벌어들인 돈을 잘 쓰지 못하는 걸 넘어 고집 센 구두쇠 소리를 듣는 경우, 관성이나 인성이 기구신일 가능성이 있어. 절약이나 검소한 생활은 인성의 장점이기도 하지만, 지나치면 관성의 강한 원칙주의와 결합해 부정적으로 작용하게 될 거야."

③ 시원: "기구신인 관인으로 인해 지나치게 인색해진 경우, 유연함과 융통성을 뜻하는 식상을 긍정적으로 끌어와야 하지 않을까? 또는 한신으로 잘 쓸 수만 있다면, 넓은 인간관계를 뜻하는 재성도 유용하게 작용할 것 같아."

④ 하루: "평생 집밥을 팔아 모은 전 재산을 기부하고, 40년간 장애인을 위해 봉사해 온 김밥 할머니가 계셨어. 재성이 강했기에 평생 큰 돈을 버셨을 텐데, 안타깝게도 돈을 쓰는 재미나 오락, 유흥은 모르고 사셨던 것 같아."

⑤ 지건: "관성이 일간을 적당히 극하면 무모한 시도를 하지 않으니 삶에 안정성이 생길 거야. 그렇지만 관성이 지나칠 경우 변화와 발전은 잘 이루어지지 않겠지. 같은 관점에서 신왕재왕하면 부를 이룰 수 있다고 하지만, 관성이 약하다면 아무리 벌어도 한탕주의로 쉽게 돈을 날릴 수도 있어."

5. 해당 십성이 발달한 자녀와 어울리는 공부법으로 가장 적절하지 않은 것을 고르면? (난이도 중)

① 태하: "재성은 현실성을 뜻하잖아? 결국, 왜 공부를 해야 하는 지, 공부를 하면 무엇이 좋은지에 대한 본인만의 답을 먼저 찾아야 해. 이후 아이가 본인이 설정한 목표를 달성했다면, 용돈이나 선물을 주며 확실히 보상해 주는 게 좋아."

② 다온: "인성은 인내심이 강하잖아? 귀찮더라도 기출 문제집을 최대한 많이 풀면서, 시험에 필요한 순발력을 기르는 게 중요할 것 같아. 시험 문제를 풀다가 답이 안 나온다고 계속 그 문제만 붙잡고 있을 순 없잖아?"

③ 이룬: "비겁은 혼자 공부하기보다, 친한 친구들과 어울리며 스터디 카페를 다니거나, 그룹 과외를 받는 게 더 좋지 않을까? 친구들끼리 모두 성적이 오르면 적극적으로 칭찬해 주고, 공동으로 상을 주는 것도 괜찮을 것 같아. 과감한 칭찬과 격려는 비겁의 장점을 극대화하거든."

④ 우서: "관성은 명예욕이 강하기 때문에, 대학에 가더라도 간판을 중요시할 거 같아. 게다가 엄격하게 통제받는 환경이라 하더라도, 남들보다 적응도가 높은 편이잖아? 어쩔 수 없이 재수를 할 경우, 기숙학원에 다녀도 괜찮지 않을까?"

⑤ 은재: "식상은 친구나 동생들에게 가르친다 생각하고, 공부한 것을 입 밖으로 자주 설명해 보는 게 좋아. 혹은 본인이 말한 걸 녹음한 후 자주 되새김질하는 것도 도움이 많이 될 거야."

풀이노트

1. → 정답은 ④번이다. 화토나 토금이 용희신인 경우, 균형과 조화의 에너지가 무엇보다 중요하다. 토가 용희신이라는 이야기는, 원국에 토 오행이 결여되어 있다는 뜻이다. 이 경우 토 오행이 상징하는 안정성, 느긋함, 여유로움이 부족할 수 있다. 멘토

나 선배들의 경험과 조언에 귀 기울이고, 신중히 판단하며 움직이는 것이 중요하다. 나머지 보기는 전부 맞는 설명이다.

덧붙이면 상담 시 신강 신약 여부를 떠나 토가 용희신인지, 기구신인지를 조금 더 꼼꼼히 들여다볼 필요가 있다. 무토, 미토, 술토를 조토로 구분하고 기토, 진토, 축토를 습토로 구분할 때, 대세운에서 어떤 성격의 토가 들어오는지에 따라 원국이 가진 조후적 환경이 크게 달라질 수 있기 때문이다. 여기에서 토가 용희신인 것보다, 기구신일 때 조금 더 유리한 여지가 생기게 된다. 비유하면 포커를 치면서 남은 카드를 받을 경우(드로우), 토가 기구신이라면 남보다 불리한 카드를 받을 확률이 조금 더 줄어들게 된다는 뜻이다.

예를 들어 조후적으로 뜨겁거나 건조한 원국은 아무리 토가 기구신이라 하더라도, 신자진 운동을 마무리하는 진토나 자수와 합하는 축토가 들어올 경우 기구신의 부정성이 크게 줄어들게 된다. 특히 진토는 적천수에서 서술했듯 화치승룡(火熾乘龍)의 작용으로 원국의 강한 화기를 단번에 덜어낼 수 있다. 조후적으로 습하거나 추운 원국 역시, 기구신이라 하더라도 인오술 운동을 마무리하는 술토나 오화와 합하는 미토를 운에서 만날 경우, 부정성이 그리 크지 않다.

2. → 정답은 ③번이다. 목 인성이 용신, 화 관성이 희신인 명식은 식상과 재성이 강한 신약한 명식이라는 뜻이다. 식상이 강하면 일을 벌이기만 하고, 목표한 결과를 손에 쥐는 힘이 약하다. 재성이 강하면 관심의 대상이 다양하고, 대인관계의 폭도 넓다. 하지만 무언가를 늘 강렬하게 추구하기에 자주 불안감에 휩싸이고, 친밀한 관계에서 오는 안정감 대신 마음속에 공허함이 남을 가능성이 높다. 따라서 관성과 인성이 용희신인 경우 단기적인 목표나 인간관계, 재미, 이익 등에 급급하기보다 장기적인 관점에서의 성실함과 꾸준함이 성패를 가르는 중요한 요소가 된다.

참고로, 인성과 관성이 넘치는 신약한 구조라 식상이 용희신인 경우, 도전을 하더라도 개인의 행복을 바탕으로 공동체의 가치를 추구하는 게 좋다. 이때 한신인 재성 또한 내 편이라는 건, 그 도전의 과정은 물론, 도전에 함께하는 사람들과도 좋은 관계를 유지해야 더 큰 성과를 낼 수 있다는 뜻이 된다.

3. → 정답은 ⑤번이다. 인성은 나를 생해주는 기운인 만큼, 인간관계에서 어머니나 선생님 모두 인성에 해당한다고 볼 수 있다. 직장에서라면 선배나 상사 역시 인성으로 해석되지만, 조직의 규율과 체계 속에 놓인 존재라는 점에서 또 다른 해석도 가능하다. 팀장이나 임원 등 조직의 장이 사내 분위기, 관습, 매뉴얼 등을 만들고, 회사원이라면 누구나 그러한 것들을 준수해야 한다는 측면에서 관성이 될 수도 있는 것이다. 회사에서 부정을 저지르려 한 사람이 동료의 고발이 두려워 다시 마음을 돌리게 되었다면, 이때는 통상 비겁으로 해석되는 동료 또한 관성의 역할을 했다고 볼 수 있다. 관성은 사회적 시선에 해당되기 때문이다.

십성을 키워드로만 외우고 있다면, 깊이 있게 활용하기 어렵다. 보통 여성의 경우 자녀를 식상으로만 해석하지만, 자녀를 돌볼 때는 헌신과 자애로움을 뜻하는 인성의 기운도 함께 필요하다. 남성의 경우 아버지를 재성으로 해석하지만, 집안의 가풍과 규율을 만들고, 나를 훈육하는 존재라는 점에서 관성으로도 볼 수 있다. 결국, 관성이 부족하다면 시간 약속을 잘 지키거나, 규칙적으로 생활하기 위해 노력하는 것과 별개로, 때에 따라 아버지와의 관계를 친밀하게 다지는 것도 큰 도움이 된다.

4. → 정답은 ④번이다. 재성이 강해 평생 큰돈을 벌었다고는 볼 수 없기 때문이다. 오히려 이 경우 재성이 약했기에 쇼핑이나 사치, 유흥과는 거리가 먼 삶을 살았다고 할 수 있다. 참고로 재성이 기구신인 경우 재성운이 들어올 때 돈을 번다 하더라도, 크게 건강을 잃거나, 인간관계가 안 좋아지는 경우가 많다. 강한 결핍을 느끼며, 현실의 삶에 만족하지 못하기 때문이다.

김밥 할머니가 평생 부지런히 일하면서도 나눔과 기부, 봉사의 삶을 산 원동력은 식상과 인성에 있다. 식상이 강했기에 평생 일복이 끊이지 않았고, 인성의 힘을 바탕으로 평생 남을 위해 헌신하는 삶을 살았다. 보기의 예시는 실제 평생 김밥을 팔아 모은 전 재산을 기부하고, 40년간 장애인을 위해 봉사해 온 박춘자 할머니를 바탕으로 하고 있다. 박춘자 할머니는 살고 있던 집의 보증금 5,000만 원도 기부한 후 세상을 떠났다.

5. → 정답은 ②번이다. 인성은 통찰의 힘이 강하기 때문에, 단순히 여러 문제를 풀기보다 원리를 완벽하게 이해하는 게 선행되어야 한다. 꾸준한 반복과 노력을 통해 점진적인 발전이 가능한 만큼, 인성은 바둑이나 한문, 서예, 수학처럼 차분함을 요구하는 학문에 강점이 있다. 시대가 달라지면서 코딩, 물리학, 천문학 등 인성이 두각을 드러낼 수 있는 분야도 많아지고 있다. 다만, 대한민국 입시제도하에서 인성은 풀리지 않는 문제에 너무 매달리는 나머지, 공부 시간을 효율적으로 배분하는 데 어려움을 느낄 수도 있다.

사주 통변의 주안점

사주는 통상적으로 일간의 세기에 따라 극신강, 신강, 중화, 신약, 극신약으로 나뉜다. 신강한 사주는 자의식이 강하고 주체성이 높아, 외부 환경에도 쉽게 굴하지 않는다. 반대로 신약한 사주는 유연하고 적응력은 뛰어나지만, 주체적인 의지가 약하고 주변 환경이나 타인에 의해 쉽게 영향받는다.

보통 신강하면 대세운을, 신약하면 원국을 더욱 세심히 살펴야 한다. 신강하면 나의 기운이 더욱 드센 만큼, 대세운의 영향이 신약보다 강하게 작용되기 때문이다. 신약하면 자기 방어력이 높기 때문에 대세운이 모두 기구신이거나, 용희신이 기구신으로 기반되는 게 아니라면 어떻게든 버텨 나간다. 중화, 신약, 신강, 극신강, 극신약, 전왕일수록 대세운의 영향을 크게 받는다.

또한 신강하면 대세운 중 천간보다 지지가, 신약하면 지지보다 천간이 원국에 더 큰 영향을 준다. 일간의 주체성이 강한 원국은 자신의 주체성이 바깥 세계보다 이미 세기 때문에, 천간보다 지지의 기운에 따라 특정 환경이 펼쳐질 때 더 움직이려 한다. 반대로 신약한 사주는 자신의 주체성이 바깥보다 약한 상태이다 보니, 자신의 마음을 동하게 하는 천간에 더 큰 영향을 받는다.

신약하면 유년기 대운이 기구신이라도 성장 환경이 안정적인 경우 별 일 없이 보낸다. 하지만 신강하면 자신에 대한 믿음이 넘쳐 주변을 잘 살피지 않기에, 사소한 실수가 돌이킬 수 없는 손실로 이어지는 경우가 많다. 의외로 신강한 사람이 유년기 대운을 기구신으로 보낼 때 평생의 지병이 생기거나, 본인의 잘못으로 인해 어이없는 사고를 겪는 것도 그 때문이다.

나의 경우 어렸을 적 친구들 앞에서 실력을 뽐내기 위해 위험한 길에서 자전거를 타다 추락사고를 겪고, 교통사고로 인해 오른팔만 두 번이나 부러졌다. 공사장에서 놀다 벽돌에 맞아 뒤통수가 깨졌고, 놀이터 미끄럼틀과 동네 내리막길에서 뒤로 스케이트를 타다 넘어져 두 번이나 뇌진탕을 겪었다. 고등학생 때는 건강을 자신하다 수면 부족으로 콜린성 두드러기에, 20대 시절에는 기흉과 폐결핵에 걸리기도 했다. 그때 겪은 질병과 사고들은 지금도 여러 가지 부분에서 내 발목을 잡고 있다. 건강에 대해서만 이야기했지만, 어릴 적 내담자가 학교폭력이나 가정 문제를 겪은 적은 없는지도 확인해야 한다. 내담자가 신강할 경우, 현재 안고 있는 여러 문제들이 그때 기인했을 가능성이 있다.

과거에 비해 학업 및 취업 스트레스가 더욱 높아졌지만, 신강하면 20대 이후에 온 기구신 대운은 크게 신경 쓰지 않아도 된다. 대입 문제라 하더라도, 본인의 실력이나 성적대보다 조금 낮은 대학에 입학하는 정도로 그치기 때문이다. 자신에게 맞는 전공을 찾지 못해 몇 년 방황했지만, 뒤늦게 학업에서 충분히 자신의 실력을 인정받는 경우도 많다. 신강한 경우 주변의 강요나 기대를 떠나, 자기 스스로 문제의식을 갖고 목표를 설정할 때 늦더라도 큰 성과를 낼 수 있다. 학업적으로 대세운의 향방이 불리하다면, 차라리 남성의 경우 군대에 먼저 입대하거나, 사회활동을 하며 자신의 힘을 덜어내는 것이 나을 수도 있다.

신약하면 별로 중요하지도 않고 신경 쓰는 사람도 없지만, 내면의 상처가 평생의 콤플렉스로 남기도 한다. 당연히 신강한 사람에 비해 경우가 많지는 않지만, 대입 실패나 이혼 등을 겪을 경우 내상을 강하게 입으면 평생을 트라우마에 시달리기도 한다. 바깥 세계에 비해 주체성이 약하기 때문에, 신약한 사람이 주변의 시선과 기대에 부흥하기 위한 삶을 살아갈 경우 절대 행복해질 수 없다. 신강한 것처럼 문제의식을 갖고, 세상을 대하는 자신만의 룰을 설정해야 한다.

신강하면 오히려 사주상 자기 기운이 본격적으로 드러나기 시작하는 30~40대 대운을 잘 살펴야 한다. 자기 주체성이 높아지는 만큼 파산, 이혼, 건강과 관련하여 실패나 좌절을 겪을 시 큰 상처로 남는 경우가 많기 때문이다. 십이운성상 건록에 해당하는 시기로, 신강하면 원국과 대운에 따른 십이운성의 기운도 강하게 적용된다. 신강하면 운에서 관대, 건록, 제왕을 만날 경우 업다운이 심하게 일어날 수 있다(장생은 큰 힘이 아니기 때문에, 중요도가 조금 떨어진다). 십이운성은 대세운과 마찬가지로, 시간이라는 운동성을 갖는다. 운의 행로에 따라 순행하면 관대, 건록, 제왕을 지나고, 역행하면 제왕에서 관대로 흐른다.

특히 신강한 데다 월지와 시지 모두 관대나 건록, 제왕을 가진 명식이라면 용희신을 떠나 대세운의 십이운성에 주목할 필요가 있다. 극신강한 무오일주라 수 재성이 용신이라고 가정해 보자. 원국과 대세운간의 합, 충, 형 등의 작용은 일어나지 않는다 감안하더라도, 용신인 임자대운이 온다고 해서 무조건 반기면 안 된다. 겁제에 제왕이라는 휘몰아치듯 거대한 에너지를, 원래 내 것이라 착각하고 마구 휘두르기 때문이다. 이때는 한 우리 안에 호랑이와 사자를 밀어넣는 것처럼 강한 기운이 폭발적으로 충돌할 수 있다. 용신운이라 하더라도 극심한 기복을 겪을 수도 있는 만큼, 무엇보다 안정성을 확보해야 한다.

아이러니하게도 신강할수록 극단의 실패를 겪은 후에야 사주를 보러 오는데, 운보다 자신의 노력과 실력을 더욱 믿기 때문이다. 신강하면 자신의 원국에 없는 기운들을 대세운에서 만날 때, 마치 오랫동안 벼려온 것처럼 더욱 크게 쓰는 것도 하나의 요인이다. 신약한 사람이 앞뒤를 재는 것과 달리 두려움이 없기 때문에 신강한 사람은 크게 얻거나 크게 잃을 가능성이 높다(물론 신약한 사람이 겁재운을 강하게 만날 때도 신강한 것처럼 행동하기 때문에, 자신의 판단을 숙고하고 주변을 잘 살펴야 한다).

신강한 사람이 파산을 하거나, 신용불량자가 되는 등 경제적인 어려움에 처했다 하더라도, 세운만 우호적이라면 충분히 다시 일어날 수 있으니 그 시기와 방향을 잘 알려줘야 한다. 신강하면 손에 쥐어지는 구체적이고 확실한 결과를 추구하기 때문에, 세운의 영향을 많이 받는다. 하지만 신약하면 주변의 환경이나 분위기가 더 중요하기 때문에, 대운에 더 큰 영향을 받는 편이다. 따라서 신약하면 내담자가 곧 어떤 환경에 놓이게 되는지, 그때 생기는 마음의 변화와 갖추어야 할 태도에 대해 섬세하게 이야기해 주는 게 좋다.

재미있게도 신약하면 본능적으로 본인이 지킬 수 있는 최소한의 계획들을 염두에 두고 찾아온다. 신강한 사람에 비해 세운을 세세하게 설명하지 않아도 괜찮지만, 명리학에 근거한 솔루션을 제시할 때마다 본인이 잘할 수 있을지 부담을 느끼며 망설이기도 한다. 이 때문에 단호하고 자신감 있는 태도를 보이기보다, 경청하고 공감하면서 격려와 지지를 바탕으로 조금씩 조언하며 접근하는 지혜가 필요하다.

신강 신약 모두 원국 내 합의 양상에 따라 일간이 양간인지 음간인 지도 구분해서 살펴야 한다. 천간에서 정재와 합하는 양간은 진취적인 성향으로, 본인이 안정적이고 주도적으로 상황을 통제하려 한다. 하지 만 발산과 확장의 속성이 강한 양간이 신약하면 어떻게 될까? 양간은 주변의 상황이나 목표(재성)를 내가 원하는 방식으로 만들어 가려고 하는 성향이 강하다. 하지만 신약하면 양간이라도 주도적 성향이 환경에 따라 약해질 수 있기 때문에, 본인의 삶에 대한 만족도가 높지 않을 수 있다.

음간이 정관과 합할 때는 본인이 주도적으로 상황을 끌고 가려고 하기보다, 거처할 수 있는 세력이나 주변 환경을 통해 자신을 드러내려한다. 이때 일간은 신강한데, 수렴과 응축하는 성향이 강한 음간이라면 어떻게 될까? 보통 정관합의 경우, 관을 반기거나 기다리며 안정성을 추구하려는 속성이 강하다. 하지만 신강하면 환경에 비해 본인의 주도적 성향이 두드러지기 때문에, 안정적인 환경에 속해 있어도 삶에 대한 만족도는 높지 않을 수 있다.

일간의 에너지가 얼마나 소모되는지는 재물과 인간관계(재성), 명예(관성)를 향한 주체의 욕망에 달려 있다. 십이운성을 적용하면, 발산의 속성을 가진 양간은 자신을 극하는 관성에 대항할 때 에너지 소모가 크다는 것을 알 수 있다. 목·화 일간이 정관이나 편관을 만날 때 절지와 태지가 성립하기 때문이다. 수렴의 속성을 가진 음간은 관성에게 극을 당하기보다, 자신이 주체가 되어(자신의 기운을 발산하며) 재성을 극할 때 더욱 에너지 소모가 크다. 금·수 일간은 정재나 편재를 만날 때 절지와 태지에 놓인다. 음과 양 모두 수렴과 발산이라는 자신의 본성을 거스를 때 더욱 피로도가 쌓이는 만큼, 양간인 경우 편관의 양상을, 음간인 경우 편재의 양상을 잘 살펴야 한다.

신약한 경우 대세운의 십이운성 또한 중요하게 작용한다. 신약한 원국에 묘, 절, 태가 강하면 특히 대세운에서 묘, 절, 태가 오는 걸 섬세하게 봐야 한다. 용희신이라 하더라도, 안정 속에서 점진적인 변화를 추구하는 것이, 장기적으로 목표를 달성하는 데 필요한 기반을 견고히 다질 수 있기 때문이다. 특히 절이 가진 변화와 전환의 힘을 잘 살펴야, 불확실한 위험으로부터 자신을 지킬 수 있다.

신강한 사람은 상담 시 해결책을 들으면 '그대로 할 수 있다' 자신하지만, 막상 실행에 옮기지 않는 경우가 많다. 상담 시 보통 대세운이 불리할 때 찾아오기 때문이다. 게다가 5~10년 뒤가 아니라, 당장 다가올 1년의 시간도 작은 단위로 여기기 때문에, 연 단위의 구체적인 성과와 결과 위주로 이야기하는 게 좋다. 신약한 사람들에게 추상적인 조언도 도움이 되는 것과 달리, 신강하면 추상적인 조언을 별로 좋아하지 않는다. 당연하지만 식상과 재성을 용희신으로 쓰는 사람들에게는, 명확하거나 숫자에 기반한 언어로 이야기하는 게 더 큰 도움이 된다.

참고로 신왕하고 식상이 강해 관성이 용신, 인성이 한신인 사람들은, 시간에 대한 단위를 길게 설정하는 편이다. 이 때문에 장기적인 관점에서의 조언이 유효하게 적용될 수 있다. 인다신약한 사주라 용신이 재성인 경우에도, 신강한 사람과 마찬가지로 가까운 세운에 대한 전술적 조언이 무척 중요하게 작용한다. 재관이 용희신인 경우, 특히 관성이 대세운에서 들어올 때 공부를 해서 학위를 취득하거나, 집필을 해서 책을 출간하는 등 긴 호흡을 요하는 내적인 활동이 긍정적으로 작용하는 경우가 많다. 희신인 재성이 들어올 때에는 사업을 확장하거나 기부와 강연을 포함한 사회 공헌 활동을 하는 등 외연을 확장하는 것이 유리하게 작용할 가능성이 높다.

신강한 사주와 신약한 사주는 삶의 양상이 다르게 펼쳐지기 때문에, 상담을 할 때도 접근하는 관점을 달리해야 한다. 여기서는 일간의 세기에 따라 신강과 신약으로 분류한 후, 통변 시 어떤 점을 세심히 살피고, 어떻게 조언해야 하는지 정리해 보려 한다(극신약과 극신강, 전왕 등은 우선 제외했음을 밝힌다).

내담자의 나이에 따라 주된 고민이 달라지긴 하지만, 대체적으로 신약한 사주는 인간관계 때문에 힘들어하는 경우가 많다. 비겁과 인성이 약한 신약한 사주는 주체성이 낮아 자신을 크게 드러내지 않기에, 주변 사람들과도 관계가 원만한 편이다. 하지만 기구신인 식상, 재성, 관성으로 인해 해당 십성의 부정성이 강하게 드러나면 어떻게 될까? 겉으로 보이는 것과 달리 내면의 문제로 고통받는 경우가 자주 생기게 된다. 구체적인 요인들이 잘 보이지 않더라도, 정신적인 트라우마나 불안함, 외로움, 우울증과 같은 내적 아픔에 쉽게 흔들리게 되는 것이다.

정리하면, 신약한 명식은 비겁, 인성, 식상 중에 하나가 용신이 된다. ① 인비 용희신이면 식상은 한신이 된다. ② 관인 용희신이면, 비겁이 한신이 된다. ③ 비식 용희신의 경우에만, 사주 구조에 따라 인성 또는 재성이 한신이 된다. 주체가 처한 상황에 따라 조금씩 달라질 순 있지만, 신약한 명식들은 명리적으로 한신을 내 편으로 쓸 수 있으냐 없느냐가 첫 번째 통변 포인트가 된다. 대체로 기신을 공격하여 일간인 나를 보호하는 기운이 바로 한신이기 때문이다. 또한 기신을 설기시켜, 용신의 힘을 북돋우는 희신도 잘 살펴야 한다. 특히 식상이나 비겁이 용신일 경우, 일간이 신약할수록 사실상 희신이 용신 구실을 하는 경우가 더 많다.

내담자의 사주에 따라 어떤 부분에 통변의 초점을 맞추어야 하는지를 다루는 이번 파트 역시, 현장에서 스승님이 길어올린 오랜 경험과 깨달음에 바탕을 두고 있음을 밝힌다.

① 신약한 사주

비겁 용신
통변의 관점에서 인비가 용희신인 사주를 상담할 경우 어떤 부분을 짚어줘야 할까? 바로 건강과 학습이다. 지지에 기반이 약한 일간은 대세운에서 충을 맞아 불안정해지거나, 관성에게 극을 당할수록 손상될 가능성이 높아진다. 이 때문에 신약한 사람은 본능적으로 피지컬과 멘털 모두에 대해 신강한 사람보다 더 관심이 많다. 자신의 건강을 지키기 위해서라도, 일간이 무너지기 쉬운 신약한 사주는 버팀목 역할을 하는 인성을 최대한 끌어와야 한다. 끊임없는 학습을 통해 지식과 기술을 쌓거나, 사회적 인증이 가능한 라이선스를 갖추도록 해야 하는 이유다. 아니면 최소한 꾸준히 책을 읽는 습관이라도 기르도록 해야 한다. 사실상 희신이 용신 역할을 할 수 있도록 만드는 경우가, 바로 여기에 해당한다. 신약할수록 외부 환경에 휩쓸리지 않고, 자신 안에 잠재된 가능성을 꾸준히 고양할 수 있도록 평생에 걸친 학습이 필요하다. 신강한 사람은 남에게 내세우기 위해 학위나 자격증을 딸지 모르겠지만, 신약한 사람에게 인성은 자신의 삶을 지킬 수 있느냐 없느냐와 결부된 생존 문제다.

신약한 사람은 대인 관계에 문제가 생길 때, 직접 대면해서 해결하려하기보다 회피하려는 경향이 더 크다. 단순히 나를 힘들게 하는 사람을 무시하라고 조언해도 별 도움이 되지 않는다. '계속 봐야 할 사람이라 어렵다.'라며 망설이는 경우가 더 많기 때문이다. 이때는 관계 속에 투영된 내적 불안감을 줄이고, 주체적인 태도를 갖출 수 있도록, 관계 자체보다 당사자를 중심으로 이야기를 풀어 나가야 한다.

신강한 사람은 수직적인 관계 이동에 더 관심이 많고, 마음 속 깊이 독립에 대한 열망을 품고 있다. 하지만 신약한 사람은 직업이나 직장에 대한 고민이 있을 때, 동종 업계나 다른 부서로 옮기려 하는 경우가 더 많은 만큼, 수평적인 관계 이동에 더 민감한 편이다. 윗사람의 지시에 따르는 걸 당연하게 여기기 때문에, 신약한 사람이 수평적 관계에서 더 큰 스트레스를 받기도 한다.

운의 유불리를 살펴 선택을 지지해 줄 수도 있지만, 대체적으로 신약한 경우 당사자의 내면에 더 집중하고, 계획의 수립이나 실천과 관련된 실질적인 조언을 해주는 것이 더 낫다. 정리하면 신강하면 계획했던 것을 실행에 옮길 타이밍을 잘 살펴야 하고, 신약하면 지킬 수 있는 것부터 계획을 세우고 실천해야 한다. 신약하면 주변의 상황에도 쉽게 흔들리는 만큼, 제대로 실행에 옮기기도 전에 계획이 바뀌거나 무산될 수 있기 때문이다.

인비 용희신인 경우 식상은 한신이 된다. 식상은 언어, 의식주, 표현력을 의미하기도 하지만, 사회적으로는 타인과 소통하고, 관계를 맺는 기운으로 쓰인다. 이런 식상을 한신으로 쓴다는 건, 일간을 극하는 기신 관성을 식상으로 제어하겠다는 뜻이다. 내 편인 한신을 제대로 쓰지 못한다면, 다소 거칠게 말해 "그냥 하고 싶은 대로 하면서 살았는데, 하나도 행복하지 않았어!"라고 말하는 상황이 될 수도 있다.

인비가 용희신인 경우 신중함을 넘어 소극적이고, 대인관계에 있어서도 낯을 가리는 경우가 많다. 비판이나 평가에 대한 두려움 때문에, 사회생활을 할 때도 자신을 드러내는 데 어려움을 느끼고 자신감도 부족한 편이다. 낯선 환경이나 새로운 사람들과의 만남에 불편함을 느끼고, 적응하는 데 다소 시간이 걸리기도 한다. 이때 필요한 게, 일간을 확장시키기 위한 식상이다. 내가 아무리 용희신인 인비를 잘 쓴다고 해도, 진정한 의미에서 식상을 내 편으로 만들지 못한다면 성숙한 사회적 확장은 이루어지지 않는다. 식상을 쓴다는 건, 부지런히 손발을 움직이고 다른 사람들과 소통하며, 나와 뜻을 함께하는 동료들을 만들겠다는 의지를 구현해 나가는 것이다. 그렇게 동료들과 함께하는 공동체 속에서만 나 역시 온전한 어른으로 우뚝 설 수 있다.

시주	일주	월주	연주
*●	●●*	●	●
편관	본원	정관	정관
辛	乙	庚	庚
巳	丑	辰	午
상관	편재	정재	식신
●			
戊庚丙	癸辛己	乙癸戊	丙己丁
목욕	쇠	관대	장생
	화개	양인	도화
			문창

일간의 힘이 매우 약한 지인의 명식이다. 사회생활을 시작할 때는 안정적인 직장에 취업했으나, 매번 2~3년을 채우지 못하고 동종 업계를 전전했다. 동료들과의 관계 때문에 힘들어한 케이스였는데, 기구신인 재관은 강하지만 사실상 용신 역할을 하는 인성이 너무도 약하다.

살을 15킬로그램이나 감량할 정도로 마라톤과 여러 운동을 병행했지만, 안타깝게도 직장 내 스트레스를 이겨내는 게 쉽지는 않았다. 다행히 현재는 취미로 꾸준하게 본인이 좋아하는 희곡 작품을 쓰며, 글 쓰는 사람들과 모임을 꾸려 나가고 있다. 업무적인 관계를 떠나 회사 내 독서와 글쓰기 모임에 참여하도록 조언했다.

참고로 변호사, 회계사, 의사, 교사, 변리사 같은 직업이 인성이라는 라이선스로 식상을 가장 잘 활용하는 경우에 해당될 것이다. 하지만 인성은 라이선스 이전에, 꾸준한 학습과 자신에 대한 성찰이 본질임을 잊어선 안 된다. 인비가 용희신인 경우 한신인 식상을 끌어들이기 위해 규모는 작지만 책이라도 읽으며 꾸준히 학습하고, 사람들과 글을 쓰고 교류하며 자신을 사회적으로 확장하는 행위가 매우 중요하다.

인성 용신

그렇다면 인성이 용신인 사주는 어떤 부분이 쟁점이 될까? 관성에서 인성으로의 흐름을 만들어 낼 수 있는지 없는지다. 관성은 책임, 의무, 절제, 인성은 노력, 끈기, 지속성 등을 뜻한다. 하지만 사회적인 차원으로 확장하면, 관인은 조직이나 공적 영역에 대한 봉사와 지속적인 헌신에 해당한다. 특히 조직에 몸담고 있는 사람이 관인상생의 흐름을 만들고자 한다면 '언젠가 누군가는 해야 할 일'을 먼저 찾아 나서는 것이 중요하다.

식상과 재성은 내가 생하고 극하는 기운이다. 식상과 재성을 아웃풋, 관성과 인성을 인풋이라 한다면, 재성에서 관성의 관문으로 넘어가야 진정한 어른이 될 수 있다. 하기 싫어도 해야만 하는 일들을 향해 첫발을 내딛는 게 바로 관성이다. 이때 조직에서 업무적으로 능력을 인정받는다 하더라도, 나의 성과나 기여도만 강조해선 안 된다. 칭찬과 인정을 독점하려는 사람은, 필연적으로 다른 사람들과 갈등을 겪을 수밖에 없다. 가장 최악은 이렇게 관성이 인성으로까지 이어지지 않는 경우다.

나의 열 걸음보다 열 사람의 한 걸음이 더 중요하다는 자세로, 동료들과 협력하고 더 큰 가치를 만들어야 한다. 이것이 관인 용희신의 핵심으로 '지금 이 순간, 내가 할 일에 충실하자.'는 자세로 늘 솔선수범해야 한다. 리더십을 함양하는 것도 좋다. 단순히 명령하거나 지시하는 것을 넘어, 내가 회사의 주인이라는 자세로 동료들을 설득하고 동기를 부여하며, 공동의 목표를 향해 사람들을 이끄는 것이다. 조직에 속해 있지 않고 장사를 하는 사람이라면, 어떤 고객이든 단골을 만들어 내겠다는 각오로 최선을 다하는 자세가 중요하다.

관인 용희신은 비겁이 한신이고, 인비 용희신은 식상이 한신이 된다. 이것이 관인 용희신과 인비 용희신의 차이로, 관인 용희신은 이 비겁 한신을 얼마나 잘 지킬 수 있는지가 관건이 된다. 관성은 쓰면 쓸수록, 일간의 힘이 소모되기 때문이다. 게다가 비겁이 현실의 욕망을 상징하는 재성을 통제하고 있기 때문에, 비겁 한신의 안정성이 더욱 중요해진다. 비겁 한신이 흔들릴 경우, 극단적으로 이야기하면 돈이나 이성에 대한 집착으로 인해 한 순간 무너질 수도 있다. 상담 시 재성이 기신인 경우 무엇보다 투기나 도박에 대한 경계심을 강조하는 것이 중요하다.

기신이라고 해서 내가 꺼리거나 버려야 할 기운인 것은 아니다. 가장 넘치는 기운이라 부정적으로 작용하기 쉽지만, 용희한신을 통해 기신을 어느 정도 다스릴 수만 있다면, 기신은 내게 가장 익숙한 도구이자, 남과 나를 구분 짓는 나만의 개성이 되기 때문이다. 이 점을 이해한다면, 조금 어렵겠지만 기신의 긍정적인 측면을 활용하며, 기신의 기운 그 자체를 덜어내도록 조언할 수도 있다. 관성이 우리 사회의 공익적 가치를 높이는 기운이라는 점에 주목하면, 기부나 봉사 같은 사회적 활동을 통해, 재성을 아름답게 관성으로 유통시키며 돈에 대한 욕망을 덜어낼 수도 있을 것이다. 또는 군비쟁재의 균형을 만들어 내기 위해 그간 벌어들인 돈을 동료들과 나누며, 재성을 통제하는 방법도 가능하다. 욕심을 버리고 그간 함께 회사를 키워온 직원들에게 자신이 가진 회사의 주식을 나눠주는 CEO의 사례가 여기에 해당한다.

지장간에조차 인성이나 비겁이 없는 극신약한 사주의 경우, 특히 멘털이 무너지지 않도록 방어하는 일이 가장 중요하다. 본인이 극신강하게 사고하고 극신강하게 행동하다 보니, 내면이 다치면 회복되기 어려운 경우가 많기 때문이다. 대세운이 인성이나 비겁으로 흐른다면, 무엇보다 그때 어떻게든 성과를 만들어 낼 수 있도록 진지하게 조언해야 한다. 극신약한 경우 극신강처럼 힘이 넘치지만, 언제든 일간이 공격당하기 쉽고, 쓸 수 있는 힘도 유한하다. 이 때문에 전체 원국을 잘 분석하여 현실적으로 안착할 가능성이 가장 높은 분야에 집중해야 한다.

시주	일주	월주	연주
	●	●	
편재	본원	정재	편재
壬	戊	癸	壬
子	申	卯	寅
정재	식신	정관	편관
▲	▲*●	●	*
壬癸	戊壬庚	甲乙	戊丙甲
태	병	목욕	장생
도화	역마	도화	역마
	원진	귀문	공망
	천덕	원진	천의
	문창	공망	
	암록		

98	88	78	68	58	48	38	28	18	8
정재	편재	상관	식신	겁재	비견	정인	편인	정관	편관
癸	壬	辛	庚	己	戊	丁	丙	乙	甲
丑	子	亥	戌	酉	申	未	午	巳	辰
겁재	정재	편재	비견	상관	식신	겁재	정인	편인	비견
양	태	절	묘	사	병	쇠	제왕	건록	관대

315   스승인 명리학자 강헌의 명식이다. 인성이 들어오는 18을사, 28병

오, 38정미 대운에 서울대에서 음악학 석사와 문학 석사를 취득했다. 독립영화를 제작하기도 하고, 문화잡지를 만들었으며, 문화예술 작품에 대한 검열 철폐 운동에도 앞장섰다. 들국화 헌정 앨범과 노무현 추모 앨범 등의 프로듀서를 맡고, 각종 공연도 기획하며, 한때 와인바도 운영했다.

영화 평론은 물론, 명리학자로서도 꾸준히 강의와 연구를 이어갔지만, 무엇보다 오랫동안 입지를 다져온 그의 정체성은 대중음악 평론가이다. 인성 대운의 시기였던 1991년 <김현식론> 이후 한국 대중음악에 관한 비평을 25년 이상 쓰며 자신의 삶을 이끌어 왔다고 볼 수 있다. 극신약한 경우, 이렇게 본인에게 우호적인 대운이 들어왔을 때, 안전하게 삶의 기반을 만들 수 있는 전략을 세워야 한다.

식상 용신

식상이 용신이면 비겁은 희신이 된다. 단, 사주 구조에 따라 한신이 인성이 되거나, 재성이 되는 경우가 있다. 비식 용희신의 전략적 쟁점은 식상을 소통의 도구로서 얼마나 잘 활용할 수 있는지에 달렸다. 식신은 낙천적인 성향으로 삶에서 여유를 추구한다. 행복과 풍요로움, 즐거움과 관련된 기운으로, 정서적 안정성은 매우 높지만 지나치면 게을러질 수 있다. 상관은 식신에 비해 속도는 빠르지만, 날카롭고 비판적인 기질이 있어 안정성이 조금 떨어지는 편이다. 식신과 상관의 장점을 두루 살리기 위해서는 소통과 표현이라는 공통분모에 집중해야 한다.

식상의 표현력을 내 것으로 만들기 위해 모두가 교사, 마케터, 예술가가 될 수는 없다. 그렇기 때문에 더욱더 내가 속한 조직원들과 소통하는 것이 중요하다. 비식이 용희신인 사주는 식상이 상징하는 사회 구성원과의 소통 여부가 상담의 주요 포인트가 되는 것이다. 실제로 식상을 잘 써서 성공한 사람들의 경우, 특히 조직 내 위아래 소통에 특화되어 있다.

식상 용신의 핵심은 노하우(Know-How)가 아니라 노후(Know-Who)에 달려 있다. 어떤 문제가 생길 때마다, 사람들이 가장 먼저 떠올리는 사람이 바로 식상을 잘 쓰는 사람이다. 그들은 여러 사람들과 함께 밥을 먹고, 술을 마시며 강한 유대감을 만들어 나간다. '언제나 즐겁고 재미있게'를 모토로, 공적 조직에서 만난 구성원과도 사적으로 어울릴 줄 안다.

홍보 담당자로 직장생활을 할 때, 내가 모시던 상사가 딱 그런 스타일이었다. 강제적인 회식 자리도 마다하지 않고, 늘 웃는 얼굴로 조직의 여러 사람과 형님, 동생하는 관계를 만들었다. 공적인 루트를 거쳐야만 해결가능한 민원도, 그 사람을 통하면 어렵지 않게 해결됐다. 사적으로 만나 늘 웃는 얼굴로 이야기를 하니, 어떻게든 부탁을 안 들어줄 수가 없었다. 자기 선에서 해결이 어려운 민원은 학연, 지연 같은 인맥을 동원하여 어떻게든 풀어 나갔다. 일종의 술상무로서, 미국의 로비스트처럼 뛰어난 소통능력을 통해 관계에 있어 창조적인 영역을 만들어 갔다.

당시 조직원 대다수가 그 사람을 즐겁고 긍정적인 사람으로 여겼다. 다행히도 그 사람은 술을 좋아했고, 체력도 좋은 편이었다. 만약 술을 거의 마시지 못해 술자리가 생길 때마다 금세 나가떨어졌다면, 결코 회사의 홍보책임자로 일할 수 없었을 것이다. 이렇듯 장기적인 경쟁에서 밀리지 않으려면, 비겁에 해당하는 자기만의 힘과 독자성을 갖추어야 한다. 옛날에는 관성을 공격한다는 이유 하나만으로, 식상 용신을 꺼리던 시대가 있었다. 하지만 시대가 바뀐 지금, 비견과 식신을 통해 얼마든지 문제 해결을 위한 솔루션을 찾아낼 수 있다.

식상 용신은 재성이 한신인지, 인성이 한신인지에 따라 성취의 영역이 조금 다르다. 임상 시 사회적인 퍼포먼스가 낮을 때에는 재성이 한신인데 식상생재가 안 되는 경우가 많았다. 쉽게 말해 술자리는 즐거웠는데, 내 사람을 만들진 못했다는 이야기다. 식상생재의 흐름, 즉 소통의 영역을 더 넓혀야 재물을 내 것으로 끌어올 수 있다. 전왕 중에서도 재성을 내 편으로 강하게 쓸 수 있는 식상 전왕과 재성 전왕이 가장 재기통문에 가까운 힘을 지녔다는 것을 떠올려보자. 사실 인터넷과 미디어가 발달하면서 고전이 소중히 여겼던 관인보다, 식재의 중요성이 더욱 높아졌다는 느낌이다. 비겁의 개성과 독자성을 기반으로 식재를 잘 쓸 경우, 단적인 예로 유튜브 채널에서 50만, 100만 구독자만 모아도 엄청난 돈과 권력이 생기는 시대가 됐기 때문이다.

비식 용희신인데 재성이 한신인 경우, 약점은 기구신인 관인에서 생기기 쉽다. 관인이 기구신이라는 건, 사회적인 인정을 받지 못할 수도 있다는 뜻이다. 예를 들어 회사의 홍보나 영업 담당인 경우, 바깥에서 사람들을 만나는 경우가 많다. 내 일에 충실하기 위해 회사의 외부 관계자들과 자주 시간을 보냈는데, 조직 내부에서는 '그 사람은 매일 바깥에서 회사 돈으로 좋은 것 먹고 놀고 다닌다.'는 이야기가 나오는 것과 같다. 미디어에서 섭외 1순위인 교수가 있다고 해보자. 내는 책마다 베스트셀러가 되는 만큼 팬들도 많지만, 학술계에서는 온전한 평가를 받지 못하는 경우도 여기에 해당한다.

같은 비식 용희신인데, 인성이 한신이고 재성이 구신이라면? 인성을 어떻게든 내 편으로 끌어와야 한다. 인성은 본질을 추구하는 행위이자, 꾸준함과 지속력을 뜻한다. 자격증을 통해 본인이 가진 전문성을 입증하는 길이 되기도 한다. 대기업에서 노사 담당자로 일하던 지인이 있었다. 노동조합 소속의 근로자들은 물론, 다른 회사의 노사 담당자나 관계 기관과도 소통하는 업무를 맡고 있었다. 그는 오랜 공부 끝에 노무사가 되었고, 현재는 전문성을 인정받아 사내 노무사로서 노동조합과 임원진의 소통 창구 역할을 하고 있다.

위에서 언급한 교수의 경우, 학계에서 인정을 받든 못 받든 꾸준히 자기 분야에서 연구를 지속하면서 남들보다 더 부지런히 논문으로 성과를 정리하는 게 중요하다. 대중들을 위한 서적을 집필하더라도, 자신의 연구 논문을 바탕으로 풀어 쓰는 게 좋을 것이다. 타인의 판단이나 평가에서 벗어나, 내가 인정할 수 있는 성과들을 꾸준히 만들어 가며 스스로 자존감을 높여 나가는 게 중요하다.

여, 신왕

시주	일주	월주	연주
	＊＊	＊	＊
편인	본원	편관	편관
甲	丙	壬	壬
午	戌	子	戌
겁재	식신	정관	식신
△＊	※●●	●●	△●
丙己丁	辛丁戊	壬癸	辛丁戊
제왕	묘	태	묘
양인	화개	월덕	화개
공망	백호		백호
	월공		월덕

97	87	77	67	57	47	37	27	17	7
편관	정관	편인	정인	비견	겁재	식신	상관	편재	정재
壬	癸	甲	乙	丙	丁	戊	己	庚	辛
寅	卯	辰	巳	午	未	申	酉	戌	亥
편인	정인	식신	비견	겁재	상관	편재	정재	식신	편관
장생	목욕	관대	건록	제왕	쇠	병	사	묘	절

319

월지 자수가 양 옆에 술토로 둘러싸여 있긴 하지만, 천간에 임수로 투출하여 무척 강하다. 다행히 병화는 갑목의 생조를 받는 데다 시지에 뿌리내리고 있어, 신약하지만 신왕한 사주가 되었다. 7세 신해 대운의 천간 신금은 병신합수로 기반되어 기신 수 관성이 일간을 위협한다. 어릴 적 수해를 겪은 데다 교복도 사입지 못할 만큼 지독한 가난을 겪었지만, 관성의 힘으로 스스로를 채찍질한 끝에 서울대에 입학했다. 7세 신해대운의 절지는 긍정적으로 쓰일 경우, 위기 속에서도 돌파구를 만들어 내는 힘으로 작용한다.

연월간 임수 편관은 일간 병화와 쟁충을 하지만, 모두 지지에 뿌리가 있어 엄청난 에너지를 만들어 낸다. 식신이 뜻하는 교육분야에서 신살 월공의 힘과 편관의 리더십이 큰 시너지로 작용한다. 표현력을 상징하는 일지 토 식상이 천간에 투출하는 20~30대 대운에서부터 그녀는 일타강사로 이름을 날리기 시작했다.

27기유대운 유금 소운인 2017년 정유년에는 수업 준비를 하다 맹장이 터져 죽음에 내몰린 적이 있다고 한다. 수업 준비로 너무나 바빴던 까닭에, 사흘이 지나 복막염이 될 때까지 아픈 걸 그저 참기만 했다. 현재는 100억대의 부자가 될 말큼 많은 부를 쌓았지만, 결국 구신인 금 재성이 기신인 수 관성을 키우니 일간이 위협당한다. 일목요연한 필기와 완벽한 수업 준비, 규칙적인 생활 습관 모두 월주 관성의 힘이지만, 관성은 나를 쓰러트릴 수도 있는 양날의 검으로 작용한다.

하루에 세 시간만 자고 열세 시간씩 연강을 하는 일상을 보내면서도, 서울대에서 윤리교육과 석사를 졸업하고, 정치철학으로 박사과정을 밟고 있다. 관성이 지나치면 과도한 책임감으로 인해 어깨가 무거워질 수 있지만, 수업 이외 바쁜 시간을 쪼개어 꾸준히 자신을 위해 공부(인성)하고 있다. 일간 병화답게 과감한 패션과 의상 스타일로도 유명한데, 학부모 설명회 때마다 서울대에서 학사, 석사, 박사 과정을 공부했다고 스스로를 소개하고 있다.

가난한 아이들이 강의비와 교재비 없이도 자신의 강의를 들을 수 있도록 하기 위해, 데뷔 후 바쁜 시간을 쪼개 오랫동안 EBS에 출연하기도 했다. 그녀는 수험생들이 매우 저렴한 가격에 사교육 인강을 들을 수 있도록 통 크게 결정한 끝에, 전과목 '프리패스' 제도의 길을 열어주기도 했다. 모두 목 편인의 힘이다.

원국에 있는 수 관성의 과다한 힘을 사회적으로 일하는 데 쓴 만큼 너무도 바쁜 삶을 살고 있다. 목화가 강해지는 47정미대운과 57병오대운은, 스스로를 위한 시간을 보내면서도, 지금보다 더 큰 사회적 성취를 이루기 유리한 흐름이 된다. 장학재단을 설립하거나, 인문학 강사 또는 교육행정 전문가로 활동하는 등 목 인성과 관련된 분야에서 더 큰 행보가 기대된다.

② 신강한 사주

신약한 사람은 본능적으로 자기 방어에 신경 쓰지만, 신강한 사람은 자기 힘을 과신하기 때문에 대세운에 더 민감하게 반응하는 편이다. 수렴하고 응축하는 힘이 강한 음간에 비해, 발산하고 확장하는 힘이 강한 양간이 자신의 능력을 과신하다 종종 더 힘든 상황에 처하는 경우와 같다.

신강하면 대부분 재성이 용신이 된다. 하지만 일간이 지지에 튼튼히 뿌리내리고 있어 신왕한 경우, 식상까지 강하면 드물게 관성이 용신이 된다. 재관이 용희신이라는 이야기는, 사회적 활동을 통해 자신을 증명하겠다는 욕망이 충족되어야만 한다는 뜻이다. 주체성과 독립성을 중요하게 여기는 만큼, 신강한 사람이 마지못해 일할 경우 삶의 만족도가 크게 떨어지는 경우가 많다. 위계질서가 명확한 조직에 속해 있더라도 '내가 없으면 회사가 돌아가지 않는다.'고 여기며 일하는 게 신강한 사람의 대표적인 모습이다.

'가늘고 길게'가 모토인 신약한 사람 대부분은 자신의 노동에 기반한 생산활동을 일반적으로 여긴다. 하지만 신강한 사람이 적당히만 일하고 나머지는 쉰다는 관점을 가지고 있거나, 조직 안에서 질질 끌려가듯 일한다면 자신의 존재 이유를 찾기가 어려워진다. 신약하면 노동을 대가로 자신의 주체성을 살리지만, 신강하면 노동의 과정 속에서 자기 주체성을 증명하고 싶어 한다. 신강한 사람은 강한 의지와 독립성을 바탕으로, 자신만의 목표를 추구해 나간다. 상담 시 신약한 사람에 비해, 본인의 사업 계획이나 투자에 대한 타이밍을 물어보는 경우가 많은 이유다.

신강한 사람에게 돈은 단순한 수단을 넘어, 자신의 존재 이유와 직결될 수 있다. 돈이 중요한 건, 당장의 목표가 없더라도 자신이 추구하는 가치, 포부, 계획을 현실로 만드는 데 있어 가장 중요한 자원이 되기 때문이다. 따라서 상담 시 신강한 사람이 돈 이야기를 할 경우, 그 욕망이 실질적 의미를 가질 수 있도록 해야 한다.

정리하면 돈을 번다는 행위 자체에 초점을 맞추는 것이 아니라, 사회적으로 자신의 존재를 어떻게 증명하고 어떤 가치를 향해 나아가야 하는지에 대한 통변이 필요하다. 내담자 중 한 스타트업 대표가 자신의 기업이 안정화되면, 엔젤투자자가 되어 초보 기업가들을 돕고 싶다고 한 경우가 여기에 해당한다. 이외 지역에서 활동 중인 의사들끼리 노블리스 오블리주를 실천하기 위해 사비를 모아 사회적 기업을 세우거나, 지역의 건설사 대표가 자신의 이름을 딴 도서관을 지어 지역에 헌납하는 것도 자신의 존재 이유를 사회적으로 확장한 사례에 해당한다.

신강한 명식은 재성과 관성 중에 하나가 용신이 된다. ① 재성이 용신이면 식상은 희신, 한신은 관성이다. ② 관성이 용신이면 재성은 희신, 인성은 한신이 된다. 이 경우 식상과 비겁이 기구신이라는 점에 주목해야 한다. 역시 주체가 처한 상황에 따라 조금씩 달라질 수 있지만, 신강한 명식들은 보통 식상을 내 편으로 쓸 수 있는지 없는지가 중요한 통변 포인트가 된다.

재성 용신

재성이 용신이면 식상생재, 재생관의 흐름을 만들어야 하기 때문에, 사회적 노동을 통한 재화 획득이 중요하다. 조직에 속하든, 프리랜서로 지내든 일을 통해 자신을 사회적으로 실현해야지, 절대 무위도식해선 안 된다는 이야기다.

조직에 있는 사람이 희신인 식상을 활성화시키고자 한다면, 뜻이 맞지 않더라도 아랫사람들과 항상 우호적인 관계를 유지해야 한다. 아랫사람들이 내 편이 아닐 경우, 목표를 달성하는 데 있어 장애를 겪거나 수직적 관계에서 문제가 생길 가능성이 높다. 사업을 하는 사람이라면 고객이나 거래처 사람들과도 친밀히 지내며, 관계를 안정적으로 다져놓는 것이 좋다.

신강하면 본인의 독자적인 힘으로 재화활동(식상생재)을 할 수 있다. 조직 안에 있어도 늘 독립에 대한 열망을 품고 있어서인지, 인간관계보다는 조직과 나의 관계나, 조직 안에서의 나의 역할에 대한 관심이 더 높은 편이다. 신강한 개인은 조직 내에서 단계를 거쳐 출세하는 것보다, 내가 경영자가 되거나, 노동의 주체가 되는 쪽으로 마음속 열망이 구체화될 수 있다는 걸 전제해야 한다.

상담 시 재성 용신인 경우, 대운상 회사를 언제 그만두면 좋을지, 언제 캐시아웃을 해야 하는지에 대한 부분을 잘 살펴야 한다. 비겁운이 들어올 때 주체성은 높아지지만, 대세운은 기신일 수 있기 때문에 독립할 타이밍으로서는 적절치 않다. 힘들더라도 두 가지 일을 병행하거나, 조직에서 독립을 준비하다가 재성 용신이 들어올 때 자기 일을 시작하도록 조언하는 것이 좋다(이전 책에서 내 사주에 대해 이야기하며 밝혔듯, 나 역시 직장생활을 할 당시 회사가 어려워지자 밤에 명리를 공부하고 상담을 하며 독립을 준비하다가, 대운이 나에게 우호적으로 들어오던 시기에 내 일을 시작했다).

캐시아웃은 우호적으로 흐르는 대세운이 나쁜 쪽으로 바뀌기 전에 실행해야 한다. 예를 들면 동네에서 학원으로 시작해 교육사업 프랜차이즈로까지 확장시킨 내담자가, 외부에서 투자를 받을지를 두고 망설이고 있었다. 큰 회사와 인수합병을 할지, 투자만 받을지, 아니면 자신이 꾸준히 경영을 할지 고민하던 상황에서 무엇을 선택해야 할까? 조만간 대운이 불리하게 흐른다면, 차라리 사업을 매각하고 캐시아웃을 하는 게 낫다.

신강하면 자신의 사업이 순항하고 있을 경우 캐시아웃에 대한 타이밍 판단이 더욱 어렵다. 신약하면 주변의 조언에 따라 자신의 판단을 객관화하기 쉽지만, 신강하면 자신의 결정에 대해 좌고우면하지 않기 때문이다. 대세운에 따라 상황이 극단적으로 바뀔 수 있기 때문에, 신강한 경우 결정의 타이밍을 잘 잡아야 한다. 이 부분은 신강하게 사고하고 행동하는 극신약 사주에도 똑같이 적용된다.

참고로 신강한 사주도 인다신강이냐, 비겁다 신강이냐에 따라 결정을 내리는 과정이 조금 다르다. 결정의 주체는 나지만, 비겁 신강이 이미 내가 답을 정해놓고 있다면, 인다신강은 자신을 둘러싼 주변의 의견을 수용해서 결정한다. 양간이냐 음간이냐에 따라서도 차이점이 있다. 양기가 강한 남명이 음간이고 신강하다면, 결과물을 손에 쥐는 힘이 더 강하다. 발산과 확장의 힘이 강한 양기가 음기로도 수렴되는 만큼, 실리적인 속성이 더해지기 때문이다.

반대로 음기가 강한 여명이 양간이며 신강하다면 어떻게 될까? 음은 내부로 수렴하고, 응축하는 힘이 강하다. 하지만 음간 여성이 신강하면 바깥으로 뻗어 나가야 할 힘이 내부를 향하기 때문에, 신강한 음간 남성보다 멘털 문제에 더 손상을 입기 쉽다. 따라서 음양의 관점에서만 보면 남명 양간 신강과 여명 음간 신강보다, 남명 음간 신강과 여명 양간 신강이 조금 더 조화롭다고 볼 수 있다.

관성 용신

관성이 용신이면 재생관, 관인상생의 흐름을 만들어야 한다. 관인상생은 나의 욕망과 즐거움을 내려놓고, 조직이나 회사, 사회의 규범을 수용하며 나를 사회적 존재로 만들어 가는 과정이다. 관성이 용신이면, 재성이 용신일 때보다 고도화된 전략이 필요하다. 단순하게 먹고 사는 걸 넘어 사회적 가치를 추구하는 걸 의미하기 때문이다.

관성의 사회적 관계는, 재성과 비교하면 불편하고 책임이 따른다. 관성의 세계에서 전혀 다른 존재와의 낯선 관계는 늘 갈등과 충돌을 불러일으킬 수밖에 없다. 게다가 식상이 기신인 만큼, 사회적 성공과 상관없이 내면적으로도 늘 고독함이 따른다. 관은 일간을 극하는 가장 강한 힘이기에, 내가 통제할 수 있다고 해도 괴롭기는 마찬가지다. 여기에서 중요한 점은, 이들의 삶에는 단순하게 보이는 것 이상의 깊이와 품격이 있다는 점이다.

수십 년을 바치며 연구와 실험에 매달렸지만, 특별한 성과가 없어 대중에 인정받거나 주목받지 못한 무명의 과학자나, 아무 연고도 없이 한국의 소록도에 남아 외국인 자원봉사자 신분으로 40여 년간 한센인들을 도운 간호사들의 사례가 여기에 해당한다. 대학로에서 30년째 무명배우로서 연극 무대에 오르거나, 성폭력 피해자를 위한 여성쉼터 혹은 청소년들을 위한 지원센터 같은 곳에서 오랫동안 활동하며 더 큰 사회적 가치를 만들어 내는 이들도 마찬가지다.

상담 시 관성이 용신이면 경제적으로도 풍족하지 않고, 오랜 기간 힘들고 바쁜 삶을 살아왔지만, 정작 본인은 자존심 때문에라도 후회하지 않는 경우가 많았다. 관성을 직업과 사회적 책임 또는 역할이라 할 때, 인성은 자리를 지키며, 내게 주어진 책무를 꾸준히 짊어지고 나가는 힘이다. 한신인 인성을 연결고리 삼아 재생관, 관인생의 삶을 살아온 이들에겐 통상적인 사람은 차마 꿈꾸지 못하는 삶의 목표가 있다. 관성 용신은 다른 사람은 알아주지 않는다 하더라도, 내 일에 대한 자긍심과 명예를 가지고 살아야 한다는 뜻이기도 하다. 관성이 용신인 사람들 덕분에, 차가운 현실 속에서도 인간이 지닌 여러 가치들이 더욱 빛나는지도 모른다.

명리영역 기출문제

1. 다음 중 사주의 통변과 관련된 내용으로 가장 적절하지 않은 것을 고르면? (난이도 하)

① 충우: "연월주를 무의식의 영역, 일시주를 현실 영역으로 구분할 때, 음과 양의 조화도 함께 살펴야 더 깊은 통변이 가능할 거야. 예를 들어 일주나 월주 모두 양기가 강할 경우, 자기 안의 욕망은 물론, 욕망을 실현하기 위한 현실적 에너지 모두 확장성이 높다는 뜻이잖아? 이 경우 일을 시작하고 추진하는 힘은 넘치는 대신, 마무리는 좀 약하지 않을까?"

② 반하: "일주가 양이고 월주가 음이라면 욕망은 수렴적이지만 현실의 움직임은 발산적이라는 뜻이잖아? 이 경우 내면의 부조화 때문에, 일을 저지르고 후회할 가능성이 높을 것 같아. 과정과 목표에 혼선이 생기는 거지."

③ 류현: "그래도 일주가 양이고 월주가 음이라면, 일을 저질러도 합리화하는 경향이 있기 때문에, 크게 후회하진 않을 것 같아. 대신 음과 양의 조화만 보면 일주나 월주 모두 음이거나, 양인 경우 훨씬 퍼포먼스가 높게 나타날 거야."

④ 밀희: "일주가 음이고 월주가 양인 경우 노력에 따라 꽤 괜찮은 성과를 얻어도, 정작 본인은 거기에 만족하지 않기 때문에 자존감이 낮게 나타날 수도 있을 것 같아. 물론 잘 표현하진 않겠지만."

⑤ 광희: "일주나 월주 모두 음기가 강하면, 내향적이거나 소극적일 수도 있지 않을까? 내 안의 욕망은 물론, 그것을 현실에서 움켜쥐기 위해 움직이는 에너지도 모두 수렴적이라는 뜻이잖아. 이 경우 무언가 시작하는 걸 주저하거나, 자기 부정 또는 우울증에 빠지는 걸 조심해야 할 것 같아."

2. 다음 중 사주의 통변과 관련된 내용으로 가장 적절하지 않은 것을 고르면? (난이도 하)

① 동하: "사주 중 시주는 미래지향성을 담보하는 일간의 도구에 해당하잖아? 만약 일주가 양인데 시주가 음이라면, 세속적인 기준으로 성공하기에 가장 유리하지 않을까? 물론, 성공하기까지 시간이 좀 걸릴 수는 있겠지만 말이야."

② 지후: "일주가 양이고 시주가 음인 경우, 자신의 목표를 이루는데 가장 안정적일 것 같아. 다만 그 과정에서 평판이나 인심을 잃을 가능성도 있지 않을까? 자신의 것을 지키는 힘이 강하다 보니, 주변 사람들에게 인색하다는 느낌을 줄 수도 있어."

③ 하나: "일주가 음이고 시주가 양인 경우 역시, 성취도와 만족도의 기울기가 나름 균형 잡혀 있다고 볼 수 있어. 다만, 적당하게 무언가를 이루고 나면 현실에 안주하려는 경향이 굉장히 강해지지 않을까?"

④ 윤지: "일주와 시주 모두 음이라면, 집중력은 강하지만 행동 반경과 성취의 스케일이 상대적으로 좀 협소해지지 않을까? 안정성은 높은 대신, 발전성이나 확장성은 좀 떨어질 것 같아."

⑤ 만기: "일주와 시주 모두 양이라면, 자신이 가진 에너지를 낭비하는 경향이 있을 것 같아. 목표를 향해 달려가는 힘은 좋은데, 쉽게 건강을 잃을 수도 있는 거지. 인간 관계나 재정적인 면에서도 극단성이 높지 않을까?"

3. 다음 중 사주의 통변과 관련된 내용으로 가장 적절하지 않은 것을 고르면? (난이도 하)

① 조우: "신강한 사주와 신약한 사주는 삶의 양상이 다르게 펼쳐지기 때문에, 통변을 할 때도 접근하는 관점을 달리해야 하지 않을까?"

② 강후: "신강한 사주보다 신약한 사주가 인간관계에 대한 고민이 더 많을 거야. 식, 재, 관이 기구신이라 식재관과 관련된 특성들이 더 부정적으로 발현되기 쉬우니까."

③ 자민: "그래도 비겁과 인성이 약한 신약한 사주는, 자아가 환경보다 약하기 때문에 주변 사람들과 원만한 관계를 유지하는 경우가 많지 않을까?"

④ 예온: "그렇긴 해. 하지만 사회 생활을 하더라도 나를 타인에게 맞추려는 경향이 더 크니까, 신약하면 인간관계에서 상처를 입었을 때 심각하게 받아들이거나, 큰 트라우마를 겪을 수도 있어."

⑤ 아현: "신약하면 관계 문제를 겪더라도 회피하려고 하기보다, 직접 대면해서 해결하려는 경향이 더 클 거야."

4. 다음 중 사주의 통변과 관련된 내용으로 가장 적절하지 않은 것을 고르면? (난이도 하)

① 민진: "신강하면 한번 내린 결정에 대해 좌고우면하지 않기 때문에, 신약한 사람에 비해 사업을 하더라도 더욱 크게 성공할 수 있어. 요즘 같은 경쟁사회에서는, 신강한 사람이 신약한 사람에 비해 성공 확률이 훨씬 높다고 할 수 있지."

② 우민: "희신은 기신에게 생조받은 기운을 용신에게 전달해 주는 징검다리 역할을 하잖아? 극신약한 명식 중에, 인성이 희신임에도 불구하고 사실상 용신 역할을 하는 경우가 여기에 해당해."

③ 희찬: "신강한 사람이 자율성과 독립성을 중시하고 경쟁과 성과에 집중한다면, 신약한 사람은 협력을 중시하고, 안정과 조화를 추구할 거야. 결국 이 두 유형 모두 각자의 강점이 뚜렷한 만큼, 조직에서도 서로 상호보완적인 역할을 할 수 있어."

④ 조현: "신강한 사람은 수직적인 관계 이동에, 신약한 사람은 수평적인 관계 이동에 더 민감해. 그러니까 신강한 사람이 독립을 원하거나, 투자금의 회수 시기를 저울질한다면 신약한 사람은 동종 업계나 다른 부서로 옮기려는 경향이 더 많다고나 할까?"

⑤ 장하: "관인상생의 흐름을 만들고자 한다면, 조직 내 해야 할 일이 있을 경우, 본인이 먼저 나서서 하는 게 중요해. 팀의 리더라면 의사결정이나 업무 처리 과정에서도 늘 객관적이고 공정한 태

도를 유지하는 게 좋아. 그래야 팀 내에서 신뢰를 받을 수 있을 테니까."

5. 아래는 사주 구조에 따라 한신을 잘 쓰지 못했을 때 생길 수 있는 상황을 표현한 것이다. 상황과 보기를 제대로 연결한 것을 고르면? (난이도 상)

대사 1: "승진도 할 만큼 했고 나름 명예도 얻었어. 하지만 건강을 잃었으니, 죄다 무슨 소용이야!"

대사 2: "살고 싶은 대로 마음껏 살았는데… 돌이켜보면 내 삶은 늘 불행했어…."

대사 3: "즐겁게 살았는데… 난 왜 큰 소득 없이 가난하게만 살아왔을까…."

A. 관성이 용신인데, 한신인 비겁을 제대로 쓰지 못했을 때
B. 비겁이 용신인데, 한신인 식상을 제대로 쓰지 못했을 때
C. 식상이 용신인데, 한신인 재성을 제대로 쓰지 못했을 때

---

① 대사 1-A, 대사 2-B, 대사 3-C
② 대사 1-A, 대사 2-C, 대사 3-B
③ 대사 1-B, 대사 2-C, 대사 3-A
④ 대사 1-C, 대사 2-B, 대사 3-A
⑤ 대사 1-C, 대사 2-A, 대사 3-B

풀이 노트

1. → 정답은 ③번이다. 음과 양의 조화를 살필 경우, 일주나 월주 모두 음이면 집중력과 안정성은 높은 대신 발전성은 떨어질 수 있다. 월주와 일주 모두 양일 경우 탄력성이 강한 만큼 확장성은 높게 나타나지만, 반대로 실속을 잘못 챙길 가능성이 있다. 나머

지는 모두 맞는 설명이다.

2. → 정답은 ③번이다. 일주가 음이고 시주가 양인 경우 역시, 일
시주가 모두 음이거나 양인 조합에 비해 훨씬 조화롭다 할 수 있
다. 무언가를 이루고 난 뒤 현실에 안주할 경향이 높은 것은 일
주와 시주가 모두 음인 구성에 해당한다. 시주를 성취도, 일주를
만족도의 영역으로 구분할 때, 일주가 음이고 시주가 양인 구성
역시 성취도와 만족도의 기울기가 나름 균형 잡혀 있다 볼 수 있
다. 다만 이 경우 좋아하는 일이 생기면 몰두하는 힘이 강한 만
큼, 워커홀릭이 되거나 번아웃 증후군에 빠지지 않도록 유의하
는 것이 좋다.

참고로 시주가 갑신, 을유, 경인, 신묘처럼 절지로 구성될 경
우, 성패가 극단적으로 나타날 수 있으니 안정성을 기울이도록
조언해야 한다. 또한 통변 시 사주를 통해 주체의 내면과 욕망
(연월주), 현실과 확장의 에너지(일시주)가 서로 어떻게 조화를
이루고 연계하고 있는지도 잘 살펴야 한다. 예를 들어 월지 지장
간의 간지가 시간에 투출한 경우, 일주를 사이에 두고 사주 전체
를 움직여 가는 엄청난 추동력을 갖는다. 상담 시 내담자의 태어
난 시간이 불확실한 경우, 시간이 지지에 뿌리내리고 있는지를
살피는 것이 큰 도움이 된다.

3. → 정답은 ⑤번으로, 이는 신강한 사주에 대한 설명이다. 신약한
사주는, 신강한 사주와 달리 외부 환경에 더욱 큰 영향을 받기에,
타인의 말과 행동에도 쉽게 상처입는 편이다. 관계에서 문제가
생길 경우, 자신의 생각이나 감정을 솔직하게 표현하는 걸 어려
워하며 직접적인 대립을 피하기도 한다. 평화롭게 갈등이 해결된
듯 보여도, 본인이 다소 손해를 보는 경우도 많다. 따라서 사주가
신약한 경우, 관계에서 오는 스트레스나 감정적인 압박에도 쉽게
휘둘리지 않도록 내면의 건강에 귀기울이는 것이 좋다.

4. → 정답은 ①번이다. 신강한 사람이 신약한 사람에 비해 더 성공 확률이 높다고는 볼 수 없기 때문이다. 신강한 경우 과감한 결단과 추진력을 장점으로, 운의 시기만 잘 맞을 경우 어떤 영역에서도 큰 성과를 낼 수 있다. 하지만 반대로, 그만큼 큰 실패의 위험도 안고 있다는 것을 잊어선 안 된다. 신약한 사람은 세밀한 분석과 신중한 계획을 통해, 리스크를 최소화하는 데 강점이 크다. 신강할 경우 신약한 사주의 장점들을 잘 조화시켜, 안정적인 성과를 거둘 수 있도록 균형을 잡는 게 중요하다.

5. → 정답은 ①번이다. 대사 1은 용신인 관성을 추구하여 사회적 성공을 이루었지만, 과도한 관성에 의해 한신인 비겁이 공격당하여 건강을 잃은 사례에 해당한다. 식상이 강하고 일간이 신왕한 경우 드물게 관성을 용신으로 쓰지만, 관성이 일간을 직접적으로 위협하는 만큼 무엇보다 건강에 주의를 기울여야 한다. 관성이 지나치면 과도한 책임감에 짓눌리거나, 승진 욕구를 이기지 못하고 매일같이 야근을 하다 건강을 해치는 경우가 많다. 관성 용신인 경우, 일간을 지키기 위해선 관인상생의 흐름이 필수다. 나의 열 걸음보다 나와 함께 일하는 동료 열 명의 한 걸음이 더 중요하다는 걸 깨달아야 진정한 관인상생의 흐름이 만들어진다. 내가 이룩한 성과가 내 팀이나 조직의 성과가 되도록 만드는 것이 관건이다.

대사 2는 비겁 용신이 뜻하는 주체적이고 독립적인 삶을 살았으나, 한신인 식상을 잘 쓰지 못해 만족감을 느끼지 못하는 사례에 해당한다. 식상이 상징하는 삶의 여유와 낙천성, 친교, 식도락의 기운은 모두 행복과 깊은 관련이 있다. 대사 3은 식상이 용신인 만큼, 자신의 행복과 즐거움을 추구하며 살았으나 한신인 재성을 내 편으로 쓰지 못해 물질적으로 빈곤해진 사례에 해당한다. 식상생재의 흐름은, 식상이 뜻하는 소통의 영역을 더 넓혀야 만들어진다. 내가 싫어하는 사람들과도 함께 밥을 먹고, 함께 일하며 어울릴 줄도 알아야 한다는 뜻이다.

합, 충을 통한 활용과 방어

앞서 내게 필요한 십성과 관련된 적극적인 활동을 통해, 용희신과 기구신에 해당하는 운을 활용하거나 방어할 수 있는 방법을 살펴보았다. 개인의 주체적인 노력을 통해, 얼마든지 십성의 기운을 끌어오거나 생성할 수 있다는 것을 이해했다면, 원국은 물론 운에서 합과 충이 일어날 때도 변화의 양상을 어느 정도 다르게 이끌어 갈 수 있다.

시주	일주	월주	연주
**	*	*	
편재	본원	비견	정재
丁	癸	癸	丙
巳	亥	巳	子
정재	겁재	정재	비견
*	**	*	
戊庚丙	戊甲壬	戊庚丙	壬癸
태	제왕	태	건록
역마	역마	역마	도화
천을	천라지망	천라지망	공망
	천을		

위 사주는 일간 계수가 일지에 뿌리를 두어 신왕하지만, 전체적으로 재성의 세력이 강해 신약해졌다. 자세히 보면 천간에서는 정계쟁충이, 지지에서는 사해쟁충이 어지럽게 펼쳐져 있다. 쟁충이 어지럽게 펼쳐질 경우, 삶이 분주해질 가능성이 큰 만큼 원국의 안정성을 높이는 게 무척 중요한 상황이다. 이때 원국 내에서 충을 무력화시키는 방법은 없을까? 방법은 무궁무진하지만, 크게 세 가지 틀에서 접근해야 한다. 첫째는 오행의 상생상극, 둘째는 충과 합, 셋째는 용희신을 살피는 것이다.

① 오행의 상생상극을 이해했다면, 수생목, 목생화의 흐름을 만들기 위해 목 식상의 기운을 끌어올 수 있을 것이다. 합이 되는 경우의 수를

몇 가지만 떠올려 보자. 천간의 계수는 무토와 무계합을 하고, 정화는 임수와 정임합을 한다. 지지의 해수는 인목과 인해합을 하거나, 묘목과 해묘합을 한다. 사화는 신금과 사신합을 하거나, 유금과 사유합을 한다. 그렇다면 위 명식의 천간에서 정계쟁충이 일어나고 있는데, 이 충을 안정화시키고 싶다면 어떻게 해야 할까?

② 천간의 충을 안정화시키기 위해 무토에 해당하는 정관과 임수에 해당하는 겁재의 십성을 생성하는 것이다. 무토는 계수와 합을 하고, 임수는 정화와 합을 하니, 이렇게 합하는 기운을 끌어온다면 충을 무효로 만들어 원국을 안정화시킬 수 있게 된다. 나아가 지지의 사해쟁충을 안정화시키고 싶다면, 인목과 묘목에 해당하는 식상, 신금과 유금에 해당하는 인성을 생성하는 것도 좋다. 인목과 묘목 모두 해수와 합을 하고, 신금과 유금은 사화와 합을 하니, 역시 이 기운들을 끌어온다면 충을 모두 무효로 만들어 지지를 안정화시킬 수 있게 된다.

하지만 용희신을 파악해야 해당 십성 중 어떤 십성을 끌어오는 것이 원국도 안정화시키고, 삶을 훨씬 유리한 방향으로 이끌어 갈 수 있을지 알 수 있다. 위 사주는 신왕하고 재왕한 사주이니, 금 인성이 용신, 토 관성이 희신이 된다. 즉 금 인성과 토 관성에 해당하는 십성의 힘을 내재화해야 삶의 만족도가 가장 높다는 뜻이다. 물론 한신인 수 비겁의 방향을 추구하는 것도 좋다. 다만 이때는 구신에 해당하는 목 식상의 방향을 추구하는 게, 사주의 주체에게 큰 도움이 안될 수 있다. 원국을 안정화시킬 수 있다고 해도, 결국 목 식상이 기신 화 재성의 기운을 과도하게 키우기 때문이다. 정리하면 이 사주는 금 인성이 용신이고 토 관성이 희신이므로, 지지 신금 정인이나 유금 편인, 또는 천간 무토 정관이나 임수 겁재를 추구하는 게 가장 좋다.

이런 방법으로 용신을 활용하여 원국의 충을 주체에게 가장 필요한 방향으로 안정화시킬 수 있다. 반대로 원국이 합으로 묶여 있을 경우, 충을 통해 합을 푸는 방향으로 원국을 활성화하여 기운의 흐름을 더욱 생기 있게 만들 수 있다. 물론 내게 필요한 기운을 적극적으로 생성하여 이 같은 작용을 무력화하는 것도 중요하지만, 해당 기운을 가지고 있는 특수관계인의 조력이나 해당 기운이 많은 지역으로 이사하는 방법도 적극 고려할 만하다.

여기서는 충과 합을 활용하여 원국의 용희신을 활성화하거나, 운에서 온 기구신을 무력화하는 방법만 간단히 다루어 보기로 하자. 참고로 합거와 충거에 대한 활용법은 《명리, 나를 지키는 무기 : 중급편》의 3장 대운과 세운을 해석하는 방법 중 273쪽을, 삼형에 대한 활용법은 290쪽을 참고하기 바란다.

① 용희신을 활성화하는 방법

세운	대운
●	●
정인	정인
丙	丙
戌	辰
겁재	겁재
	*●●
辛丁戊	乙癸戊
양	쇠
화개	
백호	

시주	일주	월주	연주
●		●	
정인	본원	식신	겁재
丙	己	辛	戊
寅	酉	酉	戌
정관	식신	식신	겁재
戊丙甲	庚辛	庚辛	辛丁戊
사	장생	장생	양
원진	원진	문창	화개
공망	문창		
천덕			

일간이 연지에 뿌리를 둔 신왕하고 금 식상이 강한 명식이다. 이 경우 용희신은 화 인성, 목 관성이 된다. 대세운의 병화는 월간의 신금과 합화하여 수로 변한다. 즉, 용신이 기반되니 오히려 더 불리한 운이 되어버리는 것이다. 이때는 병화와 충을 하는 임수 정재나, 신금과 충을 하는 을목 편관의 기운 중 어떤 걸 끌어와야 할까? 당연히 용희신에 해당하는 을목 편관의 기운을 생성하는 것이 훨씬 더 유리하다. 편관은 명령과 과업의 수행에 최적화되어 있다. 어렵고 힘든 일이 주어지더라도 책임감을 갖고 해내고, 과감하고 직선적인 에너지를 바탕으로 군검

경, 특수기관 등 규율과 엄격한 조직에서 자기 직분을 다해야 한다. 편관 특유의 배짱으로 사람들 앞에서 자신을 마음껏 드러내고, 조직에서 작은 직위라도 맡게 된다면 이를 피해선 안 된다. 명랑함, 유쾌함, 쾌활함을 갖추고, 주변 사람들에게 자신을 어필하기 위해 노력하는 것도 좋다. 회사원이라면 사내 동아리 활동을 하거나, 가급적 회식 자리에도 빠지지 않는 것을 권장한다. 오행의 관점에서 목·화 용희신을 활성화할 수 있도록, 회사의 사업이나 자신의 직무와 관련하여 최신 트렌드를 파악하거나, 산업 동향을 정리하여 팀원들과 공유하는 것도 큰 도움이 될 것이다.

② 기구신을 무력화하는 방법

세운	대운		시주	일주	월주	연주
*	*					
편재	편재		편관	본원	정관	편재
甲	甲		丙	庚	丁	甲
子	子		子	子	卯	午
상관	상관		상관	상관	정재	정관
*	*		*	*		
壬癸	壬癸		壬癸	壬癸	甲乙	丙己丁
사	사		사	사	태	목욕
도화	도화		도화	도화	도화	월덕
월덕	월덕			월공		

극신약한 사주가 대세운에서 쟁충하는 운을 만날 경우 어떻게 해야 할까? 극신약한 이 원국의 용희신은 금 비겁과 토 인성, 기구신은 화 관성, 목 재성이다.

운에서 일간과 발생하는 쟁충을 무력화하려면, 갑목과 합을 하고 희신에 해당하는 기토 정인의 십성을 추구해야 한다. 기토 정인은 갑목을 묶어, 구신인 갑목의 방향을 희신으로 끌고 오는 중요한 기운이다.

해당 시기에는 구체적으로 재성이 상징하는 금전 또는 사회적 관계, 체면 등이 손상되거나 불안정해질 수 있는 만큼, 미리 현금을 문서화한다거나 일을 시작하기 전 계약서를 꼼꼼하게 써놓는 것이 좋다. 억울한 분쟁에 휘말릴 경우, 감정에 휩싸여 적극적으로 나서기보다 한발 물러나 사태를 객관화하고, 누군가의 도움을 통해 해결하는 것이 바람직할 수도 있다.

원국의 연지 오화는 기신이라 하더라도, 대세운에서 들어오는 자수 때문에 더욱 공격을 받게 되었다. 이럴 때는 해당 십성과 관련하여 부정적인 일이 생기거나, 해당 오행과 관련된 건강상 문제가 불거질 가능성이 높다. 지지가 복잡해진 상황에서 자수와 합을 하는 용신 신금 비견이나, 오화와 합을 하는 희신 미토 정인을 끌어오는 것이 지지를 안정화하는 데 큰 도움이 된다.

명리영역 기출문제

1. 다음 중 아래 사주와 관련된 분석 중 잘못된 것을 고르면? (난이
   도 상)

시주	일주	월주	연주
편관	본원	비견	정관
甲	戊	戊	乙
寅	戌	寅	丑
편관	비견	편관	겁재
	●	●	
戊丙甲	辛丁戊	戊丙甲	癸辛己
장생	묘	장생	양
	화개		천을
	괴강		천의
	공망		

보기 1

시주	일주	월주	연주
	●		●
편관	본원	편인	정관
乙	己	丁	甲
亥	巳	卯	寅
정재	정인	편관	정관
▲●※	※	▲	●
戊甲壬	戊庚丙	甲乙	戊丙甲
태	제왕	병	사
역마	역마	도화	월덕
공망			천의

보기 2

시주	일주	월주	연주
식신	본원	비견	비견
丙	甲	甲	甲
寅	戌	戌	寅
비견	편재	편재	비견
戊丙甲	辛丁戊	辛丁戊	戊丙甲
건록	양	양	건록
천덕	화개	화개	
월덕			

보기 3

① 주언: "보기 1은 일간이 뿌리를 갖고 있는데 관성도 강한 신왕관왕한 사주야. 따라서 식상을 용신으로 쓰는 게 좋을 것 같아."

② 금아: "보기 2는 관성도 강하고 인성도 강하네. 다행히 신약하긴 하지만 일간이 아예 뿌리가 없다고는 볼 수 없는 만큼, 식상을 용신으로 써야겠지?"

③ 김언: "보기 3은 득세는 했지만, 일간이 사령부라 할 수 있는 일월지를 차지하지 못해 결국 신약한 사주가 되어버렸어. 굳이 비유하면 마치 병사는 많은데, 지휘관이 모두 바보나 다름없는 상황이랄까? 일단, 식상과 재성이 모두 강한 만큼, 인성을 용신으로 쓰면 좋겠어."

④ 종효: "보기 1은 재성, 관성이 기구신인 만큼 사회적 활동이 피곤할 수 있겠지만, 책임감을 갖고 일해야 더욱 삶의 만족도를 높일 수 있을 거야."

⑤ 강찬: "보기 3은 인성이 용신인 만큼, 한 분야에서 꾸준히 자기 길을 만드는 게 중요할 것 같은데? 만약 공부를 한다면, 학위나 자격증을 따야 자신의 삶을 좀 더 유리한 방향으로 끌고 갈 수 있어."

2. 다음 중 아래 사주와 관련된 분석 중 가장 옳지 않은 것을 고르면? (난이도 상)

시주	일주	월주	연주
✲	✲✲	✲	
편관	본원	편관	식신
壬	丙	壬	戊
辰	子	戌	戌
식신	정관	식신	식신
▲✲✲	▲●	✲●	✲
乙癸戊	壬癸	辛丁戊	辛丁戊
관대	태	묘	묘
화개	천덕	백호	
월공	월덕	월공	

보기 1

시주	일주	월주	연주
	✲		✲
상관	본원	정관	편관
己	丙	癸	壬
丑	午	丑	子
상관	겁재	상관	정관
●	✲	●	●✲●
癸辛己	丙己丁	癸辛己	壬癸
양	제왕	양	태
귀문	도화	백호	천의
원진	양인	귀문	
	원진	원진	

보기 2

① 자강: "보기 1은 일간을 최우선적으로 지켜야 하니, 화 비겁을 용신으로 써야 해."

② 두천: "보기 2는 축월 축시이다 보니, 축토를 수로 봐야 하지 않을까? 게다가 월간은 계수고 연월지에는 자축합도 되어 있으니, 관성이 아주 강한 사주로 봐야 해."

③ 상철: "보기 2는 원국에는 전혀 없는 목 인성이 긍정적인 역할을 할 것 같아."

④ 종식: "보기 1은 수 관성과 토 식상 중, 토 식상의 세력이 더 강한 사주라 할 수 있어."

⑤ 정훈: "두 사주 중 그래도 건강을 더 잘 지킬 수 있는 쪽은 보기 2 사주가 아닐까? 일간이 일단 지지에 뿌리를 튼튼하게 내리고 있잖아."

3. 다음 중 아래 사주와 관련된 보기 중 가장 옳지 않은 것을 고르면? (난이도 상)

남, 중화

시주	일주	월주	연주
●	●●		
편인	본원	상관	편인
戊	庚	癸	戊
寅	辰	亥	辰
편재	편인	식신	편인
●		●	
戊丙甲	乙癸戊	戊甲壬	乙癸戊
절	양	병	양
역마	괴강	귀문	백호
	원진	원진	
	천라지망	천라지망	
	월공	문창	

보기 1

남, 극신약

시주	일주	월주	연주
식신	본원	상관	편재
戊	丙	己	庚
戌	戌	丑	子
식신	식신	상관	정관
		●	●
辛丁戊	辛丁戊	癸辛己	壬癸
묘	묘	양	태
	백호		천덕
			월덕
			천의

보기 2

① 상호: "보기 1은 월주를 차지한 수 식상보다, 토 인성의 세력이 더 강하다고 봐야 하지 않을까?"

② 시우: "보기 2은 인성이 강하지만, 일간의 뿌리가 지장간에 없기 때문에 금 비겁을 추구하는 것도 정말 중요할 것 같아."

③ 건욱: "그럼 보기 1은 인성이 가장 강하니, 재성을 용신으로 써야겠지?"

④ 재호: "보기 2는 식상이 아주 강한데, 일간의 뿌리는 너무 빈약해. 술중 정화가 있긴 하지만 십이운성으로 병화가 술토 위에선 묘지라, 힘도 없을 것 같아."

⑤ 유준: "보기 2는 병화가 용신이 되겠지만, 실질적으로 식상을 극하고, 병화를 도울 수 있는 목 인성이 정말 중요한 역할을 한다고 봐야 해."

4. 아래 두 사주에 대한 대화 중 가장 잘못된 것을 고르면? (난이도 상)

시주	일주	월주	연주
**	*	*	
편재	본원	비견	정재
丁	癸	癸	丙
巳	巳	巳	申
정재	정재	정재	정인
●	●	●	●●●
戊庚丙	戊庚丙	戊庚丙	戊壬庚
태	태	태	사
천을	공망	천을	
	천을		

보기 1

시주	일주	월주	연주
편인	본원	비견	편인
辛	癸	癸	辛
酉	巳	巳	亥
편인	정재	정재	겁재
▲	▲*	▲*	**
庚辛	戊庚丙	戊庚丙	戊甲壬
병	태	태	제왕
천덕	역마	역마	역마
	천을	천을	천덕

보기 2

① 강현: "둘 다 실령하고 실지를 했기 때문에, 최소한 신강하다고

342

보긴 어려울 것 같아."

② 수민: "그래도 음간인 계수가 병존해 있고, 다행히 모두 연지에 뿌리는 두고 있네. 그런데 보기 2는 시주가 인성이라, 보기 1보다 일간의 힘이 더 강하지 않을까?"

③ 이헌: "만약 보기 2 사주의 일월지가 재성이 아니라 관성이었다면, 식상을 용신으로 잡아야 했겠지?"

④ 주홍: "보기 1은 기신인 사화가 신금과 묶여 기운이 흐려져 있어. 신금 입장에선 합으로 묶이면 발목을 잡히긴 하겠지만, 사신 합의 방향이 일간에게 도움이 되니 결과적으로 나쁘다고는 볼 수 없을 것 같아. 다만 같은 한신이라도 해수가 운에서 어설프게 들어오면 쟁충으로 위험해지니, 차라리 자수가 더 도움이 되지 않을까?"

⑤ 화보: "보기 1은 계수와 정화가 충을 하고 있잖아? 계수와 합을 하는 무토 정관은 한신이라 괜찮긴 한데, 정화와 합을 하는 비겁 임수는 목으로 기반하니까 전혀 도움이 안된다고 봐야 해."

풀이 노트

1. → 정답은 ④번이다. 재관이 기구신이라는 말은 식상이 용신이라는 뜻이다. 특히 관성이 기구신인 경우, 조직 내에서의 과다한 책임감이나 의무감으로 인해 삶에 여유가 없는 경우가 많다. 때문에 지나치게 본인의 과업에만 매달리기보다, 마음의 건강을 챙기거나, 가족과 함께하는 시간을 늘리는 것이 낫다. 또는 다양한 취미활동과 여행 등을 통해 삶의 즐거움과 일상의 여유를 만들어 나가는 것도 좋다. 여러모로 용신인 식상의 기운을 끌어오는 것이 권장된다."

2. → 정답은 ②번이다. 보기 2 명식의 월지 축토는 월간 계수와 연주 임자에 의해 거의 수로 가버린 듯 보인다. 하지만, 일지 오화

가 자수와 충하고, 축토를 뜨겁게 생하며 월지가 수로 휩쓸려가는 것을 적극적으로 가로막고 있다. 축월 축시의 축토는 보통 수 기운을 가득 머금은 토로 해석되지만, 시간 기토가 시지 축토를 덮으며 수 기운을 제한하고 있다. 결국 수 관성보다 토 식상의 기운이 훨씬 강한 신왕한 사주로, 용신은 목 인성, 희신은 수 관성이다. 신약한 명식으로 비겁은 한신이 된다. 참고로, 이 사주와 연주, 월주, 일주가 같고 시주가 무술인 원국의 경우 수 관성이 용신, 금 재성이 희신으로 쓰였다. 수를 가장 강하게 극할 수 있는 무술이 시주로 구성되고, 오술합으로 원국에 화기를 더하니, 보기 2 명식에 비해 식상과 비겁의 힘이 더욱 강하게 되었다.

보기 ⑤번을 보자. 보기 1 사주는 일간인 병화가 임수와 쟁충을 하고 있다. 만약 대세운에서 임수가 들어와 일간과 충하게 되면, 일간은 높아진 쟁충의 파괴력 때문에 더욱 위험해진다. 보기 1은 일지의 십성이 건강을 상징하는 관성이고 삶의 여유를 뜻하는 식신도 강한 사주지만, 충으로 인해 어지럽게 되었다. 차라리 보기 2 사주처럼 신왕하여, 일간이 자신을 지킬 수 있는 구조가 건강을 지키기엔 조금 더 장점이 많다.

3. → 정답은 ③번이다. 인성이 강한데 신약한 인다신약, 또는 인성도 강하고 일간도 강한 인다신강 사주 모두 억부적 관점에서 재성이 용신으로 쓰인다. 하지만 보기 1 사주는 일간 경금이 가장 좋아하는 습토 진토의 생조를 받고 있다고는 하나, 지지 지장간 어느 곳에서도 금 비겁이 존재하지 않아 금 비겁의 기운 역시 중요하게 되었다. 일간이 지장간에 비겁으로 뿌리내린 것과 인성의 생조를 받는 것 중 일간의 힘을 더 강하게 키울 수 있는 것은 전자다. 부모나 가문의 영향이 중요한 과거에는 일간이 인성의 생조를 받는 걸 더 귀하고 강하게 여겼으나, 현대에는 이 해석도 달라져야 한다고 본다. 보기 1처럼 일간이 지장간에조차 비겁을 뿌리로 두지 못한 경우, 대세운의 간지로 인해 일간이 쟁충을 맞으면 불안정성이 더욱 높아진다. 이 사주는 수 식상이 용신, 금

비겁이 희신, 목 재성은 한신이 된다. 토 인성과 화 관성은 기구
신이다.

4. → 두 사주 모두 신약하지만, 일간 계수가 병존해 있고, 연지에
   뿌리를 내린 나름 신왕한 사주다. 게다가 사중 경금에도 뿌리를
   두고 있어 일간은 최소한 자기를 무리없이 지킬 수 있다고 보아
   야 한다. 보기 1은 금 인성이 용신, 보기 2는 목 식상이 용신인
   사주다.
   이 문제의 정답은 ⑤번이다. 대세운에서 임수가 들어오면 정임
   합을 하지만, 임수가 연간 병화와도 병임충을 하는 까닭에 목으
   로 기반되지는 않는다. (충합으로 인해 기운이 조금 흐려져 있긴 하지만)
   임수는 한신으로서 일간에 힘을 보태고 기신 화 재성을 극하기에
   큰 도움이 된다.

命理武器

부록

생시를 유추하는 방법

세운	대운
◎	
상관	정인
癸	己
卯	未
정재	정인
◎◎	
甲乙	丁乙己
태	관대
도화	천을

시주	일주	월주	연주
*		*	
편관	본원	식신	편인
丙	庚	壬	戊
戌	申	戌	辰
편인	비견	편인	편인
*		*	**
辛丁戊	戊壬庚	辛丁戊	乙癸戊
쇠	건록	쇠	양
백호	역마	백호	화개
천덕		월공	백호
월덕			

98	88	78	68	58	48	38	28	18	8
식신	상관	편재	정재	편관	정관	편인	정인	비견	겁재
壬	癸	甲	乙	丙	丁	戊	己	庚	辛
子	丑	寅	卯	辰	巳	午	未	申	酉
상관	정인	편재	정재	편인	편관	정관	정인	비견	겁재
사	묘	절	태	양	장생	목욕	관대	건록	제왕

배우자의 사주 병술시일 때

	세운	대운
	●※	●○
	상관	정인
	癸	己
	卯	未
	정재	정인
	▲●	
	甲乙	丁乙己
	태	관대
	도화	화개
		천을

	시주	일주	월주	연주
	●○	○○	●	
	정관	본원	식신	편인
	丁	庚	壬	戊
	亥	申	戌	辰
	식신	비견	편인	편인
	○		※	※
	戊甲壬	戊壬庚	辛丁戊	乙癸戊
	병	건록	쇠	양
	문창	역마	백호	화개
			월공	백호

98	88	78	68	58	48	38	28	18	8
식신	상관	편재	정재	편관	정관	편인	정인	비견	겁재
壬	癸	甲	乙	丙	丁	戊	己	庚	辛
子	丑	寅	卯	辰	巳	午	未	申	酉
상관	정인	편재	정재	편인	편관	정관	정인	비견	겁재
사	묘	절	태	양	장생	목욕	관대	건록	제왕

배우자의 사주 정해시일 때

　개인적으로 내담자의 생시가 정확하지 않으면, 상담을 하지 않고 있다. 두 가지 후보로 좁혔다 하더라도, 원국과 대세운이 빚어내는 합, 충, 형의 작용과 삶을 연결 짓고 시주를 구분하는 게 만만치 않기 때문이다. 불행하게도 병원의 출산 기록은 오래되어 찾을 수 없고, 장모님의 기억도 불확실한 터라 내 배우자의 생시 또한 오랫동안 확정 짓지 못하고 있었다.

　배우자의 생시가 병술시면 편관적 성향이, 정해시면 정관적 성향이 조금 더 강하다고 할 수 있을까? 병술시면 병화가 입묘되는 술토 위에 놓이는 데다 월간의 임수와도 충한다. 하지만 술월 술시의 사주가 지장간에 정화 정관을 두었으니, 이 경우 정관과 편관의 성향이 둘 다 드러날 가능성이 있다. 연애했던 기간까지 합쳐 함께 살아온 세월이 10년이 넘었지만, 배우자의 성격은 종잡기 힘들었다. 간여지동으로 가장 외강한 경신일주인데 식신 임수까지 뿌리가 강하니, 때론 호탕한 듯도 여겨졌다. 정해시주라면 정관적 성향이 강할 텐데, 한때 직업이 공무원이었다는 사실 때문에 더욱 헷갈리기만 했다.

공무원이었던 배우자는 2022년 임인년에 직장을 그만둔 후, 동네에 디저트 카페를 오픈했다. 당시 카페를 오픈하기 전, 인테리어 업체와 건물주 사이에서 작은 마찰이 생겼다. 바닥 공사를 할 때 생긴 걸로 추정되는 시멘트 가루들이 굳어 하수도를 막았기 때문이다. 며칠 간 집 주인과 인테리어 업체 직원들 사이에서 큰 소리가 오갔는데, 배우자 본인이 사비로 알아서 해결할 테니 둘 다 조용하라고 하여 사태가 일단락됐다.

사실 나의 배우자에겐 정관적인 면모와 편관적인 면모가 둘 다 조금씩 있었는데, 나는 이 사건 이후로 편관이 훨씬 강하다는 쪽으로 기울게 됐다. 정관이 강했다면, 본인이 잘못한 게 없는 이상 어찌됐건 법이나 매뉴얼로 문제를 해결하려고 했을 것이기 때문이다. 내가 볼 때 하수도에 굳은 시멘트를 들어내느라 결코 적지 않은 돈이 들어갔는데, 배우자는 '별것 아닌 걸로 싸우고들 있다.'며 본인도 짜증나지만 그냥 자기가 알아서 해결하는 게 훨씬 나을 것 같다고 했다. 그때 배우자의 표정과 말투는 편관의 카리스마 그 자체였다.

임인년은 그에게 용희신에 해당하는 해인 만큼, 카페는 오픈하자마자 어렵지 않게 유지됐다. 경기가 좋지 않았음에도 불구하고, 주문과 함께 단골 또한 꾸준히 늘었다. 나는 계묘년이 되면, 배우자의 시주를 확실히 알 수 있으리라 생각했다. 병술시면 매출에 큰 차이가 없겠지만, 만약 정해시라면 매출이 계묘년에는 크게 늘 거라고 여긴 이유가 있다. 계묘년엔 시주 정해와 함께, 대운과 세운 모두 해묘미 삼합을 이루기 때문이다. 게다가 천간 계수는 시간의 정화와 충하여 무계합이 되지 않는 데다, 월간 임수 식신 또한 자유롭게 만든다. 직업적으로 식상을 쓰는 데다, 해묘미 삼합으로 용신인 목의 기운이 강해지니 장사가 더욱 잘되리라 여긴 것이다.

하지만 계묘년에도 카페 매출은 임인년과 비교해서 큰 차이가 없었다. 병술시라면 묘목은 묘미합, 묘술쟁합 때문에 그대로 묘목으로 남지만, 목의 기운은 조금 더 흐려지고, 천간의 계수는 무계합화로 기반된다.

12월	11월	10월
甲	癸	壬
子	亥	戌

재미있게도 11월 계해월부터 조금씩 대량 주문이 많이 들어왔다. 월에서 해수가 들어와 잠깐 해묘미 삼합의 기운을 만들어 내고, 배우자에겐 희신에 해당하는 겨울의 수 기운이 강해지면서 매출이 조금씩 늘어갔다. 평소 배우자의 시주가 정해시면 좋겠다 싶었는데, 11월 계해월 이후 병술시로 확정 짓게 되었다. 부끄럽지만 뒤늦게나마 배우자의 사주를 제대로 알게 되었으니 무척 다행이라 생각한다.

시주를 살필 때의 팁을 하나 적자면, 월일지의 지장간이 시간에 인성으로 투간한 경우, 대학에서 전공하거나 취득한 자격증을 발판으로 사회생활을 할 때 비교적 직업적 변화가 적은 편이다. 나머지 십성으로 내담자의 성격을 유추한다 하더라도, 대세운에 따라 강하게 들어온 십성과 집안 환경, 특수관계인의 영향 등 여러 요인이 복합적으로 작용하는 까닭에 시주를 파악하기란 매우 어렵다. 결국 시주를 알기 위해선, 삶의 특정 시기에 따라 원국과 대세운이 형, 충, 합의 관점에서 어떤 작용을 일으켰는지를 종합적으로 살펴야 한다.

비슷한 사주 분석하기

시주	일주	월주	연주
●			
식신	본원	편인	정인
戊	丙	甲	乙
子	午	申	丑
정관	겁재	편재	상관
▲●※◐	*	▲	●
壬癸	丙己丁	戊壬庚	癸辛己
태	제왕	병	양
	도화	역마	
	양인	문창	
	월공	암록	

99	89	79	69	59	49	39	29	19	9
편인	정인	비견	겁재	식신	상관	편재	정재	편관	정관
甲	乙	丙	丁	戊	己	庚	辛	壬	癸
戌	亥	子	丑	寅	卯	辰	巳	午	未
식신	편관	정관	상관	편인	정인	식신	비견	겁재	상관
묘	절	태	양	장생	목욕	관대	건록	제왕	쇠

사례 1

시주	일주	월주	연주
정인	본원	편인	정인
乙	丙	甲	乙
未	午	申	丑
상관	겁재	편재	상관
*		*	
丁乙己	丙己丁	戊壬庚	癸辛己
쇠	제왕	병	양
백호	도화	역마	
천의	양인	문창	
	월공	암록	

99	89	79	69	59	49	39	29	19	9
편인	정인	비견	겁재	식신	상관	편재	정재	편관	정관
甲	乙	丙	丁	戊	己	庚	辛	壬	癸
戌	亥	子	丑	寅	卯	辰	巳	午	未
식신	편관	정관	상관	편인	정인	식신	비견	겁재	상관
묘	절	태	양	장생	목욕	관대	건록	제왕	쇠

사례 2

353

시주	일주	월주	연주
겁재	본원	정인	편인
丁	丙	甲	乙
酉	午	申	丑
정재	겁재	편재	상관
▲			▲
庚辛	丙己丁	戊壬庚	癸辛己
사	제왕	병	양
도화	도화	역마	화개
천을	양인	문창	
	월공	암록	

99	89	79	69	59	49	39	29	19	9
편인	정인	비견	겁재	식신	상관	편재	정재	편관	정관
甲	乙	丙	丁	戊	己	庚	辛	壬	癸
酉	申	子	丑	寅	卯	辰	巳	午	未
식신	편관	정관	상관	편인	정인	식신	비견	겁재	상관
묘	절	태	양	장생	목욕	관대	건록	제왕	쇠

사례 3

354

시주	일주	월주	연주
정인	본원	편인	정인
乙	丙	乙	甲
未	午	亥	子
상관	겁재	편관	정관
＊●	●	＊	
丁乙己	丙己丁	戊甲壬	壬癸
쇠	제왕	절	태
화개	양인	천을	도화
백호		천덕	월덕
천덕			

99	89	79	69	59	49	39	29	19	9
정인	편인	정관	편관	정재	편재	상관	식신	겁재	비견
乙	甲	癸	壬	辛	庚	己	戊	丁	丙
戌	亥	未	午	巳	辰	卯	寅	丑	子
정재	편재	상관	겁재	비견	식신	정인	편인	상관	정관
사	병	쇠	제왕	건록	관대	목욕	장생	양	태

사례 4

모두 남명이다. 사례 1, 2, 3은 생일은 같지만, 태어난 시간이 다르다. 사례 4는 이들에 비해 한 살 많은 갑자년 생으로, 병오일주인 앞의 사주들을 살핀 후, 쉬운 것부터 어려운 것까지 아래 문제들을 풀어보자.

1. 유일하게 작가나 상담가가 아닌 사람은 누구일까?
2. 예술적인 활동을 하지 않은 사람을 한 명 고르면?
3. 직업이나 대학 전공이 여러 번 바뀐 사람을 고르면?
4. NGO 단체에서 일한 경험이 없는 사람을 한 명 고르면?
5. 건강상 오행 금과 관련된 신체 부위가 가장 안 좋은 사람은?
6. 이 중 한 직장을 가장 오래 다닌 사람은?

간단히, 이들의 이력을 살펴보자.

사례 1은 삼수 끝에 국내 명문 대학에 입학한 후 시각예술을 공부했

99	89	79	69	59	49	39	29	19	9
편인	정인	비견	겁재	식신	상관	편재	정재	편관	정관
甲	乙	丙	丁	戊	己	庚	辛	壬	癸
戌	亥	子	丑	寅	卯	辰	巳	午	未
식신	편관	정관	상관	편인	정인	식신	비견	겁재	상관
묘	절	태	양	장생	목욕	관대	건록	제왕	쇠

다. 졸업 후 대기업에 입사했지만, 2012년 임오대운 임진년에 우울증으로 퇴사한다. 2013년 임오대운 계사년, 기록을 위해 만든 SNS에 사람들이 자신의 힘든 상황을 댓글로 남겼고, 이를 위로해 주는 과정에서 우연히 상담일을 시작하게 됐다. 우울증으로 힘들어하는 이들을 상담해 주기 위한 NGO 단체를 만든 후, 대표로서 해당 분야에서 조금씩 이름을 알려 나간다.

용신은 목 인성, 희신은 수 관성이다. 2016년 신사대운 병신년, 공중파 방송에 출연하게 되면서 청년을 위한 대표 상담가로 더없이 바쁘게 활동하게 된다. 지지에서 사신합, 신자합이 일어나 기신인 금 재성이 수로 기반되는 해였다.

여러 지자체에서 청년들의 마음 건강을 위한 다양한 공적 활동을 했다. 앞으로 사회적 단체들과 기업들을 연결하는 일을 체계화하기 위해, MBA에 도전할 계획이다. 자신의 경험과 전문성, 그간의 활동을 바탕으로 마음 건강을 주제로 여러 권의 책을 냈다. 경진대운 갑진세운에 신자진 삼합이 되며, 구신인 토 식상이 전부 수로 기반된다. 이때 출간한 책이 베스트셀러에 올랐다. 현재 새로운 온라인 플랫폼에서 마음 건강과 관련된 글을 꾸준히 써 나가며, 일상 속 휴식이 필요한 사람들을 응원하고 있다.

시주	일주	월주	연주
정인	본원	편인	정인
乙	丙	甲	乙
未	午	申	丑
상관	겁재	편재	상관
*			*
丁乙己	丙己丁	戊壬庚	癸辛己
쇠	제왕	병	양
백호	도화	역마	
천의	양인	문창	
	월공	암록	

99	89	79	69	59	49	39	29	19	9
편인	정인	비견	겁재	식신	상관	편재	정재	편관	정관
甲	乙	丙	丁	戊	己	庚	辛	壬	癸
戌	亥	子	丑	寅	卯	辰	巳	午	未
식신	편관	정관	상관	편인	정인	식신	비견	겁재	상관
묘	절	태	양	장생	목욕	관대	건록	제왕	쇠

사례 2

사례 2는 나의 사주로, 예술대학에서 글쓰기와 사진을 공부했다. 대학생 때부터 매년 한 달 이상 정기적으로 해외 봉사를 다니며 NGO일을 했다. 2012년 임오대운 임진년에 한 홍보회사에 취직했지만, 돈을 쓸 시간이 없을 만큼 바빠 우울한 시간을 보냈다. 임오대운 막바지인 2013년 계사년, 한 대기업에 입사하여 홍보 담당자로 10년을 일하다 2023년 1월 말(아직 임인년)에 그만뒀다.

용신은 금 재성, 희신은 토 식상이다. 2021년 신사대운 신축년, 사유축 천간삼합이 되면서 기신인 사화의 작용력이 떨어진다. 이때 명리를 주제로 유튜브를 시작하자마자, 여러 방송에 출연하며 이름을 알리게 됐다. 가장 우호적인 경진대운을 적극적으로 활용하기 위해, 직전인 2023년 하반기에 명리를 주제로 책을 출간한 후 줄곧 명리학을 연구하며 강의하고 있다. 언젠가 명리 상담가들과 도움이 필요한 이들을 연결할 단체를 만들고, 명리를 연구하는 공간도 꾸려볼 계획이다.

시주	일주	월주	연주
겁재	본원	편인	정인
丁	丙	甲	乙
酉	午	申	丑
정재	겁재	편재	상관
*			*
庚辛	丙己丁	戊壬庚	癸辛己
사	제왕	병	양
도화	도화	역마	화개
천을	양인	문창	
	월공	암록	

99	89	79	69	59	49	39	29	19	9
편인	정인	비견	겁재	식신	상관	편재	정재	편관	정관
甲	乙	丙	丁	戊	己	庚	辛	壬	癸
戌	亥	子	丑	寅	卯	辰	巳	午	未
식신	편관	정관	상관	편인	정인	식신	비견	겁재	상관
묘	절	태	양	장생	목욕	관대	건록	제왕	쇠

사례 3

사례 3은 재수를 해서 국문과에 입학했지만, 6개월 만에 교우문제로 자퇴를 했다. 재수를 반복했고, 중간에 경찰이 되기 위해 애썼으나 번번이 낙방했다. 늘 이성과 끊이지 않고 교제해 왔다.

용신은 목 인성, 희신은 수 관성이다. 원국에 넘치는 금 재성의 기운을 통해, 현재는 헬스 트레이너로 일하고 있다.

시주	일주	월주	연주
정인	본원	편인	정인
乙	丙	乙	甲
未	午	亥	子
상관	겁재	편관	정관
	*●	●	*
丁乙己	丙己丁	戊甲壬	壬癸
쇠	제왕	절	태
화개	양인	천을	도화
백호		천덕	월덕
천덕			

99	89	79	69	59	49	39	29	19	9
정인	편인	정관	편관	정재	편재	상관	식신	겁재	비견
乙	甲	癸	壬	辛	庚	己	戊	丁	丙
酉	申	未	午	巳	辰	卯	寅	丑	子
정재	편재	상관	겁재	비견	식신	정인	편인	상관	정관
사	병	쇠	제왕	건록	관대	목욕	장생	양	태

사례 4

사례 4는 멘사 회원이다. 고3 때도 매일 새벽마다 어머니와 함께 신문배달을 했어야 할 만큼, 경제적으로 어려운 환경에서 자랐다. 기초생활수급자로서 공부할 형편이 되지 않아 겨우 지방대를 졸업했다. 2009년 정축대운 기축년, 지인들의 추천서를 180여 장이나 모아 제출한 끝에 취업난을 뚫고 대기업에 입사했다. 하지만 2011년 정축대운 신묘년에 퇴사 후, 낡은 커피트럭을 끌고 1년간 전국을 순회한다. 이후 무일푼으로 해외를 여행하다 2015년 무인대운 을미년, 은행에 빚을 얻어 청소년과 청년들이 머물고 쉬어갈 수 있는 공간을 만든다. 공간이 입소문을 타며 방문객이 늘자, 사회적 기업을 설립 후 청년들을 돕기 시작한다. 현재는 자립청년들을 위한 활동가이자 상담가, 소셜디자이너로서 청년주거문제 해소, 도시재생사업 등에 발벗고 나서고 있다. 자신의 경험담을 바탕으로 한 책을 출간 후 작가로 알려지기도 했다. 정기적으로 어르신들을 위해 장수사진을 촬영하고, 여행 가서 찍은 사진들을 전시하며 사진작가로도 활동하고 있다. 용신은 금 재성, 희신은 토 식상이다. 언젠가 청년들을 위한 교육기관을 설립하는 게 꿈이다.

이제 위에 제시했던 문제에 대한 정답을 하나하나 살펴보도록 하자.

1. 유일하게 작가나 상담가가 아닌 사람은 누구일까?
2. 예술적인 활동을 하지 않은 사람을 한 명 고르면?

정답은 이 중에서 가장 식상이 약한 사례 3이다. 연지에 축토가 있지만, 시지 유금과 멀게나마 유축합을 하여 기운이 강하다고 볼 수 없다. 오중 기토가 지장간 안에서 굳건히 자리 잡고 있는 만큼, 대운에서 천간에 토가 투출했다면 식상의 힘이 더 강해졌을 수도 있다. 나머지 사례 1, 2, 4는 모두 책을 여러 권 냈거나, 꾸준히 다음 책을 쓰고 있다.

사례 1과 2는 예술대학에서 도예, 미술, 사진 작업을 한 적이 있다. 사례 4는 대학에서 예술을 전공하진 못했으나, 꾸준히 화의 기운을 바탕으로 현재 사진작가로도 활동하고 있다. 재미있게도, 식상이 강한 사례 1, 2, 4 모두 상담가로도 왕성하게 활동 중이다.

사례 3 또한 화의 기운이 만만치 않지만, 아쉽게도 이를 예술로 풀어내지 못했다. 대신 오행 중 금의 기운을 바탕으로 열심히 육체를 단련(헬스)했고, 트레이너로서 여러 대회에 나가며 병오일주답게 자신을 열심히 드러내고 있다.

3. 직업이나 대학 전공이 여러 번 바뀐 사람을 고르면?
4. NGO 단체에서 일한 경험이 없는 사람을 한 명 고르면?

직업이나 대학 전공이 여러 번 바뀐 사람은 사례 3이다. 사례 3의 원국을 보면 관성이 지장간에만 있고, 천간 인성은 그다지 힘이 강하지 않다. 대학에 입학했지만 곧 자퇴를 했고, 이후 여러 대학에 적을 두며 몇 년간 재수를 했다. 중간에 공무원 시험으로 방향을 돌렸으나, 번번이 낙방했다. 원국만 보면 시지 유금에 천을귀인이 놓여 있어 짜임이 좋은 듯하지만, 대운의 흐름이 원국의 구조와 맞물려 불리하게 흘렀다. 초년의 불리한 대운 때 여러 번 재수를 하거나 뜻에 없는 공무원 시험에 매달리기보다, 차라리 자격증을 바탕으로 기술을 배우는 게 더 나았을 듯 싶다.

사례 2 역시 관성이 지장간에만 있어 약하다. 인성은 천간에만 떠 있지만, 사례 3에 비해 인성의 힘이 조금은 강하다고 볼 수 있다. 수능 점수 미달로 본인이 원했던 대학에 들어가진 못했지만, 문예창작학을 공부하며 엄청난 재미를 느꼈다. 원국의 강한 식상을 자연스럽게 풀어낼 수 있는 공부를 하며 작가의 꿈을 키워 나갔다. 2007년 임오대운 정해년, 해수가 들어올 때 필리핀에서 한 달간 봉사를 한 이후, 매년 한 달씩 NGO를 도우며 해외봉사를 다녔다. 2010년 임오대운 경인년 초, 국비지원 장학생으로 인도에서 2년간 유학할 수 있는 기회가 주어졌지만, 천간에 경금 재성이 뜬 이유 때문인지 경제적 안정을 이유로 결국 포기했다. 2010년, 2011년 NGO 단체에서 홍보일을 했고, 2012년에는 홍보회사에서 일했다. 이후 대기업 홍보실에서 10년간 일하다가, 현재는 명리학을 연구하며 작가이자 상담가로 지내고 있다.

사례 1은 삼수를 하여, 국내 유수의 대학에 입학했다. 연지에 있는 자수 정관은 시간 무토에게 극을 당하고, 오화와 충으로 약한 듯 보이지만, 월지 신금, 연지 축토와 합을 하여 고립에서 벗어나게 됐다. 관성이 강한 만큼 열심히 본인을 채찍질하여, 원하는 대학에 입학할 수 있었다. 대학 졸업 후 대기업에 입사했지만, 2012년 임오대운 임진년 우울증 때문에 퇴사한다. 사례 1에게 수 관성은 희신이지만, 2012년은 자오충과 신자진 삼합, 진토의 입묘 작용 등 여러 요인들이 복합적으로 작용한 해였다. 용희신이라 하더라도 대운에서 너무 강하게 들어오거나, 삼합으로 인해 기운이 몰리게 되면 균형이 무너질 수 있다. 강한 기운은 설기해야 하는데, 진토가 임수를 입묘로 가두며 관이 흘러가는 걸 방해했다 볼 수 있다. 이후 본인처럼 정신적인 어려움을 겪는 청년들을 위한 NGO단체를 만들었다. 현재는 베스트셀러 작가이자 상담가, 방송인, 강사로서 여러 활동을 병행하고 있다.

사례 4 역시 연지가 자수, 월지는 해수로 이루어져 관성이 강하지만, 경제적 이유로 공부를 제대로 하지 못하여 원하는 대학에 입학하지 못했다. 하지만 관성이 상징하는 명예, 브랜드, 간판 등을 추구하다 보니 어려움은 있었지만, 사례 1처럼 무사히 대기업에 입사했다. 1년 만에 퇴사 후 몇 년간 세계를 여행했고, 귀국 후 청년들을 위한 공간을 가꾸어 나가며, 본격적인 사회활동가로 지내게 된다. 현재 사회공헌 활동가들을 모아 지자체와 기업을 연결하는 여러 플랫폼을 운영하고 있다. 역시 작가이자 상담가, 방송인, 강사로서 여러 활동을 병행 중이다.

5. 건강상 오행 금과 관련된 신체 부위가 가장 안 좋은 사람은?

정답은 사례 2다. 금 오행이 원국에서 가장 약한 사람이 사례 2이기 때문이다. 금 오행은 호흡계통과 피부, 대장을 관장한다. 사례 1, 2, 3은 연주와 월주가 모두 같다. 이 중에서 가장 금의 기운이 강한 사람은, 월지는 신금, 시지는 유금으로 이루어진 사례 3이다. 사례 1은 시지 자수가 자오충을 하고 있지만, 신자합도 함께하고 있다. 이 덕분에 월지 신금은 일지 오화에게 크게 훼손당하지 않게 되었다.

사례 2는 월지 신금이 오화에게 강하게 극을 당한다. 게다가 연지 축토는 거리가 멀지만 미토와 축미충을 하여, 축중 신금도 지장간 내에서 미세하게 금이 가 있는 상태다. 결국 임오대운 병술년에는 기흉, 임오대운 경인년에는 폐결핵으로 고생했고, 신사대운 갑오년에는 대장, 항문과 관련하여 큰 탈이 났다.

십이운성으로 경금은 월지 신금 위에서 건록, 신금은 제왕이 된다. 하지만 경금은 연지 축토 위에서 묘, 신금은 양이 된다. 개인적으로 근묘화실론을 바탕으로, 연지를 20세까지라고 끊어서 해석하지는 않지만 연월주의 기운이 대체적으로 초년과 청년기에 조금 더 유의미하게 적용된다고 본다. 이 같은 입장에서 금 오행만 바라보면, 연지 축토가 습토로서 월지 신금을 생조해 주고 있다고는 하지만, 신금은 크게 도움을 받지 못하고 오히려 오화에게 강하게 극을 당한다.

이외 초년의 대운이 사오미로 흐른 점, 9세 계미대운은 계수가 미토 위에서 묘지에 놓이는 데다 절각인 점, 19임오대운의 임수는 오화 위에서 태지라 힘이 강하지 않다는 점도 함께 놓고 음미할 만하다.

재미있게도 사례 4는 지장간에조차 금 오행이 없다. 오행의 기운이 약하게 있어 깨지는 걸 걱정할 바에야, 건강과 관련해서는 차라리 지장간에조차 깔끔하게 없는 게 낫다. 특정 오행이 없어 사주가 맑아졌다고 표현하는 이유다.

당연히 이 중 담배를 피거나, 술을 마시면 가장 위험한 사람은 사례 2가 된다.

6. 이 중 한 직장을 가장 오래 다닌 사람은?

사례 1과 사례 4는 관성이 강하지만, 사례 2와 3은 관성이 지장간에만 있어 그리 강하진 않다. 사례 3의 경우 관인이 무력하니, 여러 대학을 전전하거나, 방향이 자주 바뀌어 여러 차례 공무원 공부를 했다고 판단할 수 있을 것이다. 이 문제의 정답은 관인이 발달한 사례 1과 3이 아니라 사례 2다. 사례 2는 2012년 이전까지 NGO나 홍보회사에서 일했지만, 2013년 대기업에 입사한 후 10년 동안 홍보실에서 근무했다. 사례 2의 사주는 관성이 강하지 않고, 일지가 겁재 제왕인 데다 식상까지 강하니 직장생활과 거리가 먼 것처럼 보인다. 대기업은 보통 조직의 밀도가 높고 규율과 체계가 엄격한 편이다. 하지만 아이러니하게도 가장 자유롭게 혼자서 일할 수 있었던 당시의 근무환경이, 사례 2를 10

년 동안 회사원으로 지내게 했다. 사주로만 모든 것을 판단하면 안 되는 사례라 할 수 있다.

사례 2에게는 2022년 신사대운 임인년이, 신중 임수가 편관으로 투출하는 해가 된다. 사례 2는 이때 명리공부를 하기 위해 스승님의 수업을 처음 신청했다가, 뜻하지 않았는데 임원이 됐다. 사례 4는 2022년 정치권의 요청을 받고, 모 정당의 비대위원장으로 일하게 됐다. 편관은 임시직, 감투를 의미하기도 한다. 사례 2보다 원국에서 훨씬 관성이 강한 사례 4가 세운에서 임수 편관을 만날 때, 더욱 공적인 영역에서 더 넓게 본인의 이름을 알리게 되었다고 할 수 있다.

사례 1과 3의 용희신은 목 인성과 수 관성이다. 사례 2와 사례 4는 금 재성이 용신이며, 수 관성은 한신의 역할을 한다. 사례 1과 4는 대표로서 본인이 만든 조직을 바탕으로, 사회적 활동을 하며 자신의 이름을 알려 나갔다. 재미있게도 사례 1과 4 모두 본인이 거주하는 지자체나 여러 공공기관을 통해, 현재도 프로젝트성으로 여러 사회적 문제들을 해결해 나가고 있다. 이와 달리 사례 2는 유튜브를 개설하고, 책을 출간하며 본격적으로 자신의 일을 시작했다.

사례 1과 4는 본인에게 한신 이상인 관성을 바탕으로, 공적인 부분에서 자신의 활동 영역을 개척해 나갔다고 볼 수 있다. 한신의 쓰임이 있지만, 관성이 강하지 않은 사례 2는 결국 화가 상징하는 미디어의 영역(유튜브)을 발판 삼아 책을 출간한 후 자기 기반을 넓혀 나가고 있다. 사례 2와 마찬가지로 관이 무력한 사례 3은 자신에게 넘치는 금 오행을 기반으로, 헬스 분야에서 커리어를 쌓고 있다.

명리영역 기출문제

1. 아래 사주에 관한 대화로 가장 적절하지 않은 것을 고르면? (난 이도 상)

시주	일주	월주	연주
편재	본원	편재	정인
癸	己	癸	丙
酉	丑	巳	辰
식신	비견	정인	겁재
▲●	▲	▲	●
庚辛	癸辛己	戊庚丙	乙癸戊
장생	묘	제왕	쇠
도화	화개		천의
문창	공망		

91	81	71	61	51	41	31	21	11	1
편재	정재	식신	상관	비견	겁재	편인	정인	편관	정관
癸	壬	辛	庚	己	戊	丁	丙	乙	甲
卯	寅	丑	子	亥	戌	酉	申	未	午
편관	정관	비견	편재	정재	겁재	식신	상관	비견	편인
병	사	묘	절	태	양	장생	목욕	관대	건록

지그문트 프로이트의 명식

시주	일주	월주	연주
●	●		
정관	본원	편재	편관
甲	己	癸	乙
戌	丑	未	亥
겁재	비견	비견	정재
	*	*	
辛丁戊	癸辛己	丁乙己	戊甲壬
양	묘	관대	태
삼형	삼형	화개	역마
천덕		양인	
월덕		삼형	
		공망	
		암록	

96	86	76	66	56	46	36	26	16	6
편재	정관	편관	정인	편인	겁재	비견	상관	식신	정재
癸	甲	乙	丙	丁	戊	己	庚	辛	壬
酉	戌	亥	子	丑	寅	卯	辰	巳	午
식신	겁재	정재	편재	비견	정관	편관	겁재	정인	편인
장생	양	태	절	묘	사	병	쇠	제왕	건록

카를 융의 명식

① 예나: "둘 다 일주가 같은데 신강하잖아? 프로이트의 제자였던 융이 결국 갈라지게 된 건, 둘다 신강한 사주답게 지향점이 달라졌을 때, 타협의 여지가 별로 없었기 때문은 아닐까?"

② 지필: "프로이트는 융을 아들처럼 아끼고 늘 옆에 데리고 다녔어. 그런데 융이 프로이트를 배신한 건, 원국에 있는 축술미 삼형 때문이야. 축술미는 지세지형(持勢之刑)이라고 해서, 예로부터 가까운 사람을 배신하고, 배반하는 기운으로 여겼잖아."

③ 기운: "프로이트가 무의식과 욕망 같은 인간의 근원적인 정신세계에 관심을 뒀다면, 융은 신화, 설화, 상징 등을 토대로 인류의 집단 무의식을 연구하려 했어. 프로이트는 연월주에 인성이 투간했고, 융은 연월주에 재성이 투출한 것과 관련이 있지 않을까?"

④ 신인: "인성은 본질에 대한 성찰을 뜻하고, 재성은 폭넓은 의미의 관계를 의미하니, 발달한 십성에 따라 두 사람의 관심사가 달라질 수 있다고 봐."

⑤ 성신: "프로이트는 식상 유금이 왕지에 해당하잖아? 실제 노벨문학상 후보로 지명된 적도 있을 만큼, 유려한 글쓰기로 유명했어. 게다가 지지에 사유축 삼합이 일어나니, 식상 쪽으로 포커싱이 잘되어 있다고 할 수 있을 것 같아."

2. 아래 사주에 관한 대화로 가장 적절하지 않은 것을 고르면? (난이도 상)

시주	일주	월주	연주
	●		
편재	본원	편재	편관
壬	戊	壬	甲
戌	子	申	辰
비견	정재	식신	비견
*●●	▲●●	▲	▲*
辛丁戊	壬癸	戊壬庚	乙癸戊
묘	태	병	관대
백호		역마	화개
월덕		월덕	백호
		문창	
		암록	

95	85	75	65	55	45	35	25	15	5
편재	상관	식신	겁재	비견	정인	편인	정관	편관	정재
壬	辛	庚	己	戊	丁	丙	乙	甲	癸
午	巳	辰	卯	寅	丑	子	亥	戌	酉
정인	편인	비견	정관	편관	겁재	정재	편재	비견	상관
제왕	건록	관대	목욕	장생	양	태	절	묘	사

덩샤오핑의 명식

시주	일주	월주	연주
	●		
비견	본원	편재	겁재
戊	戊	壬	己
午	子	申	卯
정인	정재	식신	정관
*	▲*●	▲●	●
丙己丁	壬癸	戊壬庚	甲乙
제왕	태	병	목욕
양인	도화	역마	도화
공망		월덕	
		문창	
		암록	

98	88	78	68	58	48	38	28	18	8
편재	정재	편관	정관	편인	정인	비견	겁재	식신	상관
壬	癸	甲	乙	丙	丁	戊	己	庚	辛
戌	亥	子	丑	寅	卯	辰	巳	午	未
비견	편재	정재	겁재	편관	정관	비견	편인	정인	겁재
묘	절	태	양	장생	목욕	관대	건록	제왕	쇠

안중근의 명식

① 미향: "둘 다 신월의 신약한 무자일주지만, 안중근은 시주에 제왕지인 무오를 갖고 있잖아? 안중근의 사주가 조금 더 일간의 힘이 강하다고 봐야 해."

② 춘화: "신약하면 현실 영역인 일주와 시주의 십이운성이 더욱 중요하게 작용할 거야. 주체인 내가 얼마만큼의 동력으로 큰 퍼포먼스를 낼 수 있을지 십이운성을 통해서도 가늠할 수 있거든."

③ 지한: "덩샤오핑은 월지를 중심으로 지지에 수국이 펼쳐졌어. 진술충이 있지만 천간과 달리 지지의 충은 거리가 멀면 작용력이 떨어지기 때문에, 결국 신금과 진토 모두 수로 바뀌었다고 봐야 해."

④ 일이: "덩샤오핑은 일간의 힘이 약한 만큼 수 재성을 통제하기 어려웠을 텐데도, 중국을 경제적으로 부강하게 만들었거든. 다행히 35병자부터 대운이 화토로 흐르는 만큼, 넘쳐나는 재성을 통제할 수 있는 나이가 되었을 때 지도자로서도 빛을 발한 게 아닐까?"

⑤ 수호: "안중근은 덩샤오핑과 달리 18경오, 28기사처럼 비교적 젊을 때, 큰 힘으로 일간을 돕는 대운이 들어왔잖아? 젊은 나이에, 동양의 평화를 향한 자신의 이상을 장렬히 펼치고 산화한 원동력이 된 것 같아."

3. 아래는 내담자의 명식과 인터뷰 내용을 요약한 것이다. 보기 중 명식을 통변한 것으로 가장 잘못된 것을 고르면? (난이도 중)

시주	일주	월주	연주
정재	본원	상관	겁재
戊	乙	丙	甲
寅	巳	子	寅
겁재	상관	편인	겁재
戊丙甲	戊庚丙	壬癸	戊丙甲
제왕	목욕	병	제왕
역마	천덕	천을	역마
공망		월공	공망

97	87	77	67	57	47	37	27	17	7
상관	식신	정재	편재	정관	편관	정인	편인	겁재	비견
丙	丁	戊	己	庚	辛	壬	癸	甲	乙
寅	卯	辰	巳	午	未	申	酉	戌	亥
겁재	비견	정재	상관	식신	편재	정관	편관	정재	정인
제왕	건록	관대	목욕	장생	양	태	절	묘	사

내담자: "원래 디자인을 하다 취미로 도예를 해봤는데, 너무 재미있어서 기존에 하던 일을 그만두게 되었어요. 지금은 중견 도예가입니다. 23년 계묘년에 운 좋게 여러 공모전에 당선된 후, 작가로서 인지도를 꽤 높일 수 있었어요. 37임신대운 때는 마을 이장도 하고, 아이가 다니는 학교의 학부모 대표로 활동하기도 했습니다. 저는 이런 조직 생활이 전혀 어울리지 않는 사람인데, 여기저기서 대표를 맡으니 참 신기하더라구요. 47신미대

> 운부터 제가 속한 분야에서 최고가 되고 싶다는 생각을 하게 됐
> 어요. 독하게 일했고, 대학원에도 진학해서 석사를 마쳤습니다.
> 사주상 해외에 나가 박사를 취득하거나, 꾸준히 도예 작업을 하
> 는 건 어떨까요?"

① 현민: "월지가 편인인 데다 목화가 발달한 만큼 미적 감각도 뛰
   어나고, 일지 화 상관이 월간에 병화로 투간해서 예술가로서도
   재능이 크실 듯합니다."

② 동원: "득령하고, 비겁이 발달한 신강한 사주라 지금과 같은 프
   리랜서 형태의 직업이 무척 어울리시네요. 월간 병화가 지지에
   도 뿌리내린 만큼, 강한 상관의 기운을 잘 활용하시는 게 좋을
   듯합니다. 남과 다른 독창성이 선생님의 무기가 될 거예요."

③ 진하: "신강한데 화 상관이 발달한 만큼, 금 관성과 토 재성은
   물론, 화 식상도 선생님께 유리한 기운이 될 겁니다. 흙과 유리
   를 도구로 삼아 도예를 하시는 만큼, 물상적으로는 용희한신을
   직업적으로 쓰고 계시네요. 47신미대운의 23년 계묘년은 선생님
   께 기회가 되는 해였습니다. 소운을 보면 신금이 강한 데다, 세
   운 천간의 계수는 무계합화하여 기구신이 용희신으로 바뀌었으
   니까요."

④ 감찬: "47신미대운의 신금은 조토불생금이라 하여, 미토의 생조
   를 전혀 받지 못합니다. 대운의 신금은 쓰기 힘들게 됐으니 무척
   안타깝네요."

⑤ 주효: "해외로 나가신다면 화 기운이 강한 프랑스나 일본도 좋지
   만, 그것보다 금 기운이 강한 북미, 캐나다, 북유럽을 권하고 싶
   네요."

4. 아래는 어느 부부의 명식과 질문을 정리한 것이다. 올해를 24년
   갑진년이라 할 때, 보기 중 명리적으로 해줄 수 있는 조언으로
   가장 적절한 것을 고르면? (난이도 하)
   질문: "저희 부부에게 몇 년째 아이가 생기지 않아 고민입니다.

세운	대운
*	*●●
정인	정관
甲	壬
辰	午
상관	비견
▲*	▲*●
乙癸戊	丙己丁
쇠	건록
화개	도화
백호	월공

시주	일주	월주	연주
●	○		●
정재	본원	겁재	편인
庚	丁	丙	乙
子	未	戌	丑
편관	식신	상관	식신
●	*		*●
壬癸	丁乙己	辛丁戊	癸辛己
절	관대	양	묘
도화	양인	백호	삼형
원진	원진	삼형	
	삼형	천덕	
	암록	월덕	

99	89	79	69	59	49	39	29	19	9
겁재	비견	상관	식신	정재	편재	정관	편관	정인	편인
丙	丁	戊	己	庚	辛	壬	癸	甲	乙
子	丑	寅	卯	辰	巳	午	未	申	酉
편관	식신	정인	편인	상관	겁재	비견	식신	정재	편재
절	묘	사	병	쇠	제왕	건록	관대	목욕	장생

남편의 명식

세운	대운
	*
편인	비견
甲	丙
辰	戌
식신	식신
	▲
乙癸戊	辛丁戊
관대	묘
백호	화개
	백호
	월덕

시주	일주	월주	연주
*		*●	
편인	본원	편관	정인
甲	丙	壬	乙
午	午	午	丑
겁재	겁재	겁재	상관
		●	
丙己丁	丙己丁	丙己丁	癸辛己
제왕	제왕	제왕	양
도화	도화	도화	
양인	양인	양인	
		월덕	월공

91	81	71	61	51	41	31	21	11	1
편관	정재	편재	상관	식신	겁재	비견	정인	편인	정관
壬	辛	庚	己	戊	丁	丙	乙	甲	癸
辰	卯	寅	丑	子	亥	戌	酉	申	未
식신	정인	편인	상관	정관	편관	식신	정재	편재	상관
관대	목욕	장생	양	태	절	묘	사	병	쇠

아내의 명식

몇 군데 철학관에 갔더니, 다들 험한 말을 하시더라구요. 저희 둘 다 태어날 때부터 사주에 자식이 없이 태어났으니 헛수고하지 말라고 하네요. 정말 아이가 간절합니다. 명리적으로 어떤 방법은 없을까요?"

① 리나: "남편 분은 축술미 삼형이 원국에 있네요. 태어날 때부터 자식을 상징하는 식상이 묶여서 없는 것과 같으니, 포기하시는 게 맞습니다."

② 서준: "아내 분은 식상의 기운도 약하고, 원국의 월간 임수도 기반이 약하네요. 더 이상 드릴 말씀이 없습니다."

③ 도윤: "남편 분은 토 식상이 원국 내 축술미 삼형을 이루고 있지만, 갑진년에 진토가 들어와 진술축미 사형을 이룹니다. 지지의 식상이 복잡해지긴 하지만, 그래도 진토는 수 기운을 머금고 있는 토라 올해까지는 노력해 보시는 게 좋겠어요. 39임오대운 중, 수 기운이 강한 임수 소운이기도 하구요. 아내 분은 병술대운의 소운 술토가 오술합을 이루어 뜨겁게 됐는데, 다행히 올해 갑진년에 진술충이 되면서, 술토가 원래의 토 오행으로 돌아옵니다. 간절하시다면, 4월 무진월에 한 번 더 시도를 해보시는 게 어떨까요?"

④ 우주: "자녀를 갖고자 하신다면, 오행으로는 수 오행, 십성으로는 식상의 기운을 봐야 합니다. 아내 분은 수 오행이나 식상의 기운보다 화 오행의 기운이 강하니, 자녀 운은 박하다고 보셔야죠."

⑤ 유아: "수 오행이나 식상을 끌어오는 활동을 한다 해도 다 소용없는 짓입니다. 이미 내가 그렇게 태어난 걸 어찌하겠습니까."

풀이 노트

1. → 정답은 ②번이다. 축술미 삼형이 원국에 있다고 해서 동료와 불신, 다툼, 배신이 생긴다고 단정 지을 수 없기 때문이다. 둘은 부자지간처럼 친밀했지만, 프로이트는 언젠가 자신의 권위를 무너트리고 일인자의 지위를 빼앗아갈 거라며 융을 경계했다고 한다. 융은 극단적인 과학적 교조화를 혐오했고, 지적 반항아의 기질도 다분했다.

둘 다 신강한 사주로 자아가 강한 만큼, 독립성과 주체성이 높다. 서로 뜻을 함께할 때는 더할 나위 없지만, 지향점이 달라질 때는 타협이 힘들다고 볼 수 있다. 융은 프로이트의 성이론이 인간의 정신현상을 전부 설명하기엔 범위가 좁다고 판단했다. 융은 프로이트의 통찰과 경험을 공유하고 싶었지만, 결국 학자로서 권위와 명성보다 진리를 추구하기 위해 프로이트와 갈라섰다.

참고로 프로이트에 비해 융의 저작은 정신의학, 종교, 신화에 대한 배경 지식이 없으면 이해하기 어려울 만큼 진입장벽이 높다. 문체 또한 난잡하기로 악명이 높은데, 식상의 힘이 강한 프로이트의 원국과 달리, 융의 원국은 식상의 힘이 무척 약하다.

2. → 정답은 ③번이다. 둘 다 신월의 무자일주로, 지지에 신자진 삼합이 일어난 덩샤오핑이 수 재성의 힘이 훨씬 강하다. 천간에 비해 지지는 거리에 따라 충이나 합의 작용력이 떨어진다. 하지만 이를 감안해도 원국에서 신자진 삼합만 짜여 있지, 신자진 삼합화는 되지 못한다. 시지 술토에 뿌리내린 일간 무토가 자수를 극하고, 연간 갑목은 연지 진토를 소토시키고 있으며, 월지 신금은 왕지가 아닌 생지이기 때문이다. 사주를 해석할 땐, 반드시 합과 합화를 구분할 줄 알아야 한다.

3. → 정답은 ④번이다. 조토불생금이라고 하여, 조토가 금을 전혀 생조해 주지 못한다고 여기기보다, 금은 조토의 생을 그리 반기지 않는다는 관점으로 이해하는 것이 옳다. 게다가 47신미대운의 신금은 미토 위에 올라가 있는 만큼 십이운성으로 쇠에 해당하니, 힘이 강하다고 봐야 한다(미토의 정기는 신금이 가장 좋아하는 습토인 기토임을 잊지 말자).

상담을 했던 실제 내담자의 명식으로, 47신미대운이 오면서부터 갑자기 본인이 속한 분야에서 최고가 되어야겠다는 마음이 커졌다고 한다. 성취에 대한 욕망이 강해져 더욱 열심히 일하고, 석사까지 마친 것도 모두 천간에 뜬 편관의 영향이다.

신강한 데다 원국에 상관이 강한 만큼, 대학원을 다니는 게 쉽지 않았다고 한다. 신강하면 인성이 도움이 되지 않을 가능성이 높은 만큼, 박사를 밟더라도 남들이 인정하는 상위권의 대학원보다 실제 내가 존경하는 교수가 있거나 인맥(재성)을 넓힐 수 있는 곳을 택해 학위를 마치는 것이 더 좋다. 논문을 써야 졸업할 수 있기 때문에, 식상이 강해지는 25년 을사년, 26년 병오년, 27년 정미년보다 관인이 들어오는 28년 무신년 이후에 대학원 진학을 권했다.

23년 계묘년에 천간 계수가 희신인 화 식상으로 기반되니 각종 공모전에 당선되는 등 여러 성취를 이루었지만, 신미대운의 지지 미토는 세운의 지지 묘목과 묘미합화목을 하게 됐다. 원국의 시간 무토는 인목, 사화의 초기에 뿌리내리고 있고, 일지 사화에게도 지원받고 있다. 하지만 대운에서 들어온 미토가 목으로 기반되니, 이 해에 소화기 계통에 취약해져 고생을 했다. 24년 갑진년에는 진토가 자진합수로 기반되니, 성취에 대한 욕심을 조금 내려놓고 여유를 가지는 것이 좋다.

원국 내 월지 수 인성이 약한 만큼, 평소에도 우울증, 조울증, 공황장애 등 정신적인 쪽에 대한 방어가 필요하다. 해외에서 작업을 하거나 유학을 하더라도, 금, 수의 기운이 강한 곳에서의 활동이 더욱 유리하다.

4. → 정답은 ③번이다. 당연히 의학적인 도움도 받아야겠지만, 자녀를 가질 수 있는 가능성을 높이고자 한다면, 명리적으로 수 오행과 토 식상을 끌어와야 한다. 아내의 경우 강사일을 그만두고, 몇 년 전부터 가정주부로 지내며 체중이 늘어난 상태였다. 비겁의 기운을 덜어내야 하는 만큼, 매일 적극적으로 운동을 하고, 긍정적인 생각을 가지며, 다양한 취미활동을 통해 바깥에서 왕성히 활동해야 한다. 수나 습토의 기운이 강한 곳으로 터전을 옮기는 것도 좋은 방법이다.

지인의 명식으로, 여러 철학관에서 온갖 악담을 듣고 심리적으로 위축이 된 상태였다. 명리를 도구로 상담을 하는 사람이라면, 본인의 말이 지닌 무게를 깨닫고, 늘 경계해야 할 것이다. 미래의 가능성을 단정 짓고, 내담자에게 상처를 주기 이전에, 명리적인 방법은 없는지 수없이 자문해야 한다.

가족의 사주 이야기

나는 사주도 어느 정도 유전된다고 생각한다. 친할아버지와 친할머니 모두 아버지가 어린 시절 너무 일찍 돌아가신 까닭에, 안타깝게도 두 분의 사주를 구할 수는 없었다. 대신 지금도 살아계신 외할아버지와 외할머니, 부모님, 남동생과 나의 사주를 전체적으로 놓고 보다 깜짝 놀란 일이 있었다. 부모님과 내 동생, 나의 사주를 볼 때는 잘 알지 못했으나, 외할아버지와 외할머니의 사주도 전체적으로 놓고 보니 사주가 한 세대를 건너서라도 유전된다는 느낌을 도무지 지울 수가 없었기 때문이다.

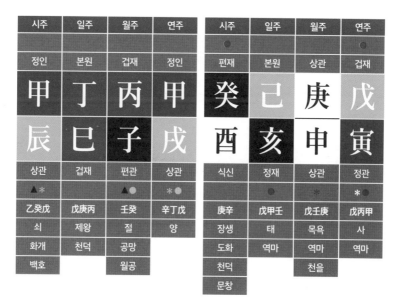

외할아버지의 명식　　　　　외할머니의 명식

아버지의 명식

시주	일주	월주	연주
●			●
편관	본원	정관	겁재
癸	己	乙	戊
酉	亥	丑	戌
식신	정재	비견	겁재
▲		▲	
庚辛	戊甲壬	癸辛己	辛丁戊
장생	태	묘	양
문창	역마	화개	

어머니의 명식

시주	일주	월주	연주
편재	본원	비견	비견
癸	己	己	己
酉	未	巳	亥
식신	비견	정인	정재
▲		▲*	*
庚辛	丁乙己	戊庚丙	戊甲壬
장생	관대	제왕	태
문창	화개	역마	역마
	양인		
	암록		

나의 명식

시주	일주	월주	연주
정인	본원	편인	정인
乙	丙	甲	乙
未	午	申	丑
상관	겁재	편재	상관
*			*
丁乙己	丙己丁	戊壬庚	癸辛己
쇠	제왕	병	양
도화	도화	역마	
	양인	문창	
	월공	암록	

남동생의 명식

시주	일주	월주	연주
●	*	●	
편재	본원	겁재	정인
乙	辛	庚	戊
未	丑	申	辰
편인	편인	겁재	정인
*	*		
丁乙己	癸辛己	戊壬庚	乙癸戊
쇠	양	제왕	묘
백호		양인	화개
천의			백호
			공망
			암록

초등학교 시절 방학이 될 때마다, 며칠씩 시골에 내려가 외할아버지 댁에서 머물곤 했다. 부모님과 떨어지는 게 싫기도 했지만, 다른 이유

로도 시골에 내려가는 걸 별로 좋아하지는 않았다. 별거 아닌 일로도 크게 혼을 내는 엄격한 외할아버지가 너무나 무서웠기 때문이었다. 불같은 성격의 외할아버지가 신강한 정사일주라는 걸 알고, 아이를 대하는 내 기질이 외할아버지로부터 비롯되었구나 하고 생각했다.

병오일주인 나는 겁재 양인을 일지에 갖추고 있는 것처럼, 유순해 보이는 겉모습과 달리 매정해 보일 정도로 아이에게 엄격한 편이다. 외할아버지의 연주 갑술과 시주 갑진이, 분명 다른 성격의 간지임에도 불구하고 내 연주 을축과 시주 을미와 유사한 느낌이 들었다 (물론, 아버지 원국의 월주 을축이 내 원국에선 연주를 이룬다).

아버지와 어머니는 친구 같은 관계로, 두 분 모두 기토 일간이며 시주가 같다. 일간 기토답게 두 분 모두 가정적인데, 떼려야 뗄 수 없는 관계를 암시라도 하는 것처럼 서로의 원국이 지지에서 사유축, 축술미를 이루고 있다. 생물학적으로는 전혀 관련이 없지만, 외할머니와 아버지의 일시주가 같다는 점도 무척 재미있다(나의 경우, 내 장모님의 연월주와 내 사주의 일시주가 병오, 을미로 같다). 어머니의 사주는 월지가 사화, 연지가 해수인데, 각각 외할아버지와 외할머니의 일지를 그대로 물려받은 게 아닌가 싶다.

동생의 일주는 신축이다. 신축은 천간삼합으로 관점을 넓히면, 유축 반합의 느낌이 든다. 기유일주의 경우, 일간이 기토임에도 불구하고 기토보다 유금의 느낌이 조금 더 강하다. 이를 거꾸로 뒤집으면 신축이 되고, 축토의 정기가 기토인 만큼 기유일주 역시 유축 반합의 양상을 보인다. 동생이 가진 신축일주로서의 부지런한 기질은, 부모님의 일간인 기토와 시지 유금에서 비롯된 건지도 모르겠다.

동생과 내가 지지에 갖추고 있는 축토와 미토는, 각각 부모님의 연월지가 유전된 것 같다는 생각이 든다. 동생의 사주는 연간이 무토고, 시지가 진토다. 이건 외할아버지와 아버지의 사주에 있는 연간 무토, 외할아버지의 시지 진토가 건너온 게 아닐까? 덧붙여 외할머니의 월주 경신이 내 동생의 월주와 같다는 점, 동생과 내가 월지는 물론, 시주가 같다는 점도 무척 흥미롭다.

나의 명식

시주	일주	월주	연주
정인	본원	편인	정인
乙	丙	甲	乙
未	午	申	丑
상관	겁재	편재	상관
*			*
丁乙己	丙己丁	戊壬庚	癸辛己
쇠	제왕	병	양
백호	도화	역마	
천의	양인	문창	
	월공	암록	

배우자의 명식

시주	일주	월주	연주
*		*	
편관	본원	식신	편인
丙	庚	壬	戊
戌	申	戌	辰
편인	비견	편인	편인
*		*	**
辛丁戊	戊壬庚	辛丁戊	乙癸戊
쇠	건록	쇠	양
백호	역마	백호	화개
천덕		월공	백호
월덕			

시주	일주	월주	연주
정인	본원	비견	정재
庚	癸	癸	丙
申	巳	巳	申
정인	정재	정재	정인
●●	●●	●●	●●
戊壬庚	戊庚丙	戊庚丙	戊壬庚
사	태	태	사
월덕	공망	천을	
	천을		

382

92	82	72	62	52	42	32	22	12	2	0
비견	상관	식신	정재	편재	정관	편관	정인	편인	겁재	비견
癸	甲	乙	丙	丁	戊	己	庚	辛	壬	癸
未	申	酉	戌	亥	子	丑	寅	卯	辰	巳
편관	정인	편인	정관	겁재	비견	편관	상관	식신	정관	정재
묘	사	병	쇠	제왕	건록	관대	목욕	장생	양	태

딸의 명식

나와 내 배우자의 사주는 다른 장에서 이미 여러 번 다루었으므로, 이번에는 딸 아이의 사주를 자세히 들여다보자. 참고로 이 책의 중급편에서 자세히 다루었듯, 대운이 들어오는 시기에는 그 대운의 기운이 주체가 원래 지니고 있었던 원국의 기운처럼 작용한다. 특수관계인만큼은, 서로의 원국이 상대방에게 영향을 미치듯, 대운의 작용 또한 함께 고려해야 한다. 게다가 어린 아이의 경우, 본인의 사주상 기운보다 부모를 비롯한 특수관계인과 성장환경이 더 큰 영향을 미칠 수 있다. 이 때문에 가족 구성원들의 대운도 함께 살펴봐야겠지만, 지면 한계상 이번 장에서는 아이의 사주 원국과 초년 대운만 간략히 살펴보기로 하자.

병오일주로 화 기운이 강한 나와 경신일주로 금 기운이 강한 아내 사이에서 병신년, 계사월, 계사일, 경신시의 여자아이가 태어났다. 데칼코마니 같은 사주로, 부모가 가진 화와 금의 기운을 그대로 수놓은 느낌이다. 일간과 월간의 계수가 병존된 걸 보면, 천간에서 병화와 신금이 만나 수가 된다는 병신합화수의 이론이 연상되기도 한다. 물론 지지에는 사신합이 있어, 천간의 병신합과 같은 양상의 느낌을 자아낸다. 나와 동생이 외할아버지와 외할머니, 부모님들이 원국에 가진 기운들을 조금씩 물려받은 것과 달리, 아이는 나와 내 아내가 가진 사주의 기운을 거의 그대로 물려받은 듯 보인다.

아이의 사주는 실령·실지했지만, 다행히 일간이 연지와 시지 신중 임수 겁재에 강력히 뿌리내리고 있다. 게다가 월간에 계수가 병존하여, 굳건히 자신을 지킬 수 있게 되었다. 십 천간 중 계수는 임수 겁재가 아니라 같은 계수를 비견으로 얻었을 때, 더욱더 음의 실리적, 현실적 속성을 강하게 견지한다.

일월지 사중 경금이 계수에게 수원지의 역할을 하긴 하지만, 전체적으로 실령·실지한 신약한 사주다. 용희신은 금 인성, 토 관성, 기구신은 화 재성, 목 식상이다. 수 비겁과 금 인성, 화 재성의 세력이 서로 균형을 이루는 가운데, 관성은 무력하고 식상은 지장간에조차 없어 오히려 사주가 맑아졌다.

눈여겨봐야 할 건 지지의 사신합이다. 월일간의 계수가 사신합을 지원하고 있긴 하지만, 연간의 병화가 사신합을 가로막아 합화수가 되기 어렵다. 아이가 처음 맞이하는 2세 임진대운도 합화수를 어렵게 하는 요인이다. 천간 임수는 병화와 충을 하며, 병화의 기운을 흔들어 놓는다. 물론 임수가 진토 위에서 묘지에 놓이는 까닭에, 임수의 기운도 불안정해져 병임충이 강력하진 않다.

사실 아이의 사주에서 지지 사신합화수가 이루어지기 가장 힘든 이유는, 특수관계인 나와 아내 때문이다. 병오일주로서 내가 가진 화 기운과, 경신일주로서 아내가 가진 금 기운이 아이의 사주에도 영향을 주고 있다. 내 원국은 아이의 화 기운을 키우고, 아내의 원국은 아이의 금 기운을 키워 사신합이 수로 화하는 걸 가로막고 있다. 만약 나와 아내 모두 수 비겁전왕이고, 가족 모두가 수 기운이 강한 지역에서 살았다면, 아이의 사주는 지지가 전부 물바다가 되었을 것이다.

아이에게 육친상 아버지를 뜻하는 화 재성은 기신에 해당한다. 아이의 발달한 화 기운 역시 내게는 오행상 기신이 된다. 서로의 원국이 가진 화의 작용 때문인지, 아내와 달리 나는 아이가 사소한 실수를 할 때에도 감정적으로 쉽게 격해지곤 했다. 감정이 태도가 되면 안 된다는 걸 잘 알고 있었지만, 마음을 다스리는 게 쉽지 않아 육아에 있어서는 많은 부분 배우자에게 빚을 져야 했다.

상담을 통해 신강한 사람은 아버지(재성)와의 관계가, 신약한 사람은 어머니(인성)와의 밀접한 관계가 중요함을 여러 번 확인해 왔다. 아이의 사주는 신강하진 않지만, 아버지인 내가 기신이 되어 아이가 가진 가능성을 제한하는 일은 없도록 해야겠다고 다짐하고 있다. 명리학적으로는 나와의 안정적인 관계가 큰 도움이 되는 만큼, 부녀관계에 있어서도 배우자에게 도움을 받으며 아버지로서 최소한의 역할은 해 나가려 한다. 다행히 아이와 나 모두에게, 경신일주인 배우자는 용신에 해당한다. 나아가 나와 배우자, 아이의 일월지만 놓고 보면 전부 사신합이 성립한다. 사신합이 각자에게 용희한신에 해당하는 수로 향한다는 점이 또 다른 포인트가 된다. 가족 구성원들 간 결합의 양상이 긍정적으로 펼쳐지는 하나의 요인이 되기 때문이다(모든 가족들의 일지가 삼합을 이루고, 합의 방향이 서로에게 용희한신일 때는 가족간 시너지가 길한 쪽으로 극대화된다).

아이의 원국은 지지 네 글자가 모두 생지를 의미하는 글자로 이루어졌다. 모두 계절의 첫 문을 여는 활기 넘치는 힘이다. 사람은 누구나 어린 시절 성장, 호기심 등을 뜻하는 목의 시기를 맞이한다. 아이에게는 목 기운이 식상으로 작용하는 만큼, 원국 내에는 식상이 없더라도 아이의 활동성은 유년시절 더욱 강해지게 된다. 실제 다른 아이들과 달리, 아무리 뛰어 놀아도 쉽게 지치는 법이 없다. 다만 생지가 강한 아이들의 특성상 시작은 요란한데 마무리가 약할 수 있다. 따라서 시작한 일은 뭐든 잘 끝맺을 수 있도록 적극 도와주는 게 좋겠다.

대운을 보면, 12세 때부터 신묘 대운을 통해 묘목 식신이 들어온다. 십이운성상 일간 계수는 묘목 위에서 장생지에 놓인다. 묘목은 억부상 구신에 해당하지만, 성장과 학습을 뜻하는 식신의 장생이 신살로 천을, 천덕, 문창 귀인을 이루는 까닭에 학업상 큰 도움이 되지 않을까 싶다. 이때만큼은 학업 대신 예술적인 쪽으로 본인의 기운을 풀어내도 좋을 것 같다. 계수 일간은 속성상 식상의 기운을 더욱 반가워하기 때문이다.

다만 원국만 보면 아이에겐 창의력과 표현력을 뜻하는 편인과 식상이 약해, 예술적인 기질은 거의 없는 것처럼 보인다. 문학이나 음악, 미술 쪽에 재능이 있길 바랐는데, 원국 내 예술적 인자의 힘이 약해 큰 기대는 하지 않고 있다. 식상 대운도 길게 이어지진 않는 까닭에, 성장기 때 예술을 즐길 수 있는 정도의 감수성과 최소한의 소양이라도 갖출 수 있도록 돕는 것이 내가 할 수 있는 역할이 아닐까 싶다.

12신묘대운의 천간 신금은 원국 연간의 병화와 만나 수로 합화한다. 용신이 한신으로 기반되는 터라 억부상 불리하게 해석할 수 있겠지만, 어린아이의 경우 설령 기구신 대세운이 들어온다 해도 액면 그대로 받아들여선 안 된다. 이는 용신 대세운의 경우에도 마찬가지다. 예를 들어 신약한 명식이 관성 기신 대세운을 맞이한다고 가정해 보자. 한국의 입시제도하에서 학업에는 오히려 관성이 유리하게 작용하기 때문에, 내적 스트레스는 크겠지만 크게 성장하는 시기가 될 수도 있다. 반대로 신강하여 재성이 용신이 될 경우, 아이가 돈을 벌 일은 없으므로 친구들과 어울려 노느라 성적은 크게 떨어질 수 있다. 원래 신금은 묘목 위에서 거법상 편재에 절이 형성되어 불안정성이 매우 높지만, 신금이 수로 기반되니 오히려 묘목 식신의 기운을 더욱 크게 키운다고 보아야 한다.

22경인대운은 거법상 경금이 절지에 놓인다. 원국 자체로 금 인성의 기운이 강한 까닭에, 대운이 갖는 절지의 불안정성을 크게 염려할 필요는 없다. 하지만, 정인의 기운이 너무 넘쳐나면 혼잡의 양상을 보이는 데다, 인목이 인사신 삼형을 성립하니 예측불가능성이 높아진다. 원국에서 일간을 보호해 주던 귀인들이 이때만큼은 부정적으로 발현될 수도 있다. 대운에서 들어온 월덕귀인까지 형으로 묶이니, 정인의 긍정성이 떨어져 학업 성취도가 낮아지거나, 갑작스레 전공을 바꿀지도 모르겠다. 이성관계에서 복잡한 문제가 생길 수도 있으니, 경솔한 언행과 구설수에 주의하는 게 좋다. 아이가 서른 살이 되는 2030년 경인대운 병인년엔 인목이 대세운에서 병존하는 만큼, 삼형의 기운이 더욱더 강해진다. 사고나 질병, 소송, 금전 문제 등을 가장 조심해야 할 때로, 새로운 도전이나 변화를 시도하기보다 방어에 집중하며 안정을 꾀하는 것이 상책이다.

다시 아이의 원국을 보면, 금 인성이라 편인의 성격이 전혀 없진 않다. 금 인성의 단점은 융통성이 부족하고, 본인만의 세계에 빠지기 쉽다는 것이다. 이는 반대로 분석능력이 뛰어나고 무엇을 연구하든 깊이 파고들어가는 힘이 있다는 뜻도 된다. 언젠가 심오한 세계에 심취하는 경향이 나타날 수도 있는데, 아이가 마니아틱한 분야에서라도 뭘 하고 싶어하든 적극 지지해 줄 계획이다.

　격국론자들은 월지 사화가 연간에 투간한 이 사주를 정재격으로 분류할 것이다. 강한 재성이 혼잡되지 않은 사주를 가진 분들은 남녀 불문하고 외적으로 매력적이며, 대체적으로 다재다능한 편이다(화 재성이 발달한 만큼 아이가 크면, 이성에게 인기도 많길 기대하고 있다). 어떻게 성장할지는 모르겠으나, 정재가 일월지에 있고 투간까지 해서 그런지, 아이는 일찍이 자기가 세운 규칙을 고수하고, 준수하려는 성향이 강했다. 나는 병오일주로서, 아이가 누구보다 독립적으로 자신의 삶을 스스로 세워 나가길 원해왔다. 다행히 아이는 초등학교에 입학할 때부터, 매일 아침 스스로 정한 시간에 일어나 아침을 직접 챙겨먹더니, 본인 힘으로 등하교를 하기 시작했다. 신강한 경신일주 아내 역시, 일찍부터 아이가 독립성을 키울 수 있도록 적극 도왔던 게 좋은 영향을 준 것 같다.

　정재가 발달한 사람은 정도(正道)를 걸어서 번 재물만 인정한다. 정당한 재물을 추구하는 편이라 투기와 관련된 사업에는 어울리지 않는다. 정재적 성향답게, 아이는 작은 돈이라도 생기면 부모에게 절대 이를 맡기지 않았다. 아이가 먹고 싶고 가지고 싶은 데에 본인의 돈을 쓰기 전, 꼭 부모에게 용돈을 더 줄 수 있는지를 물어볼 때마다 웃음이 나왔다. 어린아이는 특수관계인인 부모의 기운이 더 중요한 영향을 미치는 만큼, 본인의 사주상 성격이 강력히 드러나진 않는다. 하지만 내 아이는 일월지 정재가 사주 전체를 지배하는 강력한 기운이다 보니, 이를 숨길 수 없는 듯했다.

　재성은 인성과 반대되는 현실주의적 힘으로, 내가 얻어낸 걸 지키는 능력이 뛰어난 편이다. 다만 남을 돕는 데 인색하고, 금전 활용에 있어 융통성이 부족할 수 있다. 아이는 일반적인 정재적 성향과 달리 동생들이 놀러올 때마다 집에 있는 장난감을 나눠주거나, 친구들과 밖에서 놀 때마다 먹을거리들을 잔뜩 챙겨 나누곤 했다. 아무래도 일월지 천을귀인이 정재의 단점들을 보완하는 힘으로 작용하는 게 아닌가 싶다.

　아이의 일월지는 사화 재성인데, 시지 신금 인성과 서로 합의 관계에 놓인다. 나의 경우 육합은 물론, 월지와 합이 되는 인자는 무엇이든 주체가 가진 욕망의 내용을 현실에서 드러내는 역할을 한다고 본다. 아이의 원국은 일월지가 같은 만큼, 내면의 욕망을 그대로 현실로 구현할 가능성이 매우 높다. 내가 어렴풋하게 이상형으로 생각했던 사람을 배우자로 만나거나, 내가 꿈꾸어 왔던 직업을 갖게 될 가능성이 높다는 뜻이다. 이때 내 욕망과 삶의 내용을 현실에서 직접적으로 구현할 수 있는 힘을 가진 인자는 일월지와 합이 되는 인성이 된다.

아이에겐 용신에 해당하는 인성이 시주에 간여지동으로 자리 잡고 있다. 십이운성상 거법으로 보면, 시간 경금은 시지 비견 신금 위에서 건록에 해당한다. 이는 인성을 통해 학문적인 영역에서 큰 힘을 발휘할 수 있다는 뜻이다. 시주는 미래지향적인 의미를 가지고 있는 만큼, 시주 자체의 힘이 강할수록 일간이 가진 에너지를 생애에 걸쳐 더욱 폭발적으로 쓸 수 있다.

아이가 시주 인성을 활용하는 방법은, 오랜 시간이 걸리더라도 한 우물만 파는 것이다. 학업운은 알 수 없으나, 적어도 제도권하에서 장기적인 교육을 받는 데 최적화되어 있긴 하다. 시지가 일월지와 합이 되기 때문에, 아이가 어쩌면 정재를 쓰기 위한 공부를 할지도 모르겠다. 고전에선 인성을 중요하게 여겼지만, 안타깝게도 트렌드가 빠르게 변하는 요즘에는 인성의 가치가 예전만 못하다. 결실을 얻기까지 오랜 시간이 걸리기 때문이다. 학업에서 뛰어난 능력을 보이는지와 상관없이, 아이가 한 분야에서 석사 이상까지는 공부를 마칠 수 있도록 최선을 다해 도우려 한다. 덧붙이면 십이운성상 일주의 태는 이상주의적 성향이 강한 만큼, 한 가지 일에 오래 매진할 때에야 큰 성과를 보일 수 있다.

필요하다면 수의 기운을 마음껏 끌어올 수 있도록, 본인이 뜻만 세우면 유학도 적극 지원해 줄 계획이다. 만약 유학을 간다면 금의 기운이 강한 미국, 캐나다, 독일, 북유럽 국가가 어울릴 듯하다. 짧은 식견엔 직업적으로는 공직과 관련된 분야가 좋을 듯 싶다. 지지 사화가 기본적으로 역마와 행정 권력에 대한 기운을 껴안고 있는 만큼 외교관도 어울리는데, 부모의 욕심일지도 모르겠다. 일단 아이가 외국어만큼은 수월히 익힐 수 있도록 아낌없이 지원해 주려 한다.

연월주에 놓인 정재는 자리에 따라 조금씩 의미가 달라진다. 연주 정재는 안정적인 가정 환경에서 성장함을 암시하고, 월지 정재는 사람들 사이에서 신용을 얻는 힘으로 작용한다. 안정적으로 재무관리를 하는 등 신뢰를 기반으로 하는 업무를 통해 조직의 성장에 기여한다. 일지 정재는 남녀 모두 안정된 배우자와 만나는 것을 암시하는데, 아이는 이런 일지에 천을귀인까지 놓고 있으니 좋은 배우자를 만날 수 있지 않을까 싶다.

천을귀인이 직업적으로 발현될 경우, 자신이 손해를 보더라도 원칙을 지키고 정도를 추구하는 성향으로 나타난다. 공직의 영역에서라면 더욱 두각을 나타낼 수 있겠지만, 어느 분야든 상관없으니 아이가 성인이 되면 본인이 원하는 일을 하며 행복하게 살아가면 좋겠다.

나는 어떻게 살 것인가?

스님들의 사주에는 대체로 인성이 많다. 삶의 방식에 있어 종교, 구도와 관련된 인성을 쓰기에 스님만큼 적합한 분들이 있을까 싶다. 하지만 이와 달리, 덕이 높고 수행이 깊은 고승들은 재성이 넘치고, 인성이 미약한 경우가 많다. 어떻게 된 일일까? 인성의 유무에 따라 수행 방식이 어떻게 달라질 수 있는지 생각해 보자.

무인성은 돈오(頓悟)가 아닌 점수(漸修)를 통해 지속적으로 본인의 사유체계를 갈고 닦아야 한다. 갑작스럽게 계시를 받을 수도 없는 노릇이라, 당연히 오랜 시간의 수련과 시행착오가 필요하다. 여기서 재미있는 것은, 무인성 중에 직관력이 아주 예리하거나, 소위 신기가 있는 분들이 많다는 것이다. 사유체계를 지속적으로 만드는 게 잘되지 않기 때문에, 역설적으로 단 번에 먼 길을 점프한다고나 할까?

수행은 이미 만들어진 등산로를 따라 정상을 향해 꾸준히 오르는 것과 같고, 구도는 길 없는 산을 오르며 새로운 등산로를 개척하는 것과 같다. 여기서 구도를 돈오로 놓고 보면, 무인성의 경우 산을 오르다 길을 잃었는데, 살기 위해 헤매다 보니 본인도 모르게 새로운 길을 개척한 것에 비유할 수 있다. 죽음의 위기를 앞두고, 절박한 심정으로 명리학에 매달려 온 나의 스승 강헌 선생 역시 이러한 사례에 해당한다. 그는 인간에 대한 애정과 인문학적인 시선을 통해, 명리학을 지금의 시대에 맞게 재해석하며 임철초 이후 억부 이론의 체계를 더욱 튼튼히 세웠다. 무인성으로 태어났지만, 오랫동안 인성의 길을 걸어온 눈 밝은 나의 스승 덕분에, 나 역시 명리학이라는 무기를 손에 쥐게 되었다.

자격증이나 학위가 큰 도움이 되긴 하지만, 무인성은 본질적으로 깊은 탐구를 통해 깨달음의 세계로 나아가야 한다. 무인성이 인성이 상징하는 통찰력을 얻으면, 영성의 길로 들어가 자신만의 탑을 쌓기 시작한다. 백지 같은 느낌으로 채색이 잘 되기 때문에, 본인만의 깨달음을 통해 종교를 창시하거나, 영적 지도자가 될 수도 있다. 역설적으로 돈오에 대한 가능성이 더욱 열려 있기 때문에, 자유로움 속에서 어느 순간 깨우치는 것이다.

사실, 이 시리즈의 기본편을 쓸 때만 해도, 나는 자신에게 주어진 원국대로 사는 것이 가장 행복하다고 생각했다. 주변의 시선 속에서 타인의 욕망을 욕망하며 사는 삶은, 사회적으로 높은 성취를 이루어도 마음속에 공허함만 남는다는 것을 알기 때문이다. 하지만 명리학을 공부하다 보니, 조금씩 다른 가능성을 살피게 됐다. 인성이 없지만 구도의 길을 걷는 이들을 통해, 어쩌면 본인의 타고난 사주대로가 아니라, 이를 보완하기 위한 다른 길을 추구해야만 어떤 경지에 오를 수 있지 않을까 고민하게 된 것이다.

시주	일주	월주	연주
*	*	●	●
편관	본원	식신	정관
壬	丙	戊	癸
辰	午	午	巳
식신	겁재	겁재	비견
乙癸戊	丙己丁	丙己丁	戊庚丙
관대	제왕	제왕	건록
월공	도화	도화	천의
	양인	양인	
	공망		
	월덕		

90	80	70	60	50	40	30	20	10
식신	상관	편재	정재	편관	정관	편인	정인	비견
戊	己	庚	辛	壬	癸	甲	乙	丙
申	酉	戌	亥	子	丑	寅	卯	辰
편재	정재	식신	편관	정관	상관	편인	정인	식신
병	사	묘	절	태	양	장생	목욕	관대

잠시 《적천수천미》의 저자 임철초의 사주를 살펴보자. 아마 《명리, 나를 지키는 무기: 중급편》을 읽은 독자들은 이 사주의 용희신을 금 재성, 토 식상, 한신은 수 관성으로 볼지도 모르겠다. 신강한 경우 대체적으로 재성이 용신으로 쓰이기 때문이다. 이때 당연히 기구신은 화 비겁과 목 인성이 된다. 그는 《적천수천미》의 통관(通關)편에 본인의 사주를 실은 후, 대운이 40년간 목화로 흐르는 바람에 '위로는 아버지의 선업을 이루지 못하고, 아래로는 전원을 지키지 못했다.'고 토로한다. 실제 20대 을묘대운을 보내는 중 형제들에게 변이 생기고, 집안은 기울어 가산을 모두 탕진하게 된다.

시주	일주	월주	연주
*	*	●	●
편관	본원	식신	정관
壬	丙	戊	癸
辰	午	午	丑
식신	겁재	겁재	상관
乙癸戊	丙己丁	丙己丁	癸辛己
관대	제왕	제왕	양
월공	도화	도화	백호
	양인	양인	
월덕			

90	80	70	60	50	40	30	20	10
식신	상관	편재	정재	편관	정관	편인	정인	비견
戊	己	庚	辛	壬	癸	甲	乙	丙
申	酉	戌	亥	子	丑	寅	卯	辰
편재	정재	식신	편관	정관	상관	편인	정인	식신
병	사	묘	절	태	양	장생	목욕	관대

이는 임철초가 《적천수천미》에 자신의 것과 비교해 놓은 어느 중국 고관대작의 명식이다. 임철초의 연지가 사화인 것과 달리, 이 명식은 연지가 축토라는 것만 빼면 모든 것이 동일하다. 역시 연간과 월간이 무계합을 이루었지만, 임철초의 명식과 달리 연지 축토가 계수의 뿌리가 되어 무계합화는 되지 않았다. 원래 합이 되면 간지들의 기운이 더욱 흐려지지만, 이 경우 묘하게도 무계합이 더욱 반가워졌다. 월간 무토가 용신인 임수 편관에 대항할 수 없게 되었기 때문이다.

결국 한신인 20을묘·30갑인대운은 기신 토 식상을 공격하여 용신수 관성을 보호하니 벼슬이 현격히 높아졌고, 40계축대운에 이르러서는 현령을 거쳐 주목(州牧)에 천거되었다고 한다. 50임자대운에는 지방장관의 부관이었는데, 마침내 태수로 승진하여 부와 명예를 누렸다고 한다. 우리로 치면 일찍 임관해 순조롭게 도지사의 자리까지 오른 출세한 관료의 명식이다.

자신의 것과 글자 하나만 다른 이 사주를 놓고, 임철초는 본인 사주의 한계에 대해 탄식하는 글을 남긴다. 익히 알다시피, 임철초가 살았던 때는 오직 관성만이 사회적으로 귀한 대접을 받았다. 과거 급제만이 출세할 수 있는 유일한 수단이었고, 관직을 통해 권력을 등에 업기만 하면 재물은 얼마든지 끌어올 수 있었기 때문이다. 사실 임철초의 명은 신분제의 한계가 분명하고, 직업의 종류도 다양하지 않았던 당시 출세하기에는 불리한 면이 컸다. 게다가 스스로 밝혔듯 '천성이 괴팍하여 헛소리로 떠들어대는 것을 좋아하지 않았고, 아첨할 줄 모르는데다 오만하기까지 하였으니 친구들을 사귈 때도 뜻이 잘 맞지 않았다.'고 한다. 결국 임철초는 가족의 도움은 전혀 받지 못한 채, 자신의 대에서 가문이 몰락하는 것을 지켜보며 시대적 한계 앞에서 깊이 좌절할 수밖에 없었다.

그가 명리를 배우기 전, 어떤 사람에게 사주를 보여줬더니 덮어놓고 명예와 부를 거머쥘 수 있다고 칭찬만 늘어놓았다 한다. 하지만 훗날 이루어진 게 하나도 없어 통탄했다고 하니, 이런 경험도 그가 명리를 공부하게 된 중요한 계기로 작용했을 것이다. 그는 아버지가 돌아가신 후 20대 인성대운을 보내는 중 어쩔 수 없이 호구지책 삼아 명리학을 배우게 되었다. 이후 모두가 알다시피, 그는 평생에 걸친 각고의 노력 끝에 명리학 역사상 가장 중요한 억부 이론의 기반을 확립한다.

후학으로서 나는, 임철초가 일평생 얼마나 많은 사주들을 철저하게 연구했는지 감히 짐작조차 할 수가 없다. 그는 난해하기 짝이 없는 《적천수》의 원문에, 자신이 추린 512개의 명조들을 명료한 해설과 함께 덧붙임으로써 《적천수》의 이론을 실증했다. 이렇게 구체적인 명조의 실례를 하나하나 들어 증주하는 방식은, 그 이전에는 찾아볼 수 없었던 임철초만의 독창적인 시도였다. 평생에 걸친 그의 집요한 연구와 깊은 통찰력 덕분에, 우린 《적천수천미》라는 고전을 오늘날에도 음미하고 있다.

비록 명리학을 출세의 도구로 쓰진 못했지만, 그는 화 겁재 양인의 힘을 통해 명리학 역사에 한 획을 그으며 기존의 패러다임을 바꾸어 냈다. 이러한 업적을 고려해 보면, 임철초의 사주에서 가장 중요한 기운이 수 관성이 아니었을까 싶다. 용신을 주체가 추구하고자 하는 욕망과 의지로 바라볼 때, 기존의 해석과 달리 그 역시 어느 고관대작과 마찬가지로 임수 편관을 용신, 목 인성을 한신으로 썼다고 보는 것이다.

그렇다면 앞서 부러워한 명식의 관료와는 달리, 대운이 똑같이 흘렀음에도 임철초가 출세하지 못한 이유는 무엇일까? '무릇 명(命)에 순응하여야 한다.'는 그의 문장처럼, 태어나면서부터 그냥 모든 것이 그렇게 정해져 있었기 때문일까? 나는 그렇게 생각하지 않는다. 어쩌면 형제들에게 변이 생겨 가세가 기울고, 아버지 역시 일찍 돌아가시는 바람에 집안의 도움을 받지 못했기 때문이 아닐까 싶다. 게다가 조부 및 부친의 가르침에 따라 매사 의젓하고 당당하게 행동했다 하니, 세속의 성공 대신 안빈낙도를 추구하는 그의 성품도 주요한 요인으로 작용했을 것이다.

그가 부러워한 어느 고관대작이 20인성·30을묘대운을 지나는 동안 조금씩 출세의 길을 달리기 시작한 것과 달리, 임철초는 같은 시기, 인성이 의미하는 통찰력과 인내력, 탐구심을 발판 삼아 명리학을 공부하기 시작했다. 그는 50임자대운을 지나는 동안 명리학 연구에 더욱 몰두하였고, 마침내 천간 신금이 원국의 병화와 만나 수 관성을 이루는 60신해대운에 불멸의 고전인《적천수천미》를 저술하기에 이른다. 그가 부러워한 고위 관료는 그 대가 끝나기도 전에 잊혔을지 모른다. 하지만 임철초는 명리학자로서 평생을 연구하며 깨달은 바를 글로 정리한 끝에, 명리학이 존재하는 한 영원히 빛날 이름을 남기게 된 것이다.

그는 자신이 공부한 명리학을 하찮은 기술이라 스스로를 낮추고, 저잣거리의 웃음거리로 전락했다고 말한다. 언뜻 자신의 인생을 비관하는 듯 보이지만, 실제《적천수천미》를 쓸 때 그의 마음은 어떠했을까? 분명한 건, 그가 보이는 것과 달리 자신의 삶에 대해 결코 후회하지 않았으리라는 것이다. 당시 세속적 성취와는 거리가 먼 삶이었지만, 평생 연구하고 깨달은 명리학의 오묘한 이치들을 글로 남기는 동안 그 자신은 더없이 행복했을 것이라 나는 확신한다. 그가 관성을 용신으로 추구했기 때문이다.

관성이 용신인 사람들에겐, 통상적인 사람들은 차마 꿈꾸지 못하는 삶의 목표가 있다. 그들은 알아봐 주는 이 하나 없더라도, 자신이 하는 일에 대한 자긍심과 명예를 가지고 살아간다. 임철초 역시 그런 관성을 용신으로 추구했기 때문에, 명리학 역사상 가장 위대한 업적을 남길 수 있게 된 게 아닐까?

덧붙이면 임철초의 원국에는 공부에 필요한 인성이 시지 진중 을목 하나뿐이다. 충이 되지 않아 지장간 속에 잘 보존되어 있다고는 하지만, 전체적으로 인성의 기운은 미약하기 짝이 없다. 관성을 용신으로 추구한다면, 인성 역시 한신이 되어 내 편으로 끌어올 수 있다. 어쩔 수 없이 입에 풀칠이라도 하기 위해 명리를 익혔다고는 하지만, 임철초는 진리를 탐구하고자 하는 강한 열망으로 인성이 뜻하는 사유의 힘을 전 생애에 걸쳐 자신의 성장 동력으로 삼았다. 결국 그는 자신의 타고난 사주대로가 아니라, 이를 보완하기 위한 길을 걸었을 때 누구도 도달하지 못한 새로운 가능성을 현실로 꽃피워 낼 수 있음을 스스로 증명해 낸 것이다.

시주	일주	월주	연주
정인	본원	편인	정인
乙	丙	甲	乙
未	午	申	丑
상관	겁재	편재	상관
*			*
丁乙己	丙己丁	戊壬庚	癸辛己
쇠	제왕	병	양
백호	도화	역마	
천의	양인	문창	
	월공	암록	

99	89	79	69	59	49	39	29	19	9
편인	정인	비견	겁재	식신	상관	편재	정재	편관	정관
甲	乙	丙	丁	戊	己	庚	辛	壬	癸
戌	亥	子	丑	寅	卯	辰	巳	午	未
식신	편관	정관	상관	편인	정인	식신	비견	겁재	상관
묘	절	태	양	장생	목욕	관대	건록	제왕	쇠

　이제 나의 명식을 두고, 앞으로 어떻게 살아갈 것인지에 대해 이야기해 보려 한다.《명리, 나를 지키는 무기》시리즈를 쓰는 동안, 나는 내 사주의 용신을 금 재성, 희신을 토 식상, 한신을 수 관성으로 설명해 왔다. 이때 당연히 기구신은 화 비겁과 목 인성이 된다. 실제 06년 임오대운 병술년, 14년 신사대운 갑오년 등 특히 화 비겁의 기운이 강해질 때 운이 불리하게 흘렀고, 건강도 무너져 큰 고생을 해야만 했다.

　용신을 주체가 추구하고자 하는 의지와 욕망이라 해석할 때, 나는 앞으로 월지 신중 임수 편관을 용신으로 쓰려고 한다. 재성이 용신인 경우 인성은 구신이 되지만, 관성이 용신인 경우 인성을 한신으로 쓸 수 있기 때문이다. 다시 한 번 강조하자면 타고난 사주나 대세운보다 더욱 중요한 것은, 인간의 빛나는 의지와 노력이다. 나아가 가족, 연인, 직장 동료 등 특수관계인들과의 관계나, 내가 속한 환경도 큰 영향을 미친다. 사주가 모든 것을 결정한다고 믿는 것은 어리석고 위험하기 짝이 없는 생각이다.

예를 들어 나의 사주에서 29신사대운은 사오미 방합과 사신합이 함께 일어난다. 어떤 학자들은 사신합보다 사오미 방합이 더욱 강하니, 이때 내 원국은 더욱 뜨거워질 수밖에 없다고 할 것이다. 어떤 이들은 사오미 방합과 사신합이 동시에 일어난다거나, 신사대운이 연지 축토와 사유축 천간삼합을 한다고 말할 수도 있겠다. 방합, 육합, 천간삼합 중 무엇이 더 강하게 작용하는지, 각각의 합이 주체에게 어떤 영향을 미쳤는지에 대해서 이야기하는 것은 어쩌면 큰 의미가 없을 수도 있다. 신사대운을 겪는 동안 주체가 어떤 환경에서 무엇을 하고 있었는지가 가장 중요하기 때문이다.

나는 신사대운을 보내는 동안 줄곧 금의 기운이 강한 빛고을 광주에서 회사원으로 일했다. 독립된 주체로서 사회에 나가 재성과 관성을 쓰는 동안, 신사대운의 사화는 내게 불리한 작용을 거의 하지 못했다. 비겁이 강한 내가, 적어도 나를 내려놓고 맡은 일들을 성실하게 수행하는 동안에는 사오미 방합보다 사신합의 작용이 더욱 컸으리라 생각한다.

책에 다 싣지는 못했지만, 나와 사주 구조가 비슷한 동갑내기들을 알게 되면서 신사대운에 프리랜서로 일하거나, 회사에 다니지 않는 경우 비겁의 강한 기운이 그들에게 더욱 불리하게 작용했다는 것을 확인했다. 강한 비겁의 기운은 식상과 재성, 관성으로 유통시켜야 한다. 그것이 비겁 기구신 대세운에 나를 지킬 수 있는 가장 효과적인 길이다.

식상은 용희신이라 하더라도 자칫 잘못하면 말로 주변 사람들에게 상처를 주거나, 스스로 구설수를 만들어 내는 경우가 많다. 실제 토가 들어오는 운들이, 내겐 불리하게 작용하곤 했다. 이 역시 돌이켜보면, 내가 성급하게 결정하고, 경솔하게 내뱉은 말들이 오히려 칼이 되어 나를 찌르는 경우가 대다수였다. 관성을 극하는 식상을 앞으로는 희신이 아니라 기신으로 여기며, 조금씩 불필요한 말들을 줄여 나가려 한다.

일지와 시지의 오미합은 내게 있어 평생의 화두다. 정기적으로 상담과 강의를 병행하고 있지만, 오미합 때문인지 두어 시간 이상 말을 할 경우 얼굴이나 팔이 저리고, 극심한 피로감이 몰려온다. 다행히 이 책을 쓰고 있는 경진대운 갑진년은 습토인 진토의 작용에 힘입어, 다른 때에 비해 강의나 상담이 조금 덜 힘들게 느껴진다. 같은 식상을 쓰더라도 돈을 벌기 위한 목적으로 강의나 상담에 치중하기보다, 인성의 기운으로 식상을 제어해 가며 글쓰기와 연구에 조금 더 매진하려 한다.

나는 22년 임인년 말에 회사를 그만둔 후 23년 계묘년, 24년 갑진년이 지나는 동안 《명리, 나를 지키는 무기》 시리즈를 집필했다. 모두 인성의 기운이 강해지고, 관성의 기운은 조금씩 활성화되는 시기였다. 인성이 과다해지면 지나친 의존성과 게으름, 결정장애와 우유부단함이 걸림돌로 작용한다. 하지만 미리 세워둔 계획에 맞춰 책을 쓰고 강의를 하다 보니, 인성의 폐해에 발목 잡히기보다 공부에 희열을 느끼며 조금씩 명리학자로서 나만의 관점을 쌓아올릴 수 있게 된 것 같다.

관성을 용신으로 추구하겠다는 것은, 내가 스스로 설정한 사회적 역할과 책임을 향해 조금씩 나아가겠다는 다짐과 같다. 알아주는 사람 하나 없고, 사회적인 성공과는 거리가 멀다 하더라도, 명리를 도구로 상담과 연구, 강의를 꾸준히 이어가며 평생 명리학자로 살아가려 한다. 관성을 용신으로 쓰는 한, 흔들리지 않고 내게 주어진 일들을 꾸준히 지속시켜 나가는 힘이 바로 한신인 인성이 될 것이다.

인성을 내 편으로 쓸 경우 49기묘·59무인대운은 한신인 목 인성이 기신인 식상을 절각하게 된다. 토 식상의 부정성을 최소화하면서도 인성을 순조롭게 쓸 수 있으니, 이때 명리학과 관련된 분야에서 눈에 띄는 성과를 낼 수 있게 되지 않을까 싶다. 69정축대운은 기구신 대운이지만, 다행히 축토가 습토라 부정성이 그리 크진 않다. 79병자대운은 용신인 자수가 구신인 병화를 절각하고, 89을해대운은 용신과 한신 대운에 해당하니 흐름이 아름답다.

중급편에서 39경진대운에는 대중 강의를 통해 제자들을 양성하고, 명리학을 기반으로 한 사회적 기업을 운영하겠다 밝힌 바 있다. 구체적으로 초코서당이라는 이름의 명리 학습 공동체를 만들고, 도반들과 함께 꾸준히 연구하여 미답으로 남아 있는 명리학의 영역들을 조금씩 개척해 나가고 싶다. 하지만 안타깝게도 39경진대운 중 26년 병오년과 27년 정미년은 내게 있어 가장 불리한 시기가 될 것이다. 무엇보다 건강을 챙겨야 하는 만큼, 일종의 안식년처럼 최소한의 강의만 진행하면서 재충전의 시간을 만들어 보려 한다. 불리한 운이 들어올 때 힘을 아끼고 비축해야, 그 이후 유리한 운이 들어올 때 전속력을 다해 달려 나갈 수 있다. 이때는 강해지는 화 기운을 긍정적인 방향으로 쓰기 위해 지역 극단에서 연기를 배워 연극을 올리는 한편, 명리를 소재로 한 소설이나 시나리오도 한 편 써보려 한다. 물론, 수 기운을 끌어오기 위해 바닷가 쪽으로 이사를 해서, 틈날 때마다 프리다이빙을 할지도 모를 일이다.

명리학을 공부하는 동안 화 기운이 지나치게 강해질 26년 병오년과 27년 정미년이 너무도 꺼려졌다. 하지만 이상하게도, 지금은 위 시기가 너무도 기다려진다. 명리학을 배우고 난 후, 넘치는 기운의 부정성을 어떻게 하면 덜어낼 수 있을지 잘 알게 되었기 때문이다. 과거 수화기제로 화 기운이 강해지는 2007년 임오대운 정해년에, 갑작스레 글 대신 사진을 공부하며 무척 즐거운 시간을 보낸 바 있다. 내가 공부한 명리학은 정해진 운명을 알려주는 예언서 따위가 아니라, 유리한 운을 어떻게 활용하고 불리한 운은 어떻게 방어할 수 있을지 알려주는 지침서와 같다.

지금은 오지 않은 미래를 막연히 불안해하는 게 아니라, 무엇을 하며 내게 주어질 시간을 의미 있게 채워 나갈 수 있을지 이런 저런 계획들을 세우게 되었다. 내게 가장 불리한 시기를 현명하게 보내고 난 이후에야, 명리학자로서 조금은 더 성장할 수 있지 않을까 싶은 생각도 있다. 앞으로도 난 불리한 운을 앞둔 사람들을 향해 불안을 조성하며 겁박하는 대신, 진심 어린 조언을 건네는 다정한 상담가가 되고 싶다.

나는 가까운 시기로 한정했을 때 경진대운 중 28년 무신년, 29년 기유년, 30년 경술년을 가장 기대하고 있었다. 하지만, 관성을 용신으로 추구하려는 지금은, 당연히 그 이후인 31년 신해년, 32년 임자년, 33년 계축년이 더욱 손꼽아 기다려진다. 정확히 말하면, 나의 적극적인 노력과 의지에 힘입어 용신인 수 관성 세운을 나를 빛내는 가장 의미 있는 해로 만들고 싶기 때문이다.

　나를 명리학자로 성장시켜 준 독자들과 제자들을 위해서라도, 내가 스스로 설정한 목표를 향해 꾸준히 걸어가 보려 한다. 감사하게도, 글을 쓰고 강의를 이어가는 동안 뜻을 함께할 수 있는 여러 도반들을 새로 사귀게 되었다. 제자들이 조금만 더 성장하면, 이분들과 함께 정기적인 무료 명리 상담도 진행해 보려 한다. 임철초가 그러했듯, 나 역시 스스로 기쁨을 느끼는 가운데 명리학사에 무엇이든 기여할 수 있다면 더 이상 바랄 게 없겠다.

에필로그

나의 삶을 온전하게 완성하는 길

개운(開運), 나의 운을 연다는 것

대다수는 좋은 운이 들어올 때, 마치 길을 가다 누가 떨어트린 돈을 발견하는 것처럼 갑작스러운 행운이 찾아올 거라 여긴다. 좋은 운이 들어온다고 누구나 로또에 당첨되어 거부가 되는 건 아니다. 명리학을 운명결정론으로 끌고가는 이런 속물적인 판단이야말로, 인간의 의지와 노력이 설 자리를 잃게 만든다. 주지하듯 소위 용신운에도 불구하고, 아무런 일도 하지 않으면 아무런 일도 일어나지 않기 때문이다.

사주가 없는 인간은 물론, 용신이 없는 인간 또한 존재하지 않는다. 심지어 원국에는 용신이 없다고 해도 그렇다. 용신은 인간이 추구하고자 하는 욕망과 의지, 꿈과 희망을 상징한다. 용신이 부재하다는 건, 반대로 아무런 꿈과 희망, 욕망과 의지가 없다는 것을 의미한다. 이것은 결국 인간의 존재 자체를 부정하는 것이다. 용신은 인간이 정해진 대로만 살아가지 않는다는 것을 반증하는 굉장히 중요한 철학적 개념이다. 내게 없기 때문에 간절히 바라다, 마침내 자신의 한계를 극복하고 삶을 변화시키게 만든다. 대세운에 앞서 용신이 용신으로 기능하는 이유다.

개운은 용신에 대한 올바른 인식에서부터 출발한다. 좋은 운은 '그냥 열리는 것'이 아니라, '내가 적극적인 노력과 의지로 활짝 열어젖혀야 한다.'는 것이다. 좋은 쪽이든 나쁜 쪽이든, 이미 주어지거나 결정된 것은 아무것도 없다. 수동적이고 비관적인 시각으로 아무런 행동도 취하지 않고, 문제가 더 악화되거나 상황이 나빠질 것을 지켜보기만 해선 안 된다. 내게 주어진 능력과 자원을 최대한 활용하며, 꿈과 가능성을 향해 나아가야 한다.

어느 날, 밤 늦게까지 이어진 상담을 끝낸 후 피곤함에 잠시 눈을 감고 있었다. 조금 전까지만 해도 개운법을 묻는 내담자에게 '운명을 바꾸고 싶다면 생각, 행동, 환경을 바꿔야 한다.'며 자신감에 찬 어조로 말했지만, 솔직히 나 역시 여러 가지 일로 지쳐 있던 때였다. 자정이 가까운 시간, 잠에 들기 전 현묘의 블로그에 들어갔다가 때마침 개운법에 관한 글을 발견했다. '원하는 것이 있다면, 매일 꾸준하게 할 일을 하라.'는 내용이었다. 단순하기 짝이 없는 현묘의 말과 글이, 외롭고 지쳐 있던 내게 큰 응원과 격려로 다가왔음을 밝힌다. 본인 역시 매일이 고비였다는, 그래서 그 글이 실은 자신에게 하고자 했던 말이라는 걸 알고 큰 용기를 얻었다. 이번 심화편의 마지막 장은, 단순하지만 내게 많은 통찰을 준 그의 글을 빌려 채워보고자 한다.*

인간이라면 누구나, 태어나면서부터 사주라고 하는 특정한 기호를 부여받는다. 탯줄이 잘린 후 첫 숨을 들이쉬며, 우주의 질서를 제 몸에 각인한다. 그 질서는 리듬을 만들고, 리듬은 운이 되어 평생 우리를 따라다닌다. 명리학에서는 그 운을 대운이라 말한다. 운은 오르막길과 내리막길을 번갈아 오르내리며 일정한 주기성을 만들어 낸다. 태어나는 순간 모든 인간에게 죽음이 예비되어 있듯, 대운의 영향 안에 있는 그 누구도 언젠가 찾아올 불행을 피해갈 수 없다. 대운의 주기성 속에서 인간은 때로 희망을 품거나, 깊은 절망에 빠진다. 하지만 그러한 운을 감당하는 것도 온전히 운명의 주인인 나 자신이며, 내 운명을 바꿀 수 있는 힘이 내게 있다는 자각에서 놀라운 통찰이 탄생한다.

---

* 당시 읽었던 글의 주소를 적어둔다. 현묘의 블로그 〈안녕, 사주명리〉 중 '최고의 개운법'.
  https://yavares.tistory.com/655

매일 지구는 돌고, 해와 달은 뜨고 지며, 인간은 또 어제와 다른 하루를 살아간다. 지구라는 행성의 질서에 의해 날마다 다른 시간이 펼쳐진다. 이것이 자연의 운동법칙이자, 운의 다른 이름이다. 자연의 운동법칙은 은은하지만, 무섭도록 집요하고 끈질기다. 여름에 정원이나 골프장에서 자라는 잡초들을 떠올려 보자. 뙤약볕에서 열심히 제초작업을 해도, 다음 날이면 새로운 잡초가 다시 고개를 쳐든다. 하루만 작업을 쉬어도 잡초는 더욱 무성히 자라나고, 사람을 고된 노동의 굴레에 빠트려 육체적으로나 정신적으로 지치게 만든다. 눈앞에 선연히 드러나는 자연의 집요한 생명력과 무질서한 왕성함은, 사람을 운의 하향곡선으로 몰아붙인다.

연이은 불운 앞에서 인간은 끊임없이 자신을 의심하고, 좌절하며, 실수를 반복하며 무너져 내린다. 아무리 건강하고 자신감이 넘쳤던 사람도, 한 순간 모든 것을 잃고 바스라지기 일보 직전까지 갈 수 있다. 이럴 때 우리가 할 수 있는 유일한 개운법이, 바로 꾸준함이다. 꾸준함은 자연의 운동성이 절대로 가질 수 없는, 가져서는 안 되는 속성이다. 만약 여름이 지속된다면, 지구의 모든 생명체는 곧바로 멸종하게 될 것이다.

인간은 모순적이게도, 자연의 일부인 동시에 적극적으로 거스르는 유일한 생명체다. 인간은 자연의 운동성을 타고났지만, 불굴의 의지와 노력을 통해 스스로의 운동성을 만들어 낼 수 있다. 그렇게 만들어 낸 운동성을 통해, 지긋지긋하게 따라붙는 불운에서 벗어날 수 있다. 즉 우리에게 있어 운의 흐름을 이겨내는 최고의 개운법은, 무엇이든 매일 꾸준하게 하는 것이다. 이렇게 운동성을 만들어 내는 것이야말로 나를 책임지는 최소한의 태도이자, 나의 존엄함을 일으켜 세우는 토양이 된다.

비겁은 식상을 생하고, 재성을 극하며, 관성의 극을 받고, 인성의 생을 받는다. 식상은 재성을 생하고, 관성을 극하며, 인성의 극을 받고, 비겁의 생을 받는다. 재성, 관성, 인성 모두 각각의 상생상극의 관계를 머릿속에 그려보면, 어떻게 원국에 맞춰 나만의 운동성을 일궈낼 수 있을지 계획을 세울 수 있을 것이다.

비겁이 넘치면 식상을 생하거나 재성을 극하며 덜어줘야 한다. 관성의 극을 통해서라도 비겁을 제어해야 한다. 비겁이 약하면 인성의 생을 받고, 관성이 강해 비겁이 약해졌다면 식상을 통해 관성의 기운을 눌러야 한다. 이른바 억강부약(抑强扶弱)이다. 비겁과 식상이 발달한 나의 경우, 이 책을 완성하기 위해 오랜 시간 관성과 인성의 기운을 끌어오고자 더없이 노력했다. 나와는 전혀 다른 기운을 가진, 그래서 내게 큰 힘이 되어준 현묘가 매일 글을 쓰고 공부하는 걸 옆에서 지켜보며 흔들리는 마음을 붙잡았다. 현묘도 가장 힘들었던 시기에 명리학을 공부했고, 본인이 공부한 내용을 블로그에 정리하며 학자로서의 발판을 만들었다. 인간의 진정한 성공은 어쩌면 용신운이 아니라, 기신운에서 일어나는지도 모른다.

나는 인성이 내게 구신임에도 불구하고, 관성과 인성의 기운을 운에서라도 끌어오기 위해 일부러 계묘년에 원고를 쓰기 시작했다. 스스로의 노력과 다가오는 운의 활용, 관계를 통한 조력 등 특정 시기에 내가 할 수 있는 것들을 통해 빚어낸 결과물이 이 책이다. 스승님의 가르침과 운명을 활용할 수 있다는 믿음, 그리고 도반들의 격려에 힘입어, 이제 강의를 통해 훨씬 더 많은 수강생과 만나고 있다. 이렇게 나는 이전과는 전혀 다른 인생을 살아가며 하루하루 행복하고 감사한 마음을 갖게 됐다.

내 운명의 정원에서 쉴 새 없이 자라나는 잡초를 제거하고 싶다면, 날마다 시간을 정해 꾸준히 잡초를 베어야 한다. 비가 오면 비옷을 입거나 우산이라도 쓰고 나가, 낫을 들어야 한다. 불운 앞에서도 스스로를 지킬 수 있도록, 모두 자신만의 호흡과 리듬을 만들어 보자. 모든 인간에겐 자신을 불행에서 건져내고, 더 나은 존재로 성장하고자 하는 욕망이 있다. 꿈과 의지, 목표와 희망은 때로 인간에게 있어 밥보다 더 중요할 수 있다. 한계를 뛰어넘어, 나라는 주체의 존재를 완성하는 길이 거기에 있기 때문이다.

우리 모두는 각자의 인생을 한순간 바꿀 수는 없지만, 적어도 매 순간 지금까지와는 다르게 살아갈 것을 결정할 수는 있다. 그러니 더 나은 내일을 꿈꾸고 있다면, 최악의 상황에서도 내가 해야 할 일, 내가 좋아하는 일을 찾아 날마다 꾸준히 하자. 해가 뜨든 달이 뜨든, 춥든 덥든 원하는 것이 있다면, 사소한 것부터 매일 조금씩 해나가자. 다이어트를 하기로 마음먹었다면, 밥을 먹을 때마다 세 숟가락이라도 덜 먹자. 하루에 30분씩 운동을 하기로 했는데 피치 못할 일이 생겼다면, 다음 날 한 시간을 운동하면 된다. 스마트폰에 더 이상 시간을 뺏기지 않기로 했다면, 딱 10분만 멀리 두고 온 힘을 다해 스마트폰을 거부하자. 매일 책을 읽기로 마음먹었다면, 하루에 열 페이지만 읽어보자. 그렇게 자연의 운동성을 이겨내고, 스스로를 불운에서 건져내자. 그게 내 운을 활짝 열어젖히는 최고의 개운법이다. 《명리, 나를 지키는 무기》 시리즈를 쓰는 동안, 원국과 대운에 앞서는 것은 인간의 빛나는 의지와 노력임을 다시 한 번 확신하게 됐다. 하여, 이 에필로그의 마지막 문단은 독일의 극작가이자 시인이었던 '베르톨트 브레히트'의 운명에 관한 어록으로 마무리할까 한다.

'당신 스스로 하지 않으면, 누구도 당신의 운명을 바꿀 수 없다.'
-베르톨트 브레히트(Bertolt Brecht)

참고문헌

도서

《명리, 운명을 읽다》(강헌 지음, 돌베개, 2015)

《명리, 운명을 조율하다》(강헌 지음, 돌베개, 2016)

《운명의 해석, 사주명리》(안도균 지음, 북드라망, 2017)

《나의 사주명리 1, 2》(현묘 지음, 날, 2022)

《자평명리 신해》(혜원 나명기 지음, 지식과감성, 2020)

《피클 일주론 사주명리학의 꽃》(조재렬 지음, 책과나무, 2020)

온라인

블로그 〈안녕, 사주명리〉

https://yavares.tistory.com

블로그 〈일호학당〉

http://www.ilhohakdang.com

블로그 〈코스몬소다〉

https://blog.cosmonsoda.com

블로그 〈다시 배우는 사주명리〉

https://www.sajustudy.com

인스타그램 〈구름연못〉

Insta ID : lacdenuage_kr

유튜브 채널

〈철공소닷컴〉, 〈사람공부〉, 〈산책처럼, 사주〉, 〈명담재〉

이외

철공소 〈강헌의 인문명리학〉

https://k-fortune.com

추천도서

입문

《조용헌의 사주명리학 이야기》(조용헌 지음, RHK, 2014)

《나의 사주명리 1》(현묘 지음, 날, 2022)

《명리, 운명을 읽다》(강헌 지음, 돌베개, 2015)

《명리심리학》(양창순 지음, 다산북스, 2020)

《나의 운명 사용설명서》(고미숙 지음, 북드라망, 2022)

초급

《나의 사주명리 2》(현묘 지음, 날, 2022)

《운명의 해석, 사주명리》(안도균 지음, 북드라망, 2017)

《춘하추동 신사주학 춘》(박청화 지음, 청화학술원, 2005)

《명리명강》(김학목 지음, 판미동, 2016)

중급

《명리, 운명을 조율하다》(강헌 지음, 돌베개, 2016)

《명리 3권 : 일주편》(강헌 지음, 돌베개, 2024 출간예정)

《운을 묻고 명을 답하다》(정희태·김태경 지음, 계축문화사, 2019)

《피클 일주론 사주명리학의 꽃》(조재렬 지음, 책과나무, 2020)

《사주경영학》(김원 지음, 비즈니스북스, 2017)

《사주심리학1, 2》(낭월 지음, 삼명, 2018)

《알기 쉬운 용신분석》(낭월 지음, 동학사, 1999)

고급

《자평명리신해》(나명기 지음, 지식과 감성, 2020)

《용신》(낭월 지음, 삼명, 2013)

《운세》(낭월 지음, 삼명, 2020)

《춘하추동 신사주학 하》(박청화 지음, 청화학술원, 2005)

《사주풀이 Z엔진》(박청화 지음, 신지평, 2010)

《명리학의 이해 1, 2》(루즈지 지음, 사회평론아카데미, 2018)

《우주변화의 원리》(한동석 지음, 대원출판, 2011)

이외

《새벽에 혼자 읽는 주역인문학 1, 2》(김승호 지음, 다산북스, 2015)

《내 팔자가 세다고요?》(릴리스 지음, 북센스, 2020)

《당신에게도 세 번의 대운은 반드시 찾아온다》(소림 지음, 트로이목마, 2023)

《신령님이 보고 계셔》(홍칼리 지음, 위즈덤하우스, 2021)

* 명리학 고전을 읽게 될 경우에는 가급적 《적천수천미》, 《자평진전》, 《궁통보감》 순으로 읽으
  시길 권합니다.